本书出版受到教育部人文社会科学研究青年基金项目（14YJC880035）、江苏省社科基金青年项目（16DJC002）、江苏省重点建设学科（教育学）等项目资助

# 承继与嬗变

# 陶行知研究的学术谱系

刘大伟 著

中国社会科学出版社

图书在版编目（CIP）数据

承继与嬗变：陶行知研究的学术谱系／刘大伟著．—北京：
中国社会科学出版社，2018.11
ISBN 978 - 7 - 5203 - 3596 - 6

Ⅰ.①承…　Ⅱ.①刘…　Ⅲ.①陶行知（1891 - 1946）—教育
思想—谱系　Ⅳ.①G40 - 092.6

中国版本图书馆 CIP 数据核字（2018）第 262262 号

| 出　版　人 | 赵剑英 |
| 责任编辑 | 范晨星 |
| 责任校对 | 夏惠萍 |
| 责任印制 | 王　超 |

| 出　　　版 | 中国社会科学出版社 |
| 社　　　址 | 北京鼓楼西大街甲 158 号 |
| 邮　　　编 | 100720 |
| 网　　　址 | http://www.csspw.cn |
| 发 行 部 | 010 - 84083685 |
| 门 市 部 | 010 - 84029450 |
| 经　　　销 | 新华书店及其他书店 |

| 印　　　刷 | 北京明恒达印务有限公司 |
| 装　　　订 | 廊坊市广阳区广增装订厂 |
| 版　　　次 | 2018 年 11 月第 1 版 |
| 印　　　次 | 2018 年 11 月第 1 次印刷 |

| 开　　　本 | 710 × 1000　1/16 |
| 印　　　张 | 25 |
| 插　　　页 | 2 |
| 字　　　数 | 351 千字 |
| 定　　　价 | 99.00 元 |

凡购买中国社会科学出版社图书，如有质量问题请与本社营销中心联系调换
电话：010 - 84083683
版权所有　侵权必究

# 序

　　为纪念陶行知先生诞辰 125 周年暨逝世 70 周年，2016 年由华中师范大学、中国陶行知研究会、人民教育出版社主办的陶行知与中外文化教育国际学术研讨会在武汉华中师范大学举行。在会上，南京晓庄学院的刘大伟博士分享了他的论文《海外陶行知研究述评：一种知识社会学的视角》，我与会作了简要的即兴点评，鼓励他：要勇敢扛起陶行知研究的大旗不断前行！

　　我与大伟相识于 2011 年杭州师范大学主办的纪念陶行知诞辰 120 周年国际研讨会上，当时他作为青年学者，在一群年轻学者中就中陶会如何改进工作，陶行知研究如何得以加强等话题发言积极、思维活跃，甚至言辞犀利，很引起我的注意和欣赏，至今记忆鲜明。不想这几年间，他相继出版了《陶行知新传——布尔迪厄资本理论的视角》《全球视野下的陶行知研究》（港、台两卷），并协助他的导师周洪宇教授编辑整理了 180 万字的《陶行知年谱长编》，为陶行知研究在 21 世纪的不断深化做出了努力。对于他的学术才华和专业成长及其成就，我甚感欣慰，此次，他的博士论文《承继与嬗变：陶行知研究的学术谱系》又将出版，邀请我为之作序，这自然是又一桩喜事。我希望，也相信该书的出版能对推动陶行知思想理论研究的继续深入有新的带动。

　　通读全书，这是一本关于陶行知研究的书，即学术史的研究。

但相较于以往的学术史研究，这本书又有以下一些特点。

第一，它是对百年陶行知研究的一个系统梳理。自 1920 年北京大学缪金源发表了第一篇关于陶行知教育思想研究的文章开始，陶行知研究已经走过了近百年历程，既有五十年代初开始的非正常的沉默期，也有八九十年代的高峰期中时有低谷，既有昙花一现的研究者，也有常年深耕于此的学者，既有费正清、孔飞力、章开沅这一类的名家大师，也有众多的中小学界学陶研陶的一线教师。面对着林林总总研究的浩瀚成果，往往会让后来者无从下手。而该书的出版，将近百年陶研学术史的梳理清晰地呈现给了广大读者，起到了一个很好的分源别派作用，厘清了陶行知研究的学术发展之脉络走向，这就为学术传承起到了承上启下的作用。

第二，它关注到了学术研究中的人。有别于以往学术史研究常有的"见事不见人"，本书借助中国传统的"学案体"，以学缘、实践和学术为维度，仔细遴选了近百年陶行知研究中涌现的代表性学人，关注这些学人的成长历程，分析他们的思想变化过程，尤其能以知识社会学的视角，从社会结构的影响来探讨陶研学者的学术思想演变历程。我以为，这样的研究及呈现方式才能体现人是历史活动的创造者，真正将人与人的活动置于学术研究的中心，使得文本不仅鲜活，而且真实。

第三，它借助了口述史的方法，有较强的可读性。书中既有第一手的现场采访口述，也运用二手的相关学者的回忆文章，这其中既有陶研界的前辈章开沅先生、董宝良先生等人的口述材料，也有海外陶研界学者诸如姚渝生教授的口述访谈。口述史的介入，不仅让读者不会感到乏味，而且从另一个角度来说，借此将陶研界的故事以口述的形式保存下来，这对陶研本身就是一种可贵的贡献。

晓风老在世时曾多次明确地对我说，南京晓庄学院应当，也必须成为国内陶研界的重镇。为此，这些年来，中陶会努力加强与南京晓庄学院的合作，通过成立"中国陶行知研究院"的契机试图引领、推动全国性的陶行知研究。适值今年晓庄学院成立九十周年之际，希望大伟这本书的出版成为一个醒目的标志，一个崭新的开始，也希望晓庄人能在未来的陶行知研究事业和中国教育改革事业中做出更大的贡献。陶行知先生 100 年前在美国哥伦比亚大学留学时的授课老师克伯屈教授曾经预言：百年之后大家都要回过头来纪念晓庄、欣赏晓庄！我相信大伟的努力已经在为晓庄的陶研增色，还有其他我熟识的一批晓庄学者也不断在为晓庄的光荣历史添彩。我由衷地期待晓庄人高举陶行知的伟大旗帜，传承陶行知伟大思想与实践之路在新的历史时期越走越宽。

朱小蔓

2017 年 4 月 20 日于北京

序者为中国陶行知研究会会长，北京师范大学教授、博士生导师，曾任原中央教育科学研究所所长兼党委书记（2002—2007）、南京师范大学副校长（1996—2002）。

# 目　　录

# 绪　论

## 一　研究缘由

2011 年 4 月 10 日，我收到导师周洪宇教授发来的一封邮件，嘱我助其寻找海外陶行知研究的相关材料，不想这样我迈进了陶行知研究的大门。随后的一年多时间里，我相继翻译了姚渝生先生的《民族英雄的塑造：陶行知在中国的遗产》（*The Making of a National Hero：Tao Xingzhi's Legacies in the People's Republic of China*）、《重新发现教育与社会革命家陶行知》（*Rediscovering Tao Xingzhi as an Educational and Social Revolutionary*），并与洪宇师合作编撰了《陶行知年谱长编》与《全球视野下的陶行知研究（港台卷）》。可以说，我是在洪宇师自发自觉的学科建设的意识下，走进了陶行知研究的领域。2011 年 11 月底，我随洪宇师赴杭州师范大学参加了"陶行知诞辰 120 周年国际学术研讨会"，会上我遇到了一大批陶研前辈、专家。在交流学术思想的同时，我亦在思索一系列问题：他们为什么会走上陶研之路？他们的观点是怎样产生和发展的？为什么同一个陶行知在不同的人眼中会有不同的样子？为什么因为时代的不同导致同一人眼中的陶行知几经变化？

这一问题群实际上由两个问题构成，一是梳理出陶行知研究的学术史历程；二是探寻出社会结构对陶行知研究的影响。先看学术史。学术史的功能就是在分源别派之中找出各流派之间的差异,辨析出学术发展的脉络及其走向,从而为学术传承做好承上启下的作用。何谓学术?《辞海》定义为:"专门、有系统的学问。"故据此可以推断,所谓学术史,即为专门性、系统性学问的历史。对于学术史的理解,不同的学者有着不同的见解。钱穆认为,"我们写学术史,至少要知一家之学,必有其来龙去脉,这即是他的学问所走的一条路,所以称之曰学术。亦可说学派,学必有派,即是言一家学问之源流。言学术学派则必言师承,但言学派师承,却并不是主张门户,门户之见要不得,而师承传统则不可无。"① 李学勤在十一卷本的《中国学术史》总序中认为:"学术有着自身的历史,同时又难免受到整个历史的影响和限制。研究学术的历史,从历史角度看学术,这就是学术史。"② 张立文在其六卷本的《中国学术通史》总序中对学术史的归纳更具学理性,也更为完善,他表示:"学术在传统意义上是指学说和方法,在现代意义上一般是指人文社会科学领域内诸多知识系统和方法系统,以及自然科学领域中科学学说和方法论。中国学术史……是直面已有(已存在)的哲学家、思想家、学问家、科学家、宗教家、文学家、史学家、经济学家等的已有的学说和方法系统,并借其文本和成果,通过考镜源流、分源别派,历史地呈现其学术延续的血脉和趋势。"③ 相对而言,张立文对于学术史的评判更为系统科学全面,与西方社会思想体系中的"知识社会学"的观点不谋而合。综合上述学者对学术史梳理的成果可以发现,前人们非常强调考镜源流、强调分源别派、强调师承门户,这就不是广义上的学术史了,而是将其缩小至一种师承、一种学术谱系的视角。确实,在摒弃学术史中那些杂乱无章的研究、一

---

① 钱穆:《中国史学名著》,生活·读书·新知三联书店 2005 年版,第 297 页。
② 参见李学勤《中国学术史》,江西教育出版社 2001 年版。
③ 参见张立文《中国学术通史》,人民出版社 2004 年版。

时兴起的研究、投机取巧式的研究后，剩下的才是学术史的精华。因而，从学术谱系的视角研究某一学术思潮的发展历程，不仅可以鸟瞰整个学术史发展的脉络，还可以探寻出谱系思想传承的根基。从学术谱系入手看待陶行知研究，就可以帮助后人明白一家之说的来龙去脉，可以帮助后人轻而易举地踏入陶行知研究的门槛，免去学术摸索的过程。

对于陶行知的研究不可谓不多。据不完全统计，自 1919 年以来，国内外有关陶行知研究的文章近 7500 篇，著作 400 余种。① 然而美中不足的是，以学术谱系视角切入陶行知研究的成果目前还未出现。学术谱系研究的阙如让后学进入这个领域时要面对大量的、杂乱无章的学术史综述，这会让后来者感到无所适从，制约了陶行知研究的发展与深化。从学术谱系的角度来看，目前的陶行知研究存在以下几个问题：（1）研究内容的重复化。在当下的陶行知研究中，由于研究者对于陶行知研究脉络缺乏全面完整的理解，对前期学术研究成果把握不够，直接导致其研究内容的低水平重复，如对陶行知生活教育理论的研究、陶行知乡村教育思想的研究、陶行知与杜威等学者教育思想的比较研究等。这些低水平重复研究不仅不能推动发展陶行知研究，还会让学界认为陶行知研究始终处于较低水平阶段，从而影响陶行知研究学科体系的建设。（2）研究成果的碎片化。由于缺乏理论系统的研究指导，不少陶行知研究者热衷于分割式研究，使研究成果在各自狭隘的研究层面上展开，却无法形成宏观的学科体系。其中更有甚者，为了迎合研究潮流拼凑出一些文章，根本谈不上体系一说。如此一来，陶行知研究被分割的四零五散，研究成果也以各种碎片化的方式呈现我们眼前。可以说，陶

---

① 该数据由笔者结合《20 世纪陶行知研究资料索引》（上海科学技术文献出版社 2001 年版）、慕景强：《新世纪 10 年陶行知研究综述（2000—2009）》（载《南京晓庄学院学报》2012 年第 1 期）以及笔者所统计 2010—2017 年（截至 2017 年 12 月）数据综合而成。

行知研究是具有极强的内在逻辑的有机整体,任何专题化的研究都应该遵循这种内在的联系,在宏观中寻找微观视角,又必须从微观体现出对宏观整体的把握,而非将陶行知研究分割,以碎片的方式呈现。(3)研究队伍的分散化。研究能否构成体系,核心作者群体所起的学术共同体作用是显而易见的。但就目前而言,陶行知研究队伍分散化特征表现明显。仅以《20世纪陶行知研究资料索引》为例,其中共出现2551位作者,共计发表文章4004篇,平均每人发表论文1.57篇。① 这其中发表一篇文章的作者竟然高达74%,可以说这一部分群体对于陶行知研究的学科体系构建并没有起到积极的作用。按照李刚2006年的统计:若将发表11篇陶研文章的定为核心研究队伍,4—10篇文献的为基本研究队伍,全国也就只有200人左右的陶研人员。② 而事实上,随着陶行知研究人员的老龄化,以及陶行知研究逐渐步入的学科危机,目前国内外真正从事陶行知研究的人员是少之又少。事物总是矛盾的,尽管各地积极开展的陶行知研究与实践活动,以及不断见诸报端杂志的陶行知研究成果的涌现,都难以掩盖陶行知研究的学术危机。这就迫使陶行知研究学者开始思考从学术谱系的视角来破解这一学术危机。学术谱系研究注重的宏观性与逻辑性,以及对于各种学派的"辨章学术,考镜源流"可以为陶行知研究的具体问题提供必需的学术背景。通过学术谱系的研究,可以实现陶行知研究的历史与逻辑的统一,化解学术危机并进一步推动学术水平的发展。可见,撰写一部陶行知研究的学术谱系是刻不容缓的。诚如陈寅恪在《〈王静安先生遗书〉序》中表示:"自昔大师巨子,其关系于民族盛衰,学术兴废者,不仅在能承续先哲将坠之业,为其托命之人,而尤在能开拓学术之

---

① 李刚:《历史与范型:陶行知研究的知识社会学考察》,东北师范大学出版社2006年版,第206页。

② 同上书,第208页。

区宇，辅前修之未逮。故其著作可以转移一时之风气，而示未来以轨则也。"① 可以说，撰写陶行知研究的学术谱系也是为了通过对"大师巨子"的学术理解，达到"示未来以轨则"的目的。

再谈社会结构对陶行知研究影响的问题。前文曾提及陶行知研究的学术危机，为何会产生这一危机？再有，陶门弟子为何在二十世纪五十年代与八十年代对陶行知的评价完全不同？牧野笃为何会产生推翻"斋藤模式"的想法，这一想法源自哪里又如何进一步发展？……这一系列问题汇总到一起，会发现这些问题都是受到一个因素的影响：社会结构。不同时期的社会结构对学术会产生不同的影响，或扬或抑，它控制着人类思想起源的认识论，它控制着社会思潮的涌动，它控制着学术场域内部资源的分配。对于社会与意识的关系，马克思表示，"物质生活的生产方式制约着整个社会生活、政治生活和精神生活的过程。不是人们的意识决定人们的存在，相反，是人们的社会存在决定人们的意识。"② 从马克思的话语中可以发现，知识成果、学术研究无时无刻不受着社会的影响。具体在陶行知研究中，这种社会的影响有多大？有多深？对陶行知研究的走向产生了怎样的影响？

正是结合对上述两个问题的思考，才有了对陶行知研究的学术谱系进行梳理的想法，希望在考镜源流、分源别派的同时找出学术与社会之间的内在关系。

## 二　研究价值

选择"陶行知研究的学术谱系"作为博士学位论文的选题具体

---

① 陈寅恪：《〈王静安先生遗书〉序》，载周锡山编著《王国维集》（四），中国社会科学出版社 2009 年版，第 479 页。

② 中共中央马克思恩格斯列宁斯大林著作编译局编：《马克思恩格斯文集》（二），人民出版社 2009 年版，第 591 页。

有以下两点意义。

## （一）将人置于历史的中心

中国一直以来的历史研究强调以思想史、制度史为中心，在通过史料建构历史的同时却让人感到历史的冰冷感，没有一种鲜活的、生动的历史感。事实上，人才是历史的主体，是历史的实践者、创造者。因而，对于学术史的梳理，并不仅仅是对已成"故纸堆"的文献的整理，而且应该看到这些"故纸堆"背后活生生的人。所以，学术谱系的研究就并非像金林祥的《二十世纪陶行知研究》那般单调的将各种文献归档分类，而是摒弃中国传统史学中"见事不见人"的研究思路，强调对研究学者予以更多的关注，并通过对学者学派之间的梳理，寻找出学术谱系传承的脉络。倘若光光只注重材料的爬梳，却如钱穆所谓那般："就整个学术言，亦是只注意学者们所著一部一部的书，读者则只在他书里边去找材料，整个学问只剩有一部部的书与一堆堆的材料，而没有了一个个的人。但果真在学术界没有了人，书也会没有、材料也会没有，学术到此也就无可再讲了。"① 所以说，关注学术中的研究者，关注研究者的活动，关注研究者思想的传承变化，才能够全面完整地理解学术史进程。也就是余三定所提倡的："学者的研究背景、研究活动、研究成果、研究经验成了研究对象，甚至学者的治学经历和生平也成了研究对象。"② 将学者置于研究的中心，更可以体会到"学问中有人生、有情怀、有趣味、有境界，而不仅仅是纯粹的技术操作"③。

---

① 钱穆：《中国史学名著》，生活·读书·新知三联书店 2005 年版，第 295 页。

② 余三定：《当代学术史研究：新兴的学科》，《中山大学学报》（社会科学版）2011 年第 2 期。

③ 陈平原：《"当代学术"如何成"史"》，《云梦学刊》2005 年第 4 期。

### （二）梳理出陶研主流思想

陶行知一生不仅仅关注于教育事业，还涉及政治制度、经济发展、计划生育、科学普及、新文字推广、大众诗歌等多个领域。早在 1932 年持大就曾将陶行知的思想归纳为"陶行知主义"，1946 年陶行知去世后邓初民认为"陶行知主义"实质上是"人民至上主义"。随后再经过八十年代至九十年代陶行知研究的一波热潮，更有学者提出了"陶行知学"的构想。① 经过数十年的发展，陶行知研究已经产出了丰硕的成果，形成了一个复杂的、动态的体系，它以教育学为基础，涵盖了哲学、社会学、政治学、语言学、文学、人口学、管理学等多门学科。事实上，对于这么一个复杂的体系，连陶行知研究的专家级学者也很难搞清楚各人各派的学术主体思想、最新研究动态，那么后入者要了解起各派学术脉络及核心思想就更为困难了。要解决这一难题，只有"通过'分源别流'，让后学了解一代学术发展的脉络和走向；通过描述学术进程的连续性，鼓励和引导后来者尽快进入某一学术传统，免去许多暗中摸索的工夫"②。通过以人为本的学术谱系梳理，可以让我们清晰地看出各人各派学术发展的历程及其主要思想，这就有助于后人能够进入陶研领域。

## 三　研究现状

### （一）学术史研究现状

要研究学术谱系的历史进程与现状，就要将其置于学术史的宏

---

① 周洪宇：《陶行知研究的方法论问题》，《华中师范大学学报》（哲学社会科学版）1989 年第 2 期。

② 陈平原：《学术史研究随想》，载陈平原著《游心与游目》，四川人民出版社 1997 年版，第 34 页。

大视域中予以考察。学术史研究在近代中国曾有过两次热潮。第一次热潮在五四运动及之后的数十年间,这一阶段梁启超相继撰写了《论中国学术思想变迁之大势》《清代学术概论》《中国近三百年学术史》等著作,引发了当时学人对于学术史研究的热潮。梁启超认为,"中国之有学术史"当以黄宗羲的《明儒学案》开始,并进一步指出了学术史研究的四个必要条件:"第一,叙一个时代的学术,须把那时代重要各学派全数网罗,不可以爱憎为去取。第二,叙某家学说,须将其特点提挈出来,令读者有很明晰的观念。第三,要忠实传写各家真相,勿以主观上下其手。第四,要把各人的时代和他一生经历大概叙述,看出那人的全人格。"① 与梁启超几乎同时,章太炎、刘师培、王国维、罗振玉、钱穆等一大批学术大师开始投身学术史研究之中,这也造就了中国第一次学术史热潮的出现。

学术史研究的第二次高潮出现在二十世纪八十年代文化热之后。1991 年,《学人》杂志开始了有关于学术史讨论研究,引发了当时学界的兴趣,各路学者纷纷跟进,学术史研究开始在人文社科的各个领域迅速展开并取得了相当的成果。学界相继出版了《当代中国学术思想史》(靳德行,1999)、《中国学术史》(李学勤,2001)、《中国学术流变》(冯天瑜,2003)、《中国学术通史》(张立文,2004)、《中国学术史研究》(林久贵等,2009)等专著。这些著作对中国学术史的发展及现状作了通盘考察和全面研究,总结了学术思想、学术传统和学术规范,揭示了学术内在发展规律。除此之外,专题性的学术史研究开始涌现,《〈红楼梦〉与百年中国》(刘梦溪,2005)、《四百年〈西游记〉学术史》(竺洪波,2006)等都是这方面的代表之作。尤其值得大书特书的是 1995 年至 2005年由陈平原主编,北京大学出版社出版的"学术史丛书"系列,这

---

① 梁启超:《中国近三百年学术史》,岳麓书社 2010 年版,第 54 页。

十四本专著分别是：《中国禅思想史——从 6 世纪到 9 世纪》（葛兆光，1995）、《士大夫政治演生史稿》（阎步克，1996）、《中国现代学术之建立——以章太炎、胡适之为中心》（陈平原，1998）、《陈寅恪先生史学述略稿》（王永兴，1998）、《中国文学研究现代化进程》（王瑶，1998）、《明清之际士大夫研究》（赵园，1999）、《西潮激荡下的晚清地理学》（郭双林，2000）、《儒学南传史》（何成轩，2000）、《中国文学研究现代化进程二编》（陈平原，2002）、《文学史的权力》（戴燕，2002）、《晚清女性与近代中国》（夏晓红，2004）、《文学史书写形态与文化政治》（陈国球，2004）、《〈齐物论〉及其影响》（陈少明，2004）、《北京：都市想像与文化记忆》（陈平原、王德威，2005）。这些专著从学术史的角度切入某一个专题研究，为学术史研究提供了研究范式，开创了二十一世纪的"学术史时代"。

再看从学术史缩小至学术谱系的研究。沈卫威通过对新中国成立八十多种旧报纸以及十余所大学校史的考察，从时间和空间向学界呈现了相对完整的"学衡派"知识谱系，并通过对刘伯明、柳诒徵、梅光迪、王国维个人体验的考察从微观上完善了谱系的思想建构。① 周仁政在对中国文化的考察后，认为科学知识系统的"拜物教化"，诱发了社会经济和现代生活深入持久的"商品拜物教"文化异化现象，造就了中国二十世纪三十年代现代文学中左翼、京派和海派的三足鼎立。② 刘墨在分析了乾嘉学术的知识谱系后认为，"研究乾嘉学术不能忽视人物、著作或论题所产生的历史环境，跳脱环境或是错置时空都无法窥见该学术的真正意义。……学术内部的主题变化固然可以导致新的学术意识与研究方法的诞生，而来自

---

① 沈卫威：《"学衡派"谱系——历史与叙事》，江西教育出版社 2007 年版。
② 周仁政：《知识拜物教与现代文学谱系：现代文化与中国现代文学研究导论》，中国社会科学出版社 2009 年版。

于社会环境的变化同样是考察学术史的一条重要线索。"① 从学术史研究到学术谱系研究可以发现一种重大的转变,那就是谱系研究更为强调社会环境、文化背景对于某种学术思想的产生发展起着重要的作用。同样的,陶行知研究的学术谱系也必然受到社会的影响。

**(二)陶行知研究学术史现状**

由于本研究做的是"研究的研究",而非陶行知的研究,故而对于陶行知研究的学术回顾并非重点,这里主要谈下陶行知研究学术史的现状。

二十世纪八十年代,随着陶行知研究的恢复,一大批陶行知研究成果纷纷涌现。其中最有影响力的当属湖南教育出版社和四川教育出版社分别出版的《陶行知全集》。《全集》的出版有力地推动了陶行知研究的进一步深入开展,随后的时间里,一批影响力深远的著作出版发行,这其中具有代表性的作品有:周洪宇编《陶行知研究在海外》(人民教育出版社,1991),童富勇、胡国枢著《陶行知传》(教育科学出版社,1991),贾培基著《陶行知》(重庆出版社,1991),郭笙著《为中国教育寻觅曙光——陶行知教育思想研究》(辽宁教育出版社,1991),章开沅、唐文权著《平凡的神圣——陶行知》(湖北教育出版社,1992),周洪宇、余子侠、熊贤君编《陶行知与中外文化教育》(人民教育出版社,1999),余子侠著《山乡社会走出的教育家——陶行知》(湖北教育出版社,1999),上海图书馆、丽水师专图书馆编《20 世纪陶行知研究资料索引》(上海科学技术文献出版社,2001),何国华著《陶行知教育学》(广东高等教育出版社,2002),金林祥编《二十世纪陶行知研究》(上海教育出版社,2005),李刚著《历史与范型:陶行

---

① 刘墨:《乾嘉学术的知识谱系》,博士学位论文,南京师范大学,2003 年。

知研究的知识社会学考察》（东北师范大学出版社，2006），陶行知与中国现代化课题组编《陶行知与中国现代化》（四川教育出版社，2008），金林祥、胡国枢编《陶行知词典》（百家出版社，2009）等。近年来，一些中青年学者也纷纷将研究目光聚焦陶行知研究，如蔡幸福的《融通与创新：陶行知与牧口常三郎教育思想比较研究》（山东教育出版社，2008），吴擎华的《陶行知与民国社会改造》（安徽教育出版社，2011）。此外，胡志坚、汪楚雄等学者对陶行知研究也多有涉及。

上述陶研代表著作中不乏关于陶行知研究学术史的重要作品。周洪宇的《陶行知研究在海外》是目前最全面的一部关于海外陶行知研究的著作，该书将海外的陶研资料按照总论、实践述评、理论研究、思想传播、资料要目的方式分类归纳，为海外学术流派的研究打下了良好的基础。《20世纪陶行知研究资料索引》及前期周洪宇编的《六十年来国内陶行知研究文献目录》、梁宇光等编的《七十年来陶行知研究资料索引》、吴奕宽等编的《陶行知研究集萃》等书则全面系统地梳理总结了近百年来的陶行知研究成果，为陶研的进一步开展做好了前期准备工作。金林祥编的《二十世纪陶行知研究》是一部全面系统的陶行知研究学术史专著，确立了陶行知研究史的分期问题，即"探索探讨期""纪念评价期""批判沉寂期""争鸣复兴期""发展实验期"。该书以丰富的史料为基础，将陶行知研究置于社会历史发展的大背景下进行考察，既全面综合介绍，也注重专题研究。李刚的《历史与范型：陶行知研究的知识社会学考察》则从知识社会学的视角，通过定性与定量分析，对陶行知研究的学术共同体、研究范式进行了分析，突破了综述式学术史研究的模式。

陶行知"研究的研究"最早始于二十世纪八十年代末期。周洪宇在1989年发表了《陶行知研究的方法论问题》，批判了当时陶研中存在的庸俗社会学方法论,提出了构建陶研方法论体系的设想,并提议从文化的角度研究陶行知。<sup>①</sup> 同年,赵刚撰文《陶行知研究在日本》,详细介绍了日本的陶行知研究状况。<sup>②</sup> 童富勇的《对建国以来陶行知研究的回顾》《陶行知研究综述（1927—1991）》对数十年来的陶行知研究进行了回顾与梳理,并做了归纳性总结。<sup>③</sup> 金林祥率领的研究团队对陶行知研究学术史做了大量的工作,尤以陶行知教育思想研究、陶行知研究史综述、海内外陶研人物研究最为突出。<sup>④</sup> 此外,徐志辉、王文岭、金德泉、张青运、慕景强等学者对陶行知研究学术史也多有涉及。

总而言之,以上陶行知研究的研究主要还是对已有的海内外研究文献的研究,或介绍或评述。受制于"当代人不写当代史"的传统思想,目前还未有学者将目光投向当下的陶研学人,这也是本研究与以往研究的不同所在。

## 四 研究方法及创新点

本书是有关于"陶行知研究"的研究,通过研究陶行知研究中

---

① 周洪宇:《陶行知研究的方法论问题》,《华中师范大学学报》(哲学社会科学版) 1989 年第 2 期。

② 赵刚:《陶行知研究在日本》,《日本研究》1989 年第 3 期。

③ 童富勇:《对建国以来陶行知研究的回顾》,《教育评论》1991 年第 6 期;童富勇:《陶行知研究综述》,《教育史研究》1992 年第 1 期。

④ 其研究成果有:金林祥、李庚靖:《20 世纪 90 年代陶行知教育思想研究综述》,《教育研究》2001 年第 6 期;金林祥:《论斋藤秋男对陶行知研究的贡献》,《华东师范大学学报》(教育科学版) 2001 年第 3 期;金林祥:《日本陶行知研究的两位先驱》,《教育评论》2001 年第 5 期;金林祥:《斋藤秋男与中国》,《华夏文化》2001 年第 4 期;金林祥:《方明对陶研事业的贡献》,《南京晓庄学院学报》2008 年第 5 期;金林祥、于吉文:《二十世纪九十年代日本陶行知研究的新进展》,《纪念〈教育史研究〉创刊二十周年论文集 (2)——中国教育思想史与人物研究》2009 年;李庚靖:《中国陶行知研究 80 年概述》,《广西师范大学学报》2002 年第 1 期;李庚靖:《陶行知教育思想研究之现状》,《上海教育科研》2002 年第 4 期;张蓉:《批判与反思:1951—1978 年的陶行知研究》,《华东师范大学学报》(教育科学版) 2005 年第 3 期;涂怀京、陈冬:《从争鸣到复兴:陶行知教育思想研究述评 (1979—1985)》,《福建师范大学学报》(哲学社会科学版) 2004 年第 5 期。

的个体人物，梳理出陶行知研究的学术谱系，其研究方法主要借助文献分析法、个案调查法、跨学科研究法等。

本书的创新点有以下几个方面。

### （一）融通中西的研究方法

德国近代研究中西文化的哲学家莱布尼茨认为，中国文化对于西方文化有互补的作用，两种思维之间有着同构性。[①] 基于对此的理解，本书的研究方法结合了中国传统"学案体"与西方知识社会学、科学社会学的共同优点，融中西研究之长处，在研究方法方面作一创新。中国古代的学术史研究一直保持着良好的传统。朱熹的《伊洛渊源录》可谓较早的学术史研究著作。严格意义上的学术史著作，应在黄宗羲《明儒学案》出现之后，他列举学案 19 目，叙述明代学者 200 余人，以学派为纲，论述了各派学人的生平与学术成就。黄宗羲后又与子黄百家、徒全祖望等人合撰完成《宋元学案》。梁启超盛赞黄宗羲的史学成就，认为"大抵清代经学制祖推炎武，其史学之祖当推宗羲，所著《明儒学案》，中国之有'学术史'自此始也。"[②]

近年来，学术研究有一种全盘西化的倾向，若无西方理论支撑便觉得研究缺乏创见，这就造成了中国传统研究方法逐步被摒弃。事实上，中国传统学术研究有诸多可取之处，故而本研究决定以学案体为写作纲目。陈平原指出："做学术史研究，从具体的学者入手——类似以前的学案，这样的撰述，表面上不够高屋建瓴，但不无可取处。"[③] 为破解陈平原所谓的不够"高屋建瓴"，就需要借鉴西方知识社会学、科学社会学的研究成果来分析陶行知研究学术谱

---

① 忻剑飞：《世界的中国观：近两千年来世界对中国的认识》，学林出版社 1991 年版，第176 页。

② 梁启超：《清代学术概论》，中华书局 2010 年版，第 26 页。

③ 陈平原：《"当代学术"如何成"史"》，《云梦学刊》2005 年第 4 期。

系形成发展历程,取中西方之长,糅合共用。

### (二)突破教育史学界"当代人不写当代史"的思维禁锢

"当代人不写当代史"这一中国传统治史思想至今在学界还有很重要的影响力。放眼至教育史学界,受制于这一思想,迄今还难有专门系统的针对当代学术史研究出现。在这一方面,教育史学界已经远远落后于文学界和历史学界了。文学界在陈平原的带领下,在1991年前后已经逐步形成了当代学术史的学科氛围,如余三定近期结集出版的《当代学术史研究》(人民出版社,2009);而历史学界也有大量成果涌现,如马敏的《架设沟通中西文化的桥梁——章开沅先生与中国教会大学史研究》[《华中师范大学学报》(哲学社会科学版)1995年第5期];朱英的《筚路蓝缕,推陈出新——章开沅先生与中国近代资产阶级研究》[《华中师范大学学报》(哲学社会科学版)1995年第5期];郭国灿的《近代思想文化的深层探索——章开沅先生与中国近代思想文化史研究》[《华中师范大学学报》(哲学社会科学版)1995年第6期];严昌洪的《辛勤的耕耘,丰硕的收获——章开沅先生与辛亥革命史研究》[《华中师范大学学报》(哲学社会科学版)1995年第6期];高峻、林伟华的《论章开沅与南京大屠杀历史研究》[《党史研究与教学》2006年第5期];付海晏的《马敏与中国近代史研究》[《华中师范大学学报》(人文社会科学版)2010年第3期];魏文享的《察商道,观世变:朱英与中国近代经济史研究》[《华中师范大学学报》(人文社会科学版)2010年第5期]。

文学、历史学在研究领域的突破让教育史学不能够再有所耽误了,必须要迅速投入"当代学术史"的研究中。本研究就是要打破"当代人不写当代史"的学术禁锢,为教育史学界率先开辟当代学术史的研究领域。

### （三）突出口述史料的价值

口述史料的运用一直在教育史学界受到重视，但实际上却是"雷声大雨点小"，除了华东师范大学丁钢教授的团队中有学人在研究中运用外，其他教育史研究者对口述史并没有投入过多关注。业师周洪宇教授一直强调在研究中突出口述史料的作用，但同门之中暂未出现采纳运用口述史料的研究出现，故而笔者在研究中突出口述史料的价值，虽未能引领学界之潮流，但也是开师门之先例。

# 第一章

# 学术谱系的先行理解

## 一 概念与方法

### （一）谱系与学术谱系

"谱系"一词在中国有着悠久的历史，其概念本源出自中国传统的"谱牒学"，属于家谱理论中的一个组成部分，强调以家族的血缘关系构建起来的人群系统。《隋书·经籍志二》中有语："今录其见存者，以为谱系篇"，凸显了谱系记载宗族世系发展的重要作用。明代散文家归有光在《朱夫人郑氏六十寿序》中写道："至于今四百余年，谱系不绝"[①]；清代学者顾炎武《同族兄存愉拜黄门公墓》中有云："才名留史传，谱系出先公"；至近代，国学大师章炳麟在《驳康有为论革命书》中亦论及谱系："而文化语言，无大殊绝，《世本》谱系，犹在史官，一日自通于上国，则自复其故名，岂满洲之可与共论者乎？"[②] 从上述数位大儒的论述可以看出，自古以来，家、族谱系的重要性不言自喻，它成为一种承载中华文化、民族认同、宗族情感的重要工具。

近代以来，随着西方文化的涌入，"谱系"的概念从家族血缘

---

① 归有光：《震川先生集（上）》，上海古籍出版社 2007 年版，第 299 页。
② 章炳麟：《章太炎全集（四）》，上海人民出版社 1985 年版，第 174 页。

关系逐步延伸发展开来，成为一种解释物种变化体系的语言。在西方文明中，谱系作为物种遗传学的结构基础，串联起家族产业链的遗传变异过程。在这一过程中，谱系强调个体在变化发展中的相似性而非起源的同一性，这就意味着谱系内部成员之间既有相似性也有差异性。这一点正如福柯所说的："并不就此要在个体、情感或观念中寻找一般特征（这个特征把这个个例划归为同类），并不是要断言：这是希腊人，那是英国人；而是要去辨认细微、独特、属于个体的标记，这些标记在个体中交织成为一张难以解开的网。这样一种起源远不是相似性范畴，它要梳理所有标记，以便将它们逐一区分。"① 无论是东方还是西方，谱系学都成了一种历史研究的方法。它关注起源，寻找起源中的偶然、意外事件和不稳定的权力，"谱系学并不打算回溯历史，不打算在被忘却的散落之外重建连续性；它的任务并不是先给整个发展进程强加一个从一开始就已注定的形式，然后揭示：过去仍在，仍活生生地在现在中间，并在冥冥中唤醒它。……相反，追寻来源的复杂序列，就要坚持那些在自身散落中发生的东西：确定偶然事件、细微偏差，或反之，去确定错误、错估和那产生了现时的、对我们有用的东西的错误演算；揭示在我们所知和我们所是的东西的基底根本没有真理和存在，有的只是偶然事件的外在性。"② 如果我们也从谱系学的角度来看，福柯的这一谱系学思想是在尼采谱系思想上的延伸发展，他紧紧抓住了尼采在《论道德的谱系》中提出"Ursprung"一词。这一词语尼采曾多次使用，包含了起源、诞生、出身等多种含义，正如尼采自己所说的："追寻事物起源的知识探索者总是相信，他们的发现对于未来的所有行动和判断都是无比重要的；他们甚至总是预先假定，人

---

① ［法］福柯著，杜小真编选：《福柯集》，上海远东出版社 2003 年版，第 150—151 页。
② 同上书，第 151 页。

的拯救必须以对于事物的起源的洞见为前提。"① 继承了尼采谱系学说的福柯,不仅强调对起源的探讨,他更执着于对历史细节的挖掘。在福柯看来,谱系学成为历史研究的一种重要手段,"枯燥、琐细,是项极需耐性的文献工作","它处理各种凌乱、残缺,几经转写的古旧文稿",强调细节知识,"要求大量堆砌的材料,要求耐心"。② 经过尼采、福柯的传承发展,谱系学不仅仅关注对历史起源的研究,更强调打破起源的同一性,分清历史盛衰的不同阶段,确定历史发展的伸缩范围,"这种方法试图拆解历史连续性的巨大锁链及其目的论的终极归宿"③。

无论是东方还是西方,谱系学的研究者们都强调对起源的探讨,西方学者则更试图利用先验性悬置结构摧毁起源的同一性特征,"意在强调它的某种特异性、独立性、客观性、自主性,甚至是一种相对松散的'偶然弹性',或非同质化的、非'必然一律性'的特征"④。随着谱系概念的不断衍生,其外延已经不仅仅局限于家族的范围,更是扩展至学术圈,这也促发了学术谱系的形成。在中国历史上,儒家具有最为庞大的学术谱系。从孔子到孟子再到董仲舒、周敦颐、"二程"、朱熹、陆九渊、戴东原、王国维,几千年的传承始终无法改变这一谱系内在的学术追求与价值信仰。当然,不只有儒家,其他任何一种思想流派都在努力构建自我的学术谱系。这一思想深入中国文化的精髓,使中国古代诸多学人在学术研究的开始便归宗溯源。正如家族开枝散叶一般,学术谱系也经历了不断承继与嬗变的过程,学派内部不断涌现新的领军人物,在开宗立派之间迅速扩大了学术谱系的覆盖范围,逐步有了主次之

---

① [德]尼采:《曙光》,田立年译,漓江出版社2007年版,第33页。

② [法]福柯:《福柯集》,杜小真编选,上海远东出版社2003年版,第146页。

③ 吴奇:《福柯 尼采 谱系学》,《华中科技大学学报》(社会科学版)2007年第6期。

④ 杨矗:《中国人文学术研究的谱系危机》,《上海师范大学学报》(哲学社会科学版)2007年第4期。

分、大小之分。如儒家、佛家、道家成了中国古代学术研究的主干，玄学、理学、心学则成了次属，当然次属还会继续分裂出若干不同属性的学派，将学术谱系的范围进一步扩大。故而，韩愈、朱熹等人提出了道统说，后人在此基础上亦产生了学统说，以梳理学术谱系的传承脉络。针对中国古代学术的这一特性，杨矗认为，正是有了这些谱系且谱系不断细化、不断交融，才促使中国学术不断地向前发展。①

西方虽然直到尼采、福柯才开始对谱系学有了详尽的阐述，但事实上，学术谱系的划分一直贯穿着西方学术的始终。从苏格拉底、柏拉图、亚里士多德的一脉相承，再到近现代的实用主义、建构主义、解构主义、法兰克福学派、英国伯明翰学派等诸多学术派系的涌现，西方的学术传承也在有意无意之中完成了自己的谱系建构。之所以形成这样的态势，也在于西方学术与中国学术相同的内在性，即基础的主干性学术谱系的内在扩张需求。每一位学术谱系的成员，都在接受与传递之中完成了自我知识的更迭与发展，形成了烙有自我标签的学说体系。在这一内在需求的驱动下，谱系的发展与嬗变也是情理之中的了。

在对中西方学术谱系的历史梳理之后，我们对学术谱系有了较为全面的了解，也似乎可以下一个较为中肯的定义：学术谱系应是一个具有相似的学术起源，类似的话语结构与知识体系以及共同的价值观念构成的学人共同体。在这一团体中，必须要有明确的研究纲领、旗帜性的引领人物。对内而言，谱系应具有传承核心学术理念的功能；对外，它需要对核心学术理念不断地加以阐释嬗变，以助于谱系的开枝散叶、开疆拓域。在相似的学术起源这一点来看，学术谱系中更应该突出师承的重要性，这一点也是由中国历代相传

---

① 杨矗：《中国人文学术研究的谱系危机》，《上海师范大学学报》（哲学社会科学版）2007 年第 4 期。

的文化属性所决定的。正如清代史学大师章学诚所强调的："学者不可无宗主，而必不可有门户"①，师承与学术的关系远不是西方所谓的学术共同体所能比拟的了。在中国学术谱系发展史上，"师之所存道之所存"的现象是极为常见的。谱系的创建者以其丰厚的学养和知识，构建出特有的学术体系，后学则应不囿于师门之见，进一步对师说承继甚至批判发展，才能够将学术之路发扬光大。

尽管学术谱系一说在中国有着深厚的历史底蕴，但自"五四"以来学术谱系的建构呈现出断层趋势，中国传统文化遭到少部分人的摒弃。但由于中国传统学术顽强的生命力及学术惯性，一些学者依旧在为学术传承甚至形成学术谱系而努力。比如当代著名历史学家章开沅，门下弟子中有诸如桑兵、虞和平、马敏、朱英、彭南生、周洪宇、余子侠等一大批知名中青年学者，客观上已经形成了独特的章门学术谱系。尽管章开沅甚至其弟子都已经开宗立派，但国内学术界缺乏对学术谱系的研究，迄今难有学人对章开沅这一学术谱系进行研究，甚至于没有学者对章门是否形成一种学术谱系做一定论。这种中国固有的学术谱系传统的缺失，使得当下中国学术界对内而言，缺乏了自身系统的有效梳理；对外来看，随着改革开放，西方学说的不断涌入，学界又陷入了一种疯狂引入西学的境地，完全忽视了传统学术研究的优势，一味地追随西学，无视甚至贬斥中国学术传统。事实上，没有中国内在学术谱系作为支撑，再强大的西学引进最终也不过成为无本之木、无源之水。

在经历了近百年的欧风美雨的荡涤之后，我们似乎更应该反思，中国传统学术研究中哪些是需要扬弃的，哪些是值得保留与发展的。显然，受到中西方学界共同重视的学术谱系理应再度回归学人的视野之中。对于学术谱系的建构我们必须要能够做到以下几点

---

① 章学诚：《文史通义》，上海书店出版社1988年版，第65页。

突破。一，突破意识形态的制约。马克思主义学说谱系的强大一度
让中国固有的学术谱系销声匿迹，中国历史上颇有影响力的诸如
《宋元学案》《明儒学案》《中国近三百学术史》等强调学术谱系的
研究在进入当代以来基本上已经不复存在。所以，一旦强调学术谱
系的构建，就要突破马克思主义学说谱系的制约，最终形成特有的
知识谱系。事实上，马克思主义学说从根本上来说，是一种宏观的
指导性的方法论，它起的作用应该是指导各类学术谱系的形成与发
展。甚至是马克思主义学说本身，也应该不断发展分裂，而非一成
不变，比如在国外就有法兰克福学派、新实证主义马克思主义、文
化马克思主义、后现代马克思主义等。所以，突破意识形态的制
约，成为学术谱系形成发展的重要保证。二，突破"拉帮结派"之
虑。之所以当代中国学术界少提学术谱系，是因为学人多有"拉帮
结派"的顾虑。这不仅是部分学人对"文化大革命"后遗症的恐
惧，也有学术场域之争的担忧。法国社会学家布尔迪厄指出："所
谓科学团体——其实它并非一个真正的团体，而是一个充斥着竞争
的场域。"① 学术场域是生活场域的延续，在布尔迪厄看来，学术场
域就是一个争夺资源的场所，根据个人或团队资本总量的不同达到
支配学术研究领域的目的。依照布尔迪厄的理论来看，学术谱系一
旦形成，就有可能打破某一学术领域的场域均衡，场域内部必然会
陷入一种为争夺资源而产生的混乱之中。因而，也许是出于一种中
庸之道的想法，即便是在国内某一研究领域已经形成特定谱系图的
学者，也少有提及学术谱系建构一说。三，突破中学与西学的隔
阂。正如上文所述，谱系是中国古已有之的一种学术传承，在西方
也有着悠久的历史。如何能够将东西方对于谱系学的研究合二为一
却是我们当下急需突破的所在。前文所述，改革开放之后，中国成

---

① ［法］皮埃尔·布尔迪厄：《科学的社会用途——写给科学场的临床社会学》，刘成富、
张艳译，南京大学出版社 2005 年版，第 60 页。

为西方学术思潮的跑马场,各种学说蜂拥而入,一时间不懂西学、不通西学成了学术落伍的代名词。西学是好,但也不可冷落了中国传统学说的优势。故而,在学术谱系建构这一点上,最为合理的即是结合中西谱系学说的优势,要达到"洋为中用,中学为体"的目的,也就是西方谱系学的中国化,中国谱系学的深入化。只有在这三方面有所突破,中国学术谱系的建构才能够复兴并超越以往,达到更高的高度。对于当下中国人文社科中的学术谱系危机,杨蠹更是直呼:"要大胆地先做起来,大家都做起来,那就肯定会大有成效。……现实已不允许我们再妄自菲薄;也不允许我们再在西学的屁股后面'只追不建'。当下,我们不光急需中国自己的'话语',而且急需中国自己的谱系和体系建构!"①

从杨蠹的话语中可以发现,学术谱系与学术体系建构有着极强的联系。确实,作为学者而言,学术研究的最高目的是建立一门学科的特有学术体系。但事实上,仅仅凭借一人之力,在有限的时间内确实难以完成。此外,鉴于科学知识的不断完善,学科体系也是不断发展变化的,这体现在知识本身内在的延续性和能动性上。所以,从发展的眼光来看,学术体系的完善需要几代人共同的努力。从笔者为学术谱系所下的定语来看,学术谱系的出现就是一群相似的学术起源、类似话语体系的学人为着学术体系的完善所做的根本性保障。

## (二) 口述与叙事

为了挽救当代人物学术研究的谱系危机,必须要引入新的方法论为谱系构建提供重要的工具。在当下的历史学科的研究中,口述历史与叙事史学方法论可以为我们的谱系建构提供重要的指导

---

① 杨蠹:《中国人文学术研究的谱系危机》,《上海师范大学学报》(哲学社会科学版)2007 年第 4 期。

方法。

1. 口述历史

口述历史在西方已经有了六七十年的发展历史，也已经形成了比较完善的体系，保尔·汤普逊①、唐纳德·里奇②等人都从方法论的高度阐述了口述历史的重要作用以及实践方法。美籍华人学者唐德刚对于中国口述史方面的贡献颇多，他曾在哥伦比亚大学东亚研究所发起成立"中国口述历史协会"，并整理出版了《李宗仁回忆录》《胡适口述自传》《胡适杂忆》《顾维钧回忆录》等一大批口述资料，为中国口述历史研究奠定了基础。近年来在中国教育史学界内，加拿大学者许美德（Ruth Hayhoe），中国学者齐红深、何兆武、潘懋元、顾明远、王炳照等人都陆续撰写出版了一些口述史料，从而让鲜活的生命和激情的时代跃然纸上，让人感受到了生活与学术的颤动共鸣。

从事当代学术谱系的研究，最大的优势在于研究的对象不再是"故纸堆"，而是一位位活生生的人，这就可以为研究提供大量的口述实录。对于学术谱系中学人的口述实录，不仅可以挖掘出研究的源起与思想发展历程，还可以了解学者在研究过程中微观活动与心路历程。前文所述，学术史包含了思想史，可一直以来的思想史研究始终是一种见事不见人的研究，对于思想的如何形成、形成过程中受到什么因素的影响、学者在这一过程中主观能动所产生的作用，我们是一无所知，仅仅凭借后人的猜测诠释来弥补这方面的遗憾。比如在陶行知研究（以下简称"陶研"）中，华中师范大学本与陶行知无任何瓜葛，却最终成了陶行知研究的中心，这是历史的偶然还是必然？倘若没有董宝良、章开沅等人的口述揭开这一事件

---

① ［英］保尔·汤普逊：《过去的声音——口述史》，覃方明、渠东、张旅平译，辽宁人民出版社2000年版。

② ［美］唐纳德·里奇：《大家来做口述历史》，王芝芝、姚力译，当代中国出版社2006年版。

发生的历程，这一历史的经过恐怕最终也会湮没于尘埃之中，后人一旦想探究这一学派研究的缘起，不知又会作出怎样的阐述。这就反映出了口述史在学术上通过"'在场性''生活性''精神性'特征可以更好地发挥'存史'与'释史'的功能"①。

从当代学术谱系发展的脉络出发，我们可以借助口述史对深入探寻学者的内心世界。西方的心理史学强调人在少年时期的经历对人的一生有着重要的影响，从这一观点也可以推论出，人的少年时期经历同样也会体现在他的作品上、他的研究上，对其一生的学术思路、学术人生会有着重要的影响。比如美籍华人陶研学者姚渝生，他的研究中有着强烈的自由主义色彩，并且对激进主义持有一种否定的态度，倘若没有口述访谈，我们可能会以为这是深受美国自由主义文化氛围熏陶所形成的价值体系。但借助口述实录后才发现，这并非如上述推测那么简单，而是其少年时期人生经历的一种反思，这一反思最终体现在他的学术研究之中并持续终身。

历史强调求真。这就要求治史者减少过度阐释，尽量能够还原历史本身。如何填补学者从思想到行动之间的这一段空白，这就需要口述史来发挥巨大的作用。同时口述史还有一点极为重要的功能，那就是可以对学者的下一步研究做出预判。当代学术史研究为何会在学界内遭到一些反对的声音，就在于有学者认为被研究者的思想是一个不断变化发展的过程，只有盖棺才能彻底对学者思想做一个定论。但倘若有了口述史的帮助，我们就可以清晰地了解到被研究对象的下一步甚至更为长远的研究计划与目标，这样的研究就不再是对历史的一种割裂的、孤立的研判，而是包含了对未来学术发展的展望。有了口述史的加入，当代学术史研究就不再是一个句号，而是一个逗号，成了一种动态的、开放的、发展的学术研究。

① 刘来兵：《什么是教育史——中国教育史学实践的历史考察与反思》，博士学位论文，华中师范大学，2010 年。

从这一角度来说，当代学术史或学术谱系的研究，必然要与口述史结成联盟，否则就会陷入片面、孤立的困境。

2. 叙事史学

学术谱系的研究强调以人为本，将人置于历史的中心，借助口述等方式突出人的活动特性。学术谱系的这一内在特点与叙事史学的复兴有着密切的关联。历史叙事是人的主体行为，其中既有自发的叙述者，也有自觉的叙述者。每个人都有着自己独特的历史，只要他有意愿讲述出这段历史，他就属于自发历史叙述者中的一员。受过专业训练的历史学家则属于自觉的历史叙述者。在其叙述历史的过程中，他能够认识到自己及相关的人群都属于历史的人，也会自觉地将自身的历史认识贯穿到叙述的过程中。借助叙事者视角的多元化，可以改变传统教育史学叙述一元化的古板面孔。叙事不仅仅是一种写作方式，更应该将其视为历史研究者对历史本质的一种看法。叙事史学的复兴将历史叙述复归到以人为本，将活动的人置于历史叙述的中心，为被叙述的人构建出翔实的历史背景，进而指出历史对人的制约，并结合人的意志对历史事件进行合理的解释。从叙事的视角来解读陶行知研究学术谱系中的学术传承及其与社会文化发展之间的互动关系，"其意义不仅在于变迁教育史研究的视角与方法，更在于如何把人的活动置于教育史研究的中心地位，并以此强调教育史的历史感知及其人文意蕴"[1]。

以陶行知研究为例，倘若以叙事史学的视角出发，则会得出诸多不同以往的结论。从二十世纪二三十年代迄今，陶行知研究经历了多种研究范式的转换，从百家争鸣到革命史范式，再到现代化范式，再到叙事史范式，近百年来陶行知研究的话语体系经

---

[1] 丁钢：《叙事范式与历史感知：教育史研究的一种方法维度》，《教育研究》2009 年第 5 期。

历数个范式阶段，每一种范式的转换都影响了学术谱系的内在脉络形成。如何看待探究这些不同话语范式的内在影响因素，叙事史学为我们提供了很好的分析工具。海登·怀特对历史著作中的概念化诸种层面予以了分类。他认为，一位历史学家的叙事中，事件的构造都是在某种类似于规律—演绎式的论证中获得解释，并根据自己的意识形态取向来选择特定的叙述模式，这些都会在其审美（情节编排）和认知（话语论证）上体现出来，如表1所示①：

表1

| 情节编排模式 | 论证模式 | 意识形态含义模式 |
| --- | --- | --- |
| 浪漫的 | 形式论的 | 无政府主义的 |
| 悲剧的 | 机械论的 | 激进主义的 |
| 喜剧的 | 有机论的 | 保守主义的 |
| 讽刺的 | 语境论的 | 自由主义的 |

怀特认为，一个历史叙事，要按照特定的情节化模式（如悲剧、喜剧等）来编排历史进程，要以各种方式来说明和解释研究对象（如有机论、形式论等），并且其中还包含了历史学家自有的意识形态蕴涵。因此，对于过去的同一段历史，历史学家可以根据不同的情节化模式对其进行编排，以不同的论证模式予以解释，同时可以蕴含作者本身特有的意识形态。也就是说，同一个陶行知，在某一谱系内是改良主义者，在另一谱系内则可能是共产主义者。显然，如何看待不同学术谱系得出的不同研究结果，叙事史学为我们提供了重要的帮助。

---

① ［美］海登·怀特：《后现代历史叙事学》，陈永国等译，中国社会科学出版社2003年版，第402页。

# 二 视域与体系

二十世纪八十年代中期，随着中国陶行知研究会、中国陶行知基金会的成立，陶行知研究一时间成为显学，诸多知名学者纷纷加入其中，为陶行知研究的丰富完善做出了各方面的努力。从知识的覆盖面来说，陶行知本人的思想确实极为丰富，其贡献不仅仅只局限于教育学，还包罗了哲学、政治学、社会学、文学、管理学等多种学科，所以早在二十世纪三十年代就有人提出了"陶行知主义"的说法。经过二十世纪七八十年代的繁盛，周洪宇更是提出了建构"陶行知学"的设想。① 确实，陶行知思想的丰富性和独特性足以支撑起一门学科体系的建设。那么，既然希望能够成为一门独立的学科体系，对于这门学科的发展历程有非常有必要进行梳理了，这也就是对陶行知研究学术史的梳理。因为陶行知研究起源于二十世纪二三十年代，发展于八十年代，成熟于九十年代，这就意味着陶研学人多数都属于现当代学者。因而，在这一问题上，有两点必须要进一步进行阐述，才能让我们厘清陶行知研究学术谱系的脉络：一是当代学术何以成史；二是学术谱系与学术史的关系。

## （一）当代学术何以成史

中国传统史学有一种观念，即当代人不写当代史，强调盖棺才能定论。确实，评骘在世硕学，难免有学力不逮之感，且唯恐有所偏失，挂一漏万。但我们也应该用发展的眼光来看待中国传统历史与当代历史的区别。中国自古以来的历史学科性单一，多为政治史，突出精英的作用，故而，在受到封建统治政权的影响下，撰写

---

① 周洪宇：《陶行知研究的方法论问题》，《华中师范大学学报》（哲学社会科学版）1989年第2期。

当代史难免受到各种政治因素的影响，所以治史者强调让后人撰史，以为更公正客观。历史发展至当代，已经产生了翻天覆地的变化。首先，封建政权的统治已经荡然无存，那些强加在治史者肩上的政治重压已经逐步减少，这就为当代史的修撰提供了政治前提可能。此外，历史研究范围的不断扩大及细化迫使我们必须为后人留下更多史料。中国传统史学多强调政治史，当然也涉及一些学术史，但多为上层建筑的历史，而当下中国史学研究已经开始眼光下移，将目光凝聚在社会史、生活史、身体史、活动史等新的领域。领域的不断开拓细化，这就使历史研究的范围逐步扩大至生活的每一个领域，同样的，史料的搜集范围也进一步扩大。在如此一个信息量爆炸的时代，倘若我们的治史者还局限于"当代人不写当代史"这一狭隘的、停滞的观念中，我们何能为后人选择性地留下有价值的史料？我们今日在感慨前人给我们留下的史料过于单一的不足时，是否也应该考虑为我们的后人留下全面丰富立体的史料呢？从这一层面来看，任何一个有远见的学者，都会赞同将当代学术史纳入研究的体系之内。毕竟时代在变，传统的治学观念也需要改变。

对于当代学术如何成"史"这一问题，陈平原认为，"当代人写当代史，好处是感受真切，缺点则是分寸不好把握"①，他还提出了要突出以问题为中心的"专"与"精"，而非面面俱到的通史研究。陈平原提出的中肯意见就要求"作史的人，心术应该端正"，"毫不偏私，善恶褒贬，务求公正"②，只有这样才能够将当代学术史不加偏颇地呈现出来。此外，陈平原突出强调学术史研究要从学人研究入手，也就是借助中国传统的"学案体"方法入手，以人为中心，梳理人物师承流派、思想发展的内在变化。陈平原的这一理

---

① 陈平原:《"当代学术"如何成"史"》,《云梦学刊》2005 年第 7 期。
② 梁启超:《中国历史研究法补编》,中华书局 2009 年版,第 17 页。

念突出了人的重要性，将人置于了历史研究的中心，很好地弥补了中国思想史、制度史研究中的"见事不见人"的缺憾，将历史带入了一种生动的景象之中。二十一世纪以来，湖南理工学院的余三定教授借助《云梦学刊》这一平台试图完成对当代学术史这一学科体系的建构。他认为，当代学术史包含了宏观的学术史研究、学科史研究、学者个案研究、学术批评等多个方面。他延续了陈平原的思想，强调以问题为中心开展研究，重视学者的个案研究，此外还提出了研究的方法论，即借助口述史的方法了解学者"心灵深处的心理动机和内在动力"，"重要学术活动、重大学术事件的内在原因和深层背景"①。在他的积极努力之下，他集结陈平原、贺卫方、欧阳哲生、郭世佑等一批学者的研究，出版了《当代学术史研究》②，在理论的顶层制度设计层面为当代学术史的学科建设规划好了蓝图。

结合当下社会的发展，我们可以得出一个结论，这是属于"信息时代的史学"，这已经与信息量闭塞的史学时代截然不同了。故而，无论是针对学界的呼声，还是出于对当代史料保存的目的，我们都应该扭转长期以来传统史学对我们的影响，逐步重视对当代学术史研究的重视。

### （二）学术史·学术谱系·学人

正如陈平原所说，学术史强调的是对学人的"研究的研究"。学术史的研究，多从学人的研究成果入手，分门别类地对各人所作之研究做一考镜源流的爬梳，所以归根到底，学术史强调的还是人的研究。学术谱系研究与学术史研究保持了一致的价值取向，也强

---

① 余三定：《当代学术史研究：新兴的学科》，《中山大学学报》（社会科学版）2011 年第 2 期。

② 余三定主编：《当代学术史研究》，人民出版社 2009 年版。

调对谱系学人的研究。只不过两者不同之处在于，学术谱系更强调相似的学术起源，类似的话语结构与知识体系以及共同的价值观念，这些条件的附加使得某一领域学术史中留有名册的诸多学人难以成为谱系中的一员，成为游离于谱系之外的散户学人。

**图1　学人群体构成**

散户学人是指对某一领域进行零星研究的学人群体。他们或因为研究热潮兴起，短期内跟风进入某一研究领域，投机式的在这一领域发表一些文章，提出一些看法，但总体上对这一研究领域不能产生重大影响；也可能因为个人兴趣爱好，长期在这一领域有所钻研，并提出了一些稍有影响力的见解，但由于单打独斗，既缺乏合作团队也无梯队建设，故而也无法在这一研究领域成为重要成员。

谱系学人则是指进入某一研究领域的已经形成一定的学术谱系的学人群体。这一群体有着相似学术起源、相似的研究方法与目的、相似的价值观念和知识结构，他们成了某一研究领域最为重要的引导力量。但谱系学人也存在分化的情况，逐渐会演化为主要学人和次要学人，主干谱系和次干谱系。

具体到陶行知研究而言，其领域中就存在大量的散户学人。由于二十世纪八十年代政治引领学术的风潮，陶行知研究成为显学之后，诸多学人奔赴其中，一时间陶研颇为繁盛热闹。可惜的是，这其中多为散户学人，投机式的研究热潮一旦退去，他们也就无影无踪了。李刚通过文献计量法分析《20世纪陶行知研究资料索引》后指出，陶行知研究中出现的2551位作者，74%是昙花一现，发表了一篇文章之后就在陶研领域再无影踪。① 这些散户学人其中不乏一些日后的名家，但他们对陶研产生的贡献却是微乎其微的。正如上文所述，散户学人中除了投机式的学人，也有一些人长期浸淫于陶研领域，但缺乏合作团队也无梯队建设，自然难以形成影响，比如何国华、吴擎华等。何国华早年毕业于北京师范大学教育系，后在华南师范大学任职，并撰有《陶行知教育学》一书，在学界内也产生了一定的反响。对于他本人而言，出于一种对陶行知的热爱致力于陶研，但他既无团队也无梯队，在其退休之后华南地区的陶行知研究也就停滞了，故而他只能算是重量级散户学人。吴擎华的研究则更具有偶然性。他在2008年完成了博士论文《陶行知与民国社会改造》，但无论是之前还是之后，他都未有陶行知专题研究论文发表，迄今可查的十六篇文章中无一与陶行知专题研究有关，可谓无意中偶入陶研，又迅速淡出陶研，成为陶行知研究的过客。当然，何、吴二位只是枚举，陶行知研究中类似的散户学人还有很多，在此不再一一列过。

再谈谱系学人。学术研究强调的是学术性，特别是对于学术谱系而言，强调的是谱系内学人的学术研究，这就要求学人必须要体现出独特的学术思想。一直以来，对于学术史与思想史之间的关联，学界有着不同的看法。在陈平原看来，学术史包含了思想史、文化史这些方面；李学勤基本赞同陈平原的看法，认为学术史与思想史是不能分开的一个整体，思想史是在学术史的范围之内；张立文则将学术史的范围进一步扩大，包含了对思想家的学说和方法系

① 李刚：《知识与范型：陶行知研究的知识社会学考察》，东北师范大学出版社2006年版，第208页。

统的研究；靳德行亦认为学术是包含了思想的，学术史与思想史的紧密联系的；余三定认为历史上并不存在脱离思想史的学术史。①总体而论，在概括了诸家的学说之后可以发现，基本上是认同思想史与学术史有着密切联系，且学术史包含了思想史。所以，尽管有些学人从师承、知识体系等角度来看与谱系内学人一脉相承，但是并无思想性的贡献，也很难进入学术谱系。此外，学术谱系很难做到包罗万象各色俱全，难免会挂一漏万，故而也只能着重于谱系内具有代表性的人物，许多次要人物以及主要代表人物的次要思想，大都只能略而不谈了。

# 三　脉络与谱系

## （一）陶研历史脉络

对于陶行知的研究主要可以分为两个阶段：一是陶氏在世时学界对其思想与实践的学术探讨；二是陶氏离世后学界对其教育思想的学术分析。当然，这里面因为政治建构的因素又可以划分为若干个时期，因并非本文重点，故而不再一一展开陈述。

陶氏在世时，学界就对其思想及实践产生了不同的看法，并因此产生了激烈的争执。争执的要点主要集中在以下几个方面：对乡村教育运动的探讨、对晓庄学校及生活教育理论的探讨、对工学团和小先生制的探讨、对人口统制论与教育问题的探讨。尽管当时有学人对陶行知的生活教育理论及实践提出了不同意见，但是由于陶行知巨大的声望以及符合中国国情的实践成效，这些反对的声音都被迅速湮没。唯一产生巨大反响的还不是陶氏在教育方面的贡献，而是陶氏对于人口统制论提出的看法。这一看法经过与子钵（尚仲

---

① 余三定：《学术史："研究之研究"——兼评北京大学出版社"学术史丛书"》，《北京大学学报》（哲学社会科学版）2005 年第 9 期。

衣）等人在报纸上往返数次激烈交锋后，迅速吸引了社会的目光，一时间成了舆论的热点所在。总体而言，这一时间段更多的是陶行知与诸子百家在学术上的争鸣，还不能算是一种完全的陶行知研究阶段。

可能是中国传统的"当代人不做当代史"影响的缘故，在陶行知盖棺之后，严格意义上的研究才开始逐步呈现。第一波热潮在其逝世后，社会各界为纪念陶行知撰写的一系列赞誉之词，虽然不能算得上客观公正，但也开启了陶行知研究的大门。第二波热潮缘于受到《武训传》的牵连，教育界开始批判反思陶行知教育思想，出现了一批相关研究成果。第三波热潮出现在二十世纪八十年代陶行知平反之后。在第一波热潮的极褒、第二波热潮的极贬之后，这波热潮则是从褒贬不一开始，学人群体呈现出剧烈分化，部分人继续走向了极褒，部分人走向了客观。事实也证明，非理性的学术研究，其寿命必然不会长久，只有理性地看待学术研究才能保持长久之道。

在第一波热潮中，研究的重点在于对陶行知哲学思想、政治思想、生活教育理论、大众诗歌等几个方面。出于政治的原因，这一时段的研究多是高度赞扬陶行知，肯定了他对中国教育的重要贡献，即便个别人指出陶氏的不足，也是属于"白璧有瑕瑕不掩瑜"。在第二波热潮中，陶行知成了批判的对象，特别是陶氏的"改良主义""实用主义""新马尔萨斯主义"三顶帽子成了重点批判目标，其思想与实践遭到了全盘否定。第三波热潮中，对陶行知的研究就体现出了全面系统的特点，不仅包含了对陶氏教育思想及生活教育理论的研究，还包括了对陶氏哲学思想、政治思想、社会思想等多个方面，基本上囊括了陶氏思想及实践的全部内容。

**（二）陶研谱系鸟瞰**

通过对陶行知研究历史的简略梳理可以发现，真正意义上的研究,即不带有较强感情色彩的研究基本上都是改革开放之后才开始兴起的。正所谓路遥知马力,阶段性的繁荣遮蔽不了最终的衰落,任何学术研究都必然遵循历史发展规律。但也正是因为大潮的退去,才能让我们鸟瞰陶行知研究的谱系脉络。

资历最老的陶行知研究学术谱系必然是由陶门弟子及同事好友构成。作为与陶行知长期生活工作在一起的人,陶门弟子对于陶行知的生活教育理论的了解和感悟也是最多的,也与陶行知之间构成了天然的师徒"亲缘"群体。当然,陶门弟子也并非都在从事陶行知及生活教育理论的学术研究,也有从事生活教育理论实践推广的,形成了研究陶氏教育思想的学术与实践两条不同路线。当然,对于陶门弟子构成的这一学术谱系也不能够面面俱到,只能选择主要的代表人物进行研究。方与严和刘季平是这一谱系的早期领军人物,尽管二人师出同门,但由于方法论的不同,得出的研究结论也不尽相同。方与严偕戴伯韬进一步推动了生活教育理论的完善,这是站在陶行知学术思想之上的进一步发展,而刘季平则是批判了生活教育理论的缺陷,从另一个角度对生活教育的完善做出了贡献。在他们的带领下,形成了包括张宗麟、张劲夫、董纯才、张健、方明、戴自俺、王琳等人的紧密型"亲缘"学术谱系。这一谱系的传承由胡晓风顺利完成,作为紧密型"亲缘"谱系的后期代表人物,胡晓风利用现象学理论分析了陶行知与中国现代化的关系,适时地将陶行知研究与当代中国发展紧密联系到一起。"亲缘"谱系进入八十年代后开始进入松散型谱系状态,形成了以中国陶行知研究会、中央教育科学研究院、南京晓庄学院等数支力量。作为陶行知教育思想的倡导者与实践者,中陶会的同仁如朱小蔓、杨东平、梅汝莉、姚文忠等不仅致力于实践,同时也关心理论建构;而中央教科院长期由陶门弟子担任主要领导职务,形成了良好的研究氛围,率先出版了《陶行知年谱稿》等研究成果,为后期学术传承积淀了基础。晓庄学院则以陶行知研究为立校之本，构成了从刘大康、辛国俊到吕德雄、徐志辉、李刚等人的脉络清晰的学术传承。在这群学人中，李刚成了其中的后期代表人物，在经历了长期的过度阐释之后，李刚更为强调还原陶行知的历史原貌，反对对陶氏做出更多的解读。

研究成果最多且当今影响力最大的陶研学术谱系当属华中师范大学学派。华中学派的陶行知研究历经三代二十余人的努力，无论是深度还是广度都已经占据了陶行知研究的前沿地位。这一谱系的早期领军人物董宝良和章开沅不仅为陶行知研究提供了丰富的史料，还扭转了研究中长期存在的单一革命史观研究思路，为陶行知研究开创了新的范式。董宝良的贡献主要在史料编撰和教育思想研究方面，他组织人员编写了《陶行知全集》，并从教育学的视角阐释了陶行知教育学说；章开沅的贡献则主要在历史学层面，他建构起了陶行知的"三重文化圈"，对陶行知的生平事迹做出了更为严谨客观的评价。中生代的周洪宇、余子侠、喻本伐、熊贤君等陶研"四大金刚"则在董、章的研究基础上，分别从历史学层面和教育学层面进一步深化和丰富了陶行知研究，为陶行知研究的多元化寻求了新的路径。新生代的胡志坚、蔡幸福、陈竞蓉等人则借助了新的研究方法和研究视角，不断将陶行知研究的外延扩大，对陶行知研究的薪火相传起到了重要作用。

按照《辞海》中对学派的解释"一门学问中由于学说师承不同而形成的派别"来看，华中师大谱系已经形成了固定的陶研学派，但"亲缘"学人谱系由于是由紧密型和松散型两派组成，就很难将其称之为学派，故而只能以学人群体来代称了。在学派的分类上，除了这种"师承性学派"外，还有因为地域原因形成的"地域性学派"。陶行知研究中也出现了类似"地域性学派"的群体。由于陶行知一生主要集中在华东地区，故而华东地区的学人颇为重视陶行知研究,这其中又以浙江的胡国枢、童富勇,上海的金林祥及其弟子最为突出。但由于这一群体人数越来越少且研究难有后续性,故而将其称之为学派就不太合适了,只能将他们看作学术共同体或学人群体了。

除了上述的几大研究群体之外,陶行知研究在福建、山西、四川、重庆、安徽、广东等地也有着强大的生命力,这些地区的一些学人对陶行知研究投入了较大的热情,也产出了不少成果。但若严格地按照谱系学学术起源的标准来看,显然是无法构成严格意义上的学术谱系图,只能略而不表了。

总而言之,这三大群体尽管在人员数量上、研究成果上并没有在陶研领域占据绝对优势,却主导了陶行知研究的发展方向。这三大群体失之一种,陶行知研究都不可能形成今日之规模。

# 第 二 章

# 吾爱吾师:"亲缘"陶研学人群体

作为陶行知研究中起源性的群体,陶行知的弟子们以及与陶行知有着千丝万缕历史渊源的学人为陶研的繁盛发展做出了重要贡献。作为与陶行知有着师徒"亲缘"或从历史渊源上有着"亲缘"关系的这一群学人群体,他们在陶行知研究中有着天然的优势,这就决定了他们能够在陶行知研究中取得领先的身位。在这一群体中,因为与陶行知关系的紧密程度不同而划分为紧密型"亲缘"学人和松散型"亲缘"学人。紧密型"亲缘"学人是指直接受教育于、共事于陶行知或受教于陶门弟子的学人。松散型"亲缘"学人是指与陶行知有着千丝万缕的历史渊源的学人,因为这种渊源热衷于陶行知研究。从时间脉络上来看,紧密型群体早于松散型群体出现的时间,且对松散型群体的研究起到了帮助、指导的作用;从学术思想上来看,松散型群体在继承了紧密型群体研究思想的基础上,糅合了最新的各类学科知识,进而超越了紧密型群体的研究成果。从研究效果来看,紧密型群体将陶行知研究推向了整个社会,而松散型群体则致力于将陶行知研究回归至学术本身。

## 一 紧密型"亲缘"陶研学人

陶行知研究能够形成今日之规模,紧密型"亲缘"陶研学人群体的作用功不可没。正是他们的积极推动,才将陶行知研究从一个小规模的研究圈域迅速发展成为学界各个领域都重点关注的研究领域。紧密型"亲缘"陶研学人群体主要由陶行知的学生或学生的学生组成。这一时期的学生由于参与过生活教育实践,对于理论完善与实践推广有着更多的领悟。特别是晓庄学校时期的学生较山海工学团、育才学校而言,物质基础相对较好,这就为形成一个良好的研究团队打下了基础。晓庄时期的弟子们其研究成果当时就通过《乡教丛讯》《晓庄战报》《乡村教师》等期刊展示出来,此外他们还出版了《晓庄丛书》,系统整理归纳了晓庄的生活教育实践。这一时期的研究是陶门弟子在自发自觉的热情中参与完成,其目的是丰富生活教育理论。中华人民共和国成立后,陶门弟子开始完全介入陶行知研究,包含了对陶行知其人其事的全方位研究。这一研究虽说是因为政治的因素展开,但也给了他们一定的空间和距离来辩证思考陶行知的教育思想。改革开放以后,陶门弟子开始积极为重塑"伟大的人民教育家"形象而努力。在他们的推动下,相继成立了中国陶行知研究会、中国陶行知基金会等组织机构,支持出版了湘版、川版两套《陶行知全集》。他们还利用所掌握的政治资源在全国掀起了一片师陶、学陶的热潮。可以说,倘若没有他们的贡献,陶行知研究不会达到今日的高度和规模。但也要指出的是,正是由于与陶行知的亲密交往而形成的"护师"心态,他们的研究中很少会看到对陶氏批判的言辞,整体上还是有失偏颇的。

### (一) 刘季平①

作为第一届中国陶行知研究会会长,刘季平不仅对陶行知教育

① 刘季平(1908—1987),江苏如皋人,1928年进入晓庄师范学校,任中共晓庄第一届党支部书记。新中国成立后,曾担任教育部代部长、常务副部长等职务。1985年中国陶行知研究会成立后,担任第一届会长。

思想实践与推广做出了很大贡献，而且他本人也是陶门弟子中最早运用马克思主义唯物史观对陶行知教育思想提出质疑和反思的人之一。

1924—1927 年大革命期间，刘季平在江苏如皋师范组织和参加了一系列学生运动，并在这一过程中迅速成长，于 1927 年 2 月加入了中国共产党。1928 年春，因参与反罢教运动，刘季平及同学共七人被如皋师范开除，后经如皋教育局局长吴树谷帮助，介绍转往南京晓庄师范学校，成为晓庄师范招收的第三期学生。在晓庄读书期间，刘季平在 1928 年夏就成立中共党支部并担任书记一职，领导和组织晓庄的革命斗争活动。据刘季平回忆：

> 支部成立后的第一件事，是在中共南京市委的直接领导下，分析晓庄环境，商定工作方针。……在晓庄学校那个小天地里，同南京城里的空气大不一样，同许多旧学校也完全不同。我们这十几个共产党员虽然仍然只能处于地下，却比较可以无甚拘束地发表意见，进行活动。因为陶先生从不干涉大家的政治思想，相反，对师生中好些不满或反对国民党反动统治的言行表现，还采取放任态度，甚至做些幽默解释。因此，我们一面认为他是改良主义者，一面又认为他是自由主义者。这样，市委就指示我们，现在不要反对陶的改良主义，要利用晓庄的自由环境，打击反动势力，发展革命力量。[①]

在这一环境下，刘季平迅速发展党员势力，利用群众力量赶走了国家主义派杨晓春，联合了国民党员方与严，还帮助陶行知成立了联村自卫团并担任副团长。1930 年 4 月 5 日，刘季平组织一百多

---

① 刘季平：《中共晓庄支部与南京市委工作正反经验一例——关于 1928—1930 年南京地下工作的一些情况》，载刘季平《刘季平文集》，北京图书馆出版社 2002 年版，第 426—427 页。

名晓庄学生赴下关游行，反对英商和记洋行殴打工人以及反对日本军舰停泊下关。这一事件也成了晓庄被国民党政府强行关闭、陶行知被通缉的催化剂。刘季平曾两度入狱，1932 年第二次入狱时，陶行知在极度困难的情况下，四小时内筹措到 500 大洋确保了刘氏能有律师辩护，最终刘季平被判入狱五年。陶行知还一度托冯玉祥营救刘季平，体现出了他对学生的博爱精神。抗战开始后，刘季平与戴伯韬共同创立了抗战教育研究会，并将《生活教育》改名为《战时教育》，积极宣传抗日思想。1939 年生活教育社成立，刘季平当选为常务理事，并长期在桂林负责社里具体事宜，生活教育社实际已经演变为由刘季平、程今吾、王洞若等地下党员负责的掩护机构。新中国成立后，刘季平相继担任过上海市副市长、山东省委书记处书记、安徽省委书记、教育部代部长、常务副部长等职务。"文化大革命"中刘季平受到冲击，直到 1973 年得以复出担任北京图书馆馆长、文化部顾问等职。1985 年中国陶行知研究会成立，他当选为第一任会长。

1932 年再度入狱之后，刘季平在狱中阅读了大量马列著作，对陶行知的生活教育进行了深刻的思考，以"满力涛"的笔名撰写了一系列的文章。在刘季平看来，生活与教育是矛盾统一的，"是生活，其中都存在着教育；是教育，都是生活"，"教育虽然要不断地背离生活，却又完全跳不出生活"，"教育与生活的这个矛盾的关系不是凭空掉下来的，它正是原始文化与实际斗争之矛盾的统一的高级形态"①。基于这一观点，刘季平批判了杜威的"教育即生活""社会即学校"的理念，认为杜威通过观念上的纠正就可以将生活与教育的矛盾解决是根本不可能实现的，只有陶行知的"生活即教育""社会即学校"理论才将"生活"和"教育"这两个"不是装

---

① 满力涛：《教育与生活》，《生活教育》1935 年第 2 卷第 19 期。

在两个器皿里的两个东西,而是真正统一的一个东西了"①。但刘季平也指出,陶行知也忽视了教育与生活矛盾的意义,为了达到统一,陶氏客观地取消了教育。刘季平还认为,陶行知的教育并未能够达到社会的底层,陶氏的教育也仅仅是和一般生活的统一,还未能实现教育与劳动的统一,也只有教育与劳动统一,才能保证教育与生活一般的统一,为实现这一最终目的,教育必须要与劳动大众统一。此外,刘季平还强调,教育还得要与时代的历史任务相统一,并在无产阶级的领导下,教育与劳动统一、教育与生活统一才有实践的意义。所以在刘季平看来,陶行知的生活教育"简直是近于空想的"。他指出,陶行知的生活教育看似面面俱到,实际毫无重点,且无生活根基。他认为陶行知的错误就在于将"行动与行动摩擦"的火花看成教育的火花,却忽视了对火花的调制与收拾,而这些火花并非能够成为教育的火花。刘季平进一步认为,"生活教育之关键,不在于'以'行动的火花为教育,而在于'收拾'行动的火花为教育",所以如果依据此路走下去,陶行知所希望的教育与大众统一、教育过程与实践统一、教育的供给与实践的需要统一、教学做合一都会成为"百分之百的海市蜃楼"②。当然,在指出了这些弊端之后,刘季平也对症下药,对陶行知的"行动的火花"进行了通盘考虑,最终得出"中国教育之出路是生活教育,生活教育之出路是计划统制"的结论。这是一种与陶行知生活教育截然不同的哲学体系,刘季平称之为"科学化的生活教育"或"科学化的实践教育"③。在刘季平的论述中,他将生活的结构进行了细致的划分,具体如表2所示。④

---

① 满力涛:《教育与生活》,《生活教育》1935年第2卷第19期。
② 满力涛:《科学化的生活教育》,《生活教育》1935年第3卷第12期。
③ 同上。
④ 李刚:《知识与范型:陶行知研究的知识社会学考察》,东北师范大学出版社2006年版,第42页。

**表2**

| 生活一般 | 能动的生活（生活之上层建筑） | 政治生活 | |
| --- | --- | --- | --- |
| | | 观念生活 | |
| | 根据的生活（生活之下层建筑） | 生产组织者的资产者生活 | |
| | | 直接生产者的劳动生活 | |

刘季平的生活结构分析是非常精彩的，也是对其师生活教育理论的不断丰富与完善，他将教育融入于生活，并一步一步向下层生活移动。他认为，教育与生活的问题并非是与生活一般的问题，而是教育与生活底层的游离，与直接生产者的劳动生活的剥离。这一结论充分体现出了他作为一名无产阶级革命战士的阶级属性。但恰恰也是这一属性，将刘季平由真理推向了谬误，他过分强调阶级性，得出教育必须与无产阶级利益完全一致的结论，忽略了陶行知的生活教育理论本质上就是为普通民众所服务的特性。所以李刚认为，刘季平的这一研究"如同子钵批判陶行知一样，找不到真正的问题，而非要吹毛求疵"①。

对于教学做合一，刘季平也进行了批判。他认为，教学做合一"完全没有注意这个教学之矛盾的统一的意义"，"陶行知先生的这个错误，和他无视生活与教育之矛盾正是一贯地发展下来的"。刘季平认为教学矛盾的统一是一个不断发展的过程，其最高形态是公共教育事业与社会大众之教学矛盾，"这个形态之教学矛盾已不仅是一个专门的事业，而且成为组织的统制的东西了"。故而，刘季平将教与学之矛盾的统一称之为教学活动，而陶行知无视教学矛盾统一的意义却是赖不掉的了。② 为了解决教与学之间的矛盾，刘季平提出了凝胀教学活动法，"一方面放胆地膨发教学活动，一方面

---

① 李刚:《知识与范型:陶行知研究的知识社会学考察》，东北师范大学出版社 2006 年版，第 43 页。

② 满力涛:《教与学》，《生活教育》1935 年第 2 卷第 18 期。

又艰苦地凝导教学活动","放量的奔驰,谨慎地抓住头绪"。他批判了陶行知的教学法是一种"大放任主义","不单是全体上的活动是游击式的,高兴怎样就怎样,而且就连个人的计划也从来未好好地执行起来的"。所以他的凝胀教学法归根到底是以灌输某种思想为中心任务,调动一切资源为完成这一任务进行服务。[①] 凝胀教学法的主要教学活动形式体现在"文化军与教学营"上,"我们只有一个活动形式,那就是建立常做公共的文化工人的'文化军',到社会上去,到生活中去,发动和组织教学活动",同时,文化军要能够成为所有人教学的辅导者、人类文化生活的组织者并渗透到所有人的文化生活中去。[②]

刘季平之所以能够在二十世纪三十年代就开始批判与反思陶行知的教育思想还是存在一定的历史根源。与操震球等诸多志在改造乡村的学生对比而言,刘季平赴晓庄的动机是为了避难及革命,所以相对那一批学生中存在的"吾爱吾师"情节而言,刘季平更多的是一种观察与反思,当然在这一观察与接触过程中他最终也被陶行知的崇高人格魅力所感染,故而从一开始刘季平就带有浓厚的批判意识。其次,由于刘季平是早期的共产党员,有着丰富的斗争经验,对于农村问题的认识也有着自己独到的一面,再加上坐牢期间对马列经典的研读,使他具备了理论与实践相结合的功底,这使得他有胆量有资本对生活教育进行批判。从另一个角度来说,陶行知由于投入晓庄创办的活动中,对理论的思考与拓展明显力度不够,刘季平的思想显然是对生活教育的进一步深化与发展。正所谓"师不必贤于弟子,弟子不必不如师",有了刘季平对生活教育理论的补充,也有助于生活教育理论的完善。当然,这里也需要指出的是,刘季平的思想既有正确的一面,也有教条、错误的一面。他强

---

① 满力涛:《凝胀教学活动法》,《生活教育》1935 年第 2 卷第 20 期。
② 同上。

调矛盾统一,一定要找出陶行知思想中的主要矛盾和次要矛盾,却不知道陶行知的思想原本就是多元化、糅合各种思想甚至于对立思想的综合体。

1951年《武训传》批判拉开了对陶行知批判的大幕。刘季平在这一时期认为,陶行知的"行—知—行"看起来貌似和唯物主义相符合,事实上是截然不同的两码事。马克思主义的"行"强调必然的、全面的、发展的,而陶行知却不懂得从社会实践的历史发展来观察问题,只是强调人的一般的个别的行动。刘季平还指出,陶行知的"教学做合一"将整个的社会生活分解为许多个别生活,最终变成了各种孤立的"教学做"。刘季平认为,陶行知虽然承认事物的变化,却"看不起辩证法",而是"一味采用简单化的办法,在事物的观念上挂上'合一'的牌子",所以陶氏是一种"主观主义来对待唯物主义","原封不动地保留了实用主义对唯物主义的否定态度"。刘季平继而批判了实用主义观点,但同时也指出陶行知的实用主义与美国的实用主义还是存在不同的,"他(陶行知)是从小资产阶级的朴素的爱国思想出发的;先是接受了美国资产阶级旧民主思想;又逐渐产生折中态度,滋生了小资产阶级性的、空想的社会改良思想(人人在劳力上劳心的理想社会)"。而正是这一空想的社会改良思想恰恰是他与美国实用主义最大的不同,也促进了陶氏在后期的不断进步①。总体而言,在非常时期下,刘季平的这一观点还是相对客观地分析了陶行知的哲学思想,与其三十年代的观点有着一脉相承的特性。同时,在这场席卷全国的大批判中,刘季平也并没有因潮流而动,对陶行知由大褒降为大贬,还是保持了其秉直的个性。

改革开放之后,刘季平开始反思自己的研究结论。他认为,由

---

① 刘季平:《略论陶行知先生的哲学观点》,《人民教育》1951年第11期。

于自己年轻时的"左"倾错误路线，贸然的给陶行知扣上了"改良主义""新马尔萨斯主义""实用主义"三项帽子，这些都是需要检讨改正的。他甚至认为，将陶行知的思想由早期的旧民主主义发展为后期的新民主主义都是不够的，因为陶氏后期的"行知观"中已经具有了若干辩证唯物主义思想，甚至是社会主义教育思想。① 经过分析，刘季平认为，陶行知的教育思想是着重于面向广大人民群众，以革命的社会实践为中心，来处理教与学、教育与实践的关系，这与马克思主义者提倡的"对一切儿童实行公共的和免费的教育……把教育同物质生产结合起来"的观点是一致的。② 刘季平甚至认为，陶行知是我国富有创见的伟大教育改革家，是行以求知知更行的辩证的、历史的唯物主义者，是既从中国和中国实践出发又面向世界未来的革命军、教育家。③ 除了这些理论上的创新之外，作为中陶会首任会长，刘季平还积极推进各种教育改革实验区的创立，推动生活教育思想在各地特别是贫困地区的实践，这些都为陶行知教育思想在中国再次复兴打下了坚实的基础。

在陶门弟子中，刘季平可谓是较早对生活教育提出反思与质疑的人之一。也正是有了他的这些反思与质疑，才能推动着生活教育向着更为完善的方向发展。从这一点来看，刘季平是秉承了"五四"之后中国知识青年尤其是革命青年中"大胆的怀疑、小心地求证"的传统，敢于对师说提出不同的见解，这种批判的精神是非常值得肯定的。但同时，由于"左"倾主义、教条主义的影响，在未全面结合中国历史环境的情况下，刘季平轻易地给陶行知扣上了

① 刘季平：《正确评价陶行知教育思想》，载刘季平《刘季平文集》，北京图书馆出版社2002年版，第309—311页。

② 刘季平：《论陶行知教育思想》，载刘季平《刘季平文集》，北京图书馆出版社2002年版，第324页。

③ 刘季平：《我国富有创见的伟大教育改革家陶行知》，载刘季平《刘季平文集》，北京图书馆出版社2002年版，第397页。

"改良主义""实用主义""新马尔萨斯主义"三项帽子，这也暴露出刘季平自身学养的不足。当然，改革开放之后刘季平已经认识并纠正了这些错误，重新肯定了陶行知教育思想，并尽其可能将陶行知的教育思想付诸实践，这些都是刘季平在陶研中所做出的特有贡献。

## （二）方与严①

父子三人同入晓庄成为陶门弟子，方与严一家的求学之路在晓庄历史上一直被传为佳话。但更重要的是，方与严长期以来一直对生活教育理论的丰富与完善，使得他成为陶行知身边最重要的左膀右臂，"陶行知后的又一'陶行知'"②，更有人认为"如果陶行知是马克思，那么方与严就是恩格斯"③。

方与严1910年毕业于徽州紫阳师范学堂，后相继在崇一学堂等学校担任过教师、教导主任、校长以及县教育会副会长等职务。1912年方与严加入了国民党，与地方土豪劣绅积极斗争。第一次大革命失败后，方与严遭到当地反革命势力清算，遂奔赴南京，投考晓庄师范学校，成了陶行知招收的第二批学生。1928年夏，方与严从晓庄师范毕业后赴浙江湘湖师范，成为继操震球之后的第二任校长。半年后方与严回到晓庄担任校长办公室主任一职，并从徽州叫来长子方怀毅、女儿方则一同来晓庄学习。1932年，方与严协助陶行知办起了山海工学团，并担任了《儿童生活》《师范生》月刊的主编。1935年，方与严赴广西开展工作，并在当年加入了中国共产

---

① 方与严（1889—1968），安徽歙县人，1927年进入晓庄师范学校，毕业后相继担任浙江湘湖师范校长、晓庄师范办公室主任、香港中华业余补习学校教务主任、重庆育才学校校务主任、重庆社会大学副校长等职务。

② 中国陶行知研究会编：《陶行知及其生活教育——方与严教育文集》，四川教育出版社1995年版，第1662页。

③ 仇乃桐：《方与严对陶行知生活教育理论的重大贡献》，《黄山高等专科学校学报》1999年第5期。

党，为抗日统一战线的成立而四处奔波。1938 年，陶行知从欧美回国后在香港成立中华业余补习学校，方与严担任教务主任并实际主持校务工作。在短暂的返回皖南工作一段时候后，方与严赴重庆协助陶行知创办育才学校并担任校务主任，后又协助陶行知创办重庆社会大学并担任教务主任、副校长等职。新中国成立后，方与严相继担任教育部初等教育司副司长、民族教育司副司长等职务。

由于报考晓庄之前方与严已经从事了乡村教育数十年，所以这一点对于陶行知生活教育的丰富完善有着很大的帮助。从 1927 年进入晓庄师范开始，方与严几乎遍及了陶行知教育事业的所有场所，包括浙江湘湖师范、香港中华业余学校、重庆育才学校、社会大学，在这近二十年的时间内，方与严作为陶行知的助手，不仅利用其丰富的实践经历帮助陶行知实现各类教育目标，还对生活教育理论的充实完善做出了自我的见解。他认为，生活教育理论是与新民主主义教育的理论基本上一致的，这些都体现在生活教育具有人民性，是一种反帝反封建性的教育理论，且理论与实践相统一，这些都与毛泽东提出的新民主主义教育思想是一致的。他指出，生活教育理论有力地推动了中国革命，发挥了人民的生活力、战斗力和团结力，构成了中国革命运动历史的一个侧面。方与严指出，生活教育理论追随着时代的需要，经历了乡村教育、普及教育、国难教育、战时教育、全面教育、民主教育这六大运动阶段，并借助"生活即教育"、"社会即学校"、"教学做合一"这三大主张，最终迈入了新民主主义教育阶段。① 方与严还辨析了生活教育三大主张的关系，指出"做"是教和学的中心，证明了行动是一切知识的起点，所以要吸收人类全体的知识，必须要从实践上着手。对于"社会即学校"理念，方与严首先批判了杜威"学校即社会"思想，认为这

---

① 方与严:《生活教育运动小史》,《民主教育》1946 年第 6 期。

种闭门造车的教育最终还是会被真实的社会所摒弃，故而，"是可敬可爱的社会，便是可敬可爱的学校；是恶浊的社会，便是恶浊的学校；所谓的学校未必是真的社会，也就未必是真的学校"①。方与严根据陶行知教育方法的过程整理出了三变表②，如表3所示。

表3　　　　　　　　　　教育方法三变表

| 方法名称 | 方法的中心 | 方法的对象 | 先生的责任 | 学生的责任 | 其他 | |
|---|---|---|---|---|---|---|
| 教授法 | 教 | 书本 | 以书本上的知识传授给学生 | 领受先生所教的书本上的知识 | 有（教）无（育） | 教师唯我独尊 |
| 教学法 | 学 | 做 | 教学生取得找知识的方法，使学生自己找知识 | 研究学的方法以为找取知识的工具 | （教育）分家 | 师生有界限 |
| 教学做 | 做 | 事物 | 和学生一同做，在做上指导，使学生在做上得到经验、得到知识，就是在做上解决困难问题，解决自己的问题 | 在做上学，就是在做上发生问题，找取工具材料来解决问题，得到经验和知识 | （教育）合一 | 无师生严格界限 |

以上表格根据《陶行知及其生活教育——方与严教育文集》内容自制。

　　从表3可以发现，方与严概括了当时教学方法的变更过程。事实上，这三种教育方法都与陶行知有着密切的关系。"教学法"就是陶行知在力排众议的情况下在南京高师推行的新型教育方法，这

①　中国陶行知研究会编：《陶行知及其生活教育——方与严教育文集》，四川教育出版社1995年版，第1279页。
②　同上书，第1283页。

是对当时盛行的"教授法"的重大颠覆。随着自身思想的不断完善,陶行知又从"教学法"上进一步发展出了"教学做"法,强调实践的重要性,打破了师生之间的隔阂,实现了"教"与"育"的合一,这是民国时期教育方法的有一大进步。方与严将陶行知对于教育方法的贡献以这样的一种方式总结呈现,可以帮助众人对陶行知教育思想发展线索的历史进程有了明确的了解。

此外,方与严与戴伯韬二人探究了生活教育的根源。他们认为,在早期劳动与教育分家,这就形成了阶级教育;同时,教育与生活的隔离也造成了片段教育。只有通过教学做合一,才能够将教育与劳动相结合,达到全民教育的目标,最终实现全人教育。方、戴二人的主张具体如表4所示。①

表4

| 人类 | 学生（完全求知的人）<br>工农（完全干活的人） | | 人生 | 儿童时期<br>（完全求知） | 成年时期<br>（完全干活） | ↓ |
|------|------|------|------|------|------|------|
| | 人人干活<br>人人求知 | | | | 活到老<br>做到老<br>学到老<br>教到老<br>团到老 | |

以上表格依据《方与严教育文集》中相关图表自制。

观察表4可以发现,从人类的角度出发由阶级教育进化到全民教育,从人生的角度出发由片段教育发展到全人教育,这一过程显然是方、戴二人对生活教育理论的特有贡献。他们将割裂的人生通过"生活即教育""社会即学校"的方式实现统一,将人生的学习

---

① 中国陶行知研究会编:《陶行知及其生活教育——方与严教育文集》,四川教育出版社1995年版,第1284—1285页。

过程延伸至终生教育、全人教育;他们将劳力与劳心的人类通过"教学做合一"的方法实现"在劳力上劳心",打通了劳心与劳力之间的界限,消除了教育中的阶级。这一研究的深化弥补了这一时期陶行知忙于实践、忙于国民外交而对理论研究忽略的遗憾,也进一步完善了生活教育理论体系。

除了对生活教育理论体系的丰富完善外,方与严还特别重视记录整理陶行知的日常言行。在陶行知去世之后,方与严很快整理出了《陶行知教育论文选辑》,随后他又整理出版了《人民教育家与人民诗人》,进一步宣传弘扬陶行知的教育思想。方与严特别注重从诗人的角度解读陶行知,他认为陶行知的诗歌是为着广大民众服务,体现了陶行知的人民性,"他(陶行知)的诗的号筒和他的教育主张,都统一在人民大众的基础上面,建立在人民大众的基础上面""所以他能够时时放出人民大众的心声"①。长期以来,由于毛泽东提出的"伟大的人民教育家"这一定论,引导了诸多学人只从教育的角度考察陶行知,很少顾及陶氏其他方面的重要贡献。从这一点来看,方与严强调从"人民诗人"的角度来研究陶行知,确实是开了研究领域的先河。他的这一提议在随后就由日本学者斋藤秋男变为了现实。不过,从陶研的总体历史来看,对于陶行知诗歌的研究显然还是不够的,甚至有学人认为陶氏的诗歌毫无底蕴纯粹是打油诗,这确是一种偏颇的观点。以后人发展的眼光看待新文学转型时期陶氏的诗歌,我们更应该看待的是陶氏对旧文学的批判和大众文学的贡献。所以,从这一角度来看,方与严在多年前就为我们提供了多视角研究陶行知的思路。

"反右"开始后,方与严也随着形势发表了相关文章。他认为自己将生活教育理论与新民主主义教育画上等号并夸大教育的作用

---

① 中国陶行知研究会编:《陶行知及其生活教育——方与严教育文集》,四川教育出版社1995年版,第1236页。

显然是错误的。生活教育是以单纯的教育方法和教育技术来改革中国传统的旧教育,是一种小资产阶级改良主义的教育模式,它与属于无产阶级的阶级斗争武器——新民主主义是截然不同的。方与严指出,"生活即教育"模糊地将民众分为大众和小众两类,显然是缺乏阶级属性的教育方式,是一种狭隘的经验主义教育,这样就使学习者只能获得零碎的经验,而缺乏系统的科学知识,也就必然降低了教育的作用。对于"社会即学校",方与严认为这一理念降低了学校教育的作用甚而取消学校教育,当然,方与严还留有余地地指出,陶行知的这一理念是因为旧社会的不稳定性,而中华人民共和国成立后人民可以安居乐业,正规学校逐步建立,"社会即学校"的提法就过时了。对于"教学做合一",方与严认为这一方法会降低教师的引导作用,忽视系统知识,降低教学效果,"只有把生产斗争的知识和阶级斗争的知识有系统的教育学生,把自然和社会发展的规律性的知识教育学生",学生才会能动地解决生活中的实际问题。方与严还剖析了陶行知的一生,认为陶氏的"生活教育主张随着时代而有了某些新的内容,配合着中国革命的需要,对于中国革命发展,曾发挥一定作用"[1]。总体而言,方与严在这种特殊时段内也保持着对陶行知的尊敬,宁可认为自己是"理论研究上的懒汉,思想战线上的懒汉",也未随大流而乱加批判。就其自我检讨的部分观点来看,确实也是生活教育的不足,比如缺乏系统知识传输,缺乏教师主导性地位等,这些看法至今仍被学界看作生活教育的缺陷所在。

1956 年,对陶行知的批判有所缓和,邓初民、张宗麟、陈友松等人开始提出重新评价陶行知教育思想,陶门弟子中方与严与戴伯韬予以了积极响应。方与严通过梳理陶行知的一生后认为,陶行知是想尽办法为劳苦大众提供教育的机会并争取民主自由,且陶氏在

---

[1] 方与严:《再认识陶行知先生教育学说并批判自己》,《人民教育》1952 年第 7 期。

人生各个阶段都与中国共产党发生了或多或少的联系，所以从这一层面来说，陶氏的教育仍是带有人民性的。方与严也批判了陶氏思想中忽略政治忽略革命的改良主义成分，指出"忽略教育为政治服务的幻想，是永远不可能实现的"。他还对陶氏生活教育理论的不足进一步进行了批判，指出了陶氏思想源自杜威的局限性，认为只有批判地吸收陶氏思想才能够为当时的"大跃进"所服务。不过，方与严着重指出了陶行知教育思想中的闪光点，如陶氏的爱国主义与国际主义精神、民主和统一战线的精神、"行以求知"和劳动创造的精神、独立思考和集体主义的精神、大是大非和大无畏的精神。① 显然，方与严希望突出这些闪光点以证明陶行知教育学说的人民性、大众性，以能够为陶行知名誉的平反起到作用。可惜方与严的这一努力最终未能达到效果。不管如何，他与戴伯韬二人能够在这一时期站出来声援陶行知，也证明了这二人的铮铮傲骨。

　　总体而言，方与严对陶氏生活教育理论体系的完善做出了重要贡献，这主要体现在实践和理论两个方面。由于方与严曾担任过十多年的小学教师，比起缺乏经验的陶行知而言，他对于中心学校的教与学更为了解，可以从实践层面完善生活教育体系。在理论层面，正如上文所说，由于陶氏后来奔波于海内外，缺少时间完善丰富生活教育理论，方与严则担任起了这一重任，不仅梳理出了生活教育简史，提出了生活教育六大阶段论，还针对生活教育理论的不足提供了独特的见解，丰富完善了生活教育理论体系。此外，方与严还对陶氏的诗歌颇有研究，强调了陶氏的"人民诗人"属性，这也为陶行知研究开辟了一个新的领域。当然也需要指出的是，过密的关系往来以及对陶行知的尊敬爱戴也让方与严缺乏足够的空间去思考生活教育的不足。虽然在后期的大批判中方与严也提出了一些

---

① 方与严:《陶行知的教育事业与教育思想》,《安徽史学通讯》1958 年第 3 期。

缺陷，但显然也是应景之作，缺乏深层次的系统挖掘。

### （三）张劲夫[①]与张健[②]

在陶门弟子中，张劲夫与张健兄弟二人对陶行知教育思想的研究并不能算佼佼者，但倘若没有这兄弟二人的推波助澜，陶行知研究也不会发展成为后来的规模。所以，在陶行知研究发展史上，张氏兄弟二人当记一功。

1. 张劲夫

1930 年，年仅 16 岁的张劲夫经南京高等师范学校毕业的邓西亭介绍，奔赴南京晓庄学校，成为晓庄的一名末期学生。谈及最初奔赴晓庄的动力，张劲夫回忆：

> 因为我是一个穷学生。……父亲将大牛卖了再买小牛，省下一些钱供我学费。母亲从离城数里的乡间，每天日出前挑送烧柴给学校，来抵付我的膳费。有一次在冬日大雪天，我刚一起床，见到母亲穿着草鞋在雪地里挑柴送到学校，脚都冻有裂口了，我心里实在难受，再也不愿这样读下去了。求教于这个学校的校长兼老师的邓西亭先生，他原是南京高等师范学堂的毕业生，向我推荐去晓庄学校，他说这个学校不收学费，在农民家里搭伙，膳食费也便宜，适合你这样的学生。这样，我就在 1930 年 5 月间，去到了晓庄。[③]

---

① 张劲夫（1914—2015），安徽肥东人，1930 年进入晓庄师范学校，后担任山海工学团团长一职。新中国成立后，相继担任财政部部长、安徽省省长、国务委员等职务。1985 年，中国陶行知研究会成立后，担任名誉会长。

② 张健（1919—2011），安徽肥东人，1930 年入读晓庄佘儿岗儿童自动学校，后担任山海工学团赵泾巷分团长。新中国成立后，相继担任清华大学副校长兼副书记、中国教育学会副会长、中央教科所负责人兼党组书记。1985 年中国陶行知基金会成立后，担任中国陶行知基金会常务副会长兼秘书长。

③ 张劲夫：《在和陶夫子相处的日子里》，《光明日报》1993 年 8 月 29 日。

张劲夫来到晓庄时,陶行知已经流亡于上海避难,故而两人并未能够有所交流。1932 年,陶行知回国后,张劲夫决定赴上海投奔陶行知,加入了山海工学团的工作。在 1932 年冬至 1936 年夏这近四年时间里,张劲夫每周都会和陶行知见一两次面,汇报近期学习工作,并从陶行知的思想中汲取营养。在陶行知的影响下,张劲夫不仅形成了"人民至上"的理念,并迅速投入了挽救民族危亡的国难教育运动中去。1935 年,经晓庄同学王洞若的介绍,张劲夫加入了中国共产党,并成为山海工学团的团长(校长)直到 1937 年抗战全面爆发。抗战中,张劲夫加入了新四军,并逐步成长为党内高级干部。1975 年之后,他相继担任过财政部部长、中共安徽省委第一书记、安徽省省长、国务委员兼国家经济委员会主任等职务。改革开放后,张劲夫鼎力支持陶行知研究工作的开展。在 1985 年中国陶行知研究会成立大会上,他当选为名誉会长。此后,他不仅撰写了多篇文章追忆当年和陶行知一起生活战斗的日子,还整理出版了《思陶集》《张劲夫文选》等收录陶行知相关资料的著作。此外,他还利用其极高的声望和丰富的人脉资源,组织开展了各类陶行知研究活动,为陶研的顺利开展与深化做出了巨大贡献。陶研学者胡晓风高度评价了张劲夫的贡献,他认为,倘若没有张劲夫的推动,川版《陶行知全集》的编辑是根本无法完成的任务,不仅如此,陶行知研究的重新复兴也是难以达到当前的这一高度。

张劲夫对于陶行知研究的贡献更多的是体现在宏观层面。他通过各种资源的整合,为陶行知研究提供各种便利,可以说,他是二十世纪八九十年代陶行知研究复兴繁荣的重要推手。当然,他也曾撰写文章评析了陶行知的教育思想,不过这些文章也是随着政治建构与社会结构的变化而不断变化与发展的。

1979 年 12 月,在改革开放后不久,张劲夫即对陶行知思想进行了评述。他肯定了陶行知为人民大众办学的作用,但同时指出陶行知一开始并没有意识到要推翻"三座大山"才能彻底的解救人民大众，所以这是受制于陶氏本身思想的局限性。对于从"知行"转变为"行知"的过程，张劲夫肯定了这是陶氏从实践的重要性出发得出的正确观点，但也指出这是一种机械唯物论的思想。张劲夫还批评了陶行知生活教育的缺陷，认为这一理论不仅不重视文化知识的系统传授，而且还忽略了教师的重要地位，所以造成了学生系统知识的匮乏。当然，随着政治上的不断进步，张劲夫认为陶氏的生活教育理论也是不断变化，即从早期的资产阶级改良主义逐步渗透了不少新民主主义、爱国主义的思想。对于陶氏与人民的关系问题，张劲夫认为尽管陶行知同情人民大众、帮助人民大众，但"还没有完全达到依靠人民、和人民打成一片、结成一体的深度"①。张劲夫进而重点分析了陶行知与杜威、王阳明、武训之间的关系。他认为，陶行知在早期受到杜威的影响并将这种影响带回国内，但归国后由于陶氏深入人民大众中去，就已经和杜威的思想在政治上截然不同，"虽然还有些杜威思想的残余影响，但不能说他一直是杜威的门徒"②。在陶、王关系上，张劲夫认为陶行知修正了王阳明的思想，并加上了亲知、闻知、说知等知识来源说，虽然还存在有机械唯物论的观点，但也是与王氏的思想根本不同的。在陶、武的关系上，张劲夫认为陶氏称赞武训精神是"不够妥当的"，但陶氏是为劳动人民办学，主张爱国救国以及民主运动，并且"听党的话，跟共产党走"，这是与武训"不触及反动统治，反而为反动统治阶级服务的思想是不同的"③。在通盘梳理了陶行知思想之后，张劲夫指出，陶行知的主流是"日益走向进步，走向革命，日益由同情劳动人民走向与劳动人民相结合"④。

---

① 张劲夫：《追忆伟大的人民教育家陶行知先生》，《江淮论坛》1981年第2期。
② 同上。
③ 同上。
④ 张劲夫：《在和陶夫子相处的日子里》，《光明日报》1993年8月29日。

从这篇访谈于 1979 年 12 月的材料可以看出,在当时的政治背景下,陶行知的个人名誉尚未得到平反,张劲夫还是谨慎的批判看待陶行知学术思想。不过张劲夫在十余年后又逐步修复了这些观点,肯定赞扬了陶行知的伟大贡献。他指出,陶行知的山海工学团是教育的形式组织反帝反封建的新民主主义革命。在从生活教育到国难教育的过程中,张劲夫认为陶行知经历了三点显著变化,一是将工作的重点由农民转向了工人;二是在哲学思想上从唯心迈向了唯物,确立了辩证唯物主义哲学观;三是由教育配合革命转化为教育要有明确的政治目标,体现出了民族危机时期的时代精神。所以张劲夫认为,陶行知是一位"人民至上、人民第一、一切为人民"的教育家,这不仅体现在陶氏的教育事业上,还体现在大众诗歌、政治主张上,故而陶氏是一位名副其实的伟大的人民教育家、伟大的新民主革命战士、伟大的共产主义战士。[①]

显然,张劲夫后来的观点已经能够相对客观公正地对陶行知思想予以评判,这是一种学术的进步与解放。也正是在这种进步与解放的思潮下,陶行知研究才能够从束缚中解脱出来走向正确的研究路向。作为德高望重的党内领导,张劲夫的评价无疑有着风向标的作用,再加上他个人的推波助澜,才有了后来陶行知研究的不断兴荣繁盛。

2. 张健

1930 年,11 岁的张健随哥哥张劲夫奔赴南京晓庄学校学习,成为晓庄佘儿岗儿童自动学校的一员。1932 年,他随张劲夫赴上海参加山海工学团,成了工学团中的一名小先生。在山海工学团期间,张健得到了飞速进步,不仅担任了山海工学团赵泾巷分团长,还因为就反战问题舌战英国前陆军大臣马莱而名噪一时。陶行知因

---

① 张劲夫:《在和陶夫子相处的日子里》,《光明日报》1993 年 8 月 29 日。

此还写信给潘一尘赞颂小先生的伟大力量:"山海的张健不但能帮助他的哥哥创造了一个濮家宅工学团,而且与非战的马莱先生舌战一时,卒让马莱先生得以深刻之印象而去。……这些例子证明小孩子有不可思议的力量。"① 谈及这段经历,张健回忆:

> 在座谈时,马莱说:"英国对于日本侵略中国非常气愤,英国是支持中国人民抵抗日本侵略的。"我的回答是:"英国支持中国反对日本侵略是对的,但英国政府并不是支持中国人民,而是支持国民党政府镇压中国人民的革命运动。"并向马莱介绍了当时上海英租界工部局支持国民党捕杀中国共产党人的事实。这番正义的申述,使马莱无言对答。这就是陶行知先生称之为"小张健舌战马莱"的故事。当时我大约 14 岁左右。②

1935 年,张健加入了中国共产党。抗战爆发后,他北上延安在中央党校马列学院继续学习。中华人民共和国成立以后,他长期在教育部门任职,改革开放后相继担任过清华大学党委副书记、副校长,教育部党组成员、中国教育学会副会长,中央教育科学研究所负责人、党组书记兼学术委员会主任、中国教育学会常务副会长、全国教育规划领导小组副组长等职务。1985 年,中国陶行知研究会、中国陶行知基金会成立后,张健积极参与全国各地陶研工作,并担任过中国陶行知基金会常务副会长兼秘书长的职务。张健对陶行知研究的热情是非常高涨的,他不仅关注陶行知教育思想的理论研究与实践推广,还特别重视对陶研人才的培养。著名历史学家章开沅回忆:

---

① 方明主编:《陶行知全集(八)》,四川教育出版社 2005 年版,第 302 页。
② 王磊、沈燕:《面向人民大众的教育——访陶行知弟子、原中央教育科学研究所所长张健》,《生活教育》2006 年第 3 期。

　　1987 年，张健来华（中）师（范）谈陶行知教育思想，指出陶行知在海外走红，在国内学术界却命运多舛，所以我们要培养国内第一个陶行知研究的博士。他主动点名要求周洪宇到陶行知的母校——哥伦比亚大学去留学，并已经联系好了相关事宜。说实话，在当时我都不敢有这个（留学）奢望。他建议我先招周洪宇读博士。周洪宇原本就是我们历史系毕业的学生，毕业后进行陶行知研究已经有六年了，所以我当时也爽快地接受了这一提议。①

　　正是有了张健的悉心关照提携，周洪宇后来不仅撰写了中国第一篇陶研博士学位论文，成了第一个陶行知研究的博士，还远赴哥伦比亚大学师范学院访学，搜集到一批陶行知在美国的资料，进一步拓展了陶行知研究的视野，也留下了陶行知研究的传承血脉。

　　张健一直以来对陶行知教育思想抱有极高的赞誉。他高度评价了陶氏的贡献，认为生活教育学说基本上"属于新民主主义革命的革命教育学说"②，陶氏是"代表新民主主义教育，向传统教育及以后的国民党反动派党化（愚民）教育做斗争之最彻底最伟大的旗手之一"③，其身上具备实事求是、始终忠于人民教育事业、言行一致、提倡批判与自我批评、待人处事认真负责、生活艰苦朴素等中华民族的优良品质。张健进一步指出，陶行知不仅摸索出了新民主主义教育应走的道路，还为革命培养出了成千上万的干部，"他所创立的为劳动人民服务的新教育思想，在解放区不但得到了实现而且还由许多人民教育工作者发扬光大起来"④。张健的这一结论，是

------

① 根据 2012 年 12 月 12 日与章开沅教授访谈整理，经本人审核。
② 张健：《生活教育是什么：为"生活教育社"成立十五周年纪念而作》，《解放日报》1942 年 3 月 15 日。
③ 张健：《略谈陶行知先生的生平与事业》，《东北教育》1949 年第 4 期。
④ 同上。

一种实事求是的评价，虽然在个别措辞上还有一些"吾爱吾师"的情节，但基本符合陶行知所做出的历史贡献。

但张健的这一结论很快就被自己所推翻。1951 年《武训传》事件之后，批判逐步牵涉到陶行知，张健开始对陶行知思想进行了反思与批判。他认为自己在 1949 年所写的文章未能将陶行知政治上的进步与教育上的保守区分开来，是一种"友我不分的原则错误"。因而，张健重新划分了陶行知的一生，认为 1916 年到 1934 年间，陶行知走的是"超政治""超阶级"的"教育万能论"的改良主义道路；1935 年到 1946 年间，陶氏是共产党的亲密战友，但思想中仍保留有小资产阶级的因素。张健指出，陶行知过于夸大了感性知识——经验的重要性，"这样说就否定理性知识——劳动人民生产斗争和阶级斗争规律性的书本知识的重要性"，"否定了理性知识，也否定了传授这种理性知识（和一定感性知识）的特定场合——学校教育重要的作用"[1]，所以，陶行知推崇提倡的是一种狭隘的经验主义，未能使用马列主义毛泽东思想对自己的学说进行科学的批判。张健强调，陶行知的思想体系反映了资产阶级的两重性——既要为群众又不敢得罪群众的敌人，所以陶氏的思想是一种"资产阶级反动的经验主义教育思想"[2]，虽然晚年陶行知思想有所进步，但始终没能摆脱实验主义思想体系。比起数月前张健认为的"虽然陶行知先生早期也有和他们具有同样性质的主张'教育万能论'的资产阶级反动思想，但到晚年他已经在自己的政治实践上克服了这种错误思想——基本上是一个人民民主主义者"[3] 观点而言，随着批判反思的不断深入，张健只能进一步挖掘陶行知思想中的"资产阶级"色彩。

---

[1] 张健：《重新认识陶行知先生的生平和事业》，《人民教育》1951 年第 11 期。

[2] 同上。

[3] 张健：《所谓"三无""四有"》，《人民教育》1951 年第 7 期。

　　这些违心的结论在三十年后又再次被张健推翻。1981 年 8 月，张健又撰文对陶行知思想进行了再次评述。他在肯定陶行知的"伟大的人民教育家"这一历史地位的基础上，对陶行知与杜威关系、陶行知与武训关系、国统区教育与解放区教育关系、生活教育理论、大众诗人等几个方面进行了剖析。张健认为，虽然陶行知早年师从杜威，但是随着陶氏思想上、实践上的不断进步，最终陶氏的教育思想和毛泽东教育思想一样，成了新民主主义教育原理的一个组成部分。经过了三十余年的轮回，张健的结论又回到了 1949 年最初的结论。在陶、武关系上，张健认为，陶行知并没有赞成武训向地主阶级投降的错误思想，对于这一错误认识，肯定会随着冤假错案的纠正而得到平反。在生活教育方面，张健认为，生活教育具有实践性、群众性、创造性、革命性、终身性等几大特点，在主流上是符合人民求解放的唯物主义观念。这里需要特别指出的是，对于陶行知教育思想终身性特点，张健在学界中是较早提出的。总体而言，张健认为陶行知是一位坚持走知识分子与工农结合道路的伟大的人民教育家。[①] 这是在改革开放后他对陶行知个人地位和教育思想的一次肯定，也拉开了他晚年师陶学陶的序幕。

　　随着中陶会的成立，陶行知研究的不断深入发展，张健开始奔赴全国各地组织参与陶行知研究活动。他对陶行知的评价也摆脱了单一的"伟大的人民教育家"的论调，而是从多方面系统化对陶行知思想进行了概括。他认为，陶行知是反对半殖民地的洋八股、半封建的老八股和国民党法西斯教育的伟大旗手，是一名创造型和开拓型的教育事业家，在师范教育、终身教育、计划生育等方面都有着不俗的贡献。[②] 同时，张健还非常强调陶行知研究梯队的建设，

---

　　① 张健：《伟大的人民教育家陶行知先生——为纪念先生诞辰九十周年而作》，《华中师范学院学报》（哲学社会科学版）1981 年第 4 期。

　　② 张健：《陶行知教育思想研究的几个问题》，《教育论丛》1987 年第 2 期。

鼓励高等院校特别是师范院校加大在人力、物力方面对陶行知研究的投入，这对陶行知研究的延续性做了很好的保证。

总体而言，张健对陶行知教育思想的研究有着深刻的时代烙印，随着政治建构的需要不断进行变更。但有一点可以确定的是，他始终将陶行知的教育思想认作是新民主主义教育思想的一个组成部分，达到了与毛泽东教育思想相提并论的高度。同时，他强调从多方面研究陶行知，挖掘出了陶行知终身教育思想、人口思想等一系列在当时并未受到关注的主题，这就为陶行知研究打开了广阔的思路。此外，他特别注重陶行知思想的宣传以及陶研梯队的培养，这为以后陶研的兴盛发展做出了巨大的贡献。

### （四）戴伯韬①

戴伯韬系晓庄首批招生的十三名学生之一，长期工作在陶行知身边，成为陶行知重要的助手，对保存陶行知生平资料以及教育思想的传播起到了重要作用。胡晓风认为，陶行知身边最为重要的左膀右臂就是方与严与戴伯韬，胡氏甚至称方、戴二人为陶氏的"文胆"。

1927 年，已在一家商业专科学校就读的戴伯韬在看到晓庄的招生广告后，决心参加这一改造中国的宏伟工程，因而，他毅然决然地离开了正在就读的商业专科学校，来到晓庄参加入学考试，成了晓庄首批入学的十三名同学之一。1928 年毕业后，他前往江苏省立民众教育学院工作，担任乡村教育指导员，后又前往无锡惠山实验小学继续为乡村教育改革努力。1930 年，他回到晓庄，在陶行知的指导下筹建了蟠龙教育学院。后他又赴上海协助陶行知的"科学下嫁"运动，编写小学自然科学课本、农民常识课本以及儿童科学丛

---

① 戴伯韬（1907—1981），江苏丹阳人，1927 年进入晓庄师范学校，后协助陶行知创办"科学下嫁"运动，曾担任过育才学校副校长。

书,为中国科学普及事业做出了一定的贡献。此外,他还参加发起组织"国难教育社",主编《生活教育》杂志。抗战后,他与刘季平合作将《生活教育》改版为《战时教育》,成为宣传抗日的有力武器。陶行知创办育才学校之后,戴伯韬曾担任过一段时间的副校长,后于1941年前往解放区。新中国成立后,他相继担任过上海市教育局局长,人民教育出版社第一副社长兼总编辑,教育部党组成员兼中央教科所所长等职务。

从1927年来到晓庄到1941年前往解放区,戴伯韬长期生活在陶行知身边,对生活教育理论也有着自己独到的见解。他认为生活教育理论是"无时不在发展着的,环境和它自身都在对它做着不断的改正","它虽然脱胎于杜威的教育学说,但和前者是两个截然不同的东西,这就犹如马克思把黑格尔的学说翻一个身,完全成了一种新的有力的学说一样,它已经摆脱了杜威的实用主义和纯从生物学法则说明人类自然性的缺陷"①。戴伯韬认为,生活教育将生活与教育统一起来,通过生活的变化对教育产生变化,也就是个体的变化影响整体的变化。他还认为,生活教育的认识论与实用主义者没有丝毫的相同之处,生活教育认识论强调在"劳力上劳心"来判明知觉是否与事物客观存在相一致,这与纯感性的经验获取是截然不同的,可以说是一种唯物主义认识论。戴伯韬还将生活教育的历史阶段划分为三个时期,乡村教育运动时期、普及教育运动时期、战时教育运动时期,每一时期生活教育都会针对社会的需求做出不同的调整,从而让生活教育理论具有更强的生命力。戴伯韬甚至还认为,生活教育是一种革命的教育,"它以现实社会的生活为生活,凡是现实生活中所不合理的地方,它都要革它的命",所以,"生活教育做了改造社会的原动力"②。

---

① 白桃:《生活教育发展史纲》,《战时教育》1940年第5卷第10期。
② 白桃:《生活教育》,《中华教育界》1933年第20卷第9期。

作为陶行知最得力的助手之一，戴伯韬对陶行知的生平事迹也最为了解，所以陶行知去世之后，戴伯韬撰写了《陶行知的生平及其学说》一书，全面回顾了陶行知一生及其学说。戴伯韬主张，"从他（陶行知）一生的历史发展中去观察，必须从整个历史环境及其演进中考察，而且还必须从他的实践中和实践的效果上去考察"，所以他通过重要的人生片段的散点式叙述，凸显了陶行知一生中的重要事件，为陶行知研究提供了最为感性的材料。同时，陶行知思想与实践的变换也可以视为同时代"中国文人思想转变的写照"。戴伯韬认为，陶行知一生所走的道路是正确的，"是我们每一个文化教育工作者，甚至每一个知识分子所应走的路"①。

《武训传》一事引发批陶案后，戴伯韬也被迫做出了回应。他指出，他最根本的错误是将"陶行知的教育思想和马克思列宁主义与中国革命实际相结合毛泽东思想的教育思想画上等号，混淆起来；没有能够站在马列主义的立场、观点把陶行知先生的教育思想加以分析与批判，把陶行知的小资产阶级的教育思想，和无产阶级的教育思想严格地从本质上区别开来"。在通过对陶行知思想的系列回顾与反思后，戴伯韬指出，陶行知的教育思想是经验主义的，与杜威实用主义思想有着无法分割的联系，"他的亲民思想建筑于他的改良主义，他的亲物建筑于他的经验主义，是和新民主主义教育思想两个体系的东西，把他说成是奠定新教育哲学基础的人是根本上的错误"。戴伯韬还反思了自己撰写《陶行知的生平及其学说》一书的错误，认为自己是"没有站在辩证唯物论和历史唯物论的立场观点去对陶行知的思想，加以分析研究"，是一种"党性不纯，责任性不强"的表现。② 当然，这一篇撰于非常时期的反省式文章并不能代表戴伯韬对陶行知教育思想的真实看法。1957 年，邓

---

① 戴伯韬:《陶行知的生平及其学说》，人民教育出版社 1982 年版，第 133—134 页。
② 戴伯韬:《对陶行知教育思想认识的初步检讨》，《人民教育》1951 年第 10 期。

初民等人提出重新评价陶行知的教育思想，戴伯韬和方与严也撰文试图为陶行知翻案。戴伯韬认为，在 1936 年之前，陶行知是一名资产阶级改良主义者，"错误地认为只要用教育就可以达到改革社会的目的"，这一错误想法不仅不能动摇反动统治的根基，反而会麻痹人民的革命意识。但"一二·九"之后，陶氏的左转就意味着他已经在教育目的论上摆脱了改良主义的限制而转向反帝爱国的教育目的，"不再是为了普及教育而普及教育的超政治教育家了"。戴伯韬对陶行知的"生活即教育""社会即学校""教学做合一"进行了批判，指出这些思想是深受实用主义、经验主义的毒害，造成了系统知识的匮乏、教师主导性的缺失、教学效果低下等不良后果。但显然，戴伯韬此文的目的并非在此，他随即挖掘了陶行知思想中的优点，比如为大众服务的教育思想、教育为政治服务的思想、提倡劳动教育的思想、教育与生活联系的思想、强调了解儿童的思想、注重道德教育的思想等，认为陶氏思想的不足也难以掩盖陶氏对中国教育做出的巨大贡献。戴伯韬认为，陶行知最终是从改良主义走向了人民民主主义道路，只可惜是去世太早，未能接受马克思主义的改造以清算实用主义流毒，不过无论如何，陶氏是"坚决站在中国人民的立场上反对帝国主义及其走狗"[1]。显然，戴伯韬希望能够在批判的基础上放大陶氏的优良品质，以便为陶氏的名誉翻案。可惜受制于 1958 年中期"反右"运动的进一步扩大化，戴伯韬的这一努力最终付诸东流。他被迫又进一步表态，指出陶行知的生产教育是在资本主义与实用主义思想指导下开展的，与马克思主义教育的生产劳动是截然不同的两个思想体系的世界观，因而"决不能因为某些表面的字句有相同或相似之处，就把两种不同的教育思想体系混淆起来"。[2] 显然，经过 1958 年中期"反右"运动

---

① 白韬：《论陶行知的教育思想》，《学术月刊》1958 年第 1 期。
② 戴伯韬：《论陶行知先生的生产教育》，《安徽史学通讯》1958 年第 6 期。

的扩大,戴伯韬的思想又产生了巨大变化,对陶氏的评价从客观公正又回复到了机械的错误的结论,显然这数月中戴伯韬是经过了巨大的思想斗争的。但无论如何,在这一非常时期,他敢于与少数人站出来为陶行知翻案,也证明了他对陶氏思想的信服及对恩师的尊敬爱戴。

总体而言,戴伯韬服膺陶行知的思想学说,对生活教育理论的发展与完善也提供了重要的贡献,特别是其利用唯物主义辩证法的思想来解释生活教育,这是对生活教育理论的充实与完善。但也正是由于戴伯韬与陶行知过于亲密,他始终以一种"吾爱吾师"的思想来研判陶行知的教育思想,比起刘季平而言,他缺乏批判意识,未能够对生活教育的不足及缺陷提出更多的自我见解。

## (五)方明①

尽管从学术理论研究的角度来说,方明并不能算陶行知研究中的优秀代表,但是如果从对陶行知教育实践思想研究与弘扬的视角来看,方明的贡献却又是陶门弟子中诸人所不能及的了。

1933年,年仅16岁的方明从无锡奔赴上海,成了陶行知所主持的中国普及教育助成会工读生。在上海期间,方明积极参与陶行知的各项教育活动,并以山海工学团为活动基地,举办了诸如亭子间工学团这一系列旨在帮助难童进行普及教育的活动。作为当时山海工学团中颇为知名的"小先生",方明还先后赴上海成都路小学、余日章第二义务小学任教,对科学文化在上海孩童中的普及起到了很大的作用。据其回忆:

我追随陶先生在上海主办流浪儿童工学团,让挣扎于苦难

---

① 方明(1917—2008),江苏无锡人,山海工学团时期主办儿童工学团。中国陶行知研究会成立后,相继担任中国陶行知研究会副会长兼秘书长、会长等职。

之中的穷苦孩子也能够工以养生、学以明生、团以保生。我的一个学生华荣根,放学回家也办了一个亭子间工学团,当时名气不小。广西的教育厅长雷沛鸿来上海考察,听陶先生说起此事,很感兴趣,陶先生就叫我陪他们去亭子间工学团参观,参观后雷沛鸿先生认为陶先生的普及教育方法很好,成绩显著,捐款 500 元表示支持。陶先生觉得我们工作很好,专门为亭子间工学团写了一首诗,还发给我们 5 块零用钱作为奖励。那时 4 块钱就可以吃一个月的包饭,5 块钱在我们眼里简直就是一笔巨款。流浪儿工学团不少人从此走上革命道路。[1]

这些历练也迅速带动了方明的革命思想和实践。1937 年,他加入了中国共产党。1946 年,陶行知赴上海进行民主斗争时,方明受党组织委派与陶行知保持紧密联系,并协助陶氏开展各项工作。新中国成立后,方明相继担任上海市教育工会第一任主席、中国教育工会主席等职务。1985 年,中国陶行知研究会成立后,方明先后担任了中陶会常务副会长兼秘书长、会长等职务。

方明对陶行知研究的重要贡献体现在其对陶行知教育实践实验思想的阐发与推动上。在其看来,陶行知的生活教育学说是一项从中国具体国情出发,为人民大众谋幸福的教育学说。具体而言,生活教育是"以人生的需要为出发点,通过人的创造性劳动,达到提高人的物质生活和精神生活的目的"。[2] 也就是说,生活教育是能够将学校教育与社会教育相结合的一种大教育观,最终演变成了人的终身教育。在这一理念的指导下,方明在全国各地进行了生活教育实验,认为"以社会生活为中心的现代教育必然要接替以书本为中

---

[1]　方明:《谨防"替外国人拉洋车"——陶行知的学生、中国陶行知研究会会长方明畅谈陶行知与我们的教育现实》,《爱满天下》2005 年第 4 期。

[2]　方明、丁丁:《"生活教育"在社会主义时期的新发展》,《中国陶行知研究基金会会讯》1995 年第 8 期。

心的传统教育的发展趋势"①。在强调陶行知生活教育的人民性同时,方明还批判了新中国成立后对陶行知教育思想舍弃所产生的一系列问题。他指出,尽管我们借鉴苏联的培养方式培养出了不少人才,但始终我们的教育方向是迷失的,总体上仍然在应试教育的轨道上运行,又回复到了陶行知一直猛烈批判的传统教育的旧轨上来。这一问题迄今依然未能解决,影响着当下中国的教育改革。故而,方明呼吁,当下中国的教育者们应该从陶行知研究中挖掘出能够适应中国教育改革的良方,而非一味地从西方教育思想中寻找改革路径,一味地"替外国人拉洋车",也只有如陶行知那般将中西文化精华融为一体才能创造出适合中国本土的教育理论体系。②

此外,方明对陶行知的"师范下乡论"极为推崇,并认为在当下的中国农村教育中应大力弘扬陶氏的这一思想。方明指出,农村教师最重要素养应该是为农村教育奉献的精神,倘若缺失了这一精神,农村教师便会想方设法进城,这就会增加了九年义务教育普及的难度,对中国社会的现代化进程产生巨大影响。③ 对于农村教育问题的关注,可谓是方明从陶行知教育思想中受益的巨大传承。在这一具有谱系传承的思想指导下,方明认为,在考虑教育均衡发展问题时必须落实陶行知的平民教育思想,才能将教育的公平公正落到实处,才能给每一个个人以享受教育的权利,特别是能对农民教育以一定的保障。所以他提出要建立多元化的农村教育发展模式,建立农业培训长效机制及多元衔接机制,建立农村人力资源配置机

① 方明、丁丁:《"生活教育"在社会主义时期的新发展》,《中国陶行知研究基金会会讯》1995年第8期。
② 方明:《谨防"替外国人拉洋车"——陶行知的学生、中国陶行知研究会会长方明畅谈陶行知与我们的教育现实》,《爱满天下》2005年第4期。
③ 方明:《方明同志在农村中小学和师范学校素质教育研讨会上的讲话》,《中国陶行知研究基金会会讯》1994年第10期。

制,将平民教育推广至农村,将农村的人口负担转化为人力资源优势,建设好社会主义新农村。①

为此,方明在陶行知教育思想的指导下,奔赴全国各地开展教育实验。他提出通过创业教育、改革师范教育、拓宽农村教育、兴办职业教育、转轨素质教育、开展"四小"儿童教育活动、开辟活动课程、组织社区文化生活、进行"六大解放"实验等九种手段发展新时期的生活教育,充分发挥陶行知的创造精神,将陶行知的教育思想与当下中国教育改革相联系。②他先后在江苏、安徽、山西等多地指导开展教育实验。如南京中华育才学校以生活教育理念为指导,探索一条适合社会主义市场经济的人才培养模式,组织学生赴农村、工厂、公司参加社会实践,培养学生自学、自理能力;安徽徽州地区的陶研工作者将教育与农业携手,推出"农科教多位一体"综合改革实验,将学校实验成功的项目技术推广至农户家中,提高了农民收入;山西前元庄村借鉴生活教育理论,提出"村校一体"办学模式,将基础教育、成人教育、职业教育三者结合,办学的同时发展农村经济,为当地农民创收,这一模式在山西得到迅速推广,近千所学校推广学习了该模式;广州白云行知职业中专将生活教育思想为指导,实行教学做合一的办学模式,坚持为当地经济发展服务,将学校的教学与当地服务业、制造业相结合,在工作中历练学生,实现了义务教育、成人教育与职业教育的三教并举。这些教育实验尽管有些本身并非方明倡导发起,但经过方明的大力推荐及指导后,在全国引起了极大的关注,受到了国务院总理温家宝和国务委员陈至立的赞扬。自始至终,方明对这些实验倾注了大量心血,也使得生活教育在新时代里焕发了青春。

---

① 方明:《平民教育——开发农村人力资源的重要对策》,《中国农村教育》2007 年第 9 期。

② 方明、丁丁:《"生活教育"在社会主义时期的新发展》,《中国陶行知研究基金会会讯》1995 年第 8 期。

综观方明数十年的师陶学陶研陶历程可以发现,他在理论创见方面并未提出过多的新观点,但他却始终不渝地坚持着陶行知的教育实践道路。事实上,陶行知教育思想是实践性极强的学说,是由生活教育理论与实践两个部分组成。陶氏本人就不仅仅局限于理论创造层面,还始终坚持在教育实践第一线。但这一实践特性在陶门弟子当中并未有太多人投入其中。陶门弟子更多的是强调理论研究,而对其实践实验思想的阐发与推动,除张健略有涉及外,也就只有方明是全身心地投入了。从学术谱系的角度来看,方明对教育实践思想的弘扬,补全了陶行知研究的学术谱系,建构起了学术理论研究到实践研究的整体框架。这也是方明在陶行知研究中所做出的最大开拓与贡献。

### (六)　戴自俺[①]

陶行知一直非常强调幼稚教育,他认为幼稚教育是中国教育的"根本之根本"。故而,他在晓庄师范中也特别强调幼稚教育的重要性,并且和陈鹤琴合作为晓庄甚至南京地区的幼稚教育发展做出了很大贡献,陶、陈二位应该算是晓庄幼稚教育的第一代人。陶、陈二人在南高师时期的学生张宗麟、王荆璞夫妇以及徐世璧可谓是幼稚教育生活教育流派的第二代人。第三代人则是结伴来自贵州的戴自俺与孙铭勋了。可惜的是,因为孙铭勋过早离世,未能够对陶行知的思想多有研究,故而仅有戴自俺对陶氏思想特别是幼教思想进行了较为深入的学术研究。

1925 年,戴自俺考入贵州省立贵阳师范学校。在社会新思潮的影响下,戴自俺感觉到了贵州与外界的巨大差距。特别是由于贵州

---

① 戴自俺(1909—1994),贵州长顺人,1927 年进入晓庄师范学校。新中国成立后相继在西南师范学院、教育部等部门任职。1985 年中国陶行知研究会成立后,担任常务理事兼北京市陶行知研究副会长职务。

连年军阀混战，政治空气沉闷。外面新世界的强烈吸引与贵州内部保守形成的巨大反差，使得戴自俺萌发了外出看世界的想法。在经历广州、上海等多地的闯荡后，戴自俺与另一名贵阳师范的同学孙铭勋一同前往晓庄，成了晓庄招收的第三批学生。

> 两人（戴自俺与孙铭勋）都认为上海不是久留之地，辛辛苦苦从贵州出来，绝不是为了过现在这样虽能糊口却没有什么意义的生活。反复讨论，得出的结论是必须找到一所学校继续学习，但那必须是一所他们能够读得起的学校。①

正是因为晓庄不收学费，每月还提供五元膳费，在经过一段时期的观察之后，两人决定留在晓庄学习。在晓庄的陶行知、陈鹤琴、张宗麟这三位民国幼教专家的指导下，戴自俺决定以幼儿教育作为自己终身从事的事业。他与孙铭勋合作拟筹办幼稚师范学院、幼稚教育研究会等幼稚教育研究与实践机构。他相继办理了迈皋桥幼稚园、劳工幼稚园等机构，积累了丰富的理论与实践经验。二十世纪三十年代中后期，他又赴北京辅助另一位幼教专家张雪门，担任北平幼稚师范乡村教育试验区副主任职务。可以说，在经过了民国四大幼稚教育专家的指导，无论是在理论还是实践方面，戴自俺都属于当时国内极为优秀的幼教专家了。新中国成立后，戴自俺相继在西南师范学院、中央教育部工作。1985 年中国陶行知研究会成立后，他担任了常务理事，并兼任北京市陶行知研究会副会长职务。1982 年，华中师范学院开始准备编辑《陶行知全集》后，戴自俺予以了积极帮助，"一口气为华中师院写了 22 封信，介绍他们去安徽、江苏、上海、浙江、四川等地找晓庄、山海、育才、社会

---

① 戴问天：《父亲的脚印》，华文出版社 2011 年版，第 54 页。

大学、中华业余补习学校以及生活教育社的有关同志,了解情况,搜集资料"①,同时,他还担任了分卷主编,指导《全集》的编辑工作。八十年代末期,他又组织参与了川版《陶行知全集》的编辑工作,为出一本相对更全的《全集》付出了诸多心血。正如他自己在日记中所说:"编陶行知全集事,实在很吃力,迹近'垂死挣扎'。但已答应下来了,就只好干到底。再说,刚刚进入 82 岁之年,总不能就'坐以待毙'吧。"②

虽然戴自俺以幼稚教育为研习目标,但是他对生活教育的研究也一直并未间断。他认为,人生是不可割裂的,一旦割裂就不能算上生活教育,但当时的社会环境逼迫着人在早期完全求智,成年期完全干活,这就让教育分裂成片段教育,将人的一生分割为两大片段,故而这些都不能算得上生活教育。只有形成人人干活、人人求智、形成活到老、做到老、学到老的社会,生活教育才能够最终实现。戴自俺指出,教育要与劳动相结合,没有阶级可分,实现全民的教育,这才是生活教育的最终目标。戴自俺通过详尽的图表阐述了"生活即教育""社会即学校""教学做合一"的理念,为当时民众普及生活教育理念做出了很大贡献。③ 二十世纪三十年代之后,陶行知由于流亡海外以及创办山海工学团等实践活动,几乎已无时间对自己的生活教育理论进行进一步完善和发展,幸而有了戴自俺等一批陶门弟子的帮助,才能够让生活教育在理论发展方面始终未有停滞。

改革开放后,针对依然存在的一些"左"倾看法,戴自俺认为,如果依然使用简单的、教条的看法苛求二三十年代的教育家,那么"就是蔡元培先生也无多少可取之处",所以,"陶行知正是

---

①　戴问天:《父亲的脚印》,华文出版社 2011 年版,第 484 页。

②　同上书,第 495 页。

③　戴自俺、方与严:《生活教育的中心是什么?》,《生活教育》1934 年第 13 期。

这样善于领导一些革命力量和敌人进行合法斗争的典型人物之一"①。他对陶行知与杜威的关系进行了辩解,认为陶行知对杜威思想的转变是一种质的变化,尤其体现在陶氏将教育的着眼点置于中国的乡村教育上。戴自俺批判了将陶行知贴上改良主义标签的做法,认为陶行知的乡村教育不仅是为了改善贫农的生活,更是为了革命贡献了大量人才,所以陶氏并非一名改良主义者,而是在创办晓庄之初就将乡村教育和革命联系了起来。戴自俺还进一步认为,陶氏的这种革命性并非全部是晓庄地下党员的影响,而是其内在的革命性促发了陶氏的信念。② 不难看出,为了在改革开放后重新巩固陶行知的地位,戴自俺的研究显然是以"伟大的人民教育家"为论点,主题先行,以各种资料来佐证这一观点。确实,在经历了三十年的沉寂之后,陶门弟子在为其师平反的过程中也是小心翼翼,力求寻求到有利于弘扬陶行知思想的理论依据。但客观地说,这种研究并不能算得上科学的研究。当然,这也并非戴自俺一个人的问题,而是整个时代为那一代学人打上了烙印。

对于陶行知的幼儿教育思想,戴自俺予以了高度评价。他认为,陶行知"从师资培养、教学设备、教具、玩具制作到儿童生理、心理、卫生保健以及课程设置"③都进行了深入的研究实验,这为中国的幼儿教育事业做出了重要的探索性尝试。戴自俺还指出,正是陶氏本身的平民性成为他创办中国化、平民化的幼儿园的动机,同时,陶氏的幼儿园创办不仅汲取了国外的先进经验,还从本国的实际问题出发,将两者有机结合。结合陶氏的办学思想,戴自俺批判了中华人民共和国成立初期中国幼儿教育生搬硬套苏联模式的缺陷,指出当时依靠苏联幼教专家戈林娜等人创办的幼儿教育

---

① 戴自俺:《陶行知的幼儿教育理论及其实践》,《教育研究与实验》1983 年第 1 期。

② 戴自俺、楼化篷:《陶行知教育思想的我见》,《江淮论坛》1981 年第 6 期。

③ 戴自俺:《陶行知的幼儿教育理论及其实践(续完)》,《教育研究与实验》1984 年第 1 期。

虽然起到了一定作用,但显然是与中国整体国情相背离的,特别是不能适用于广大农村和中小县城。戴自俺呼吁借鉴艺友制的方式解决改革开放后幼教师资极度匮乏的困境,同时借助幼儿园的广泛创办来解放妇女劳动力。①

综观戴自俺对陶行知研究所做的贡献,更多的是体现在他对资料搜集整理方面。他不仅参与了湘、川两套《陶行知全集》的编撰工作,还组织相关人员对方与严、张雪门等人的教育思想整理出版,为后人留下了一大笔宝贵的财富。当然,他对陶行知教育思想也进行了一些研究,但受制于时代特性,更多的是一种"护师心切"的辩解。我们也无须对戴自俺这一代学人予以过高的要求,敢于为真理说话,哪怕略有矫枉过正,也是可以值得接受的。

### (七) 王琳②

作为晓庄一批的十三名学子之一,王琳将毕生的时光奉献给了晓庄师范。他不仅在晓庄师范学校教书育人,更是整理出一批高质量的晓庄史料,为陶行知研究在江苏地区率先拉开研究大幕做出了重要贡献。

1927年3月,王琳考入晓庄试验师范学校,成了晓庄的首批学生。1928年春,在陶行知的推荐下,王琳奔赴萧山筹办湘湖师范学校,并担任湘湖师范的社会改造部主任,负责小学辅导、民众教育、乡村自治和宣传工作。随后的数年间,王琳还先后在广东龙川、安徽蚌埠、浙江乐清等多地担任教师或校长职务,将陶行知的生活教育理论洒遍他行至的每一个角落。新中国成立后,晓庄师范

---

① 戴自俺:《陶行知的幼儿教育理论及其实践(续完)》,《教育研究与实验》1984年第1期。

② 王琳(1906—1991),浙江浦江人,1927年首批进入晓庄师范。毕业后相继赴湘湖师范学校、乐清简易师范学校任职。新中国成立后,参加南京晓庄师范学校复校工作,先后担任教导主任、副校长等职。曾任中国陶行知研究会常务理事、顾问,江苏省陶行知研究会副会长。

学校在周恩来总理的批示下复校,王琳先后担任晓庄师范教导主任、副校长等职务。特别值得一提的是,他筹建了南京陶行知纪念馆,并在"文化大革命"期间尽力保全了陶馆的全部资料,为后来的陶行知研究留下了珍贵的史料。1985 年中国陶行知研究会成立后,他相继担任中陶会常务理事、顾问以及江苏省陶行知研究会副会长等职务。

王琳对陶行知研究的最主要贡献在于对陶行知个人资料以及晓庄资料的搜集整理。早在二十世纪五六十年代,他就不畏当时的政治环境,相继撰文回忆陶行知的教育理论与实践活动。他肯定了陶行知所做的将教授法变革为教学法的行为,认为这是对当时教育界普遍存在的"注入式教学法"和"教条式教学法"的一种颠覆,对教育改革产生了一定的影响。王琳认为,陶行知在这一时期所做出的教育改革,对于反对封建思想及外国贵族洋化起到了积极作用,但陶氏本人却仍未能摆脱实用主义教育及"教育万能论"的旧轨,其所谓的平民仅仅是反对"外国贵族的风尚"。简言之,王琳强调,陶氏的平民教育本质上是为资产阶级服务的。他认为,陶行知过于强调经验的重要作用,反而忽视了系统的理性认识,体现出陶氏对"教育万能论"的迷信。对于陶氏这种超政治的教育思想,王琳强调,这根本不能有助于他实现教育理想,反而连其教育事业都会受到影响,其根本原因在于陶氏不能认清当时的教育不过是统治者用来愚民的工具。同时,王琳还批判了陶氏的小先生制,认为这一方法过于高估了小先生在普及教育中的作用,降低了教师的教学作用,不仅如此,甚至于"教学做合一"亦同样降低了教师的引导作用。[①] 虽然在王琳的这一文章中,陶氏的"教育万能论"及实用主义教育思想再一次遭到了强烈批判,甚至于其小先生制等具体

---

[①] 王琳:《陶行知的教育事业》,《安徽史学通讯》1958 年第 3 期。

实行措施都遭到了理性的批评,但考虑到当时正属于"反右"扩大化这一特殊的历史背景,王琳这一通篇都在宣扬陶行知教育思想与实践的文章反而可以看作对陶行知的一种赞扬与褒奖。作为当时少有的敢于站出来为陶行知翻案的学生,王琳对陶行知的崇敬与热爱之情溢于言表。

改革开放后,环境的逐步好转给了王琳继续陶行知研究的良好氛围。由于他长期在南京晓庄师范工作,资料的便利让他有了更好的机会去梳理撰写晓庄校史。为此,他整理撰写了《晓庄学校史稿》,从史料上率先为陶行知研究铺垫好了道路。不仅如此,在他的带动下,晓庄师范学校的陶研热情被迅速点燃,在1981年学校就与江苏省陶行知研究会共同编辑出版了《陶行知文集》,为全国范围陶行知研究的开展起了一个好头。通过对晓庄学校历史的梳理,王琳为陶行知研究贡献出了一批有价值的史料。他对晓庄学校的创办、管理机构与办法、教学方法进行了梳理介绍,这对于后人的研究起到了很大的帮助。此外,他还整理了日本的陶行知研究,可以说他是陶研界较早关注到海外陶研情况的学人之一,也证明了他所具备的宏大视野。由于王琳是晓庄一期的学生,他的回忆与整理有助于后人了解晓庄当日办学的基本情况。但由于仅仅是王琳个人的回忆整理,其中也有颇多史实讹误之处,如陶行知的生辰、晓庄师范示威游行、蒋介石夫妇到访晓庄等。作为事后多年的回忆,既存在遗忘也存在加工,特别是刘季平组织的示威游行以及蒋介石到访晓庄等事,王琳既可能是道听途说也可能是进行了美化加工,完成了对陶行知的"共产主义战士"形象素材的建构,当然,他的出发点更多的还是一种"爱师护师"的尊崇心态。为了将陶氏与共产主义能够紧密相连,王琳还考察了陶行知教育思想在陕甘宁边区的实践情况。他通过详尽的资料表明,正是因为陶行知教育思想的人民性,才得到了陕甘宁边区人民的认可,也得到了党内诸如徐特立、谢觉哉等元老的认可。王琳指出,陶行知的小先生制在边区这种文盲众多、交通落后的地区是一种非常实用的扫盲办法,其作用不仅体现在小学教育,也能帮助成人教育质量得到提高。在实行小先生制的同时,教学做合一也在边区得以充分实施。边区执行的教育与社会及家庭相结合的教育方针有效地扩大了教育范围,让边区百姓在生产实践中学习到了比书本上更为丰富的知识与学理。[1]

总体而言,王琳的陶行知研究体现出了扎实的史学功底,其成果也帮助了日后陶研工作的开展。尽管王琳的陶研成果并不是很多,且他的影响力也远没有陶门其他弟子如刘季平、张劲夫、张健等人大,但是他却开拓坚守了晓庄这一陶研传统阵地。在他及汪达之等一批老晓庄学人的带领下,复校后的晓庄陶研成了学校的一大特色,也才有了后来的刘大康、辛国俊、汤翠英、吕德雄、徐志辉、彭小虎、李刚、王文岭等一批陶研学人,延续了晓庄的陶研之火。

### (八) 胡晓风[2]

从二十世纪三十年代接触陶行知思想,到参加孩子剧团、育才学校,再到七十年代末八十年代初倡导研究陶行知,胡晓风前半生与陶行知的教育实践紧密相连,后半生与陶行知思想的理论研究密不可分,他在 2012 年获得"陶行知研究终身成就奖"也是实至名归了。

胡晓风能与陶行知结缘,主要得益于他的老师成庆生的引介。1933 年成庆生毕业于武昌华中大学社会系,一度担任华中大学附属实验中学主任,抗战中积极参与生活教育相关工作。抗战胜利后成

---

① 王琳:《陶行知教育思想在边区》,《江苏教育》1981 年第 6 期。
② 胡晓风 (1924—2012),湖北武汉人,二十世纪三十年代先后加入孩子剧团、生活教育社,后赴重庆育才学校工作。新中国成立后,担任四川生活教育社社长、四川省委宣传部副部长。曾任中国陶行知研究会副会长一职。

庆生远赴香港，秉承陶行知教育思想再度复办了陶氏"回国三愿"中的香港中华业余补习学校（后改名中业学院），并担任院长一职。在成庆生的影响下，胡晓风如饥似渴地阅读着《生活教育》杂志，在其幼小的心灵里播下了对生活教育和抗日救亡的种子。胡晓风回忆这段经历时表示："我学陶行知的第一启蒙老师成庆生……由他向我介绍了陶行知的思想和事迹。那时（1935 年）我们是从参加革命的角度学习的，因此我自己认为他就是革命的"[1]，"我在 1935年读初中的时候，接触当时出版的《生活教育》半月刊，由此开始了解到陶行知及其生活教育，从而参加抗日救亡运动，参加中国共产党"[2]。

　　皖南事变后，胡晓风逃难到孩子剧团，在南下过程中，他加入了生活教育社。二十世纪四十年代，胡晓风长期在育才学校学习工作，曾办理过识字班等教育活动，受到了陶行知的赞扬。新中国成立后，胡晓风相继担任过成都体育学院党委书记兼副院长、四川省委宣传部副部长、四川生活教育社社长、中国陶行知研究会副会长等职务。二十世纪七十年代末八十年代初，随着陶行知研究的逐步解禁，胡晓风积极投身陶研事业当中，与担任四川教育出版社社长的金成林等人通力合作主编了《生活教育研究资料丛书》、川版《陶行知全集》、《陶行知教育文集》等著作，宣传陶行知教育思想。他笔耕不辍，留存有数百万字陶研成果，可谓是中国陶研界的权威人士之一。特别值得一提的是，胡晓风对川版《陶行知全集》第十一卷、第十二卷的编辑费了颇多心血，已七十多岁的他"多次蹲图书馆，中午吃点干粮又继续查阅；有的馆中午要关门，只要在馆外溜达几圈（因离住所远），等开馆时再进去""单是将 1918——

---

① 胡晓风：《论陶行知思想转变的三个阶段》，《生活教育》2012 年第 12 期。
② 胡晓风：《序一》，载上海图书馆中国文化名人手稿馆·丽水师范专科学校图书馆编：《20 世纪陶行知研究资料索引》，上海科学技术文献出版社 2001 年版，"序"第 5 页。

1936 年的《申报》一页页的查遍就很费精力"①。也正是有了这一心血付出,才造就了一套内容更为丰富的《陶行知全集》。

陶行知与中国教育的现代化,这一命题是胡晓风长期以来一直关注并深入研究的对象。胡晓风希望探讨陶行知与中国现代化的关系,从而证明陶行知不仅在中国教育与中国社会的现代化进程中发挥了重要作用,而且其创造的生活教育理论、民主教育、创造教育等思想至今仍有很强的现实针对性,依然可以在中国教育乃至中国社会进程中发挥重要作用。胡晓风依据史料考订后指出,陶行知不仅率先使用了"现代化"这一术语,而且其生活教育理论就是从乡村教育入手,最终以实现教育乃至社会的现代化为鹄的。胡晓风进而认为,陶氏的生活教育理论就是孕育在现代性理论当中,这一现代性理论旨在研究使社会实现现代化的全球过程的理论。② 在新文化运动前,陶氏是以共和求进化;在新文化运动之后,陶氏是以民主、科学和创造来实现全球现代化。胡晓风指出,陶行知的现代化理念其实早在 1920 年办理暑期学校时就已经产生。陶氏在彼时提出创造一个"四通八达的社会",这一理念与马克思、哈贝马斯等人提出的"交往"理念相吻合,即将教育作为改造社会的理想工具和交往手段,从而达到社会发展的现代化目的。胡晓风指出,为了实现这一目的,陶行知至少在政治、经济、文化三个方面进行了不断的努力。在政治方面,陶氏强调"民主第一",希望借助教育的力量能够实现普天下的民主,教人建设平等互助的社会,希望能够达到民族现代化的目标;在经济方面,陶氏希望教人创造富的社会、富的个人,力图借助工学团模式能够提高民众的经济收入,希望实现生活现代化;在文化方面,他通过普及科学知识,教人少生

---

① 方明主编:《陶行知全集(十一)》,四川教育出版社 2005 年版,第815—816 页。
② 陶行知与中国现代化课题组:《陶行知与中国现代化》,四川教育出版社 2008 年版,第14 页。

小孩子，希望实现寿命现代化。胡晓风进而指出，"教育贯彻于人生的始终，创造贯彻于教育的始终，社会创造力贯彻于社会发展的始终"，这三者只有始终连成一气才能保证川流不息的现代化的全面实现。① 胡晓风还特别重视对陶行知创造教育思想的研究，在其看来陶氏的创造教育是其现代化理论能够实现的基础。胡晓风指出，陶行知是创造教育最早的开拓者，并将"创造"作为教育目的始终贯穿教育过程的始终。陶氏的创造教育经历了萌芽期、晓庄试验期、工学团试验期和育才试验期四个阶段，可以说，他的生活教育理论方法也是他的创造教育理论与方法。② 胡晓风还进一步认为，陶行知的创造教育在当时的历史条件下必然会发展成为创业教育，必然会成为建设的、发展的教育，"创现代化和世界一体之业，即创全球现代化之业"③。

从上述内容可以发现，胡晓风的研究应该是深受二十世纪八十年代兴起的现代化范式的史学研究影响。二十世纪八十年代中期，北京大学罗荣渠教授、华中师范大学章开沅教授率先以"近代化""现代化"的视阈来解读中国近代的社会变迁。罗荣渠指出："以现代化为中心来研究中国近现代史，不同于以革命为中心来研究中国近现代史，必须重建一个包括革命在内而不是排斥革命的新的综合分析框架，必须以现代生产力、经济发展、政治民主、社会进步、国际性整合等综合标志对近一个半世纪的中国大变革给予新的客观定位。"④ 这一研究范式的出现，打破了过去的单线思维模式，形成了融合文化学、政治学、人类学、历史学、社会学等多门学科多线思维方式。在这一过程中，与胡晓风私交甚密的章开沅不能不

---

① 陶行知与中国现代化课题组:《陶行知与中国现代化》，四川教育出版社 2008 年版，第268 页。

② 胡晓风:《陶行知创造教育的理论和方法》，《教育科学研究》1994 年第 6 期。

③ 胡晓风:《陶行知创造教育及其现代价值》，《教师之友》2000 年第 4 期。

④ 罗荣渠:《现代化新论》，商务印书馆 2004 年版，第 487 页。

对其产生重要影响，这也是促发胡晓风从现代化视角思考陶行知历史作用的一个重要因素。也正如罗荣渠所谓的现代化范式定义那样，胡晓风的研究并未将陶行知局限在教育行业当中，而是在综合了社会学、政治学、文化学、文学等多门学科的基础上，演绎归纳出了陶氏独特的历史作用。

此外，胡晓风还认为陶行知是一位民主思想家，是集大众诗人、大众教育家与社会学家于一身的行动理论家。[①] 他指出，陶氏的民主思想起源于辛亥革命，发展于乡村教育及抗战时期，最终成熟于民主教育阶段。胡晓风认为，陶行知的民主教育思想是一种新的生活方式，通过教育的手段培养社会创造力，是一种创造力与民主思想共同成长的教育方式。胡晓风进而指出，陶行知的现代性理论无论是从世界观、社会观还是教育观来看，其核心思想是"世界一体、民主第一"[②]。从胡晓风的研究可以看出，他认为的陶行知已经超越了"教育家"这一范畴，而是一个更为宏观的思想家、社会行动家范畴系列。这是与一直以来的陶行知研究还是存在诸多不同的。胡晓风反对就教育言教育，就生活教育言生活教育，所以他反对将陶行知仅仅限定在教育家行列中，也反对将生活教育理论局限于教育理论范围中研究。在其看来，生活教育理论不仅在民国时期，即便是在当下也有着顽强的生命力。他强调生活教育的民主性、现代性，故而在二十一世纪之后他开始深入挖掘陶氏思想中的民主成分。事实上也确如胡晓风所言，陶行知的一生都是为民主而奋斗，教育也不过是为了改造社会达到民主的一种手段，晓庄就是民主生活最为典型的代表。陶行知在演讲中多次提及晓庄和平门吃水教学做问题，认为这是发展农民自治的重要案例，体现出民主思

---

[①]　陶行知与中国现代化课题组:《陶行知与中国现代化》，四川教育出版社 2008 年版，第27 页。

[②]　同上书，第364 页。

想的精髓。此外,胡晓风提倡陶行知教育思想的现代性,这也是他感受到生活教育边缘化后产生的一种危机感。当下的教育改革始终停滞不前,素质教育的呼声又一次被应试教育所淹没,生活教育与当今教育巨大的反差逼迫着生活教育走向边缘化,生活教育研究与陶行知研究走入了边缘化,这也是胡晓风一直所担忧的问题。

对于陶行知思想转变的过程,胡晓风认为经历了三个过程。1917 年归国至 1926 年,陶氏从一个自由民主主义者转变为激进的民主主义者,在这一阶段,陶氏创造了生活教育理论。1927 年至 1930 年,陶氏由激进的民主主义者转向自觉的马克思主义者,这一阶段也是生活教育的初步试验阶段。1931 年至 1946 年,陶氏成为一个与党密切合作,在党领导下的非党共产主义战士。在这一转变的过程,马克思主义与共产党人的影响产生了重要作用,这些都促使着陶氏自觉自发的向党、向马克思主义靠拢。胡晓风指出,在马克思主义的影响下,陶氏将政治与教育结合起来,试图利用教育来影响政治,这对当时的教育思想而言是一个重大的进步。谈及教育与政治的关系,不可避免涉及对"教育救国论"的看法。对于当时普遍存在的对"教育救国论"的批判,胡晓风率先发表了不同看法。他认为要将教育家利用职业培养学生搞教育救国与政治家教育救国区分开来,对于教育家而言,不存在政治路线问题,"在他还没有确定什么样的政治时,不可能有什么政治路线,因此不能把路线斗争用在所有人的身上",而且教育家培养学生且没有压制学生的革命斗争,所以"教育救国"这一道路是无可非议的。① 能在1987 年就提出客观的看待"教育救国论",不得不说胡晓风具有跨越时代的辩证眼光,与其相辉映的也只有章开沅了。只可惜的是,两位学界前辈就陶行知"教育救国论"这一问题在二十世纪八九十

---

① 胡晓风:《试论陶行知思想发展的三个阶段》,《安徽教育学院学报》(社会科学版)1987 年第 3 期。

年代已经达成共识的肯定看法后，进入二十一世纪以来依然遭到学人忽视。至今还有人在讨论陶行知教育思想的缺陷时，无中生有的继续编排"教育救国"的不是，这一重复研究、分割研究以及随之带来的错误结论必然造成了陶研整体水平的下滑。

此外，胡晓风还通过梳理古今中外的教育理念提出了生活教育的五个重要历史渊源。一是来源于基督教的七主德。胡晓风认为，基督教中提倡为生活而学习智慧、勇敢、节制、正义、信仰、希望和博爱，这七主德忏悔现实生活中的磨难，并强调升入天堂享受未来的欢乐及希望。陶行知的生活教育就是这七主德的力行实践，所不同的在于陶氏立足生活学习德行，强调抓住现在改造现实，实现古往今来一体化。[①] 二是夸美纽斯教育思想的现代化与中国化。胡晓风认为，陶行知对夸美纽斯的教育思想极为推崇，特别是育才学校，可以说是对泛智论的继承与发展，此外，陶氏对夸美纽斯的终身教育思想也有着进一步的充实与发展。[②] 三是泛爱派的影响。胡晓风指出，巴泽多创办的泛爱学校影响了陶行知，这一泛爱思想在陶氏的新安、工学团、育才和社会大学中均有所体现。[③] 生活教育的另外两个源泉分别是裴斯泰洛奇的生活教育理念和杜威的实用主义哲学。胡晓风指出，生活教育"不仅有苏格拉底播下的希腊文明的种子，更早还有孔子播下的中华文明的种子。从而可以证明生活教育乃是东西方两种文明的产物""陶行知的世界一体、民主第一和生活教育的追求都源于希腊、罗马的古代文明，同时也是他终生致力于'会通中西'的结果"[④]。从西方先哲的思想中挖掘生活教育的源头，胡晓风的研究已经超越了简单的陶行知与杜威关系这

---

[①] 陶行知与中国现代化课题组:《陶行知与中国现代化》，四川教育出版社 2008 年版，第 17 页。

[②] 同上书，第 19 页。

[③] 同上书，第 20 页。

[④] 同上书，第 24—25 页。

一定论,这也是他对生活教育的一大贡献。但这里需要商榷是,是否需要为了强调陶行知与中国现代化的关系而无限拔高了生活教育的西方历史渊源?事实上,这一研究倾向在当下中国存在不少先例,如季羡林曾认为北京大学校史源头可追溯至汉代的太学。且不谈这一研究是否合理正确,但这种"言必称希腊",追古溯今而无限拔高的做法还是需要进一步考量的。作为一名受过教育学专业训练的学者,陶行知确实也受到古希腊、基督教、泛爱论、泛智论的影响,但这些影响不足以成为陶行知生活教育理论的源头,事实上,生活教育确切的源头还是杜威实用主义理论和王阳明哲学思想。

胡晓风坚持陶研三十余年,为陶行知研究做出了巨大贡献。他不仅组织参与了多部陶研史料的编撰工作,鼓励提携青年陶研学者,还老骥伏枥,亲自撰写了多部著作与多篇论文,并奔赴全国各地宣讲陶行知教育思想,推广与传播生活教育思想。2012 年,中国陶行知研究会授予他"陶行知研究终身成就奖",也是对他这些行动的最大褒奖。总体而言,胡晓风的陶行知研究具有以下几点鲜明的特征。

1. 突出历史的真实性

研究只有依据史料说话,才经得起历史的考验。胡晓风作为川版《陶行知全集》的主要编辑人员,长期与各类史料打交道,做了大量的考订考证工作,历史的"求真"态度在他的身上体现得淋漓尽致。他的研究以史料为根基,强调无一字不无出处,始终以严谨的治学态度看待陶行知其人其事。他还强调研究必须贴近"真正的陶行知",反对过于拔高或过于贬低陶行知,认为对陶行知的"'苛求'和'溢美'同是亵渎"①。他这一求真的态度显然是继承

---

① 胡晓风:《陶行知研究的三点体会》,《中国陶行知研究基金会会讯》1996 年第 Z1 期。

弘扬了陶行知"千教万教教人求真，千学万学学做真人"的思想，体现出了他率真的秉性。

2. 辩证的评价结论

正是基于真实性研究的基础上，胡晓风认为对陶行知的评价必须要全面客观公正。他反对为政治需要一味地对陶行知进行建构，反对革命史观研究中"攻其一点不及其余"的片面研究范式，强调要结合历史情况辩证地看待历史事实。比如对于"教育救国论"的看法，胡晓风就认为它并非一无是处，而是不同领域的人为救国而提出的特有路径而已。再如对陶行知的整体评价，胡晓风突破了"伟大的人民教育家"这一政治建构的限制，认为陶氏早期是教育家，后期侧重政治家，总体上既是政治家又是哲学家也是教育家。①可以说，这一研究结论更为全面的概括了陶氏的一生。长期以来，学界的研究一直忽略了陶氏民主思想领域，未能挖掘陶氏作为政治家、思想家等方面的学说与实践，胡晓风的研究可谓弥补了这一遗憾。但作为时代的一员，胡晓风也难以逃脱历史的局限。他认为陶氏最终成了一名共产主义战士，当然这也许是亟须为陶氏翻案、与杜威等人划清界限的情况下提出的结论，但陶氏究竟是不是共产主义战士，这一结论还是需要在大量史料的基础上进一步研究才能得出，而非凭空口或一种护师的心态就能下定论的。

3. 创新的研究方法

胡晓风反对逻辑先行的研究范式，试图以现象学来解读陶行知的生活教育理论，这在陶研领域是一种新的尝试。胡晓风认为，"只有采用现象学（Phenomenonlogie）中的'悬置'（德文 epoche）方法将逻辑在先的说明悬置起来，以达到无先假定与倾向的出发点，用'看'而不是'想'才能'回到事物本身'，从而检验逻辑

---

① 胡晓风：《试论陶行知思想发展的三个阶段》，《安徽教育学院学报》（社会科学版）1987 年第 3 期。

在先的说明"。① 通过这一研究方法,胡晓风希望能够建立一个适应生活需要的真正的生活教育体系,这一体系是在没有任何假定前提的情况下通过内在的文本解读得出。在这一理论的指导下,胡晓风对"生活即教育""社会即学校"和"教学做合一"有了新的认识。在其看来,"生活即教育"强调教育内容随着生活变化而变化;"社会即学校"强调教育体系的全面覆盖性,以改变学校教育的单一模式;"教学做合一"成了达到上述两者目的的教育方法论。这一理论与当下中国学习化社会、终身教育等理念不谋而合,也体现出了胡晓风研究中强烈的现实观照。

4. 挖掘生活教育的当代价值

正如上一点所说,胡晓风特别关注生活教育在当下中国的实践与发展。他认为,生活教育是一种活的教育、不断发展变化的教育,能够适应任何社会体制的教育,在当下的中国社会中依然有着很强的生命力,对于当今中国教育体制改革和社会改造依然可以起着指导作用。胡晓风进而指出,在知识经济时代,生活与教育的关系由混沌分离而日趋融合,普及现代生活教育,即是普及大众终身创业教育。② 不过,他自己也承认,随着陶行知研究与生活教育研究的边缘化,生活教育的当代价值也愈发受到冷落,这就需要陶研后学能够进一步挖掘并推动深化。

二十世纪三十年代参加儿童剧团再到育才学校工作,二十世纪七十年代末开始率先研究陶行知,二十世纪九十年代至二十一世纪强调生活教育的当代实践价值,从胡晓风的陶研之路可以看出陶行知的"行"—"知"—"行"思想在胡氏内心的无限放大,他也无愧于"陶行知研究终身成就奖"这一称号了。

---

① 陶行知与中国现代化课题组:《陶行知与中国现代化》,四川教育出版社 2008 年版,第 33 页。

② 胡晓风:《知识经济时代的生活教育》,载陶行知与中国现代化课题组《陶行知与中国现代化》,四川教育出版社 2008 年版,第 388 页。

# 二　松散型"亲缘"陶研学人

在紧密型"亲缘"陶研学人不断开拓进展的同时，松散型"亲缘"陶研学人群体也开始逐步崛起，最终继承并取代了紧密型群体在陶研中的地位。松散型群体的主要成员都与陶行知或多或少有着历史渊源。比如中国陶行知研究会的学人群体，因为学会的缘故自然也关注陶行知的思想与实践工作；比如中央教育科学研究院（所）的学人群体，因为陶门弟子主管而引发的研究热情，持续了多年；比如南京晓庄学院的学人群体，由于老校长陶行知人格魅力的感染从而投身陶行知研究。当然也还有一些如南京大学（前身金陵大学）、南京师范大学（前身南京高等师范专科学校）等一些历史渊源形成的学人群体。这些学人群体的研究多为理性分析、客观评述，形成了他们独特的视角与观点。

## （一）郭笙[①]与储朝晖[②]

作为松散型的学人群体，中央教育科学研究院（旧称中央教育科学研究所）的学人们与陶行知有着千丝万缕的联系。作为中央教科院的前身，中央研究院中国教育研究室的负责人李维汉就对陶行知的教育思想推崇备至。二十世纪五十年代中央教科所筹建后，陶门弟子戴伯韬、董纯才、张健等人都相继担任过中央教科所所长一职，而刘季平、柳湜、华子扬等人也曾分管或在教科所担任主要领导职务。近年来，中国陶行知研究会现任会长朱小蔓以及《伟大的

---

[①]　郭笙，1925 年生，云南龙陵人，中央教育科学研究所研究员，曾担任中国陶行知研究会理事。

[②]　储朝晖（1964—　），安徽岳西人，早年毕业于徽州师专，后赴歙县陶行知纪念馆工作。后先后在南京师范大学、北京师范大学获得硕士、博士学位，现为中央教育科学研究院研究员、中国陶行知研究会副秘书长。

人民教育家陶行知》一书著者袁振国也相继担任中央教科院（所）院长（所长）职务。可以说，从历史的渊源来看，中央教科院与陶行知的关系极为密切。当然，也正是有了这一密切的关系，中央教科院的陶行知研究才能够持续不断地发展深化。在中央教科院的诸多陶研学人中，最具有代表性的当属郭笙与储朝晖了。

1. 郭笙

郭笙早年毕业于北京教育行政学院，一直从事政治教育工作。后他相继赴北京师范大学、陕西师范大学从事教育理论研究。在返回中央教科所工作之后，所长董纯才以其为组长组成了一只精干的陶研队伍，其成员包括刘硕、顾延藩、夏德清、金元逊等人。这一小组成员遂奔赴全国各地，搜集整理陶行知的著作及相关史料。在这一基础上，中央教科所于 1982 年出版发行了第一本陶行知年谱——《陶行知年谱稿》。在掌握了大量的一手资料的基础上，郭笙后又撰写了《为中国教育寻觅曙光——陶行知教育思想研究》一书，该书后在 1997 年获得了吴玉章奖教育学优秀奖。据郭笙回忆:

> 1980 年中央教育科学研究所的几位同志接受了董纯才同志交给的任务，为全国陶行知先生诞辰九十周年纪念大会准备有关材料。为此，我们收集了陶行知的著作和有关资料，先后到安徽、南京、上海、重庆和北京等陶行知先生生前活动过的地方做了大量调查研究，拜访了陶行知的亲属、生前友好及同事，完成了有关材料的撰写，并编撰了《陶行知年谱稿》（教育科学出版社 1983 年版）。①

或许是出于对革命斗争时代的回应，郭笙的研究侧重于考察陶

_____

① 郭笙:《为中国教育寻觅曙光——陶行知教育思想研究》，辽宁教育出版社 1991 年版，第 279 页。

行知的批判精神。在其看来,陶行知是一位向半殖民地半封建社会旧教育宣战的斗士。郭笙指出,陶行知献身于教育事业的一生,"一直是在反对半殖民地半封建旧教育、探索为人民大众服务的新教育中前进的",其生活教育理论"是在对传统教育、洋化教育等形形色色的旧教育的批判中逐步建立和发展起来的",陶氏终其一生"始终坚持了对封建、买办、法西斯教育进行尖锐的揭露和深刻的批判"[1]。通过对陶氏批判思想的分析,郭笙认为,陶氏能够不断地深化其对传统旧教育的批判,是因为他在政治上的不断进步以及世界观的逐步转变推动的。在意识到中国共产党才是人民群众利益的真正代表者之后,陶氏对于旧教育的批判迅速深化,"旗帜越来越鲜明,战斗性越来越强,一针见血的尖锐风格也有了进一步发展"[2],而这些批判的出发点都在于陶氏始终能够为人民大众着想,为人民大众说话,可谓名副其实的人民教育家。郭笙进一步指出,正是在对旧教育的猛烈批判中,陶氏的生活教育理论逐步形成,其理论不仅是向前、向上的,更具有"工业化"和"创造富的社会"的内涵。郭笙认为,陶氏的生活教育理论强调从中国农村出发,通过工业化解决农村问题,这在当时是极有远见卓识的。[3] 此外,郭笙还划清了陶行知与杜威之间的界限,认为陶氏的"教学做合一"与杜威的"做中学"有着本质上的不同,即陶氏是以唯物主义经验论为基础,而杜威是以主观唯心主义经验论为基础;陶氏是为着人民大众的幸福生活,而杜威是用来改良并调和阶级矛盾。[4] 对于"教学做合一"这一问题,郭笙还从"五四"时期工读运动入手进

---

[1] 郭笙、刘硕:《陶行知对半殖民地半封建社会的旧教育的批判》,《行知研究》1983 年第 8 期。

[2] 同上。

[3] 郭笙:《试论陶行知对传统教育的批判及其生活教育理论》,《华东师范大学学报》(教育科学版) 1986 年第 8 期。

[4] 同上。

行了剖析。他认为，"五四"时期"劳心与劳力结合"有着积极意义，但划分出"劳心"与"劳力"两个阶级显然是唯心主义、形而上学的绝对化观点。而陶行知显然是化解了这一对立的矛盾，他提出的"在劳力上劳心"完成了教育与生产劳动的相结合，是一种民主主义的进步教育观点。而随着陶氏这一革命思想与社会发展的不断融合，推动着陶氏及其弟子们从知识分子和工农结合的道路上前进，最终发展成为共产主义战士。[①] 总而言之，郭笙指出，陶氏的思想发展历程是由旧民主主义向新民主主义转变的一个过程，他"从主张教育救国，科学救国逐渐走上无产阶级领导的新民主主义革命的道路，终于成了一个'党外布尔什维克'"[②]。

以史为镜，可以知兴替。长期在中央教科所从事教育研究的郭笙不仅关注陶行知研究，更希望能够将陶行知研究与中国当代现实问题相结合。他从陶行知师范教育思想出发，强调农村师范教育的重要性，呼吁能够改革师范教育的结构、体制，使其能够与社会生活实践相结合，从而拓宽中国未来的发展之路，因为在其看来，师范教育的改革与发展，是与国家、民族的命运前途紧密相关的。[③] 郭笙强调，在当下的中国教育体系中，农村教育占据有极为重要的地位，突出农村师范教育，改善农村师资，才能够有助于我国从农业国迈进工业国，实现社会主义的现代化过程。在这一研究结论中，郭笙借助陶氏"工业化""造富的社会"思想，进一步剖析陶氏"广义师范教育"的概念，强调对中国农村就应该"教育界需要什么人才，就培养什么人才"，重视对师范生"师德"和教学能

---

① 郭笙：《试论陶行知对传统教育的批判及其生活教育理论》，《华东师范大学学报》（教育科学版）1986 年第 8 期。

② 郭笙、刘硕：《略论陶行知人民教育思想的发展》，《华东师范大学学报》（教育科学版）1983 年第 1 期。

③ 郭笙：《重视师范教育　改革师范教育——简论陶行知师范教育思想及其现实意义》，《中国教育学刊》1988 年第 4 期。

力的培养，将教学、实习、实验、研究紧密结合到一起，在师范生"教学做合一"的过程中完成对师范生的培养。① 郭笙极为推崇陶行知的人格风范，认为陶氏一生在不停地追求探索，在实践中不断创造，不愧为具有开辟精神、创造精神的一流教育家，也是中国教师的光辉典范。

作为二十世纪八十年代极具代表性的陶研学人，郭笙的研究成果在学界具有很大的影响。据美籍华人学者姚渝生口述，他对于陶行知无政府主义思想的剖析，很大程度上受到了郭笙对工读主义思潮和陶行知教育思想研究成果的影响。② 综观郭笙的研究也可以发现，他在工读运动研究方面的成果对他的陶行知研究很有影响，他将"教学做合一"与"五四"时期工读思潮相结合，探讨"劳力"与"劳心"之间的关系，这在陶研界也是很有特色的。当然，郭笙对陶行知教育思想的研究更多的还是强调陶氏教育思想的批判性，强调陶氏与杜威思想的异同，这显然带有时代的烙印。但不可否认的是，郭笙及中央教科所陶研团队的推动作用对陶行知研究的深入开展起到了很大的引领作用，同时也为中央教科所陶行知研究的传承留下了薪火。

2. 储朝晖

储朝晖与陶行知结缘更多是因为地域上的缘故。他不仅在徽州求学，还一度在歙县陶行知纪念馆工作，这种地缘上、文化上的亲近，促使他对研究陶行知思想、推行陶行知精神方面下了诸多努力。

1981 年，储朝晖从安徽岳西考入徽州师专物理系，正是这一机缘巧合，让他步入了陶行知研究领域。恰在当年，邓颖超、胡乔木

---

① 郭笙:《为中国教育寻觅曙光——陶行知教育思想研究》，辽宁教育出版社 1991 年版，第 218 页。

② 郭笙:《五四时期的工读运动和工读思想》，教育科学出版社 1986 年版。

等人参加了纪念陶行知诞辰九十周年活动,恢复了陶行知的名誉,肯定了陶行知教育思想的价值。为了响应中央的这一决定,徽州地区举办了陶行知生平事迹展览,在这一展览上储朝晖认识了陶行知,并为其教育理想深深折服。毕业后,储朝晖决定赴歙县陶行知纪念馆工作,投入陶行知研究当中去。这一期间,他做的较多的是对当地教育的调查研究工作。

　　　　到了陶研馆工作后,一些人认为来工作,就要乖乖地在这个纪念馆待着;而另一些人则认为要学习陶行知就得多了解实际问题,多做调查研究。在综合考虑之后,我决定走第二条路。从某种程度上来说,我不只是研究陶行知的教育论述和思想,我更加依照他的调查研究方法去做一些实际的研究。①

　　储朝晖的这一做法充分体现了他对陶行知研究所抱有的宗旨。他一直强调,研究陶行知不是为了陶行知这个人,而是为了创造一个更好的社会,让民众过上更好的生活,达到陶行知所谓的"止于人民幸福"的最终目标。故而,他不仅仅从理论上进行研究,更多的还是从实践上予以体现。除了调研以外,他还在二十世纪八十年代末期指出了湘版《陶行知全集》的一些勘误,因而受到了当时编撰川版《陶行知全集》的陶门弟子的关注,随后他就被调入川版《全集》编委会,担任编辑工作。如果说歙县陶馆的工作是为储朝晖的陶研添上第一层底色的话,这次协助戴自俺、陶晓光、胡晓风等人编撰川版《全集》则是为他陶研画上了第二层底色。《全集》编撰完毕后,储朝晖进入北京师范大学攻读博士学位。毕业后,他进入教育部中央教科所工作,这等于是为他的陶行知研究添上了第

---

① 根据 2012 年 12 月 29 日与储朝晖研究员访谈整理,经本人审核。

三层底色。中央教科所有着深厚陶研传统且一直以来极为关注陶行知研究，历任数位所长以及教育部分管领导都是陶行知的门生弟子，如戴伯韬、刘季平、董纯才、张健等。中央教科所良好的陶研氛围为储朝晖进一步从事陶研工作提供了便利。正是在这些有利平台的基础上，储朝晖开始相继担任中国陶行知研究会副秘书长并发起重建中华教育改进社，为学陶师陶研陶工作的推广与发展做出了重要贡献。

总体而言，早期储朝晖的陶研范围涉及很广，研究方面包含了陶行知与郭沫若关系、陶行知与图书馆建设、陶行知与基督教关系、陶行知的人口思想等多方面内容，这些都是给予储朝晖充分占有材料的基础之上的。无论如何，在当时的陶研学人还在关注陶行知教育思想的时候，储朝晖已经从跨学科的角度在梳理陶行知与其他学科的关系，所以他的部分研究思路具有较强的创新性、前瞻性，走在了陶行知研究的前列。

可能由于在歙县陶行知纪念馆工作的缘故，储朝晖对于同属于公共服务事业的图书馆与陶行知的关系产生了兴趣。他根据所掌握的史料分析后指出，陶行知非常热心于图书馆事业，并积极倡导中国图书馆学会的建设，并有着开拓性的图书馆实践工作。储朝晖认为，从理论上来看，陶行知提出了书是一种工具、图书网与文化网关系密切这些论断；从实践来看，陶行知创办流通图书馆、三位一体图书馆、重视建立图书馆的公众关系都让陶氏成为图书馆实践中的开创者，所以，储朝晖指出，陶行知"对建立中国图书馆学会组织，推动中国图书馆学研究做出了贡献；在图书馆实践与理论上都有独创性的建树"[1]。这是有资料可查以来最早一篇研究陶行知与图书馆关系的学术论文，在跨学科研究的创新层面为陶行知研究提供

---

① 储朝晖:《陶行知图书馆理论与实践》,《图书馆理论与实践》1989 年第 3 期。

了更为广阔的天地。

陶行知与基督教的关系一直以来是海内外研究的兴趣所在,储朝晖对这一争论也颇有研究。他指出,陶行知所理解的基督仅仅是与孔子、释迦牟尼一样客观存在的历史人物,这是陶氏根据他特有的中西文化交汇所形成的一个社会化、民主化、自由化、平民化的基督,正是对于这种基督教的了解,陶氏所认可的教义的根本目的在于改造社会而非虔诚的信徒。储朝晖认为,在陶行知的一生中,基督教义影响了他的为人处世和思维能力,同时,他对基督教义也有自己独特的认识,所以陶氏是一名耶稣基督的崇拜者。但储朝晖又进而强调,陶氏对基督教亦如其对待儒家、墨家、佛家、道家以及其他思想是一样的,他借助这些思想追求完美人格并利用它们改造社会,"他不遵行严格的教规教法,只面对人类所创造的一切宝贵的物质和精神财富,用理性分析过去,把握现在,创造未来","从这个意义上说,他是基督徒,又不是基督徒"①。二十世纪九十年代初期,周洪宇提出陶行知"一度"成为基督徒这一观点后,引发了陶研界的热烈探讨。在"多一个基督徒,少一个中国人"这一简单阶级划分思想主导的时代,"伟大的人民教育家"陶行知显然是不能与基督教扯上任何关联的。储朝晖显然是针对这一结论,在结合翔实史料的基础上分析得出了陶行知"既是基督徒又不是基督徒"的这一观点。从历史的角度来看,这确是对前人研究的一种深化与发展。

因为有一种建构陶行知式的理想社会的想法,储朝晖也从人口社会学的角度探讨了陶行知的人口思想。通过对陶行知人口管理理论和人口教育理论的分析,储朝晖认为,陶行知的人口科学思想是在大量调查统计数据的基础上对中华民族出路的一种理性思考,不

---

① 储朝晖:《陶行知与基督教》,《金陵神学志》1998 年第 1 期。

仅系统完善而且极具科学性，甚至可以作为当代人口统计的范本。同时，储朝晖肯定了陶行知将人口问题置于社会和人类发展长河中来研究的取向，这种研究不会就人口看人口，而是将人口与政治、经济、文化、教育等社会问题联系起来宏观的把握，这样的研究价值就不仅仅局限于人口学，而是一种社会学范畴的研究。他还认为，在探究人口问题根源的同时，陶氏提出了一系列人口教育的措施，这不仅是解决人口问题的表象，更是寻求至人口问题的根源，为人口质量提高及人口解决都提供了思路。①

　　历史人物的对比也是储朝晖研究兴趣所在。他将陶行知与戴东原对比后认为，尽管隔了一个世纪，但陶氏与戴氏都是深受新安文化的熏陶，形成了"达民情"的共同价值取向。在知行关系方面，陶行知显然是强于戴东原，他将王阳明、戴东原认可的"知是行之始"改造为"行是知之始"，这是陶行知建立在实践基础上的知行关系，也是对戴东原的一种超越。在真善美的问题上，储朝晖认为，陶行知在追求善的道路上除了汲取戴东原的思想外，还强调面向社会现实去寻求真和善，这是对戴氏的"问古问今"的重大飞跃，从而达到了"问古问今问未来"的境地。在师道方面，储朝晖认为，戴东原是以师为友、以友为师，陶行知则在此基础上加以发展，形成了艺友制这一饱含人人平等观念的新型师道观念，这是陶氏特有的中西文化交汇所形成的师道观。通过对这二人的对比，储朝晖指出，近三个世纪以来中国知识分子"由亲官转向亲民亲物亲赤子，由宣扬天理治民到遂民之欲，达民之情，由单纯求知到行以求知知更行"②，最终实现了寻古到问今的转向。在近代人物方面，储朝晖梳理了陶行知与郭沫若、晏阳初的关系。特别是陶行知与晏

<hr />

① 储朝晖:《论陶行知人口科学思想》，《南京人口管理干部学院学报》1999年第3期。
② 储朝晖:《世纪轮·戴东原·陶行知》，载周洪宇、余子侠、熊贤君编《陶行知与中外文化教育》，人民教育出版社1999年版，第174页。

阳初的关系,长期以来由于史料的缺乏,学界探究不够深入。储朝晖就根据所掌握的史料,研究了二者之间的关联。他认为,这两位深受中西方文化熏陶的学者由于对平民的关注使得他们在 1923—1926 年相切,从而奏出了中国教育史中划时代的乐章。随着两者看待问题的不同,最终两人在 1926 年相离,储朝晖指出,这一相离过程中,陶氏是看到了中国问题的根源——乡村,而晏氏还在平教运动中难以脱身。虽然最终二者又都回到了乡村教育这块土壤之中,但政治风云又让他们永远分离。但无论如何,储朝晖还是肯定了二者对于中国社会改造所做出的贡献,认为他们试图通过教育改造进而将中国带入现代化国家的行列,这一功绩是前所未有的,这一道路也是历经坎坷的。①

　　众所周知,陶行知为了抵抗日本侵略曾赴欧美等 26 国进行国民外交活动,希望能够借国际社会的力量来帮助中国抵抗日本侵略。但由于学界对此关注不多,故而关于陶行知与抗日战争关系的研究成果几难寻觅,仅有张正元和叶昕等人做过相关研究。为了进一步丰富前人研究成果,储朝晖梳理了早年陶行知反日思想的形成,为其后期反日实践找到了思想的根源与基础。储朝晖认为,早在五四运动期间,陶行知就已经开始举起了反日的大旗。他利用丰富翔实的史料证实陶行知在这段反日热潮中,陶行知结合历史与现实逐步形成坚决抵制侵略的反日态度。1930 年,陶行知因支持学生抗日行动而遭受政府通缉,因此认清了政府的软弱本性和日本的凶残本性,故而,储朝晖认为,正是这一经历让陶氏"形成了坚定的卫国御侮思想,并积极宣传这一思想,同顽固不抵抗主义进行坚决斗争,主张并相信依靠全体国民和一切爱国力量进行联合抗战,定能取得最终胜利"②。储朝晖指出,为了达到胜利的最终目标,陶

---

① 根据 2012 年 12 月 29 日与储朝晖研究员访谈整理,经本人审核。

② 储朝晖:《陶行知与抗日战争》,《抗日战争研究》2005 年第 1 期。

行知不仅在国内积极奔走呼号，与他人共同发表《团结御侮的几个基本条件与最低要求》，还跨越五大洲宣传动员华侨抗日救国，甚至还得到杜威等文化名流的支持，最终他实现了抗日救国的这一目标，为抗战胜利做出了巨大的贡献。储朝晖的这一研究，梳理了陶行知长达近三十年的反日抗日活动，进一步丰富了陶行知研究的范围。但是，也需要指出的是，储朝晖的研究中关于陶行知在美国特别是哥伦比亚大学组织各类抗日活动的史料相对匮乏。其时，周洪宇已经从哥伦比亚大学搜集到了一批哥大教授参与陶行知抗日活动的珍贵史料，可能由于信息共享的不畅通，储朝晖并未能够在其研究中运用到这批史料，否则将会为其研究增色不少。

从上述可以发现，储朝晖的陶研思路广，在跨学科领域很有创见，开拓了多个新陶研领域。特别近年来，他开始将研究重点放至生活教育理论创新层面。储朝晖指出，"生活即教育"的本征含义包含特定含义的符号、教育教学课程论、教育方法、教育教学原则和生活教育之间的关系等五个方面①；"社会即学校"的本征含义包含制度化学校的解放、利用学校改造社会、强调社会力量对学校教育有效性的作用、贯彻知识公有、学校属于社会等五个方面②；"教学做合一"的本征含义包含有教育教学法、教学课程论、教育教学原则、教育原理等四个方面。通过对生活教育思想三个命题本征含义的梳理以及生活教育函数的运算，储朝晖认为，生活教育"揭示了教育最一般、最普遍的科学规律，为教育提供了从宏观到微观，从结构到过程的根本原则和方法，为教育事业向前发展提供了科学的理论依据"③。他进而又分析了生活教育目标的内外构逻

---

① 储朝晖：《多维视野中的生活教育》，安徽教育出版社 2011 年版，第 38—39 页。
② 同上书，第 48 页。
③ 同上书，第 81 页。

辑，从内构逻辑来看，生活教育是一个由低向高的层级发展体系，通过"健康的体魄""劳动的身手""科学的头脑""艺术的兴味""改造社会的精神"达到"生活力"的目标凝聚，最终实现"做人"的终极目标；从外构逻辑来看，生活教育是通过"社会实际需要""学而不厌、诲人不倦、与时俱进""专业与普通目标同构，以人教人""集体生活"等方式达到培养目标最终创造理想的社会。通过对生活教育的深入分析，储朝晖指出，生活教育具有很强的经济功能，它能够通过提高生产力为各行各业服务最终实现教民造富的目的，"生活教育经济学摒弃了就教育论教育，就经济论经济的狭隘观点，认为教育应与农业携手、与科学携手、与工业携手"①。在经过对生活教育教师观、学生观等一系列全面分析之后，储朝晖认为，生活教育是一种随着社会不断发展而逐渐明晰丰富的理论，它是不断开放与发展的，它对于解决中国当前教育实践中的现实问题有着极大的帮助。

从歙县陶研馆工作到参与川版《陶行知全集》编辑，再到生活教育理论的创新，储朝晖已经陪伴着陶行知研究走过了许多年。综观他这多年来的陶行知研究，不仅参与《全集》编辑，也为后学开拓了研究的思路，给后人指明了一条不再仅仅立足于教育学的陶行知研究体系。总体而言，储朝晖的陶研最大特点是"新"，他总是能够找到他人尚未涉足或涉足未深的研究领域。当他人还在教育学领域研讨陶行知教育思想的时候，他已经开始在图书馆学、人口学、抗战史学等多个领域开辟了新战场，这大大拓宽了陶行知研究的领域。事实上，陶行知研究一直局限于教育学和历史学的领域中，这就为陶行知研究留下了诸多的处女地。比如陶行知的民族思想、民主思想研究，陶行知的美学思想、管

---

① 储朝晖：《多维视野中的生活教育》，安徽教育出版社 2011 年版，第 134 页。

理思想,陶行知与音乐学研究,陶行知与图书出版业研究等。陶行知本人就是一个大宝库,他一生所从事的事业囊括了社会的方方面面,他的思想也包含了社会的各个方面层面,完全可以独立成为一门"陶行知学",也真实地体现出了其倡导的"社会即学校"精神。在创新这一方面,储朝晖确实为后人作了典范。但同时也要强调的是,"新"的同时也要顾及"深"。陶行知思想的任何方面都可以是成体系的,若能对其某一方面思想的研究深挖可能会取得更好的成果。当然,储朝晖已经为后人的研究提供了思路和方向,这是他最大的贡献。

再有值得商榷的是,近年来储朝晖的《多维视野中的生活教育》一书中大量运用了一些晦涩的辞藻和数理函数来解读生活教育,从中可以看出储朝晖深厚的理学功底,这也是因为其专业出身所受到的熏陶。诚然,生活教育理论经过董宝良、周洪宇、胡国枢等人的研究确实已经相当成熟,若想在这一方面取得突破也相当困难,但为了创新而引入一些晦涩辞藻和数理函数的方法还是需要商榷的。维特根斯坦在完成了《逻辑哲学论》之后,一度以为解决了所有哲学问题,故而跑到乡村里当起了小学老师,并要求来谈话的人必须和他谈哲学。乡下人怎么和他谈哲学就成了一个问题,所以他开始思考日常语言与哲学的关系,这才有了日常语言学派的出现。从这一事例来看,真正的研究应该是能够让人民大众都读懂看明白的,这也符合陶行知自己提倡的大众文学、大众艺术的思想。

以上当属吹毛求疵之孔见。从编辑川版《全集》到在各领域研究的不断创新,以及参与各类机构组织宣传陶行知思想,担任中华教育改进社主任干事,储朝晖正以自己的实际行动重走着陶行知之路,并为陶行知研究不断添砖加瓦。

**（二）朱小蔓①、杨东平②、梅汝莉③与姚文忠④**

在陶行知研究领域，中国陶行知研究会是一支重要的研究力量。早期的领导者如刘季平、张劲夫、张健、方明等人对陶行知研究极为热心，也有一些不俗的研究成果。除了这些陶门弟子以外，中陶会的其他领导成员因为这一组织的缘故，自然对陶行知研究也极为关注。这其中朱小蔓、杨东平、梅汝莉、姚文忠等人的成果尤要值得关注。

1. 朱小蔓

作为现任中国陶行知研究会的会长，朱小蔓对陶行知教育思想的理论与实践投入了极大的热情。倘若从谱系学的角度出发，追究这一研究热情的潜在渊源，那么她曾任职的南京师范大学和中央教育科学研究所显然对她是产生了一些影响。南京师范大学（前身南京高等师范专科学校）曾是陶行知工作过的学校，且该校还聚集了一批诸如高谦民、胡金平等陶研学者；而中央教科所的数任所长及主要领导都是陶行知的学生，所以这两个研究机构对陶行知研究始终保持着极大的热情。在担任中陶会副会长及会长期间，朱小蔓组织指导了中陶会在各地举行的教育实验，奔走在陶行知教育思想实践的第一线，参与中陶会管理章程的改革制定，为中陶会在二十一世纪的发展与壮大做出了重要贡献。二十一世纪以来，中陶会在她的领导不断奋进开拓，不仅举办了陶行知诞辰一百二十周年国际研

---

① 朱小蔓（1947—　），江苏南京人，教授、博士生导师，先后担任南京师范大学教科所所长、教育科学研究所院长、南京师范大学副校长、中央教育科学研究所所长等职。现为北京师范大学教授、中国陶行知研究会会长。

② 杨东平（1949—　），山东曲阜人，教授、博士生导师，现为北京理工大学教育研究院教授，21世纪教育发展研究院院长、中国陶行知研究会常务副会长。

③ 梅汝莉，北京教育学院教授，曾担任北京市陶中国陶行知研究会副会长。

④ 姚文忠，四川教育学院教授，曾担任四川省陶行知研究会副会长、四川生活教育社副社长等职，现任中国陶行知研究会副会长。

讨会，扩大了陶氏在国内外的影响力，还在 2011 年颁发了"陶行知教育奖"，让陶行知再一次成为国内教育界关注的焦点。

朱小蔓认为，学习陶行知最本质的精神和思想应该是学习陶氏的"人格道德、公民觉悟、民主精神和大教育家的情怀"，"做一个思想实验家、行动理论家，有引领时代、引领民众的高尚觉悟，品性与能力"①。在其看来，所谓的大教育家情怀应该囊括"有改造的意识、批判的意识，有坚守的意识，有忧虑心，有操守心"②，针对时代的问题提出自己尖锐的看法，甚至于不惜与时代相抗争。故而，朱小蔓强调在陶行知研究与学习中必须保持"真"的本色，这不仅是陶氏本人所力倡的，也更应是当代学陶师陶必须保持的本色。朱小蔓还指出，当代学习陶行知的思想，必须在四个方面要继承与发展：重行的思想、实验的思想、创造教育的思想、生活教育的思想。她批判当下中国教育所谓的创新中出现的脱离实际的问题，指出只有处理好劳力与劳心之间的关系，才能够解决教育的发展问题。朱小蔓指出，只有通过实践、实验才能够对教育有所创新、有所改革，但这种实践、实验并非一种虚名，而是需要踏踏实实地去做，在实验中将课程改革与生活相联系，将学校、社会和课堂相联系。对于陶氏的创造教育，朱小蔓做了进一步的深思。她指出，创造教育并非仅仅是一门创造课或教导创造思维那么简单，"创造来源于生命的活力，来源于生命的本身"，所以，教师的创造更应该发现生命、关注生命。③ 对于生活教育，她则强调必须能够将大众生活与教育相融合，扩大教育的资源，利用最广泛的教育力量办理最符合需求的教育；同时生活教育还应该能够做到引领大众生活，提升大众品位，最终能够将大众带入"审美化生活"这一境

---

① 朱小蔓：《首要的是加强思想建设和组织建设》，《生活教育》2012 年第 11 期。

② 同上。

③ 朱小蔓：《继承陶行知伟大教育思想 实现当代中学教育的使命》，《爱满天下》2003 年第 6 期。

界，最终实现教育服务于社会大众这一目标，实现陶氏当年以教育来改造社会的伟大理想。[①] 对陶行知的"教学做合一"理论，朱小蔓给予了极高的评价，认为这是一种符合现代知识型社会、开放型社会的一种学习方式。她列举了南京晓庄学院、西南大学育才学院、广东私立华联学院的办学经验，认为正是"教学做合一"教育模式特别符合这些应用型职业取向的大学，也才使这些学校能够蓬勃发展。[②]

尽管陶行知研究并非朱小蔓的主要研究领域，但其在担任会长期间，重视中陶会的机构改革、中陶会实验学校的指导与发展、《生活教育》杂志的改版等实实在在的工作，她希望能够进一步扩大实验区域，形成规模化的实验改革，能够为中国教育踏踏实实地蹚出一条切实可行的道路。她在担任会长期间，在学陶师陶研陶等多个场合，批判了当下教育中的一些虚无的、口号式的教育理念与方法，突出强调陶氏教育思想中"求真"的本色，这也是对今后的陶行知研究做出了一个重要启示。

2. 杨东平

在中国陶行知研究会的学人中，常务副会长杨东平一直以来是一位不遗余力弘扬陶行知平民教育思想、乡村教育思想的学者。作为一名早年经历过上山下乡、恢复高考的学人，杨东平一直用他独到的视角关注着社会公平背后的价值判断。他主持成立的"21世纪教育发展研究院"始终将乡村教育、教育公平作为关注的重要对象，体现出了他极强的民间的立场，用其自己的话说，他是一位"积极的悲观主义"学者。

因为对教育公平和农村教育的关注，杨东平更喜欢考察陶行知教育思想能够对当代教育所带来的现实意义。杨东平认为，陶行知

---

① 朱小蔓:《改版寄语》,《生活教育》2010 年第 1 期。

② 朱小蔓:《立足现实，勇于实践，推进陶研工作》,《生活教育》2011 年第 11 期。

当年追求的"反传统教育"和"反洋化教育"这两大目标,迄今仍是中国农村教育的基本问题。在一味地追求精英化教育的苏联模式道路上,当下的应试教育落榜者却不能像封建社会中科举落榜者那样成为乡村秩序的管理者,反而成了百无一用的书生,这显然是应试教育只为城市"输血"而对农村"抽血"的根本目的所造成的。对于这一现状,中国采取的应对措施是发展农村的职业技术教育,但杨东平认为,这种职业教育不但比普通教育更为昂贵,而且更难以在不断变化的市场环境中发展。所以,在考察了前元庄村的农村职业教育之后,杨东平指出,这是一种新的乡村治理结构,"村和学校实行一体化管理,知识和文化程度最高的教师成为乡村秩序、乡村建设的指导者",这一模式可谓是"学校中心"和"知识精英治理",突破了狭义的学校教育模式,"使教育成为与每一个人的经济改善和生活幸福密切相关的活生生的事业"[1]。也就是说,这一以学校为中心的乡村结构和以生活教育为原理的教育模式,可以借鉴成为中国农村教育的一种理想化发展路径。

杨东平批判了当下教育中存在的多种多样的花哨的教育理论,认为这些理论不仅不能有助于中国教育解决现实问题,反而将中国教育带向了一种混乱的境界。而陶氏的生活教育则不同,这是一种非常真实、朴实的教育理论,是一种真正的现代化教育理念,"不仅对克服应试教育弊端具有很强的现实针对性,而且是一种能够统辖各种教育基本问题的顶层理论,是民族的、科学的、大众的现代教育文化,至今仍有很强的生命力"[2]。"就现代性而言,远远超过我们今天用电脑武装到牙齿,实行'应试教育'的'重点学校'",故而杨东平强调,"教育的现代性并不等于现时性,那种考试至上、

---

① 杨东平:《解读前元庄:"学校中心"和"生活教育"》,《中国改革》(农村版)2003年第7期。

② 杨东平:《今天仍需提倡"生活教育"》,《成才之路》2009年第34期。

技术至上、目中无人的教育，跟现代教育是无缘的、不沾边的"。① 杨东平认为，生活教育作为一个哲学体系，最核心的理念就是重构教育与生活的关系、学校与社会的关系。而中国教育的现代化，就是要完成从"学科中心"到"生活中心"的再度建构。从这一层面来看，生活教育对于解决我国当下"应试教育"带来的弊端有着极强的针对性，完全可以成为指导中国未来的教育改革方向。② 所以，杨东平呼吁，中国要来一场新的生活教育运动。

从某一角度来说，杨东平是一位对当下教育体系持尖锐批评态度的学人，这一点与当年在陶行知颇为相似。在陶行知研究中，我们有太多的成果在考察陶氏教育思想与当代教育的借鉴意义，但这些研究普遍缺乏批判精神，或者是一种"六经注我"式的文字解读。但杨东平的研究显然是不同的。尽管他并没有对陶行知的教育思想做出全方位的研究，但他从乡村教育和平民教育这两点出发，很好地诠释了当下中国教育中存在的巨大问题，以及生活教育理论在解决当下教育问题中所能起到的重要作用。除了批判性这一特色以外，杨东平还非常注重实践性。他经常深入一线调研，走访了全国多所教育改革实验学校，其创办的"21 世纪教育发展研究院"也成了他调查研究的重要智囊团。正是有了调查，他的发言才更为有力。他对山西前元庄村以生活教育思想为指导所做的教育改革极为推崇，认为这才是中国农村教育亟待推广的模式，才能够彻底解决中国的农村问题。批判性与实践性，杨东平以这两点独特的视角，奠定了他在陶行知研究领域的重要地位。

3. 梅汝莉

在中国陶行知研究会这一松散型学人组织中，曾担任副会长的

① 杨东平:《学习借鉴陶行知教育思想 提高农民生活质量构建和谐社会》，《中国农村教育》2005 年第 Z1 期。

② 杨东平:《中国需要新的教育哲学：从素质教育到生活教育》，《南京晓庄学院学报》2008 年第 9 期。

梅汝莉的研究相对开展的较早也比较系统。在北京教育学院工作的她曾长期任职北京市陶行知研究会副会长,学术和地缘上的交集使得她早在二十世纪八十年代末就与中央教科所的陶研人员建立了学术联系。她不仅参与了郭笙的《为中国教育寻觅曙光——陶行知教育思想研究》一书部分章节的撰写,还从专题研究的视角发表了多篇陶行知研究的文章,为北京地区的陶行知教育思想研究及实践起到了开拓性的作用。

梅汝莉认为,陶行知教育思想的精髓是多元和谐,其生活教育理论是在实践的过程中不断发现问题与矛盾,不断解决问题与矛盾的过程中发展完善的。她进而对生活教育是"学校消亡论"一说提出了反对意见,认为生活教育强调差异的统一性,实际上实施的是一种"整个的教育",也就是说陶氏并非学校消亡论者,而是学校创新论者。在通过分析"生活即教育""社会即学校""教学做合一"这三个基本命题后,梅汝莉指出,生活教育的思维方法能够揭露出教育中存在的现实问题及矛盾,并采取了协调统一的方法来解决这些问题。她从语义学的角度剖析了"即"字在陶氏教育哲学中的含义,指出这一哲学就是将不同事物放置于可以相互并存的统一体当中,既有差异但却始终融为一体,达到了"天人合一"的多元和谐目的。在长时段地分析了陶氏一生的教育历程后,梅汝莉指出,陶氏的教育思想有着和而不同、和谐有度、强调差异与矛盾的相互转化、开放性与整体性等多元和谐特征,但无论如何,陶氏始终是人民本位,强调以人民利益为其思想取舍的底线。[1] 强调差异、多元与和谐,显然梅汝莉的研究视角是颇为独特新颖的,这也是陶研界很少有学人关注到的理论新点。当然,这一出发点是与梅汝莉的研究密切相关的。作为加德纳多元智能理论在中国地区的推动

---

[1] 梅汝莉:《多元和谐是陶行知教育思想方法的精髓》,《人民教育》2006 年第 12 期。

者,梅汝莉深受西方多元智能理论和中国传统差异教育这两方面的影响,在中西交融之中不断思考着教育的差异性、多元性,所以,她从多元、差异、和谐的视角考察陶氏的教育思想也为学界提供了新的思路。当然,在这一研究中,梅汝莉借助多元和谐的思想提出了新的论点,如她的生活教育是"学校创新论"观点的提出,一反传统的"学校消亡论"的观点,可谓是她对生活教育理论研究所做出的一大贡献。

同时,梅汝莉对陶行知的长远眼光也钦佩不已。她指出,陶氏对中国未来教育的规划与当今世界教育的发展是不谋而合的,尤其是陶氏对"长久的现代人"这一未来学生素质的构想以及"全民教育"这一未来教育体制的构想。梅汝莉分析指出,陶氏运用现代的问题与方法强调人的终身发展,强调人的创造能力,突出人在二十一世纪的持续发展性,这在当时的历史时代中是非常少有的卓见。而对于陶氏"全民教育"这一未来教育体制的构想,梅汝莉认为这是一种民主的、全民的、全面的、终生的、人才的教育模式,这一教育模式与世界当今的教育发展模式是完全一致的,是一种可持续发展的教育模式。简而言之,梅汝莉认为陶行知对中国乃至世界的教育发展具有极为天才的战略发展眼光。[1]

此外,梅汝莉在综合自己研究成果的基础上,分析了陶行知构建教育思想的方法论。她认为,陶氏在统筹教育发展的内外关系中找到了中国教育问题的病症所在,在将中国教育置于社会历史发展的长河中找到了中国教育与经济、与人口生育、与自然生态之间的关系。在这一梳理过程中,陶氏"发现了一个被肢解了的教育体制,一个封闭的教育体制,这种教育体制必然扭曲教育的基本功

---

① 梅汝莉:《让历史启迪未来——人民教育家陶行知对未来教育的天才构想》,《中小学管理》1998年第Z1期。

能——服务社会发展、促进人潜能开发的功能"①。正是因为这一现状，才促发了陶氏创建生活教育理论，力图能够将"分利"的教育扭转为"生利"的教育。为了达到这一目的，陶氏倡导建构四通八达的教育制度，创建以人为中心的和谐发展教育，而这些教育思想理念与科学发展观有着不谋而合的共同理念，对于今天中国教育改革发展依然起着积极的指导作用。

尽管梅汝莉对陶氏的德育思想、人才教育与儿童教育思想也有论述，但她更为强调陶氏教育思想的现代价值，从她的研究中也可窥见一斑。她从科学发展观、多元智能等当时社会关注的教育热点出发，深入挖掘陶行知教育思想中能够为其所用的闪光点。特别是她对陶氏教育思想中"和而不同"的多元差异观论述，确实为长期以来几无创新的陶行知教育思想研究增添了一丝亮色。可以说，她是用一种发展的眼光和思维将陶行知教育思想与当代教育紧密联系在一起，推动了陶氏教育思想在当代的新发展。

4. 姚文忠

在中国陶行知研究会这一研究组织中，副会长姚文忠与陶行知研究结缘已久。曾担任四川省陶行知研究会副会长、四川生活教育社副社长的他，长期与胡晓风、金成林、叶上雄等人合作，在二十世纪八九十年代就产出了一批陶研成果。近年来，他在担任中陶会副会长之后，着眼于将陶行知教育思想付诸实践，在四川等地指导各类陶行知教育思想实验学校，取得了良好的社会反响。

姚文忠的陶行知研究开展的较早，早年在生活教育社担任副会长期间，他就反对将陶行知教育思想仅仅局限于宣传的层面，而是希望通过更多、更深的诠释，通过理论联系实际的做法将陶氏教育思想在二十一世纪发扬光大。他通过将陶行知的心理学思想、生利

---

① 梅汝莉:《以科学发展观为指导 探索陶行知构建教育思想体系的方法论》,《生活教育》2008 年第 2 期。

主义思想、课程观、教学观等方面思想与当代教育发展的结合，强调只有通过不断发展研究才能最终体现出陶氏教育思想中海纳百川的精神。① 姚文忠通过分析生活教育理论在抗战时期的作用后指出，在陶行知看来，教育是工具，必须服务于生活，通过生活才能体现教育的重要作用。在抗战时期，生活教育必须在抗战中进行，即过抗战的生活，受抗战的教育，只有这样的教育理论，才能够在人民的生活中进行，人民也才会呵护他，其理论才能够日新月异。在其看来，生活教育从宏观上思考"政教富合一"的社会改造形态，方法上采用"教学做合一"使其操作具体化微观化，不仅对抗战时期的教育发展乃至于对当下的教育改革依然有着很强的指导作用。所以，姚文忠高度赞誉了陶氏的教育理论思想，认为"陶行知的生活教育理论，拥有制高点的俯瞰气势，在世势的不断变化中，它只改变具体内容，却坚持着基于生活而'教学做合一'的品格和脉络，贯穿力强大坚韧，能够号召、能够积聚、能够行动、能够壮大，成为中华民族的宝贵精神财富。"② 姚文忠指出，陶行知从国家民族的危机出发，形成了一套独具特色的课程体系，这一体系结中西课程的优势，远比当下一味西化的课程模式更为适合中国国情，故而，陶氏的课程体系建构"具有范式建立或转变的意义"③，因为它能够针对现实问题与矛盾提出创新性的解决办法。在分析了陶氏的课程五要素，即教师、学生、内容、环境、技术之后，姚文忠指出，陶氏的课程思想取之不尽、用之不竭，对于当下的课程改革有着极为重要的借鉴意义。④

从这一简略的梳理来看，姚文忠强调对陶行知思想的不断诠释，但这其中显然存在过度阐述的情况。如他将维果茨基的"最近

---

① 姚文忠:《结合陶行知教育思想　推动中学教育科研》,《爱满天下》2002 年第 6 期。
② 姚文忠:《读〈生活教育目前的任务〉》,《生活教育》2006 年第 8 期。
③ 姚文忠:《论陶行知的课程理论》,《爱满天下》2004 年第 4 期。
④ 同上。

发展区"理论视作为陶氏心理测试思想的补充与更新①,这显然是过度诠释发展了陶氏的教育思想,拔高了陶氏的地位。再如他对陶氏课程思想的解读,似乎陶氏的思想可以解决当下中国课程改革中的所有问题,具有极度前瞻性的作用。这种景仰之情多于客观分析的研究显然不能够正确的评判陶行知教育思想的。

### (三) 晓庄学人的研究贡献

在陶研的"亲缘"群体中,由南京晓庄师范学校发展而来的南京晓庄学院是一支很重要的研究队伍。凭借与陶行知天然的"血缘"关系,以及诸多陶门弟子的悉心关照,晓庄学院的陶行知研究成为其立校之根本,几十年来从未间断。新中国成立后,在周恩来的亲自关照下,晓庄师范学校复校后,汪达之、王琳等陶门弟子担任晓庄师范学校的主要领导,在他们的引领下,晓庄涌现了诸多热心于陶行知研究的学人。从早期的刘大康、辛国俊,到后来的吕德雄、徐志辉、李刚、彭小虎、陈会忠、王文岭等人,晓庄的陶研薪火相传,代代不息。

作为早期的陶研学人,刘大康的最主要贡献在于史料的挖掘与整理。由于身处晓庄的缘故,刘大康拥有一些当时陶研学人并未接触到的资料。借助这些资料的整理,他相继发表了《陶行知生平年表》《陶行知的学位名称应统一》《陶行知英文译名应统一》《陶行知与中国科学社》《晓庄乡村医院:刘大作的回忆》《晓庄师范校名的变迁》《陶行知创办昆明学校》《报人陶行知》等极具史料价值的文章,这些资料为后来《陶行知全集》的编辑提供了极大的便利。此外,刘大康还与徐大文合作,在 1985 年出版了《陶行知》一书。尽管略显单薄,但这本书却为读者呈现出了陶行知一生事业

---

① 姚文忠:《结合陶行知教育思想　推动中学教育科研》,《爱满天下》2002 年第 6 期。

发展的轨迹与脉络，在当时也产生了一定的影响力。继刘大康之后，辛国俊也积极投身于陶行知研究领域，他撰写了《东大时期的陶行知》《陶行知先生的后十年》《中国陶研50年大事记》《陶行知：中国师范教育改革的先驱》等一系列的文章，进一步在史料梳理的环节上做出了重要贡献。总体而言，这一时期晓庄的研究多为史料性工作，学理性分析则明显不足。当然，这也是受制于学人素养及社会环境的影响。

2000年，晓庄师范学校与南京师范专科学校、南京教育学院合并，成立了南京晓庄学院，成了一所全日制公办本科院校。学校的升格也为陶行知研究带来了新的机遇。时任学校党委书记、现任中国陶行知研究会秘书长的吕德雄极为重视陶行知研究，他相继将《生活教育》杂志、中国陶行知研究会秘书处从北京迁移至南京晓庄学院，进一步梳理了中国陶行知研究会的日常工作。近年来，他与中陶会同仁筹划成立了中陶会教师培训学院、阳光教育研究院等中陶会下属机构，还极力促成了中陶会与南京晓庄学院共同成立了陶行知研究院，开办了民间学会与高校共同建设学科点的先河。在他的努力下，陶行知正在成为南京教育的一块名片，为江苏教育乃至全国教育起到巨大的引领作用。作为晓庄学院的领导层，吕德雄更强调从宏观的视角引领整个晓庄的陶行知研究，具体到学术研究层面，他强调弘扬陶行知教育思想中的道德因素。他从师德的角度出发，具体探讨了陶行知师德理论的现实价值。他认为，当代教师需要学习陶行知民主精神、博爱精神，只有这样才能够为民族培养出人才幼苗。对于师德的培育，吕德雄认为应该在生活教育的过程中实施，以"在劳力上劳心"作为师德培养的根本途径，通过借助"知情意行合一"的方法达到"教师的人格"这一终极师德培养目标。在他看来，"生活和道德（包含师德）是一致的，生活是道德力量得以生长的土壤，离开了生活，道德就是无法进行'无土栽培'的。"① 因而，在结合了陶行知师德理论与当代中国的具体情况之后吕德雄认为，对于当代中国教育中的新师德规范和意识，是需要以陶氏师德理论作为基础并予以不断发展。同时，还需要突出师德理论中的本土性与现代性，强调能够与时俱进，借助多学科视野将陶行知师德理论在当下中国教育体系中发扬光大。可以说，对陶氏"教育家人格"这一角度的挖掘，成了吕德雄对陶氏师德理论研究的重心，也是其研究有别于其他陶研学者的重要特点。长久以来，人们对陶氏的教育理论及个人魅力的研究费墨颇多，但专题性地从"教育家人格"这一视角切入，讨论陶氏师德特点及当代价值，吕德雄的研究还是开拓了一个重要领域。此外，吕德雄还利用陶氏的"教学做合一"思想，商讨了对于当代大学生思想政治教育实施的有效途径，希望能够借助"教学做合一"的方法在大学生思想教育的主体性和创造性提供一些裨益的帮助。② 吕德雄的陶行知研究体现出典型的问题意识，他都是从当代教育现状如大学生思想政治教育、师德等问题入手，希望能够在陶行知教育思想中寻找到合理的良方。尽管他的研究还有一些"六经注我"式的研究范式，但无论如何，正是他的热情引领了晓庄这一陶研队伍能够不断前行。

晓庄学院的陶行知研究院是该校陶行知研究的重要机构。前任负责人徐志辉与晓庄同仁相继编撰了"陶行知教育文丛"系列丛书，还与吴树琴之女卢爱萍合作完成了《吴树琴与陶行知》这一具有极高史料价值的书籍，在资料整理上起到了重要作用。徐志辉认为，对陶行知的研究不能就教育论教育，而是应该从广义的范围内讨论生活教育的价值所在。在其看来，陶行知一生都在致力于教育

---

① 吕德雄等:《陶行知师德理论及其当代价值》，人民出版社 2010 年版，第 207—208 页。

② 吕德雄:《教学做合一:增强大学生思想政治教育实效性的有效途径》，《南京社会科学》2005 年第 12 期。

救国, 希望能够通过教育让民众理解共和的真义, 在提升国民素质的基础上为共和国打下坚实的基础。通过以上分析, 徐志辉认为, 陶氏的生活教育对当代教育的重要启示在于"其一是尽早废除大规模扼杀人们创造力、生存力的应试教育", "其二是将我们的教育与学生的成人结合起来, 与共和国的建设结合起来, 与培养合格的共和国国民结合起来"①, 这样的教育才能够达到改造社会的目标, 教育才能够起到对人类、对社会的不可替代作用。综合考量徐志辉的陶行知研究可以发现, 他的研究带有鲜明的批判性, 借助陶行知教育思想抨击当下中国教育的弊端, 体现出强烈的平民情怀和公平意识, 带有高度的理性色彩。这一点显然是晓庄的陶行知研究取得的一大进步。徐志辉认为, 对陶行知研究必须要有真正的学术精神, 不能神话陶行知, 要客观评价生活教育理论以及教育救国思想, 不可用感情来代替学术研究, 否则就失去了学人必须具备的客观公正的精神。② 可以说, 正是从徐志辉这里开始, 晓庄的学术研究已经摆脱了早期的护师情节, 随后的彭小虎、陈会忠、王文岭等人的研究也继续在这一公正客观的学术研究道路上前行。这里最为值得一提的是, 这一时期介入陶研的李刚显然是在学术精神上更胜一筹, 他的研究代表了近年来晓庄陶行知研究的最高水平, 以下将对其研究作重点剖析。

李刚的陶研缘起主要是受到了晓庄学院浓烈的研究氛围的影响。2001 年, 原本从事图书馆学研究的李刚考入南京大学历史系, 师从李良玉教授从事中国近代思想史研究, 开始了边在晓庄学院工作边在南京大学读书的生活。谈及最初的研究动机, 李刚表示:

① 徐志辉:《立人、立国:陶行知生活教育理论的当代价值述论》,《南京晓庄学院学报》2009 年第 2 期。

② 徐志辉:《研究陶行知必须有真正的学术精神》,《南京晓庄学院学报》2005 年第 1 期。

思想史研究的人很容易受到环境的感染。晓庄的校园文化是以陶行知为主体,我会产生自主或不自主的研究兴趣。倘若不在晓庄,我可能不会参与到这个研究中去。此外,因为金陵大学就是南京大学的前身,这么说来,陶行知还是我的校友。因而,我开始对陶行知研究产生了一些兴趣。①

与此同时,李刚开始撰写的博士学位论文《20世纪50年代知识分子的思想批判的个案研究》也与陶行知产生了关联,在查阅《陶行知全集》等相关资料时,李刚开始对于陶行知研究有一些自己的想法。当时晓庄的陶行知研究主要由教育学背景的学者参与,历史学背景的李刚本属于"局外人",但得益于与《南京晓庄学院学报》张青运老师良好的私人关系,李刚遂有机会踏入陶行知研究领域。其时,张青运在为《南京晓庄学院学报》的陶行知专栏组稿,为此组织了数次陶研沙龙。正是通过这每周两三次的沙龙聚会,李刚逐步进入了陶行知研究领域。"可以说,这个沙龙在晓庄的陶研史上有着很重要的意义。"②

2004年,李刚发表了《"〈武训传〉批判"的历史考论》(以下简称《武》文)一文,这原本是其博士学位论文中的一个个案研究,但在刊发之后,却受了陶研前辈胡晓风的热情鼓励。这是李刚对于陶行知研究的试水之作,或者从更严格意义上来说,这并非是陶行知的专题研究,而是因为研究的需要涉及了陶行知,也正如李刚自己所言:"在研究初期处于一个懵懂的过程,对整体性研究状况不甚了解,介入的程度也不够深入。"③也许是受到了胡晓风等陶研前辈的鼓励,李刚开始逐步转向陶行知研究,并于次年发表了

---

① 根据2012年7月15日与李刚教授访谈整理,经本人审核。
② 同上。
③ 同上。

《"从人民教育家"到"教育万能论者"——评20世纪50年代对陶行知教育思想的再评价》，①

《从》文的发表是李刚系统地从事陶行知研究的起点，也一改"亲缘"陶研群体一直以来"吾爱吾师"的风格，开始以更为客观的视角来探讨陶行知，并试图借助历史原貌的恢复来解读陶行知。李刚批判了"亲缘"陶研群体中普遍存在的"情感式研究方式"，指出紧紧围绕"伟大的人民教育家"这一政治命题来反复论证是一种重复的、低水平的研究路径，造成了陶行知研究"在某种意义讲是一种官学和神学"②。而正是这种"官学与神学"的存在，不仅导致了诸多学者对陶研望而却步，也造成了陶研范式的陈旧与落后，从而形成了今日主题先行的"以论代史"式研究范式。在这种研究范式下，"看不到陶行知思想与实践的变迁轨迹，看不到陶行知思想的多元甚至矛盾之处，看不到陶行知思想的巨大的批判意义"。③ 基于对陶研范式的深层次思考，李刚提出了"回到陶行知的历史世界"的观点，即将"陶行知的思想、个性、情感、实践，也就是把陶行知这个人的一切都放到近代中国社会的具体语境中认识，理解"④。他反对研究者以寻找解决当代中国教育问题、中国社会问题为目的的"六经注我"式研究，反对以价值判断为核心的辩护心态和保教心态研究，主张通过多学科的视域融合复原陶行知的历史世界，从宗教学、学术史、思想史、社团史、知识社会学等多种角度来解读陶行知思想，加强对陶行知知识谱系的研究，深挖其在教育思想以外对诸如民主主义、自由主义、民粹主义等方面所做出的贡献。

---

① 李刚：《从"人民教育家"到"教育万能论者"——评20世纪50年代对陶行知教育思想的再评价》，《南京晓庄学院学报》2005年第4期。

② 李刚：《回到陶行知的历史世界》，《南京晓庄学院学报》2005年第1期。

③ 同上。

④ 同上。

对于这种研究思路，李刚本人表示：

　　陶行知研究我本是局外人，对于研究脉络我并不是很了解，但是我觉得其研究水准是参差不齐的，甚至有些都谈不上是研究。比如拿陶行知的某句话，结合现实问题演绎一下，这种文章从历史学的角度来看可能还不够规范。所以因为专业背景的不同，我在研究纲领上与教育学角度的研究有着明显的不同。我觉得陶行知的伟大以及对当下教育及社会所产生的影响并不重要，我只是要弄清事情的本真，所以我很少谈诸如生活教育的价值、乡村教育运动的意义等问题，我只看历史的事实、历史的真相。从现象学角度来看，即使生活教育理论对于当下有着极为重要的价值及启示，但对于我而言却没有任何价值，这些价值可以留给教育学视角的学者去研究。我认为在陶行知研究中，至少要有一群人去努力还原历史真相。通过还原之后我们才会发现，那个时代并不是陶行知一个教育家，而是一个教育家群体，并且在那个时代中，"教育救国论"是改造社会的基本思路。只有从历史场景和社会关系网络来看，你才能真正地了解陶行知。我的这种想法也是深受余英时的影响，我反复读他的《朱熹的历史世界》，他就是回到宋朝那个时代去看朱熹，我也是采取这样的思路。我认为陶行知的每一个思想、每一句话，每一个语境都有历史环境的影响，这和历史唯物主义的观点是一样的，所以我们不能机械地、孤立地去看陶行知。我后面的一系列研究都是围绕这种思路去做，也就是做一些历史考证的，恢复历史面貌的研究。①

---

① 根据 2012 年 7 月 15 日与李刚教授访谈整理，经本人审核。

　　持重构论的历史学者们认为，历史学的任务就是还原历史本来的面貌，这其中尤以兰克的"如实直书"最为典范。相对于建构论者如克罗齐和柯林伍德提出的"一切历史都是当代史""一切历史都是思想史"的论断，重构论者似乎不愿意将太多的解读投入话语的文本之中，就如兰克所说，"一部成功的宗教改革史应该让新教徒和天主教徒都能满意"。① 在经过初期的探索之路后，李刚的陶行知研究似乎也烙上了历史重构论的痕迹，他开始重视对陶研资料的考订与整理工作。如经过对署名"李一之"的《生活教育论发凡》《通讯》《贫穷与教育》等三篇文章进行考订后，他认为这三篇文章应该为陶行知所作；再如他通过对《金陵光》杂志的考订，发现了如《赠同学李晓宇入都序》等新史料，并对《陶行知全集》中存在的史料注释错误予以了纠正。

　　在对《金陵光》考订的过程中，他还深入剖析了陶行知大学时期的思想，指出这一时期陶行知的关注点主要集中于两处：一是追求"求真去伪"、积极进取的道德理念；二是主张"共和主义"的政治社会理念。李刚进而认为就这段时期陶氏知识形成的谱系而言，是在中国传统的"文化民族主义"与教会大学欧美文化的激烈碰撞中得以发展，"这种学贯中西的视野使他一生都能客观看待中西方文化的长短，不褊狭，不偏激"②；就陶氏的道德修为而言，是掺杂着"王学"与基督教的混合体，"爱"是其道德的根本，"求真去伪"是道德修养的方法；就陶氏的政治与社会哲学而言，他重视个体的自由和机会上的平等，甚而提出了"积极自由"与"消极自由"的概念，并奉循序渐进的教育改造论为其一生的行动指南。总而言之，在李刚看来，陶行知在大学时期形成的这些观点，

---

　　① 彭刚：《叙事的转向——当代西方史学理论的考察》，北京大学出版社 2009 年版，第128 页。

　　② 李刚、吕德雄：《思想的底色——陶行知〈金陵光〉文献考论》，《江苏社会科学》2008年第 3 期。

影响了其一生的行为。

显然，在分析陶行知"思想的底色"这一角度，李刚是在汲取了前人的研究成果之上又做出了创新。对于陶行知个人思想的发展，斋藤秋男认为陶行知虽然是杜威的学生，但对杜威的理论并非全盘接受，而是结合中国的实际情况将杜威的理论改造成独具特色的生活教育理论，是一种回归"民族土壤"的过程。而牧野笃则对"斋藤模式"提出了异议，他认为陶行知的思想并不是一种回归"民族土壤"的历程，因为"民族土壤"一直存在于陶行知的内部。对于前人所做出的陶行知思想"内发"与"外铄"的关系，李刚显然是有所吸收，这在其文中亦有所体现，但更进一步的是，他将陶行知大学时期的思想细化为知识谱系、道德修为与政治社会哲学体系三个层面，条分缕析，将陶行知"思想的底色"剖析地更为彻底与详细。同时，在陶行知思想底色中的"教育救国论"问题上，李刚的评价更为客观，他并没有像90年代初期的研究那样，完全否定了"教育救国论"的地位而是一味地突出"革命救国论"，他客观的对陶行知的"教育救国论"思想进行了剖析后表示，"他（陶行知）相信共和是社会人文进化的结果，既然是进化就不可能总希望于突变，欧美的民主政治也经历了漫长的社会变迁过程，革命往往导致的是'多数之横暴'，所以他从根本处着手，从教育着手，通过教育培植文明，通过教育改造社会。这显然是治本之策，可惜20世纪上半叶的中国已经无法容忍这样的路径……"①对于这一问题，李刚进一步表示：

> 我并不认为教育救国论是错误的。一个社会真的是要靠教育来改造的，这是一个长期的过程。陶行知那一代知识分子的

---

① 李刚、吕德雄：《思想的底色——陶行知〈金陵光〉文献考论》，《江苏社会科学》2008年第3期。

这个选择是没有错的，中国的改造是不可能依靠革命这种疾风暴雨的形式完成的。改革虽然是一种多元化的、看似缓慢的过程，但核心是教育改造。在看似绝望的找不到中国未来发展道路的情况下，我们知识分子好像什么能力也没有，但是我们有一个阵地：我可以影响我的学生，学生可以影响学生，甚而更多的人，这就是陶行知所谓的教育改造社会的基本原理与方法。①

通过对前人研究成果的吸收与消化后，李刚顺利走出了摸索与尝试的阶段，开始试图从更为宏观的角度来看待陶行知研究，因此，他着手对当下的陶行知研究范型进行了梳理，指出从知识社会学的视角来看，陶行知研究可以大致分为史观学派、史料学派、融会贯通派三种类型，这其中史观学派强调政治建构与意图伦理，其中以潘开沛的《陶行知思想的批判》为典型代表；史料学派依据资料进行研究，以胡晓风主编的《陶行知全集》为典范；融会贯通派强调在中西融合的历史观念与现代化模式观念下，全面综合的研究陶行知。李刚批判了史观学派中存在的学术为政治服务的特点，强调学术研究与"现实政治、时代生活又必须保持适当的距离，学术不能直接为现实服务"，倘若一味地以论带史，拿政治上现成的观点去裁剪陶行知的教育思想，这种革命史范式的研究很可能会毁掉陶行知研究。对于以胡晓风等人编撰《陶行知全集》的以史料学为取向的陶行知研究，李刚予以了肯定，指出这是陶行知研究的基础，并大大推动了陶行知研究的进展，从而真正到达融会贯通的研究水准，即"尽可能地从整体的观点来研究人类的过去"②。

---

① 根据 2012 年 7 月 15 日与李刚教授访谈整理，经本人审核。
② 李刚：《历史与范型：陶行知研究的知识社会学考察》，东北师范大学出版社 2006 年版，第 215 页。

　　史观学派致力于宏大的历史叙事以及学术与政治之间的隔阂，而史料学派则执着于"为真理而求真理"的微观探寻，这两个学派的消长沉浮构成了二十世纪中前期中国史学变迁的主脉。但早在二十世纪三十年代中期，一种会通各派所长舍弃各派所短，平视理论、方法与材料地位的新的史学取向开始出现，这种学派重视材料同时又绝不忽视理论与方法，兼采史观学派的思想与术语，同时又不避讳烦琐考证工作，会通的风格一望而知。① 尤其在改革开放之后，史观派与史料派开始相互学习，融会贯通，为三十余年来的历史研究在理论与史实之间寻找到了一条兼备特点的中庸之道。所以具体到陶行知研究当中，对于李刚提出的陶研史料学派的存在性，还是有待于进一步商榷。在李刚所列举的史料派代表中，胡晓风不仅主持参与了川版《陶行知全集》的编撰整理，还提出了"陶行知与中国现代化"的命题，从某种角度来说，胡晓风为《全集》所做的考订工作是为了其"现代化范式"做的一种奠基性工作。与胡晓风性质类似的还有周洪宇。周洪宇早在 1982 年就参与了湘版《陶行知全集》的整理编撰工作，从这个层面来看，他属于史料学派，但同时其博士论文《陶行知与中国现代文化》则是一篇典型的融会贯通派论文，从这个层面来看，周洪宇又是属于融会贯通派的，所以周洪宇的属性难以判定，故而李文中避而不谈周洪宇。而与周洪宇同属华中学派的章开沅、余子侠师徒二人，由于未参加湘版《陶行知全集》的编撰，自难归为史料学派，所以李文中特意以二人为例佐证融会贯通派，却是顺理成章了。上述几例仅是想说明，如果一定要将陶研群体划分为"史观派""史料派"和"会通派"似乎有些牵强，尤其是在改革开放之后，史观派与史料派隔阂的逐渐消融，史料派逐渐式微，会通派不断壮大的情况下。倘若一

---

① 王学典:《近五十年的中国历史学》,《历史研究》2004 年第 1 期。

定要将陶研群体做一范型划分，近代史研究中出现的"革命史范式""现代化范式""叙事史范式"的分类却是可以做一借鉴。从新中国成立后到八十年代中期，陶行知研究可以说是"革命史范式"的天下，但是随着改革开放，思想逐步多元化后，出现了以胡晓风为首的"现代化范式"，以章开沅为首的"叙事史范式"。这些范式都是根植于扎实的史料根基之上，淡化了史观学派与史料学派的分界点，真正地做到了史观与史料的融会贯通。

除了关注陶行知研究范型外，李刚还对陶行知研究的历史演进做了梳理，他对金林祥教授提出的陶行知研究史的分期提出了不同意见，认为金林祥所划分的探索研讨期、纪念评价期、批判沉寂期、争鸣复兴期和发展实验期在某些划分阶段上缺乏学理上的依据，所以李刚提出了新的时期划分标准，即发育形成期（1917—1934）、拓展确立期（1934—1946）、社会建构期（1946—1950）、政治解构期（1951—1976）、恢复重建期（1977—1991）、多元探索期（1992—　）。李刚认为，陶行知思想是以陶行知为核心的研究群体的共同贡献，是陶行知及其学生在实践中不断努力的成果，故而将 1946 年以前的陶行知研究划分为两个阶段，这是其与其他分期法最大的区别所在。而新中国成立后的陶研分期，李刚则是从政治与学术的关系视角进行审视，更多地强调政治对于"陶行知知识体"的重大影响，体现出其作为一个思想史学者独特的思考角度。

2007 年，李刚由南京晓庄学院调至南京大学图书档案系。由于研究方向的转变，李刚虽然还会从文献学的角度撰写一些陶研文章，但基本上是退出了陶行知研究领域。但是这一阶段他从文献学、图书馆学、情报学视角撰写的陶研文章，从给研究者从另一个角度观察陶研的机会，这在陶行知研究领域中也是独具特色的。

李刚考察了陶行知与新图书馆运动之间的关系，包括陶行知对于新图书馆运动的理论基础认识，参与新图书馆实践的历程等，从而指出陶行知的实用主义知识论、工具主义的图书论是新图书馆运动的学理资源。李刚盛赞了陶行知的"书是为了用的"观点，认为它比阮冈纳赞的"图书馆学五定律"还要早，实际上是构成了陶行知自己的"图书馆学定律"①。李刚认为，陶行知的图书馆思想中，"书论"是其理论的根基，而"书论"的根基又在于陶氏的知识论，故而，循着"知识论—图书论—图书馆论"的线索考察，陶行知的知识论与杜威的知识论是一脉相承的，属于典型的实用主义的工具主义知识论。

从知识论的视角研究陶行知可谓是李刚的陶行知研究的一大特色，这也与李刚在本科及硕士阶段所接受的图书馆学情报学教育基础有关。李刚将中国社会的知识体系分为两个部分，一个是以经验为基础的农业社会生产和工程技术知识体系；另一个是以书面文本（主要是儒家经学系统和粉饰太平的文学系统）为中心的科举应试知识体系。② 随着中国历史进程的发展，第二种知识体系逐步脱离大多数人的生活，成为陶行知所谓的"伪知识"，并阻碍了国家的发展。从这一层面来看，李刚认为陶行知是中国第一个提出"国际社会生存法则是国与国之间建立在真知识基础之上的知识竞争的人"③，所以陶行知坚决反对伪知识，也就是反对科举、反对洋八股、反对"死教育"，而坚决支持实践的教育、"活的教育"，而"活的教育"的具体特征就是"教学做合一"。对于这一点，李刚也有着与陶行知相同的思考：

　　我现在从事着图书档案学的研究，这是一种面向专业培养

---

① 李刚、倪波：《陶行知与新图书馆运动》，《中国图书馆学报》2008 年第 3 期。
② 李刚：《从"死教育"到"活的教育"》，《南京晓庄学院学报》2010 年第 2 期。
③ 同上。

的职业人才,所以在培养过程中应该做到"教学做合一"。从我们当下提出的学习型社会、知识型管理、学习型组织来看,其基本思想就是 learn by doing,这些观点其实是陶行知早就实现的"教学做合一"的最好表达,可见在当时陶行知是具有很大的智慧。改革开放以来,经济取得了极大的增长,这种增长是哪里而来? 这是因为中国有关现代社会、现代制造业的知识有了突飞猛进的增长。这些知识又是从哪里来的? 不是书本中来的,也不是教育来的,是通过实践中得来的,就是做中来的。它是中国大量农民工、大量管理人员在西方的工厂中、项目中学习来的,实践得来的。这些知识是推动中国经济三十年来突飞猛进的一个最根本原因,这就符合了陶行知说的"教学做合一"。知识的主要来源就是通过做来实现的,就是在三十年的"做"当中,不同层面的人参与国际化的一个过程,而非事先有一个知识的输入过程诸如大规模留学、大规模培训等。因而,我愈发觉得陶行知的思想确实是一种智慧,因此这也成为我的一种理念,是我在教育方面最重要的一个出发点与归属点。[1]

此外,李刚从文献计量学的视角对二十世纪以来的陶行知研究作了定量与定性分析,这既是对陶行知研究史的回顾与梳理,又是一种独具开创性的陶行知研究方法。通过对八十余年来产生的 4000 多篇陶研论文、200 部陶研专著的统计分析,李刚认为,陶行知研究中仅仅 8.45% 的论文引用率说明陶研的水平相对较低,科研力量投入也相对不足,但也意味着可待挖掘的领域还有很多。他还进一步认为,陶行知研究的穿透力不足,目前的研究仅仅局限于教育学领域内,事实上,"政治社会思想与教育在陶行知的整个思想体系

---

[1]　根据 2012 年 7 月 15 日与李刚教授访谈整理,经本人审核。

中是'体用'关系，政治社会思想是'体'，教育是'用'"①，将陶行知的教育思想与政治社会思想割裂开来，就根本难以领会陶行知思想的高明之处，所以，转换研究思路，从更为广阔的视角研究陶行知才能取得更大的突破。而在陶行知研究队伍方面，李刚通过统计分析表示，研究队伍相当不稳定，高达74%的参与人员在陶行知研究领域匆匆一瞥就离开了。研究队伍的不稳定性对陶行知研究也产生了很大的负面影响，临时参与人员忽略前期研究成果，拼凑出大量"应景式研究""投机式研究"的成果，直接造成陶行知研究长期处在低水平重复阶段，对陶行知研究的声誉造成了不良影响。借助李刚的统计分析，可以更为直观地了解到当下陶行知研究中存在的问题及缺陷，从而寻求到合适的解决之道。

在"亲缘"性质的陶研学人中，李刚的研究是独树一帜的，他反对对陶行知的过度阐释与解读，反对脱离历史语境引申陶行知的思想，而是站在思想史的高度，以知识论为主线，借助文献计量学等工具，以"回到陶行知的历史世界"为目标，建立起一套以历史重构论为核心的陶研范型，在陶研历史上留下了浓妆重彩的一笔。在深挖史料的基础上，他将陶行知置于国际化视野中，在中西方对比下凸显陶行知的历史地位，在其笔下陶行知甚至有数项理论与观念领先于世界前沿，如陶行知提出的"自由有正负"一说远远早于1957年柏林发表的《两种自由概念》，或如陶行知提出"书是为了用的"一说远早于阮冈纳赞的"图书馆学五定律"，再如陶行知在中国近代第一个提出国际社会生存法则是建立在知识竞争的基础之上的理念，这些论断的提出不仅证明了李刚所具备的史学素养，更是从侧面反映了他中西贯通的学术视野。只是甚为遗憾的是，作为南京晓庄学院陶行知研究的领头人、"亲缘"陶研群体重要的学术

---

① 李刚:《历史与范型:陶行知研究的知识社会学考察》，东北师范大学出版社2006年版，第156页。

传承力量,李刚尽管通过文献计量学佐证陶研队伍的不稳定性,呼吁重视陶研队伍的建设,可最终还是离开了陶研领域,这也直接造成了"亲缘"陶研群体学术研究力量的衰落。

## 三　"亲缘"学人的思想传承

作为陶行知研究最基本的学术群体,"亲缘"学人成了陶行知研究最大的助推器。除了文中所提诸人以外,"亲缘"学人群体还有许多学人也颇有成就,囿于章节所限,只能挑选重要代表人物及其代表作品列出(如表5所示)。

表5

| 姓名 | 历史渊源 | 代表成果 |
|---|---|---|
| 张宗麟 | 南京高等师范专科学校时期师从陶行知,后担任晓庄辅导员以及协助陶行知创办生活教育社 | 《学园制的乡村师范》,《中华教育界》第23卷第11期,1936年5月16日;《对陶行知先生的认识和我的初步检讨》,《人民教育》1952年3月号 |
| 董纯才 | 晓庄师范学校大学部毕业 | 《我对陶行知先生及生活教育的认识》,《人民教育》第3卷第6期,1951年10月 |
| 杨应彬 | 大浦百侯中学(潘一尘校长,程今吾、程本海、朱泽甫等人担任教师)毕业 | 《研究陶行知教育思想,促进教育事业发展》,《南方日报》1983年10月18日;《陶行知教育思想浅识》,《行知研究》1986年第2期 |
| 龚思雪 | 中国陶行知研究会常务理事;四川省陶行知研究会副会长 | 《正确评价陶行知的教育思想》,《西南师范学院学报》1985年第1期;《浅谈生活教育及其现实意义》,《行知研究》1986年第4期 |
| 孙传华 | 南京大学(前身为陶行知母校金陵大学)教授,参与编辑川版《陶行知全集》 | 《陶行知的人民教育思想与实践》,《南京大学学报》1982年第1期;《陶行知的人才学思想》,《学术研究》1983年第5期 |

续表

| 姓名 | 历史渊源 | 代表成果 |
|---|---|---|
| 高谦民 | 南京师范大学教科院（前身为陶行知担任系主任的南京高等师范专科学校教育系）教授 | 《陶行知的儿童教育观》，《南京师范大学学报》1991 年第 4 期；《陶行知乡村教育思想管窥》，《中国农业教育》2002 年第 3 期 |
| 胡金平 | 南京师范大学教科院教授 | 《知识人与政治人——陶行知教师角色理论的分析》，《华东师范大学学报》（教育科学版）2004 年第 2 期；《民间意义的发现与教师角色的转换——陶行知教师知识人角色理论的分析》，《南京师范大学学报》（社会科学版）2005 年第 1 期 |

从上表格根据作者整理材料制成。

　　这一批"亲缘"学人的研究推动，不仅让陶行知研究在中国国内迅猛发展，甚至还将其推向了全球视野。曾在南京高等师范学校师从陶行知的赵冕，后赴美国哥伦比亚大学攻读博士学位，撰写了以《为了中国的民主教育》为题的博士学位论文。在第四部分《全民教育运动》中，赵冕重点探讨了陶行知的生活教育理论与实践，虽未能深入，却是向美国展现了一个从晓庄到育才的跨时间空间的生活教育概况。曾多次聆听陶行知演讲并经常前往晓庄参观的朱宕潜可谓是另一位将陶行知推向世界的"私淑弟子"。他在 1953 年向美国哥伦比亚大学师范学院提交了题为《陶行知与中国现代教育》的博士学位论文，不仅阐述了生活教育理论与实践，还试图挖掘出理论产生的根本原因，客观地评价了陶行知的历史地位。该论文后于 1966 年在中国台湾地区以《新型国家的教育型：陶行知在中国的工作，1917—1946》出版发行。可以说，朱宕潜不仅推动了美国的陶行知研究，还为中国台湾地区的陶行知研究打下了基础。

　　综观"亲缘"群体的研究历程，呈现出研究范围扩大化、研究方法多元化、研究结论个性化的总体倾向。首先看研究范围扩大化。"亲缘"群体特别是紧密型学人由于受制于社会结构的突变,在二十世纪五十年代初期是一种批判性的研究,不仅对陶行知的"改良主义""实用主义""新马尔萨斯主义"进行反思,还伴随着一系列的自我批判。八十年代陶行知研究掀起热潮之后,紧密型学人开始弘扬陶行知思想,推动陶行知理论与实践的双重发展。但无论是五十年代还是八九十年代,紧密型学人的关注重点主要局限在陶行知个人评价、陶行知与杜威关系、生活教育理论等教育学领域的研究。直到松散型学人群体出现,逐步对接上紧密型学人的研究之后,陶行知研究范围才开始扩大至各个领域。如杨东平关注生活教育与中国当代农村社会的关系;储朝晖关注到陶行知与图书馆建设、人口发展、抗日战争等方面的联系;李刚关注到陶行知与知识社会、图书馆运动等方面研究。研究范围的扩大化恰恰证明了陶行知这个人思想的宏大性,这也是陶行知个人魅力所在。再看研究方法多元化。随着中西学术思潮的相互交融,"亲缘"研究群体已经开始从单一的文献分析法逐步向跨学科的研究方法挺进。早期的研究中,紧密型学人多是梳理陶行知所存文献这一中国传统的治学办法。随着改革开放,西方各种先进的研究方法及理论不断涌入中国,松散型群体的研究就开始逐步吸收西方的研究方法,如李刚从知识社会学入手分析陶行知研究的知识与范型。这种多元化的研究方法所产生的结果就是研究结论的个性化。松散型学人群体已经不再满足于紧密型学人重复建构"伟大的人民教育家"这一结论,他们通过对文本的深入解读得出了带有各自标签的结论。如李刚认为要回到陶行知的历史世界去,反对对陶行知的过度解读与建构。总而言之,不管是范围的扩大化、方法的多元化还是结论的个性化,都充分证明了陶行知研究在社会结构变化的影响下不断向前发展。

　　从肯定到否定再到肯定,宏观的社会结构转变促使陶行知研究经历了一个螺旋式上升的过程;而从单一到多元,则是学术思潮不断涌动造成研究者思路的多变。无论是对前人思想的承继,还是研究者自身思想的嬗变,都难以逃脱社会的影响。

第三章

# 行是知之始：华东陶研学人共同体

空间作为一种学人群体划分的标准，始于南北朝时期，盛于北宋时期。[①]"清代以来，学者论学，每每讲究地域与流派的关系。"[②]由于空间的便捷性、文化的共通性，地域很容易促进一种学术群体或类学术群体的形成。学派一般可以分为师承性学派、问题性学派和地域性学派，陶行知研究中就涌现了类似"地域性学派"的群体。陶行知一生主要活动范围集中在皖苏浙沪渝五地，苏、渝两地学人由于与陶行知的天然"亲缘"关系，已划归"亲缘"学人群体。浙、沪、皖三地学人虽未与陶行知有千丝万缕的联系，但由于陶行知在浙有湘湖师范，在沪有山海工学团，对皖教育极为关注，故而浙、沪、皖三地学人由于这种文化的传承，特别重视对陶行知的研究。这三地中出现了以张文郁张癸父子、胡国枢与童富勇、金林祥及其弟子、徐明聪为代表的研究学人。这其中又因沪浙地区的胡国枢、童富勇、金林祥及其弟子经常在一起合作研究，形成了一个地域性研究群体。但由于这一群体不能保持持续性发展动力，故而难以称之为"地域性学派"，更多地可以看作为学术共同体。这一群体有一最为显著的特征，

---

① 朱维铮：《壶里春秋》，上海文艺出版社 2002 年版，第 164 页。
② 桑兵：《近代中国学术的地缘与流派》，《历史研究》1999 年第 3 期。

即强调"行是知之始",突出陶行知教育思想与现实观照,强调以陶行知思想解决现实教育问题,体现了极强的实践性。在这一学术共同体内部,呈现了时间上的承续性特征。在张文郁张癸父子以及胡国枢、童富勇在陶研领域开拓经年后,金林祥及其团队将研究目标转向这一领域,这三位通力合作,形成了风格独树一帜的华东研究共同体。

# 一 开拓期华东学人

早在 1985 年中国陶行知研究会、中国陶行知基金会成立前,上海地区的陶行知研究就展现出了良好的萌芽。曾任生活教育社上海分社副理事长的张文郁在陈鹤琴 1979 年提出给陶行知平反的建议之后就迅速撰文探讨陶行知的教育思想。不仅如此,他还注重家学传承,其子张癸还撰写了中国大陆第一篇以陶行知为主题的硕士论文。他们父子二人对上海地区的陶行知研究起到了开拓性的作用。此后,华中师范大学(时称华中师范学院)教科所出版的《陶行知全集》为陶研提供了充足的养料,一时间各种各样的陶研成果纷纷涌现。在这一基础上,浙江地区的胡国枢与童富勇这一老少搭配的学术共同体在繁华之中冷静地寻找到了研究的突破口,他们相继完成了陶行知的传记、生活教育理论的研究以及陶行知研究史的综述,这些率先在全国陶研界中贡献出的优秀成果,也奠定了华东学人群体在陶研中的地位。特别值得一提的是,童富勇开创的陶行知研究史研究,日后更开启了金林祥的陶研史研究的源头。

**（一）张文郁①与张癸②**

作为陶行知生前活动最为广泛的区域，华东地区不仅成了陶行知教育思想实践的主要场所，还形成了特有的陶行知研究文化，这一文化上的传承让华东地区诸多学人对陶行知研究投入了极大的热情，这其中，张文郁与张癸父子可谓是较早的开拓者之一。

1. 张文郁

张文郁与陶行知有着地缘上的交集应该从安徽歙县算起。祖籍歙县的张文郁在"九一八事变"之后就积极投身抗日救亡运动。1935年，从大夏大学高等教育师范科毕业后的张文郁赴暨南大学教育系工作，同时还相继参加了陈鹤琴创设的中华儿童教育社及陶行知组织的国难教育社。抗战中，受陶行知的委托，张文郁与刘琼瑶筹建了生活教育社福建分社，不过也因此被国民党政府以"筹组生活教育社福建分社，非法活动，图谋不轨"的罪名逮捕。抗战胜利后，张文郁辅佐陶行知筹建生活教育社上海分社，并当选为副理事长。陶行知逝世后，张文郁还担任了追悼会筹委会的联络秘书，为陶行知的身后事积极奔走。中华人民共和国成立后，张文郁相继任复旦大学教育系教授、华东师范大学教育系教授、上海第一师范学校校长等职务。1980年10月，在陶行知研究刚刚有复苏迹象之际，他就在上海筹建了上海市陶行知教育思想研究会，担任首届理事会理事长。在同年，他发表了《伟大的人民教育家陶行知》一文，呼吁对陶行知重新评价，重新认识陶行知教育思想的价值，在当时引

---

① 张文郁（1915—1990），祖籍安徽歙县，抗战时参加国难教育社，并组建生活教育社福建分社，后担任生活教育社上海分社副理事长。新中国成立后，相继在复旦大学、华东师范大学执教，曾担任上海市陶行知教育思想研究会理事长。

② 张癸（1954—　），上海人，毕业于中国人民大学中共党史专业，获硕士学位。曾执教于华东师范大学，现任上海市侨联副主席、上海市陶行知研究会副会长。

起了学界的巨大关注。①

　　由于受过专业的学术训练,张文郁对陶行知教育思想的研究典型带有学院派影子。早在新中国成立前,他就相继发表了《陶行知、陈鹤琴的教学原则》《哀悼陶行知先生》《陶行知哲学发凡》《生活教育本体论》等文章,对陶行知的教育思想以及哲学思想都进行了深入的思考。新中国成立后,针对社会政治环境的变化,张文郁认为,陶行知"行"的哲学是以创造和发展为主要内容,其中创造是生活力的表现、是无限制的发展,"从生活对教育来讲,是生活对教育的要求,通过教育来提高生活;以教育对生活的来讲,是教育对生活的指导,通过生活来充实教育"。② 在梳理了生活教育发展历史之后,张文郁认为,生活教育是进步发展的,这一理论不仅在旧中国有着反帝反封建的作用,而且对新中国的教育事业也起到了巨大的推进作用。可以看出,张文郁这篇发表于 1950 年的文章中对陶行知及其生活教育思想是极为赞赏的,而这种赞赏与推崇的态度也并未因为"反右"而遭到中止。1956 年底,张文郁便跟随陈友松等人在《文汇报》发表《关于陶行知教育思想的评价》一文,要求能够客观公正评价陶行知的教育思想。③ 尽管这一波对陶行知肯定的声音因为"反右"扩大化而中止,却没有妨碍张文郁对陶行知教育思想的景仰与弘扬。

　　1979 年,陈鹤琴提出希望能够重新评价陶行知教育思想。作为紧跟陶行知、陈鹤琴老一辈学人的张文郁也迅速撰文表达了对陈鹤琴这一提议的支持。他在梳理了陶行知一生的教育事业后指出,陶氏的思想是随着中国革命环境变化而不断发展的,早年确实有过改良主义和实用主义教育思想,但在不断进步之后,陶氏已经"由一

---

　　① 张文郁:《张文郁自传》,载北京图书馆《文献》丛刊编辑部、吉林省图书馆学会会刊编辑部编:《中国当代社会科学家》(第 5 辑),书目文献出版社 1983 年版,第 185—200 页。

　　② 张文郁:《生活教育是进步发展的》,《天津教育》1950 年第 Z1 期。

　　③ 张文郁:《关于陶行知教育思想的评价》,《文汇报》1956 年 11 月 21 日。

个旧民主主义、超政治的教育家逐步地发展而成为新民主主义革命家和教育家，成为人民敬仰的伟大的人民教育家""一生从事教育工作，始终站在人民的立场上，为新民主主义革命和教育，鞠躬尽瘁，死而后已……"①，其生活教育理论已经远不是杜威在芝加哥大学的一套做法，而是符合中国国情的"既反对本国的封建传统教育，又反对帝国主义输入的洋化教育"②的崭新的教育方式，也就是说，陶行知的教育思想与实践远远地超越了杜威。同时张文郁还认为，晓庄学校"结合生产实际和社会实践进行教学，树立了教育与生产劳动相结合，教育与社会联系相结合的新教育学风，冲破了学校关门读书的旧教育传统"③，这对于在旧教育中寻找中国希望的青年们来说，无异于是一盏指路明灯。通过对陶行知乡村教育思想与实践的通盘梳理，张文郁不仅为陶行知正名，还指出陶氏的教育思想即便在当时也是可以为中国"穷国办穷教育"以及推动中国教育的创造性起到极大的启示作用。④

　　尽管并非陶门弟子，但张文郁对陶行知的尊崇之心却丝毫没有减弱，始终不渝地保持着对陶氏教育理论的信服。由于张文郁接受过正规的大学教育，他的研究体现出严谨的学院派作风。他强调对生活教育进行哲学上的思考与分析，并能够结合中国国情对比生活教育与杜威实用主义教育的异同。在1980年陶行知个人定性问题还未彻底解决之前，张文郁就撰写一系列的文章研究陶行知的教育思想，这带动了华东师范大学甚至于华东地区陶行知研究的热情。在他的影响下，其子张癸、华东师范大学教师袁振国等人都开始对

---

　　① 张文郁:《伟大的人民教育家陶行知》,《上海师范大学学报》(哲学社会科学版)1980年第1期。

　　② 张文郁:《陶行知传略》,《晋阳学刊》1981年第5期。

　　③ 同上。

　　④ 张文郁:《陶行知的教育思想——陶行知先生九十诞辰纪念》,《江淮论坛》1981年第5期;张文郁:《陶行知的乡村教育运动:思想与实践》,《华东师范大学学报》(教育科学版)1985年第1期。

陶行知研究产生了浓厚的兴趣，这就为陶行知研究在上海地区的传承发展播下了种子。

2. 张癸

作为张文郁之子，张癸在父亲的影响下对陶行知研究产生了浓厚的兴趣。1983 年，他在考入中国人民大学中共党史系攻读硕士学位后，决定研究陶行知的教育思想以及他与中国共产党之间的微妙关系。1986 年，他完成了硕士论文《陶行知思想发展史初探》，这是继北师大王炳照之后的第二篇研究陶行知的研究生毕业论文。此后，他在华东师范大学政治教育系工作期间，仍然致力于陶行知研究这一领域，发表了多篇陶研论文。1991 年，他还与华东师范大学教师袁振国合作出版了《伟大的人民教育家陶行知》一书，这本传记出版后在学界引发了极大关注，也获得了良好的反响。尽管随着工作的调整，张癸离开了华东师范大学，担任上海市侨联副主席，但他始终兼任着上海市陶行知研究会常务副会长的职务，关心和推动着上海地区的陶行知研究与实践。

由于在中国人民大学中共党史系攻读硕士学位研究生的关系，张癸将他的陶研方向率先定位于陶行知与中国共产党的关系研究。他从党派的视角梳理了中共与陶行知数十年之间的互动，认为两者的合作共事是经历了一个漫长的过程的。"五四"期间，陶氏只是从民主主义立场出发，对社会主义持有同情的态度，直到晓庄时期，陶氏才与中共建立初步合作关系。晓庄被查封后，陶氏开始重新思考中国革命的基本问题，才体会到了中国革命的实际斗争必须要有中国共产党的领导。在这一过程中，陶氏的政治思想是在不断变化的，最终"由一个伟大的民主主义战士成长为一个伟大的共产主义战士"。① 不难看出，二十世纪八十年代中期的陶行知研究始终

---

① 张癸：《陶行知与中国共产党》，《行知研究》1987 年第 1 期。

带有时代的烙印。张癸从陶氏的思想发展历程出发，剖析了陶氏从民主主义战士发展成为共产主义战士的过程，显然是对陶氏以往偏颇评价的纠正，同时也是希望这一更高的定位能够为全国范围的陶行知研究开展奠定良好的政治基础。

此外，八十年代中期的文化热也对张癸的研究产生了重要影响。他在分析了陶行知的中西文化观之后指出，陶氏在认识到中西文化的差异与冲突后并没有回避这两者之间的矛盾，既没有盲目排外也没有全盘西化，而是"主张有选择地学习西方的先进文化，克服传统文化的弊端，在融合中西文化的过程中发扬光大传统文化中的优秀遗产，用以捍国、御侮、振兴中华"[1]。在这一思想的指导下，陶氏将西方的实验方法引入中国，与新文化运动反封建传统紧密地结合起来，形成了一套评判中西文化的新价值体系。这一体系不仅将中西文化融合推至了一个新的高度，还在融合中创造性地提出了新观念。故而，在将陶行知与梁漱溟的中西文化观对比后，张癸指出，陶氏的中西文化观更为科学，具有接近唯物主义的思想倾向。[2]

除了对陶氏思想观念的研究以外，张癸还很关注生活教育理论的形成与发展。他认为，这一理论思潮的形成并非一个孤立的个案，而是陶行知在"直接吸取了五四新文化运动的成果，同时在与其他各种教育学说的比较、鉴别中确立和完善自己的理论原则，并且在总结前人和旁人的经验基础上创造性提出了一套生活教育的原则与方法"[3]。在这一过程中，作为新文化运动的参与者之一，陶行知从哲学、教学论、德育、教育制度等多个层面提出了创新性见解，正是陶氏的这些独特见解才为后来的生活教育理论奠定了基

---

① 　张癸：《陶行知的中西文化观》，《行知研究》1988 年第 1 期。
② 　同上。
③ 　张癸：《论生活教育理论的形成与发展》，《行知研究》1994 年第 4 期。

础。除了这一理论奠基之外，张棻还认为，正是晓庄学校的创办给了生活教育能够成为系统理论的实践场域。而随着马克思主义社会革命理论的引入，生活教育理论在中外教育流派的比较中进一步确立了自己的独特理论地位，最终这一理论在经过历史唯物主义的阐释后做出了阶段性总结。随着陶氏在育才学校的创办，生活教育理论又进一步增添了人才教育的新内容，可谓生活教育的全新理论与实践的尝试。在这一不断更迭推进的基础上，陶氏在生活教育中运用毛泽东的新民主主义，对生活教育的实践做出了新的理论总结。通过张棻的研究可以发现，他将生活教育形成发展阶段划分为六个层次，即"五四"时期、晓庄时期、普及教育时期、抗战初期、育才时期以及民主运动时期，这六个时期的划分基本上与方与严等人的研究成果类似，但显然张棻更侧重于从马克思主义思想对陶氏影响的过程来层层推进分析。所以，张棻认为，生活教育是一个不断发展完善的教育理论，故而在研究中必须"谨防把陶行知在某一时期对某一教育学说的论断，看作是生活教育理论的全部"。① 显然，张棻的研究论断更为科学。在经历了机械的、形而上学的陶行知研究阶段，需要的就是能够以发展的眼光来论断陶行知的教育思想。

　　在华东地区，张棻的陶行知研究起点高、研究深，观点客观公正，可谓是开拓时期极为有影响力的学者之一。他强调以发展的眼光来研究陶行知，故而他的研究很少局限于对陶氏某一时期某一思想的诠释，而基本上都是以长程的历史观来看待陶氏的某一方面，如陶氏与中国共产党、生活教育理论的形成发展、陶氏的中西文化观等等。这一研究思路和方法在二十世纪八十年代中期的陶研中还是极有开拓价值的。此外，他还是中国大陆第一位以陶行知为研究专题撰写硕士学位不论文的学者，也正是这一选择奠定了他在陶研

---

① 张棻：《论生活教育理论的形成与发展》，《行知研究》1994 年第 4 期。

领域的重要地位。尽管后来因为工作的变动，张槑逐步远离了理论研究这一领域，但他仍然担任着上海市陶研会常务副会长一职，引导着陶行知教育思想在上海地区的践行活动。

也正是有了张文郁、张槑这对父子对陶行知研究的巨大热情，带动了华东师范大学乃至华东地区对陶行知研究的高涨情绪。在他们的开拓道路上，相继出现了袁振国、胡国枢、童富勇、金林祥等一批陶研战友，将陶行知研究之路不断推向前进。

### （二）胡国枢①

作为知名的中国近代史研究专家，胡国枢从二十世纪中叶起就开始了漫漫的历史研究之路，并长期担任浙江省社科院历史所所长一职。历经数十载沧桑，他在近代史研究领域取得了丰硕的成果，其涉猎的范围包括了辛亥革命研究、人物研究等多个方面。论其人物研究，主要着眼于蔡元培、陶成章、胡愈之和陶行知等民国时期各领风骚的杰出人士。这其中，要数陶行知研究投入的精力和心血最多。胡国枢在担任浙江省陶行知研究会副会长期间，不仅从事相关的理论研究，更是深入实践研究，为陶行知研究在浙江的深入推广起到了极大的作用。近三十年来，胡国枢一直笔耕不辍，相继出版了数本陶研著作，发表了近百篇陶研文章，参与了浙江及全国多地的教育改革工作，对浙江乃至中国的陶行知研究与实践工作做出了重要贡献。

胡国枢进入陶行知研究领域并非偶然，据其本人回忆主要有三个方面的影响：一，小学教育的影响。抗战前期，胡国枢进入上虞县立中山小学读书，其师均毕业于湘湖师范学校——陶行知创办的"浙江的晓庄师范"。在中山小学读书的数年间，在其老师的影响

---

① 胡国枢（1928—2014），浙江上虞人，曾担任浙江社科院历史所所长，浙江省陶行知研究副会长。

下，他深深感悟到陶行知"生活即教育""社会即学校""教学做合一"理念的切实用处，这些都在他幼小的心底埋下了生活教育的种子。二，叔公胡愈之的影响。作为陶行知的亲密战友，胡愈之在陶行知草拟，并由邹韬奋、沈钧儒、章乃器共同签名的《团结御侮的几个基本条件与最低要求》的产生中发挥了重要的作用。此外，胡愈之在二十世纪八十年代陶行知平反后对推动陶行知研究的发展起到了重要作用。作为同住在上虞丰惠敕五堂胡氏祖宅内的胡国枢也深受叔公胡愈之的影响，对陶行知的关注也由此而来。三，全国范围内陶行知研究热潮的影响。二十世纪八十年代，随着中共中央对于陶行知的平反以及中国陶行知研究会的成立，一股研究陶行知热潮开始席卷中华大地。作为一名历史学者，胡国枢凭借着敏锐的嗅觉发现，陶行知研究并不仅仅是一种理论性的研究，更是可以改变中国教育甚至中国社会的研究。正是因为历史学训练对于宏观把握的敏锐性，胡国枢开始投入了当时轰轰烈烈的陶行知研究中来。在最初的陶研过程中，胡国枢与陶行知的弟子及家人，如张劲夫、戴伯韬、戴自俺、方明、陶城等人交往甚密，从这些陶门弟子的身上胡国枢感受到陶行知"爱满天下"的思想精髓，这些都成为他在陶研道路上一走近三十年的兴趣与动力。①

　　作为国内较早介入陶行知研究的历史学者之一，胡国枢始终秉承着"全面的、整体的"研究思路，从长程的历史观入手，将陶行知置于总体的历史背景之下进行考察，这与同时期教育学者从事的陶行知研究有很大的不同。1985 年，在中国陶行知研究会成立伊始，胡国枢就着手准备撰写陶行知的第一本传记。为此，他找到毕业于杭州大学教育系的童富勇，与其合作共同撰写《陶行知传》。与此同时，他还承担了另一部陶研著作——《生活教育理论——陶

---

　　①　根据 2012 年 7 月 9 日与胡国枢研究员访谈整理，经本人审核。

行知教育思想研究》的撰写工作。在其坚持不懈的努力下，两本著
作均于 1991 年陶行知诞辰一百周年之际同时出版发行。从这两本
书来看，胡国枢不仅从历史学的视角去观察、研究陶行知，更是站
在哲学的高度对陶行知的生活教育理论进行剖析，而这一切皆源自
当时全国兴起的学陶热潮，在他看来，"生活教育理论既要求教育
服务于当前，又不局限于当前；既重视生活、实践，也重视理论、
科学"①。时至今日，胡国枢依然认为，生活教育理论不仅在适用于
民国时期，对于当下我国的教育体制改革、西部老少边远地区教育
的发展仍有着重要的借鉴意义。②

　　1991 年，胡国枢与童富勇历经五年完成的《陶行知传》值陶
行知诞辰一百周年出版。这本传记对于陶行知的研究并没有简单的
孤立，而是将其置于十九世纪末二十世纪上半叶这个特定的历史环
境中予以讨论。这也是胡国枢在陶行知研究中一直提倡的整体的、
全盘的研究思路。通过探讨当时的社会环境以及时代背景对陶行知
人格塑造所产生的影响，以及陶行知在民族利益以及个人教育情节
的驱动下从事中国乡村教育改造工作，从而得出陶行知的人生"是
全心全意为人民解放、中华振兴而奋斗不息的一生，是不断开拓、
勇于改革、为中国教育探求新路的一生"③。胡国枢重视从心理学的
视角去探寻陶行知教育思想的成因。他认为，陶行知童年、青少年
时期的生活经历使其埋下了对人民和国家的真挚情感，成了其今后
教育思想的根源；其家乡的徽州文化、王阳明的哲学思想以及后期
他所接受的西方近代进步主义教育思想，都对他教育思想的不断发
展与完善起到了推动作用。此外，近代爱国人士发起的一场场民主
斗争以及新文化运动热潮也成了陶行知生活教育理论的源泉。最为

　　① 胡国枢：《生活教育理论——陶行知教育思想研究》，浙江教育出版社 1991 年版，第 9
页。

　　② 根据 2012 年 7 月 9 日与胡国枢研究员访谈整理，经本人审核。

　　③ 童富勇、胡国枢：《陶行知传》，教育科学出版社 1991 年版，第 498 页。

重要的是，胡国枢认为，马克思主义和中国共产党的引导使得生活教育理论由朴素唯物主义进而发展成为"马克思哲学唯物主义基础上的科学的教育学说、革命的教育学说"①。

为此，胡国枢特别撰文阐述了陶行知的革命信仰。他认为，陶行知共产主义世界观的形成是分为三个阶段的，即从早期的留学归国热血青年到坚定的抗日保国战士到最终的民主斗士，这三部曲一步步将陶行知带入了共产主义的世界。1927 年陶行知创办了晓庄乡村师范推行乡村教育，他秉持着"为农民烧心香"的心愿一心一意的为农民群众服务，吸引了共产党员前来投奔晓庄，这些党员的到来对陶行知共产主义思想的形成造成了初步影响。而促使陶行知思想产生根本性转变的原因，在胡国枢看来主要在于四个方面：第一，陶行知在与蒋介石"血的斗争"中形成一种观念，即"我们的基本队伍就是农民，中国革命要得到成功，非三万万四千万农民起来不可！"第二，陶行知在阅读马克思主义著作中得到了提高，促使其思想开始转向革命化道路；第三，陶行知在与周围共事的共产党人身上得到启发，认为救国的希望只能寄托在共产党人身上；第四，陶行知创造的生活教育理论及生活教育运动是符合中国国情的人民教育运动，它从本质上来说，是和中国共产党的新民主主义教育路线是一致的。② 胡国枢进而指出，经过这种根本性的转变之后，陶行知"心中有了共产党这一指路明灯，他的革命觉悟进一步提高，精神上获得了强大的力量，犹如登泰山而临峰顶，视野开阔，胸境豁然"③，开始了对马克思主义的真挚追求，与中共采取统一阵线抗日救国，并在抗战后为民主事业奔走呼号。

通过将陶行知置于时代大背景下的通盘研究，胡国枢认为，陶

---

① 胡国枢：《生活教育理论——陶行知教育思想研究》，浙江教育出版社 1991 年版，第 255 页。

② 胡国枢：《论陶行知共产主义世界观的形成与发展》，《浙江社会科学》1992 年第 1 期。

③ 同上。

行知对人民教育做出了三大贡献。第一,陶行知创造性地举办了许多当时堪称第一流的学校,培养了一大批优秀人才,唤醒了众多青年学子,培养了许多革命志士和专业人才。第二,陶行知创立的生活教育理论,在世界教育史上开启了新的篇章,它是教育思想史上一次深刻的革命,具有划时代的意义。第三,陶行知本人忠于人民教育,热爱教育事业,其纯正的品格、高尚的情操、勇于创造的精神为后代树立了万世师表形象。[1] 总之,陶行知是一个和谐的统一体的典型,是一个真善美三者具备的完人,是一个追求真理做真人的典范。[2]

二十一世纪以来,胡国枢对陶行知研究不再局限于教育思想层面,而是认为陶行知的睿智思想与大众诗人的特质对于后世有着重要的影响,所以他提出了"行知思想"的概念。行知思想是一个有血有肉有灵魂的融合体,它与生活教育理论是不可分割与对立的。其主要包含有十点:做人目的论、生活教育论、民为邦本论、人口经济论、科教兴国论、"与时俱进"论、"六大解放"论、"追求真理做真人"论、爱满天下论、行知合一论的辩证认识论。这十点是密切联系、有机生动的综合体,这其中,又以人民性(民主性)、实践性(本土性)与创造性(科学性)构成了"行知思想"的三大特点。[3] 故而,胡国枢盛赞陶行知是极具"世界眼光、世界知识、世界胸怀的杰出的中华本土教育家",是可以与苏格拉底、柏拉图、亚里士多德、卢梭等西方大师相提并论的大教育家和哲学家。[4] 对于"中华本土教育家"这一概念,胡国枢认为,陶行知是最富"中国气魄和中国作风"的教育家,他始终本着教育救国的理念,为改造中国而努力奋斗,他与马牛羊鸡犬豕做朋友,对稻粱菽麦黍

---

[1]　童富勇、胡国枢:《陶行知传》,教育科学出版社1991年版,第493—498页。
[2]　同上书,第502页。
[3]　胡国枢:《陶行知新论》,浙江人民出版社2003年版,第28—31页。
[4]　胡国枢:《中华本土教育家陶行知》,杭州出版社2009年版,第43—44页。

稷下功夫，丝毫不因海归的身份而对此感到不耻，而是实实在在的为人民治穷治愚，是"咱中国老百姓的教育家"①。他所提出的生活教育理论，不仅革新更是创造，是其在教育事业披荆斩棘、勇于进取的成果；他所推崇的"爱满天下"的博爱精神，更是成为全球一体化的精神格言、世界新教育的动力。该书以《中华本土教育家陶行知》命名，可见胡国枢对于陶行知中华属性的一种认可，所以胡国枢得出结论："陶行知最具中国气魄和中国作风，他是中国种、中华民、吸纳过东西方多种文化思想，取其所长，为国所用之人，可谓是一位杰出的地道的中华本土教育家。"②

在全国掀起的一片学陶热潮中，胡国枢冷静地以历史的眼光判断，只有以实践为出发点，才能永葆陶行知教育思想的青春。因而，他开始深入研究陶行知的生活教育理论，以为实践保驾护航。通过对生活教育理论研究分析，胡国枢认为，陶行知的生活教育理论并非是简单的移植杜威思想，而且也注意汲取了中国传统文化中的优秀思想，也就是说"生活教育理论是道道地地有中国特色的，具有革命意义的科学教育理论"。③ 他反对有些学者提出的陶行知"教学做合一"思想是舶来品，并进而认为，生活教育理论是陶行知"在长期的教育生涯与革命实践中智慧的结晶，是有分析地吸取中外教育学说之所长，在中国人民觉醒、开展轰轰烈烈的反帝反封建斗争中，批判我国传统教育的过程里形成的革命的教育理论"。④ 在胡国枢看来，生活教育理论是一个有机整体，包含有本体论（生活即教育）、场所论（社会即学校）、方法论（教学做合一）、创造论（在劳力上劳心）、风格论（即知即传）、认识论（行是知之始，知是行之成）、组织论（工学团或集体主义的自我教育）、目标论

---

① 胡国枢：《中华本土教育家陶行知》，杭州出版社 2009 年版，第 77 页。
② 根据 2012 年 7 月 9 日与胡国枢研究员访谈整理，经本人审核。
③ 胡国枢：《论陶行知生活教育理论产生的时代背景》，《浙江学刊》1987 年第 6 期。
④ 同上。

（教育是民族解放、大众解放、人类解放的武器）等八个组成部分。综观这八个要素，本体论、场地论和方法论是其中最为重要的组成部分。具体而言，作为本体论的"生活即教育"是生活教育理论的核心，它包含教育与生活的一致性、教育对生活的从属性、教育对生活的能动性三层蕴意；场地论"社会即学校"是本体论的逻辑延伸与保证；方法论"教学做合一"是生活与教育关系的进一步说明，也是本体论和场地论的具体实施。胡国枢认为，这八个要素是相互渗透、融为一体的一个有机整体，对其进行任何的分解或人为割裂都是不科学不合理的，只有从宏观上整体的把握，才能够对生活教育有一个完整确切的认识。① 因而，生活教育理论是现代的科学的教育学说，它符合教育发展规律、社会发展规律和认识发展规律，同时，由于生活教育是根植于社会生活的变化之中，它是一个生命力极强的开放性系统，能够不断地促进自我完善，避免了理论的凝固不变和封闭落后，才能在二十一世纪中仍然保持着强大的生命力。

对于生活教育的实践体系，胡国枢将其概括为一个原则、两个类型、三个层次、四个系列、五个关系。即在推行生活教育时，要坚持理论与实践结合、实事求是的原则，通过自在型的生活教育和自觉型的生活教育，从理论、制度和实践三个层次予以实施，其实施的对象包含有学校、家庭、产业和地方四个系列，在此过程中要注意处理好宏观与微观、条条与块块、全部与局部、境内与境外、历史与未来的关系。② 他重点研究了山西前元庄村围绕陶行知生活教育思想开展的乡村改革，指出前元庄村的"学陶"不仅办好了学校，提高了村民素质，还带富了一方，对当地的精神文明建设起到

---

① 胡国枢:《陶行知的生活教育理论体系》,《杭州师范学院学报》(社会科学版) 1991 年第 2 期。

② 胡国枢:《生活教育理论——陶行知教育思想研究》,浙江教育出版社 1991 年版,第 295—298 页。

了极大的促进作用。这些都为中国贫困山区建设小康村提供了样板，为"坚持农科教结合、实行基础教育、职业教育、成人教育三教统筹，教学、科技和生产相结合，为农村教育改革与发展指明了正确方向"。①

　　在相隔数十年之后，胡国枢对于陶行知的研究构建了一个更为完整的理论体系。2003 年，胡国枢的《陶行知新论》更为详尽的梳理生活教育理论，并将生活教育理论与二十一世纪的中国教育改革、乡村改革以及社会改革紧密地联系到了一起。胡国枢认为，生活教育理论在二十一世纪中不仅具有极重要的实用价值，更可以推广至世界范围。他认为生活教育理论看似简单，实则宏博幽深，长期以来，有人对生活教育的理解不够，贬低陶行知的教育思想，这是对生活教育的研究不够透彻导致的。事实上，生活教育具备特有的三维，即全民教育、全程（终身）教育、全面教育。生活教育首先要做到扫除文盲，普及教育，治愚与治穷相结合的全民教育；其次要做到促进国家现代化、人的现代化的全程教育；最后要达到人类解放及全面发展的全面教育。通过三维的实现，生活教育将教育改革与社会改革融为一体，不仅可以为普及大众教育服务，更可以对发展中国家的教育和社会进步起到极大的借鉴作用。② 从这个层面来理解的话，生活教育不仅仅是一种教育理论，而且是一个社会改造学说，是一种重视民主意识培养的教育学说，这与当下社会需求的"公民"意识培养是互通的。胡国枢从生活教育中个人社会自然、手脑心、智情意统一在行中的三个"三连环"说法，提出了大、小、微三个"宇宙"，从美育思想在培育新人和开发创造潜能的角度对生活教育参与教学改革和素质教育微观实践做了探讨。通

---

① 胡国枢：《前元庄村农村教育综合改革前前后后》，《中国职业技术教育》2003 年第 23 期。

② 胡国枢：《生活教育理论的当代价值与世界意义》，《教育研究》1997 年第 10 期。

过对生活教育理论与实践的系统梳理，胡国枢得出结论：生活教育运动的最高目标是人、社会与自然的和谐发展，万物共存共荣共进。①

　　从二十世纪八十年代至今，胡国枢始终笔耕不辍，撰写了数百篇关于陶行知的文章，他的陶行知研究只有开始，永远没有结束。通过梳理胡国枢的陶行知研究后可以发现，他不仅重视理论研究，亦注重实践研究，并提出了诸多创新性的观点，尤其是在生活教育理论的深层次挖掘方面，极大地推动了陶行知研究的进程。简而言之，胡国枢的陶行知研究具有以下数点特色。

　　首先是整体性研究视角。整体性研究一直是胡国枢的陶行知研究的一大特色，就连胡国枢本人也一直强调这一特色。他的研究反对那种将陶行知研究模块化、程序化的碎片研究，其研究成果都是宏观大气的，从未出现细枝末节庸俗化的研究取向。他的研究始终具有极强的内在逻辑，并在这种逻辑的指引下从宏观的角度探寻微观的视角，又从微观视角体现出对宏观整体的把握。无论是其早期的《陶行知传》还是后期的《中华本土教育家陶行知》，他都将陶行知其人其事置于当时的整体历史环境中去考察，强调历史环境对人物性格及心理方面的影响，以及这种影响所产生的历史效应。此外，对陶行知研究范围的整体性把握也是胡国枢的一大特色。陶行知研究主要分为理论与实践两个部分。胡国枢除了为陶行知树碑立传，深入挖掘陶行知生活教育理论与现实教育的意义以外，还对陶行知教育理论的实践投入了极大的关注。为了调研陶行知理论在基层的实践效果，胡国枢不顾高龄，奔走于浙江各地，足迹甚至远至山西，真正体现出了一个学陶人一心向学的精神。

　　其次是客观性研究评述。由于历史学科班出身，胡国枢秉承着

---

① 胡国枢：《陶行知新论》，浙江人民出版社 2003 年版，第 201 页。

"有一分史料说一分话"的历史学治学观念,其对陶行知的研究也更为客观,既不无限抬高也不刻意贬低。以《陶行知传》举一例,以往人们认为蔡元培的北大率先开男女同校之风气,但胡国枢通过史料证实,陶行知在蔡元培发表北大招收女生谈话之前,已经率先提出了次年于南高师招收女子学生的提议。这种严谨客观的治史观念也一直伴随着胡国枢,在其陶研著作中屡有体现。在早期陶行知研究中,胡国枢认为陶行知是一个和谐的统一体的典型,是一个真善美三者具备的完人,是一个追求真理做真人的典范。但是随着胡国枢对陶行知的不断深入挖掘,他进而认为"陶行知是中国种、中华民、吸纳过东西方多种文化思想,取其所长,为国所用之人,是一位杰出的地道的中华本土教育家"。可以说,这种研究结论的转变是胡国枢建立在大量史料的基础上得出的,他通过对陶行知中华本土属性的剖析,深入挖掘出陶行知教育思想的内在属性,而非人云亦云。在此之前,日本著名的陶研专家斋藤秋男就曾得出结论,他认为陶行知的教育思想是一种内发与外铄的结合,既有中华本土的影响,更多的是受到杜威教育哲学的影响。斋藤秋男模式在当时的陶研界产生了很大的轰动,影响了陶研的走向。但是胡国枢却不为所动,他不偏不倚,根据自己所掌握的史料客观的对陶行知进行评价,可以说这是非常中肯的,也是独具特色的。

最后是创新性研究结论。胡国枢的陶行知研究其出发点与众不同,得出的研究结论亦是极具创新性的,尤其在生活教育理论的研究方面。胡国枢花费了大部分精力集中于生活教育理论探索及创新层面,得出了颇具特色的结论。胡国枢对生活教育的精华、功能等方面作了着重分析,指出生活教育理论的三全功能(即上文所提全民教育、全面教育、全程教育)对当代教育具有重要的启示意义。通过这些理论梳理,他强调生活教育理论是人民当家做主、高扬老百姓主体意识的民主政治学说,任何看低看扁生活教育理论的立场都是站不住脚的，也是对生活教育理论的一种误解。胡国枢捍卫了陶行知在终身教育、社会教育化、学习型社会等理论上的先驱地位，并进一步提出生活教育理论将是构建"学习型社会、学习型组织的主流教育思想"①。随之他提出了一系列生活教育与学习型社会实践体系建构的方式方法，并坚信生活教育与学习型社会的理论研究必能经受住学界的论辩和历史的检验。可以说，这是生活教育理论当代化的一种必然趋向，也是胡国枢的陶行知研究独具特色的一大创新亮点。

当然，胡国枢的陶行知研究并非十全十美的，也存在一定的历史局限性。诸如他的《论陶行知共产主义世界观的形成与发展》一文认为，陶行知在经历思想的转变之后，形成了共产主义世界观，但事实上自始至终陶行知并非一个共产主义者，而是一个民粹主义者和激进主义者。举胡文中一例："1935 年 1 月，中国共产党在遵义会议上确立了毛泽东同志为核心的中央领导，从此有了马克思主义和中国革命实践结合的正确路线，为中国的前途指明了航向，给热爱祖国的知识分子照亮了前程。这时陶行知由于已具备了正确的世界观，心中有了共产党这一指路明灯，他的革命觉悟进一步提高，精神上获得了强大的力量，犹如登泰山而临峰顶，视野开阔，胸境豁然，在人生征途上进入了全新的境界。"②且不说 1935 年陶行知是否具备了正确的共产主义世界观，仅就陶行知 1938 年 10 月归国后的一段时间的行程就可得知，其时他与蒋介石、宋美龄、李宗仁、白崇禧、陈诚等国民党政要私交甚密，而且对其还抱有极大的幻想。甚至于后期陶行知在重庆育才办学，也未见其诗歌书信中有更多的共产主义思想的体现，更多的还是其终身奉行的民主主义思想。胡文还认为陶行知取名"不除庭草斋夫"以对抗蒋介石的大

---

① 胡国枢：《陶行知新论》，浙江人民出版社 2003 年版，第 144 页。
② 胡国枢：《论陶行知共产主义世界观的形成与发展》，《浙江社会科学》1992 年第 1 期。

搞白色恐怖、草菅人命，这是陶行知具有共产主义世界观的一个佐证。但反对蒋介石并非共产主义，这是一种非黑即白的逻辑思维。当时具有民主思想的人士诸如沈钧儒、邹韬奋等均反对蒋介石，但他们是一个第三阵营的中立群体。倘若把反对蒋介石作为是具有共产主义世界观的佐证类推，岂非李宗仁、冯玉祥、白崇禧等都具有共产主义世界观？所以说，胡文认为陶行知具备共产主义世界观的观点是有待商榷的。

但无论如何，瑕不掩瑜，任何学者的学术研究并非毫无缺憾的。作为当代著名的陶研学者，胡国枢用大半生的时间来整理陶行知思想，深入挖掘生活教育理论并推广生活教育实践，这种对于研究的赤诚之心始终值得后学景仰并学习的。

### （三）童富勇①

不仅在华东学人群体甚至在全国陶研学者中，童富勇的研究都是独树一帜的。他不仅较早地介入了陶行知研究，撰写出中国第一本陶行知传记——《陶行知传》，还积极筹划各种活动将陶行知的教育思想付诸实践并取得了良好的反响。可以说，他是中国陶研学界少有的兼具理论素养与实践经历的学者，他不仅吸收融合了陶行知的教育思想，还将其在当下中国的发展与推广做出了极大的贡献。

童富勇与陶行知研究结缘是在二十世纪八十年代中期。毕业于杭州大学教育系的他，其硕士学位论文是研究近代浙江著名教育家、经学家孙怡让。因为做的是个体教育家的研究，所以他萌发了研究与浙江有血缘、学缘关系的近代教育家群体的想法，以至于想为这些与浙江结缘的教育家们分别作传。硕士毕业之后，童富勇赴

---

① 童富勇（1960—  ），浙江宁海人，先后于杭州大学获得教育学学士、硕士学位。现为杭州师范大学教育学院院长、中国陶行知研究会常务理事、浙江省陶行知研究会副会长。

浙江教育学院教授中国教育史课程。因为课程的缘故,童富勇开始深入地接触到近代教育家群体,如蔡元培、陈鹤琴、蒋梦麟、陶行知等。在这些人当中,陶行知具有较大的影响力,再加上陶行知不仅具有独特的教育思想,而且还将其教育思想付诸实践,这是其他教育家做不到的,所以童富勇对于陶行知研究产生了更大的兴趣。此外,当时华中师范大学(时为华中师范学院)教育科学研究所已经整理出版了《陶行知全集》六卷本,这为童富勇的研究提供了基本素材,也从客观上为其研究提供了便利。在将研究方向确定为陶行知研究之后,童富勇前往南京晓庄师范学校查阅复印了诸多一手资料,如《生活教育》《乡教丛讯》等,并走访了陶行知的一些同事、学生,整理出一批口述史料。

得益于 1985 年中国陶行知研究会的成立,陶行知研究开始逐步走上了正轨,而彼时却没有一本严格意义上的陶行知传记,童富勇遂决定为这位著名的教育家树碑立传。他与时在浙江省社科院工作的胡国枢一拍即合,并对传记的分工合作做了具体的规划。1991年,两人合撰的《陶行知传》正式出版发行,这是一本全面系统反映陶行知一生的哲学思想、教育思想、人生观、价值观以及对教育所做贡献的著作。该书由张劲夫题词,陈翰笙题书名,在当时的教育界产生不小的影响。[1] 相对而言,童富勇的陶行知研究主要集中在两个方面,一是乡村教育思想;二是晓庄师范。童富勇认为,乡村教育思想是与乡村教育运动是联系在一起的,所以他既通过乡村教育运动的历史大背景来观察晓庄,也借助晓庄这个微观的视角来研究当时巨大的乡教浪潮。此外,除了对陶行知及其教育思想进行研究外,童富勇还是国内首位提出从事陶行知研究史研究的学者,他撰写了长达三万余字的陶行知研究综述,这对于后人的研究提供

---

[1]　根据 2012 年 7 月 9 日与童富勇教授访谈整理,经本人审核。

了极大的帮助。

二十一世纪以来,童富勇的陶行知研究开始发生了转向。"我觉得二十一世纪以来,陶行知研究新的突破不是很多,尤其在观点方面,仅在海外提出了一些不同观点。除此之外,我觉得经过八九十年代的研究热潮之后,陶研已经相当全面深入透彻,所以我转到了应用陶行知教育思想的层面。我率先提出了要把陶行知思想在新的时期契合当前的教育,尤其是农村教育,给予发掘、给予推广,赋予其思想以新的生命。"① 为此,童富勇开始了他的"新陶行知"工程。他利用所在的杭州师范大学继续教育学院的平台,借助杭师大校友、阿里巴巴总裁马云的帮助,成功地募集了一批志愿者,培训了一批农村教师,并希望他们能够成为"新陶行知"。童富勇希望给农村教师一个梦想,并给他们一个机会实现,"给农村教师发展的机会,就是给农村孩子一个未来"。此外,"新陶行知"工程还通过让一些城市的老师支援农村,诸如送教下乡、田野大课堂的方式,有效地帮助了农村教师提高教学素养。

"新陶行知"由马云出资 100 万要我来做。我征募了 100 所学校的 100 名农村教师,包括全国十几个省的农村教师,活动的最后我们出版了《我的乡村教育之梦》。这个事件由浙江日报以"新陶行知的梦想"为题进行了报道,被评为感动杭州的十件实事之首。因为陶行知的缘故,我们始终带着奉献的精神来做,取得了良好的社会反响。现在党和国家重视农村、重视农村教育、农村教师,所以我们要有一个形象树立起来,这个形象就是陶行知。农村不缺教师,缺的是具有献身精神、具有快乐精神的教师。我搞"新陶行知"就是为了寻找快乐的农

---

① 根据 2012 年 7 月 9 日与童富勇教授访谈整理,经本人审核。

村教师、献身的农村教师。①

从童富勇的陶研历程可以发现，他的陶行知研究可以划分为两个阶段，一是从 1986 年至 2000 年的理论研究阶段，二是从二十一世纪开始的陶行知教育思想的践行阶段。从理论到实践，既是其对陶行知教育思想的沉淀与升华过程，亦是其对"行是知之始，知是行之成"的实践操作过程。正如陶行知当年学习王阳明、学习杜威，但仍然"纸上得来终觉浅"一样，童富勇最终也踏上了陶行知当年所走的"行—知—行"之路。

童富勇、胡国枢合撰的《陶行知传》是新中国第一本陶行知传记。谈及这本传记，童富勇表示："我写这本传记在于几点：一、我是研究教育史的，我有这个责任为教育家树碑立传；二、当时陶行知研究刚刚起步，没人写他的传记，这是一个研究空白；三、他的传记值得写；四、我写完之后深受感动，立志要践行他的思想。"② 以大师为研究对象，既可以增进学识，也可以受其人格魅力影响，可以说，童富勇的选择是一举两得了。在传记分工中，童富勇主要负责晓庄师范与乡村建设这两部分内容，这也成为童富勇日后陶行知研究中的重点关注对象。

童富勇认为，晓庄师范具有鲜明的办学特色，它以培养适合中国农村教育的教师为己任，通过"生活即教育""社会即学校""教学做合一"的理念与方法，为中国乡村教育的变革寻求到了正确的道路，无论从教育目的、教学方法、课程设置及评价体系来看，晓庄师范都是与当时的乡村师范学校是截然不同的。但恰恰是这种特色使得晓庄师范成了主流群体攻击的对象，"他们不喜欢晓庄跳出传统的圈子去搞试验，也不许晓庄冲破现行的教育观念、教

---

① 根据 2012 年 7 月 9 日与童富勇教授访谈整理，经本人审核。
② 同上。

育价值和教育制度"①，而晓庄的教育模式恰恰是要"毁弃一切旧的传统的不合现代生活的陈腐教育，建设新的合乎现代生活的教育，使小众的教育变成大众的教育"②，所以，这种观念上的根本性的冲突是导致晓庄师范关闭的必然因素，也可以说它是社会制度冲突的根本性结果。在当时的社会背景下，试图代表"大众"的陶行知反而成为主流社会所不能容忍的"小众"教育家，"其影响力甚至还不如晏阳初、梁漱溟等具有国外背景或政府背景支持的教育家。但从另一个角度来说，这是更难为可贵的。陶行知没有人支持，没有人帮助，却通过自己的努力来做一些变化给众人看，自己努力去实现教育理想，通过即成的变化与事实，试图去改造中国农村，改造中国社会"。③ 受陶行知乡村教育思想的影响，童富勇又进而探讨了中国近代乡村教育运动的发展历程。他通过翔实的史料分析了乡村教育运动兴盛的缘起，指出盲目的仪型他国并未能给中国社会带来实质上的变革，乡村教育的破产才是中国社会落后的根本原因，而陶行知就是积极试图改变中国乡村面貌的教育家之一。虽然在乡村教育浪潮中，陶行知、晏阳初、梁漱溟、黄炎培等人具有不同的政治立场、教育主张、实施方法，但是他们都不约而同地将目光由城市转向农村，在当时的社会里具有划时代的意义，它留给我们的遗产是："科教兴农，是中国农村的根本出路。"④

作为陶行知乡村教育思想的核心理念，生活教育理论受到了童富勇的极大关注。在其看来，生活教育理论的根本目的就在"造成中华民族的伟大的新生命"⑤，它通过以生活为中心，以社会为学校，通过学生的即知即传，为中国社会培养出真善美的，能为中华

---

① 童富勇:《陶行知与晓庄师范》,《教育评论》1992 年第 5 期。
② 同上。
③ 根据 2012 年 7 月 9 日与童富勇教授访谈整理，经本人审核。
④ 童富勇:《论乡村教育运动的发轫兴盛及其意义》,《浙江学刊》1998 年第 2 期。
⑤ 童富勇:《陶行知生活教育理论的若干特色》,《教育评论》2003 年第 4 期。

民族复兴献身的"真人"。童富勇还独具特色地提出了生活教育的根本是道德，精髓是创造力的理念，他认为，陶氏的生活教育是为了培养对社会对人类有贡献的人，道德教育是做人之根本，也是其生活教育的根本；而创造教育则是生活教育理论的立足点与归宿，生活教育本身就是一种创造，更是对传统旧教育的一种推陈出新，所以也注定其会成为生活教育的精髓所在。因而，童富勇总结认为，生活教育改造了"死教育"，构建了"活教育"；改造了"洋化教育"，构建了"中国特色的新教育"；改造了"小众教育"，构建了"大众教育"；改造了为读书而读书的"超然教育"，构建了"实践教育"；改造了"升官教育"，构建了"人民教育"；改造了"残废教育"，构建了"手脑双挥"的"健全教育"①，所以说，生活教育对当时的教育界产生了极为重大的影响作用。不仅如此，童富勇还进一步认为，陶行知的生活课程论还进一步影响到今日中国教育的新课程改革。他通过研究指出，"新课程强调以学生为本，强调与社会、与学生现实生活的联系，这一思想可以说是与 20 世纪三十年代陶行知先生提出的生活课程理论是一脉相承"。② 因为在童富勇看来，陶行知通过对旧课程的深刻批判，提出以培养生活力为目的的生活课程论，既重视课程内容的社会生活性、实用性和时代必然性，又重视课程对象（即儿童兴趣和发展需要）、儿童的活动和做中学③，其本质思想是与现在的新课程改革的指导思想是基本一致的。

除了对于陶行知教育思想与实践的研究之外，童富勇也较早的涉及了陶行知研究史的研究。1991 年到 1992 年，他相继发表了《对建国以来陶行知研究的回顾》《陶行知研究综述》，深入系统的

---

① 童富勇：《陶行知生活教育理论的若干特色》，《教育评论》2003 年第 4 期。
② 童富勇：《陶行知的生活课程理论与新课程》，《教育发展研究》2005 年第 6 期。
③ 同上。

分析近七十余年来的陶行知研究，为陶研建立了基本的分期框架。童富勇将陶行知研究分为五个时期，分别是客观探讨期（1927—1946）、客观全面评价期（1946—1950）、黑暗期（1951—1953）、翻案期（1956—1958）、实践期（1978—　）①。他通过翔实的史料对各个时期的陶研重点进行分门别类，并归纳总结出不同时间段的研究特点。在通过对研究史的研究之后，童富勇认为，虽然在九十年代初期陶行知研究进入了一个繁盛的时期，但也不能因为繁盛而忽略了研究中出现危机，他强烈批判了当时出现的只唱红歌赞歌，将陶行知打扮为"圣人"的为研究而研究的取向，忽略了诸如生活教育理论中消极因素方面的研究。这一观点正是童富勇的陶行知研究一直所强调的："要实事求是客观的研究陶行知，不要拔高也不要贬低，要客观冷静，不要用'伟大'这种空虚的辞藻累积在他身上。人无完人，陶行知肯定也有不足的一面。"②

　　进入二十一世纪以来，童富勇着重关注于将陶行知的思想和精神在当下现实生活中加以应用与发展。他将研究目光转向教师教育研究，尤其是农村中小学教师研究，因为在他看来，陶行知所谓的中国乡村教育发展能够促进中国社会发展的观点至今也是正确可行的。他深入一线调查农村教师生存状况，通过翔实的数据来反映农村教师的生存现状，并呼吁要改变对教师的评价机制，建立教师公务员制，提高教师待遇，确保教师的归属感等多种路径来确保农村的师资。在其看来，农村教师不仅是中国农村义务教育的根本，也是陶行知教育思想的出发点与归宿。因此，童富勇与其同仁在马云的资助下启动了"新陶行知"项目，其目的延续陶行知当年的理想。童富勇所在的杭州师范大学继续教育学院通过对全国十多个省市的一百名农村教师的教育技能以及师德培训，为新时期新农村培

---

① 童富勇：《陶行知研究综述》，《教育史研究》1992 年第 1 期。
② 根据 2012 年 7 月 9 日与童富勇教授访谈整理，经本人审核。

养愿意为农村教育改革奉献的农村教师。这一项目也被中陶会前会长方明盛赞，称之为"中国新农村新陶行知培养基地"。除此之外，童富勇还提出了"田野大课堂""提素工程"等一系列增强城乡互动、提高农村教师素质的教育培训工作，为新农村培育了一批甘于奉献的"新陶行知"。"我认为，'新陶行知'不仅要快乐，还有具有五心：一颗自信心、一颗宁静的心、一颗爱心、一颗责任心、一颗争强好胜的上进心，只有这样，农村教师才能够有幸福感、自豪感，才能够快乐幸福的教学、生活。"①

从二十世纪八十年代中期至今，童富勇与陶行知结缘已近三十年了。这近三十年间，深受陶行知精神与人格魅力的影响的他，也如陶行知一样，放弃了诸多从政经商的机会，而从事一些关注农村教育、关注弱势群体的工作，冀图为中国农村教育做一些力所能及的贡献。从某种层面而言，他是当前中国践行陶行知教育思想较为深入的学者之一。综观童富勇三十年来的陶行知研究，可以将其分为宏观的理论研究和微观的实践研究两个方面。

宏观研究的前瞻性。综观陶研学界，童富勇在宏观的理论研究领域确实有着先人一步的前瞻性思想，这主要体现在三个"第一"上，即第一本传、第一篇综述、第一个由理论转向实践。二十世纪八十年代中期，在华中师范学院刚刚整理出《陶行知全集》后不久，童富勇即率先开始筹备撰写《陶行知传》。这本传记在 1991 年出版发行后，受到学界的诸多好评，有学者认为该书的特色是"知人论世，通盘考察；主线突出，内容丰富；观点新颖，多有创见；史料翔实，剪裁得当；文字流畅，可读性强"②。在当时的历史条件下，童富勇通过自己的不懈努力，与胡国枢共同撰写出这么一部全面系统的反映陶行知哲学思想、教育思想、人生观和价值观的著

---

① 　根据 2012 年 7 月 9 日与童富勇教授访谈整理，经本人审核。
② 　周洪宇：《〈陶行知传〉的特色之所在》，《教育评论》1993 年第 2 期。

作，可以说是对陶研界做出的一大贡献。此外，为了便于陶行知研究的发展与繁荣，童富勇率先整理出了陶行知研究综述。在这篇长达三万余字的综述中，童富勇不仅将二十世纪二十年代到九十年代的陶行知研究材料进行了通篇梳理，还为陶行知研究进行了初步分期。在童富勇看来，做这些工作，"不仅是对前人工作的一种梳理、一种肯定，更是为后人的工作做好一种铺垫、一种引导，也只有重视学术史的发展历程，才能推动陶行知研究向着有序的方向繁荣发展"。① 在二十一世纪之初，有感于陶行知研究的理论深度再难以有所突破，童富勇率先将研究目光由理论研究转向实践研究，开始将陶行知教育思想应用于当前的农村教育，并一直坚持长达十余年，特别是近些年来的"新陶行知"项目，正是陶行知思想在其身上的集中体现。这一过程不仅仅是对陶行知教育思想的学习过程、内化过程、模仿过程，更是对陶行知教育思想在当下的创新性解读。由上可见，在国内的陶研学界，童富勇凭借其敏锐的观察力和前瞻性，从传记到学术史研究再到实践研究，都走在了研究领域的前列，并在一定程度上引导了陶行知研究的走向，也形成了他独树一帜的研究风格。

微观研究的具体性。将陶行知的教育思想在当下的社会中付诸实践，童富勇当之无愧是这方面的典型代表。通过对陶行知乡村教育思想的解读，他认为即使在当下，农村教育依然是中国的根本所在，只有通过对农村教师的专业培训，提高教师的专业水准，才能进一步以提高农村教育质量，培养出一批人才，进而反哺农村发展。因而，他的"新陶行知"项目就将目光转向农村教师群体，围绕着"我的乡村教育改革之梦"的主题为这个群体确立了一个"涵盖情感、认知和技能三方面的全方位、立体式的目标体系"②。

---

① 根据 2012 年 7 月 9 日与童富勇教授访谈整理，经本人审核。
② 童富勇:《我的乡村教育改造》，浙江大学出版社 2008 年版，第 11 页。

为了实现这个目标体系，童富勇及其团队为农村教师设计了自学、集中学习、实践考察、课堂教学、网上互动、自我反思等多种学习形式，并创新性提出了"七环培训法"模式，又聘请了如魏书生、马云等专家学者前来为农村教师讲学，同时深入课堂一线指导学员的教学活动，这些都为"新陶行知"项目的成功奠定了良好的基础。此外，童富勇还亲自赴全国各地作了上百场讲座宣传陶行知思想及"新陶行知"项目，为陶行知思想在当代中国农村教育的传承打下了基础。"新陶行知"项目经过童富勇的不懈努力，在社会上取得了巨大的反响，也坚定了农村教师扎根农村教育、甘于奉献的决心，并有效地发挥了辐射作用，带动了当地农村的教育发展。正如甘肃农村小学教师陈刚所述："虽然第一次集中培训只有短短的十天时间，可我感觉自己所看到的、听到的、感受到的……远远超过我在师范院校几年所学到的东西……我将以一颗宁静之心守望农村教育，潜心于教学研究，在提升自己的同时影响到一所学校以及我的学生，实现个人、学生、学校的价值三赢。"① 从"新陶行知"项目的规划，到"七环培训法"的创设，再到深入农村教师课堂指导教学，童富勇都亲力亲为，其目的就是能够实现当年陶行知改造中国农村教育的夙愿。无论如何，他的这些深入细致的微观实践是其陶行知研究最与众不同、最独具特色的一面。

可以说，在陶行知研究学人中，童富勇是一位兼具宏观理论研究与微观实践研究的学者，也为其在陶研系谱上留下了光辉的一笔。但正如事物的两面性一样，他的研究也并非毫无缺陷的。首先是难以避免的历史局限性。受制于那个特殊的时代，任何研究者的研究成果都会打上时代的烙印，童富勇也不例外。如童富勇批判了陶行知的乡村教师观的历史局限性，认为陶行知夸大了教育的作

---

① 童富勇编：《我的乡村教育改造》，浙江大学出版社 2008 年版，第 34 页。

用，忽视了帝国主义、封建官僚、土豪劣绅的根本问题，是一种不切实际的乌托邦主义。[①] 事实上，在当时的历史背景下，陶行知已经认识到了中国农村的问题根源，只不过陶行知天生不是一个"革命救国论"者，而是推崇"教育救国"，他反对暴力革命，而是冀图通过教育来改变中国。童富勇以此来论断陶行知"教育救国论"的不足，认为陶行知夸大了教育救国的作用，难免还是受到了当时历史环境的制约。其次是理论研究的断层性。虽然进入二十一世纪以来，童富勇转而深入微观实践研究，但是作为实践研究的引导者，理论研究的深入与创新还是必不可少的，但童富勇显然在这方面所做的工作还是有所欠缺，这也在一定程度上波及了其在学界的影响力。但无论如何，童富勇的陶行知研究从理论转入实践，其努力是有目共睹的，这也为中国陶行知研究界保留了一粒践行陶研教育思想的火种。

## 二   探索期华东学人

二十世纪九十年代末期，华东师范大学的金林祥及其博士生团队开始全面介入陶行知研究，他们的加入迅速加强了华东地域学术共同体的力量，加速了这一区域的陶行知研究进程。华东师范大学一直有着陶行知研究的传统。早期就有张文郁、张癸、袁振国等人致力于陶行知研究，从历史上来看华东师范大学具备了悠久的陶研文化氛围，这就有助于金林祥及其团队迅速融入陶行知研究领域之中。虽说金林祥及其团队深入陶行知研究时已经错过了第一波热潮，但他们别出心裁，在反思前人的研究中探索出了一条独特的研究路径。

---

① 童富勇：《论陶行知的乡村教师观及现实意义》，《浙江教育学院学报》1991 年第 1 期。

**（一）金林祥**[①]

金林祥接触陶行知研究有着三十余年的历史，但深入陶研领域开疆拓土还是从二十一世纪开始。他以特有的教育学人的视角出发，突出了陶行知思想的实践性；同时他还不忘对前人研究梳理归纳，对后人的研究起到了指导性作用。

金林祥早年考入华东师范大学教育系研究生班，从事中国教育史研究。1977 年他毕业留校，担任中国教育史等相关科目的教学工作。当时中国各方面教材都极为稀缺，金林祥遂自编自写中国教育史讲义，以为授课之用。在此期间，金林祥开始重点关注中国历史上著名教育家的办学思想与实践，如孔子、胡瑗、黄宗羲、颜元、蔡元培、陶行知、杨贤江等人。相对而言，在二十一世纪之前，金林祥的陶行知研究不过是其众多教育史研究中关注的一个点，并未成为其主要的研究方向，可以说，这一阶段是其从事陶行知研究的起步与萌芽阶段。金林祥全面介入陶行知研究还是在 2000 年，随着《论陶行知的创造教育思想及其现实意义》一文的发表，金林祥对于陶行知研究给予了极大关注，代表性的研究成果不断涌现，使得陶行知研究逐步成为其教育史研究中的重点关注对象。2000 年11 月 23 日，金林祥应邀参加上海陶行知纪念馆新馆展板改版设计论证会，会上他向上海市陶研会秘书长屠棠等人陈述了想从事陶行知研究史研究的想法，得到了屠棠等人的大力支持。屠棠还从当代教育实践的角度出发，试图与金林祥合作践行陶行知的教育思想，进一步推进课程改革，也得到了金林祥的积极响应。[②] 有了与陶行知研究会的密切联系之后，金林祥的陶行知研究开始逐步迈向系统

---

　① 金林祥（1948— ），上海人，华东师范大学教授、博士生导师，曾任华东师范大学教育科学与技术学院院长、学前教育与特殊教育学院院长、中国陶行知研究副会长。

　② 根据 2012 年 7 月 11 日与金林祥教授访谈记录整理，经本人审核。

化、全面化。

金林祥长期担任中国陶行知研究会副会长职务,为陶行知教育思想在各地实验学校的践行而奔走,其理论研究不可避免地带有很强的实践特色。综观其理论研究,都是从陶行知的教育思想如创造教育、师德培训、乡村教育等衍生而出,对于当前的教育改革有着较大的指导作用。他密切关注各地中小学教育改革,并通过对全国各地陶行知教育思想实验研究的深入调查和理性分析,以各种形式突显出陶行知教育思想对当前教育改革的重大指导意义,揭示出陶行知教育思想与当代教育之间的内在关联,寻求符合教育规律又具有时代特征的教育理论与实践,从而促进二十一世纪中国教育的创造性发展。为了推动教育实践的发展,他与胡国枢、屠棠合作主编了《当代中国陶行知教育思想实验研究》,通过大量的个案呈现证明陶行知教育思想在当代实验研究中所取得的成果,从而有力地证明"陶行知不仅是历史的,而且也是现实的;陶行知教育思想不仅曾在历史上发生了重大作用和深刻影响,而且对于我们当前正在开展的教育改革和发展,也有重要的现实指导意义。"[1] 用金林祥另外的话说:"学习陶行知就是为了能够践行他的思想,要践行他的思想,并不是靠在书斋里的坐而论道,而是真正的走入中小学的教育实践当中去,以陶行知的教育思想去指导当前的教育改革。"[2]

除了以实践为取向的研究以外,金林祥还着重于陶行知研究史的研究。金林祥有感于陶行知在近代中国历史上数次大起大落,认为研究陶行知研究史不仅可以有助于避免研究的偏颇,而且更是可以更好地挖掘陶行知的教育思想为我们的现代化建设服务,所以他对于陶行知研究史投入了较大的精力,并相继出版了《二十世纪陶

---

[1]　金林祥、胡国枢、屠棠:《当代中国陶行知教育思想实验研究》,浙江工商大学出版社2008年版,"前言"第5页。

[2]　根据2012年7月11日与金林祥教授访谈记录整理,经本人审核。

行知研究》《陶行知词典》等一批研究精品,为陶行知研究领域的后来者提供了极大的便利。此外,他还关注到陶研学人的研究动向,撰文对日本陶研界以及国内陶研前辈做了详尽的介绍。可以说,这些都是从学术史的角度,为后学考镜源流、分源别派做出了贡献。

金林祥的陶研最大特色即在于实践性,与当下的教育问题能够紧密联系。他从当代素质教育问题入手,探讨了陶行知的创造教育思想。他指出,陶氏的创造教育思想经历了两个阶段,即 1917 年到 1933 年的"提出和萌芽阶段"和 1933 年到 1946 年的"形成和发展阶段"。并进而认为陶氏的创造教育内容主要包含有五个部分:(1)创造教育所要创造的是"真善美的活人";(2)创造教育在于启发人的创造力,推动人类社会的进步与发展;(3)创造教育以生活为内容,强调教学做合一;(4)创造教育要实行"六大解放"(即解放学生的头脑、双手、眼睛、嘴、空间、时间)、"三个需要"(即需要充分的营养、建立下层的良好习惯以解放上层的性能、因材施教)、"一大条件"(即民主);(5)创造教育的基本方法是启发、自动、手脑并用、教学做合一。[①] 金林祥进而又重点剖析了"六大解放""三个需要"以及"一大条件"之间的关系,指出这是一个有机联系的统一整体,但侧重点却各不相同。其中"六大解放"着重于调动儿童自身的积极性,发挥儿童自身的潜力,从而达到自觉自动学习的目的;"三个需要"侧重于解决儿童创造力培养的外部教育环境问题;"一大条件"则是培养儿童创造力的政治环境方面。通过这些详尽的论述,金林祥指出,陶行知的创造教育思想具有大众性、实践性、可操作性、民主性的特征,其理论具有典型的中国特征,反映了现代教育理论的发展趋势,对于当代中国的

---

① 金林祥、李庚靖:《论陶行知的创造教育思想及其现实意义》,《华东师范大学学报》(教育科学版)2000 年第 1 期。

创新精神的发展，创新性人才的培养有着重要的意义，"它不仅对于我们加快推进素质教育的步伐有着重要的现实意义，而且对于改革我国现行教育制度在人的创新精神和创新能力培养方面的缺陷，也提供了许多有益的启示。"①

　　"乡村教育是立国之大本"。针对当前中国的三农问题，金林祥提出要深入研究陶行知的乡村教育思想，因为"陶行知的生活教育理论直接孕育于他乡村教育的伟大实践"。② 金林祥指出，当年陶行知深刻揭露的乡村教育中存在的问题，如"教人离开乡村向城里跑，教人吃饭不种稻，穿衣不种棉，盖房子不造林；教人羡慕奢华，看不起务农，把农人子弟教成了书呆子；教人分利不生利，使富的变穷，穷的变得格外穷"③ 的现象至今依然存在，而陶行知在乡村教育探索过程中提出的"乡村教育是立国之大本"、乡村教育应与乡村社会发展紧密联系等观点时至今日依然有着很强的生命力，对于当前的农村教育改革和农村发展有着很强的指导作用。另外，从推进普及教育、构建和谐社会的视角出发，金林祥还深入探讨了陶行知与武训的关系。他认为陶行知虽然一贯推崇武训，但也是经过一个阶段性发展的过程。相对于早期的推崇，在育才时期的陶行知创设了更多的活动、以不同形式来纪念武训，产生了极大的社会影响，也在一定程度上帮助了育才学校的发展。在金林祥看来，陶行知对于武训的推崇，其出发点在于希望借助武训兴学的精神，推动中国普及教育的发展。金林祥强调了陶行知对于"武训的真精神"的阐释与发展，指出武训兴学的精神是"陶行知一生办学实践的精神动力，又是他始终不渝努力践行的行动准则"，可以说，

---

　　① 金林祥、李庚靖：《论陶行知的创造教育思想及其现实意义》，《华东师范大学学报》（教育科学版）2000 年第 1 期。

　　② 金林祥：《深入开展陶行知乡村教育思想研究》，《南京晓庄学院学报》2005 年第 1 期。

　　③ 陶行知：《中国乡村教育之根本改造》，载《陶行知全集（一）》，四川教育出版社 2005 年版，第 85 页。

"陶行知是民国时期第二次武训宣传、学习高潮的实际领袖和旗手"①。

关注教师道德建设问题也是金林祥的陶行知研究的另一个出发点。金林祥深刻剖析了陶行知的师德观，指出陶行知对学生的尊重、信任和严格要求，以及其本人的以身作则、为人师表，都是一种爱满天下的师德垂范。通过解读陶行知的师德表现，金林祥抨击了当下一些教师献身意识淡薄化、教育过程功利化、教学过程敷衍化以及自我要求放松化的表现，这些都在"一定程度上引起了学生对教师道德形象的怀疑，削弱了赖以提高教育教学效果的传统的职业权威"②。所以，金林祥呼吁，弘扬陶行知的师德精神，找出当下与历史之间的差距，才能有利于教师师德水平的提高，有利于教育改革的不断深化。

作为中国陶行知研究会的副会长，金林祥也一直为陶研事业的推广与发展而奔波。除了借助研究会议等方式推广陶行知思想以外，金林祥还认为，最为有效的推广方式还是能够让"陶行知进课程"，即让"陶行知的文章、诗歌和歌曲，他的生平活动，他的业绩，人格，精神和思想，尤其是他的教育思想，能够以不同的载体和方式，逐渐进入学校教育的各类课程"③。在当前的教育环境中，无论是高等师范院校的师范类学生，还是在职在岗的各级各类教师，大多数人对于陶行知的教育思想一无所知，甚至于不知道陶行知是何许人也。针对这种窘境，金林祥认为最根本的原因就是"陶行知在教师教育课程中的严重缺位"。为此，金林祥指出陶行知进课程的三种现实可能性，并进而认为其实现的基点在学校、关键在校长、重心在编写校本课程。金林祥通过枚举分析江苏吴江等地的

---

① 金林祥：《论陶行知对武训精神的倡扬》，《教育学报》2007 年第 3 期。
② 金林祥、苏鹏程：《略论陶行知的师德观》，《教育史研究》1997 年第 3 期。
③ 金林祥：《论陶行知进课程》，《南京晓庄学院学报》2010 年第 1 期。

以陶行知为题材的校本课程,认为只有将陶行知编写入课程,才能让更多的人了解陶行知,师陶学陶研陶才能够持久的、规范地开展下去。从这个层面来看,金林祥确实为陶行知研究的进一步发展和深化进行了较为深层次的思考。在其他陶研学者还在纠结于陶行知教育思想某个层面的剖析等细枝末节的问题时,金林祥已经开始思考研究对象的研究危机问题,不得不说他较其他人更为领先一步,也体现了他作为陶研会副会长对本学会发展的一种忧患意识。为了指导中陶会下属实验学校能够在日常教学中更多地体现陶行知的教育思想,金林祥又从陶行知教育实验思想入手,深入剖析了其教育实验思想的精髓,强调教育实验离不开"缜密的计划"和"科学的方法",且必须具有开辟创造的精神和"百折不回之气概",方能够取得成功。因此,金林祥希望当前践行陶行知教育思想的学校能够在上述教育实验思想的指导下,创设独具特色的教育实验观念,并根据当前的教育改革需要,结合学校自身的文化特色及发展目标开展各类教育实验,使陶行知的教育思想能够在一线教学中得以印证。①

相对而言,对于陶行知教育思想的研究并非金林祥研究的重点,金林祥更为侧重于陶行知研究的研究,其最大的贡献在于对陶研资料的梳理与反思。在金林祥看来,深入陶行知研究的研究,"不仅能够进一步扩展陶研领域,而且可以尽可能避免研究的偏颇,使我们的研究更加合理化","既是陶研内容的扩展,又是陶研方法改进的必然选择"。② 为此,他特地组织了一批学生参与陶研史的研究。2001 年,他与学生李庚靖合作发表了《20 世纪 90 年代陶行知教育思想研究综述》一文,在陶研界引起了极大反响。因为在二十

---

① 金林祥:《陶行知的教育实验思想及其现实启示》,《徐州工程学院学报》(社会科学版)2012 年第 3 期。

② 金林祥、屠棠、冯鸿甲:《二十世纪陶行知研究》,上海教育出版社 2005 年版,第 314 页。

世纪九十年代是一个对于陶研热情迸发的年代，其成果多，深度广、范围大，对其研究成果进行整理难度极大。通过整理研究，金林祥强调，二十世纪九十年代陶行知研究基本围绕着生活教育展开，开始从理论研究走向实践探索，"呈现出一种历史研究与现实借鉴、理论探讨与实践总结有机结合，互补共进的新局面"①。

在深挖陶行知研究史的基础上，2005 年金林祥出版的《二十世纪陶行知研究》一书对整个陶研界有着筚路蓝缕的意义。虽然此前有周洪宇、童富勇等人对海内外陶行知研究做了一定的梳理，但都是以专题论文的形式呈现，并未能全面系统的概括出陶行知研究的概貌。金林祥等人历经四载，通过对大量历史文献的钩玄稽沉，系统全面地反映出了近八十年来陶行知研究的发展历程，并通过揭示陶研的经验教训，为二十一世纪的陶行知研究提供了历史启示。在金林祥看来，陶行知研究史可以划分为五个时期：探索研讨期（1917—1946）、纪念评价期（1946—1951）、批判沉寂期（1951—1978）、争鸣复兴期（1979—1985）和发展实验期（1985—2000）②。虽有学者对此划分时期提出不同意见，但毋庸置疑的是，金林祥所划分的时期在当前的陶研界获得了较大的认同，且成为当前陶研时期划分的主要依据。通过对八十余年来陶行知研究的梳理，金林祥认为这阶段的陶行知研究呈现出曲折性、阶段性、广泛性的特征。从研究历史来看，陶行知研究既经历过蓬勃发展的光明时期，也有过遭受挫折的坎坷历程，总体上呈现出曲折的波浪形发展特征；从研究层面来看，重点在于陶行知教育思想及实践的研究，且由于时段的不同，每个阶段性关注的热点亦有所切换；从研究范围来看，呈现出研究的内容广、成果广、人数广的"三广"特

---

① 金林祥、李庚靖：《20 世纪 90 年代陶行知教育思想研究综述》，《教育研究》2001 年第 6 期。

② 金林祥、屠棠、冯鸿甲：《二十世纪陶行知研究》，上海教育出版社 2005 年版，第 2—5 页。

征。通过对陶行知研究史的梳理，金林祥认为，二十一世纪的陶行知研究应该注意到汲取之前的经验教训，在今后的陶行知研究中能够对陶行知准确定位，注重与教育实践相结合，创造性的发展陶行知的教育思想。

为了能够进一步便利陶行知研究工作的开展，金林祥还与胡国枢合作主编了《陶行知词典》。词典共设有词目近 2000 个，囊括了陶行知本人及与陶行知相关的人物及著作的所有内容，并分门别类作了归纳与总结，为深入开展学陶师陶提供了有力的帮助。可以说，《陶行知词典》不仅是对近百年来陶行知研究的一个概括总结，更是一部宣传陶行知教育思想的工具书，正如前中陶会会长方明所述："《陶行知词典》的出版发行，为陶行知研究与素质教育实践的深度结合提供了有力的支点"①。而综观整个中国教育家群体而言，也只有《孔子辞典》与之相互辉映了。

研究陶行知研究史，必然要涉及诸多陶研学者，对他们的著作及思想的整理亦成为金林祥陶研工作的一个部分。从某种意义上来说，金林祥是国内教育学界为数不多的关注学术史研究的学者。

日本作为海外陶研重镇，金林祥给予了极大的关注。他对日本的陶研学者及研究成果做了详尽的梳理，介绍了日本陶研的先驱人物牧泽伊平和户塚廉。金林祥详细阐述了牧泽伊平发表的迄今为止日本第一篇评价陶行知教育思想和教育实践活动的文章《中华民国的新教育——世界新教育运动的动向（一）》以及他所译的第一篇日文版陶行知所著文章《中华民国的"小先生"普及教育运动》。金林祥认为，牧泽伊平和户塚廉致力于将陶行知思想传播至日本，既是因为"出于对传统教育改革和对新教育探索的共同追求"②，也是因为受到中国留学生对二人所在的池袋儿童村小学校访问的影

---

① 金林祥、胡国枢：《陶行知词典》，上海百家出版社 2009 年版，"序"第 2 页。
② 金林祥：《日本陶行知研究的两位先驱》，《教育评论》2001 年第 5 期。

响。作为近代日本陶研第一人——斋藤秋男的研究自然受到了金林祥的特别关注。金林祥阐述了斋藤秋男的陶研缘起并介绍了斋藤秋男在日本为宣传陶行知思想所做出的一些学术贡献。金林祥认为，斋藤秋男的陶行知研究主要有三个特点:(1)斋藤对于陶行知的研究是一个全方位立体的研究，他重视对陶行知人格内部的矛盾冲突，主张从整体的视角看待陶行知，这明显有别于日本其他学者的孤立性、片面性研究;(2)斋藤的研究不仅仅依靠书面材料，还有对陶行知亲属、弟子的访谈记录，使得他的研究更为生动形象。(3)斋藤的研究特别注重于理论与实际的相结合，并能够将其运用到日本的教育领域去加以佐证。斋藤秋男在陶研中形成了独具特色的"斋藤模式"，他认为陶行知从对杜威理论的接受到克服杜威理论在中国的缺陷，并形成其特有的生活教育理论，其根本的原因在于陶行知自身所具备的平民性，也就是"回到民族的土壤里"。金林祥通过对"斋藤模式"的解读，指出这种解读不仅见解独到，思路新颖，更是对于日本的教育发展有着积极意义，它"是对日本教育学仅仅把杜威理论不加批判地接受或排斥，并没有在日本的'土壤'上加以扬弃的一种批判，也是对战后日本教育在'民族'问题上的毫无或缺乏关心的病理的一种透视。"[1] 此外，金林祥还赞赏了斋藤秋男对于学术传承所做的贡献，尤其是为日本培养了新一代的陶行知研究者——牧野笃，使陶行知研究能够在日本得以继续，并且为中日两国陶行知研究的交流做出了杰出的贡献。作为斋藤秋男的弟子，牧野笃的学士、硕士、博士学位论文均为陶行知研究，这自然也吸引了金林祥的目光。金林祥认为，牧野笃这种多年如一日的研究执着是想通过陶行知研究重新审视日本的战后教育，不断推动民主主义教育的深入并进而理解当今中国的教育改革，最终能

---

① 金林祥:《论斋藤秋男对陶行知研究的贡献》，《华东师范大学学报》(教育科学版) 2001 年第 3 期。

够继承和发扬日本教育的优点，摒弃其中的糟粕，创造出"既有普遍性又有民族个性的民主的日本教育"。① 金林祥不仅盛赞了牧野笃为了延续日本的陶行知研究在语言学习、资料挖掘等方面做出的巨大努力，更是强调突出牧野笃"十年磨一剑"的《中国近代教育思想的展开与特质——陶行知"生活教育"思想研究》是一部颇具新意的力作。金林祥指出，牧野笃通过大量的论据证明中国传统的价值观才是陶行知教育思想的根基，而非所接受的西方教育思想，从根本上推翻了其师斋藤秋男提出的"斋藤模式"，这对陶行知研究而言是一个更为深刻的结论，是关注人的主体性的一种表现。在论及牧野笃的理论框架方面，金林祥认为牧野笃为陶行知划分的人生三个时期符合了生活教育的发展历程及陶行知自身主体的变化，体现出实践与理论互为推动的重要作用。除了关注斋藤秋男和牧野笃这对师徒二人以外，金林祥还对二十世纪九十年代以来的日本陶研界的情况投入了极大的关注，相继向国内介绍评述了中野光、世良正浩、李燕、张国生等人的陶研成果，并指出九十年代以来日本的陶行知研究开始向纵深发展，从理论的高度研究陶行知而非追求一般性的介绍，并伴有各种新的学术观点的涌现，为陶行知研究贡献了一批深度与新意并存的研究成果。②

对于国内的陶研学人，金林祥主要着重于梳理一些陶研前辈的贡献。前中国陶行知研究会会长方明去世之后，金林祥遂撰文梳理方明对于陶行知研究所做的贡献。金林祥认为，方明对于陶研工作的主要贡献在于六点：推动全国各地陶研组织的成立、组织领导重大的陶研活动、以典型引路推进陶研事业、培养陶研新生力量、恢

---

① 金林祥:《日本陶行知研究的中坚——牧野笃及其陶行知研究》,《上海师范大学学报》(哲学社会科学·教育版) 2002 年第 1 期。

② 金林祥、于吉文:《二十世纪九十年代日本陶行知研究的新进展》,《教育史研究》2000年第 4 期。

复《生活教育》杂志和促进国际陶研事业的发展。① 金林祥表示，"方明对于陶行知研究更多的贡献在于实践层面。相对而言，他比起刘季平、戴伯韬等人，其理论程度有所欠缺。但是，学陶最根本的还是要能够学以致用，投身于实践当中，所以来说，从实践层面而言，方明才是真正在新中国开辟生活教育领域的陶门弟子。"② 此外，在中共领导人中，李维汉较早地对陶行知进行了深入的研究。金林祥通过对史料的不断挖掘证实，李维汉率先认为陶行知教育是属于新民主主义教育范畴的，其政治立场也属于新民主主义政治，同时，陶行知还经历了"杜威主义——生活教育——新民主主义政治——新民主主义教育"的发展历程。金林祥认为，李维汉对于陶行知教育思想的评价是在深入研究陶行知教育思想的基础之上得出的，反映了当时延安中央研究院教育研究室对于陶行知教育思想的理性思考，同时，这种评价对于 1946 年陶行知去世之后中共中央全面评价陶行知产生了极大的引导作用。可以说，李维汉是"率先运用马克思主义观点，对陶行知教育思想做了全面系统地研究和客观公正地评价，成为延安时期中国共产党正确、全面评价陶行知的思想先导"。③

综观金林祥近三十年的陶行知研究，他始终将研究成果与现实需求相结合，从当前的教育问题出发，在陶行知的教育思想中寻求解决方法。他的这种治学思想深受其教育学专业学科背景的影响，与周洪宇、余子侠、李刚等历史学专业背景出身的陶研学者截然不同。他更为强调陶行知教育思想的当代价值，颇具实用主义的教育思想。具体而言，可以概括为以下两大特色。

研究视角的独创性。正如前文所述，金林祥的陶行知研究经历

① 金林祥：《方明对陶研事业的贡献》，《南京晓庄学院学报》2008 年第 5 期。
② 根据 2012 年 7 月 11 日与金林祥教授访谈记录整理，经本人审核。
③ 金林祥：《李维汉论陶行知》，《教育学报》2010 年第 2 期。

了两个阶段，即二十世纪七十年代至二十世纪末的起步与萌芽阶段，这一段时间金林祥主要着重于编写中国教育史的讲义教材，对陶行知也有涉猎但并未成为主攻方向；2000 年以后，金林祥开始全面、深入、系统地介入陶行知研究，这是其研究的发展与深化阶段。但众所周知的是，在二十世纪八十年代陶行知平反之后至 2000年，我国的陶行知研究已经经历了一个高潮阶段，特别是 1991 年陶行知诞辰一百周年的纪念活动使得诸多的教育学界及历史学界的学者纷纷介入陶行知研究，并取得了一批不俗的研究成果。金林祥在 2000 年前后介入陶行知研究，就势必要在研究切入点上寻找到较好的突破口。金林祥并未步其他研究者后尘，而是独具匠心地从陶行知研究史的角度出发，梳理和总结八十余年来陶行知研究的取向及经验。不得不承认的是，九十年代陶行知研究的繁荣既是逼迫金林祥寻求新研究领域的压力，也为其新研究提供了足够的养料和动力。金林祥对于陶研史研究的独创性主要体现在"全新"两个方面。全，即研究全。金林祥负责主编的《二十世纪陶行知研究》一书涉及时间长达八十余年，涉及资料数以万计，但是金林祥及其团队不辞辛苦，甘坐冷板凳长达四年之久，将陶行知研究的相关资料分门别类作了系统性的归纳，这其中既有面上的综合性介绍，也有点上的重点性专题突破；既反映了陶行知教育思想的精髓，也囊括了其哲学、社会学、政治学、文学等多方面理论的结晶，正如方明评价的，其研究"全景式地再现了 20 世纪中外各界人士对陶行知及其教育思想与实践的研究、探讨、质疑、批判、争论、传扬、借鉴和发展"①。而其编撰的《陶行知词典》更是成为陶研入手的工具书，其中几乎囊括了与陶行知研究有关的所有资料，可谓是一部陶行知研究的百科全书。新，即视角新。在诸多学者还在关注于研

---

① 金林祥、屠棠、冯鸿甲：《二十世纪陶行知研究》，上海教育出版社 2005 年版，"序"第 6 页。

究陶行知的时候，金林祥就已经悄然转向陶行知研究史的研究，更为新颖的是，近年来，金林祥又开始转向陶研学人的研究。这不能不说是在教育学界具有划时代意义的一种研究转向。金林祥从学者入手，关注学者的思想传承变化，关注学者的微观研究活动，更让人感受到一种人文气息的关怀。从推崇当代学人研究的学术史视角来看，教育学界无疑又慢了文学界、历史学界一步。所以说，金林祥的当代陶研学人研究在教育学界还是有独特的创新意义。

研究取向的实践性。身为中国陶行知研究会的副会长，金林祥首先考虑的是如何能够让更多的人知道陶行知，了解陶行知，才能进而学习陶行知、研究陶行知。这是一种与传统学院派坐而论道截然不同的研究取向。为此，金林祥大声疾呼希望能够让陶行知进入中小学课程、师范教育课程、国培计划课程，并身体力行，参与指导编撰了一些地方校本课程，又亲自参与编撰了《陶行知教育名著教师读本》。金林祥表示，"只有陶行知进了课程，人们才会知道陶行知是谁，陶行知做过些什么，我们可以学习陶行知的哪些精神。而在当下的教育中，无论是教师还是学生，谈起陶行知很多人一无所知，对于这样一个伟大的人民教育家而言，不得不说是一种悲哀。对于我们中陶会来说，也是下一步需要努力开展的工作。只有争取让陶行知的事迹、论著或诗歌进入中小学的校本课程、师范大学的教育学课程和国培计划的相关课程中，才能让更多的人知道他的事迹，并进而去学习他的理论、践行他的思想。"① 除了关注"陶行知进课程"这一重要问题外，金林祥还在考虑如何借助及发展陶行知的教育思想来应对当前的素质教育大发展，应对当前不断深化的课程改革。与一些出身历史学背景的陶研学者截然不同的是，教育学出身的他更多思考的是来自教育层面的应用诉求。金林

---

① 根据 2012 年 7 月 11 日与金林祥教授访谈记录整理，经本人审核。

祥从当下存在争议较多的如师德问题、乡村教育问题入手,借助陶行知教育思想寻求现实启示及可以借鉴的解决方法,取得了一定的成效。甚至于其对陶行知研究史的研究,也是为了能够"更好的挖掘陶行知富有借鉴价值的教育思想来为我国现代化建设服务"[1]。可以说,金林祥的陶行知研究始终是以问题意识入手,以教育实践为取向,通过历史与现实的比照,探寻出教育制度创新的合理路径。

当然,金林祥的陶行知研究并非十全十美的,也存在一些历史局限性。如金林祥认为,陶氏的创造教育思想是为了培养创造型人才以及学生的创新能力,以为建立一个富强的新中国,其思想根源在一定程度上受到"教育救国论"的某些影响,但与"教育救国论"存在本质上的区别,其思想是在批判地吸收中外各种教育思想的精华和总结自身教育实践经验的基础上形成的一种新的教育思想。对于这个研究结论,金文中并未详细阐述陶氏创造教育思想中有多少受到"教育救国论"的影响,以及其思想与"教育救国论"的本质区别所在,没有足够的论据以支撑其结论。事实上与金的结论恰恰相反,陶行知本人是忠实的"教育救国论"者。早在1916年,赴美留学的陶行知在申请哥伦比亚大学利文斯顿奖学金时就曾自述:"余今生之唯一目的在于经由教育而非经由军事革命创造一民主国家。鉴于我中华民国突然诞生所带来之种种严重缺陷,余乃深信,如无真正之公众教育,真正之民国即不能存在。"[2] 回国后的陶行知更是以行动来证明他的教育救国思想,无论其组织参与的平民教育运动、乡村教育运动、普及教育运动、国难教育运动、战时教育运动、民主教育运动,都是以教育为目的,摒弃旧教育的糟粕,冀图用新教育改变社会、改变中国。金文中认为陶行知的创造

---

① 金林祥、屠棠、冯鸿甲:《二十世纪陶行知研究》,上海教育出版社2005年版,第314页。

② 方明主编:《陶行知全集(六)》,四川教育出版社2005年版,第456页。

教育思想与"教育救国论"有着本质区别，多少还是受到当时学术体制、社会结构及话语权的影响。近代以来，"教育救国论"与"实业救国论"等一系列救国思想，因为与"革命救国论"产生抵触，影响了"革命救国论"的合法地位，均被贴上了小资产阶级、改良主义等标签，以维护"革命救国论"的正统地位。作为共产党的亲密战友，"伟大的人民教育家""党外的布尔什维克"的陶行知自然也应与"革命救国论"走在同一条道路上，所以就有学者认为陶行知是具有共产主义的世界观、科学的唯物主义世界观、革命的人生观。① 事实上，这是一种政治化的涂抹，一种非黑即白的逻辑思维。陶行知自始至终是一个激进的民主人士，他与章伯钧、史良、罗隆基等人始终为中国的民主事业而奋斗。晚期的陶行知一直通过教育的方式向大众灌输民主的思想与理念，他虽然痛恨国民党的腐败与专制，但是他并没有任何想通过暴力革命推翻体制的想法与实践。总体而言，他的"教育救国论"是一种改良主义思想，是与他的"伟大的人民教育家"的身份是不符合的。所以对于陶行知的创造教育思想与"教育救国论"的本质区别，金林祥是受制于社会结构与话语权的原因还是另有结论，其文中并未深入探讨，不能说不是一种不足。此外，金林祥虽然也曾提出重视陶研队伍的建设以及年轻新生力量的培养，但其培养出的数十名博士生中却无一人以陶行知为题系统地从事陶行知研究，甚至于《二十世纪陶行知研究》一书团队中的如李庚靖、张蓉等人也对陶行知研究浅尝辄止，不能不说这是一种学术传承缺失的遗憾。

　　白璧有瑕，瑕不掩瑜，作为当代颇具影响力的陶研学人，金林祥通过其不懈的努力，不仅奠定了陶行知研究史的学术根基，也在

---

① 胡国枢：《论陶行知共产主义世界观的形成与发展》，《浙江社会科学》1992 年第 1 期；曾繁辂：《从陶行知和胡适的分道扬镳看两种不同的世界观和人生观》，《教育研究》1991 年第 10 期；魏名国：《试论陶行知的革命人生观》，《行知研究》1990 年第 3 期。

实践层面积极践行着陶行知教育思想和理念。正所谓学术精进,各有门径,在金林祥研究中,我们既可见到学术视角之新颖,亦可见到学术贡献之所在。作为老一批陶研学人的代表,金林祥留给我们的学术财富和经验值得我们借鉴亦值得我们思考。

### (二) 金门弟子的贡献

由于深受金林祥门下"陶研文化圈"的影响,以及参与编撰《二十世纪陶行知研究》的缘故,众多学生以陶行知为主旨进行了一些专题性的研究。其时金林祥曾担任过主编《生活教育》杂志的工作,这也为金门弟子研究成果的呈现提供了展示的窗口。因而,无论是内在文化影响还是外在提供的条件,都为金门弟子的陶行知研究提供了基础。

1. 李庚靖

李庚靖的重要贡献在于对陶行知研究史的研究。在二十世纪初他就与金林祥合作相继发表了《论陶行知的创造教育思想及其现实意义》《20 世纪 90 年代陶行知教育思想研究综述》两文。事实上,金林祥对于陶行知研究的分期思想最早可追溯到李庚靖的研究中。李庚靖率先对八十年来的陶行知研究进行了梳理,在定量分析的基础上提出了陶行知研究的探索讨论、纪念评价、批判沉寂、争鸣复兴、实验发展的五个分期,认为在这五个分期中既有理论研究,也有实践探索。同时,李庚靖还指出,陶行知研究与政治存在着密切的联系,但"过分强调为政治服务,忽视陶研自身的存在,又会造成陶研的跌宕起伏"①。他进而又对陶行知教育思想研究现状进行了剖析,认为陶行知教育思想在理论与阐释层面、贯彻执行层面和建

---

① 李庚靖:《中国陶行知研究 80 年概述》,《广西师范大学学报》(哲学社会科学版) 2002 年第 1 期。注:这里原出处就是"广西师院学报",二校稿要求改成"广西师范大学学报",错误不需要改动。

构创新层面都有着重大突破，这就让陶行知教育思想有了研究的价值。同时，李庚靖进一步指出，陶行知教育思想中的人民性、实践性、人文性、革命性和现代性不仅有理论研究的价值还有极为重要的现实意义，故而从当前教育改革的视角来看，深入陶行知研究不仅是可行的也是必需的。①

除了对陶行知研究史研究以外，李庚靖对于陶行知教育思想研究亦有涉及。他首先从宏观上考察了生活教育理论的历史背景，认为"由民族历史向世界历史转变所带来的中国社会政治、经济、文化、思想、教育的一系列变化"对陶行知生活教育理论的产生有着重大的影响，这既有纵向的历史联系，即"历史的生活——发展的生活——从农业文明到工业文明的生活——从半殖民地半封建到自由平等的生活"；又有横向的历史发展，即"联系的生活——政治、经济、文化互相关联的生活——乡村、都市沟通的生活"②。这一对历史纵向发展与横向发展的全新认识，加上陶氏原有的强烈的爱国心和忧患意识，成了他创立生活教育的历史背景。对于陶行知的教育功能观，李庚靖认为，陶氏要求教育能够改造文化、改造人、改造国家、改造社会的思想是在对旧教育的批判中产生的，在历经平民教育、乡村教育、国难教育、战时教育等阶段后日臻成熟。同时，为了划清陶行知与"教育救国论"的界限，李庚靖指出，"其最初由于我国传统教育和西方现代教育思想的影响，尤其是受到杜威实用主义教育思想的感染，所以未免与当时流行的'教育独立论'和'教育救国论'有不少类同之处"，但最终"陶先生的教育功能观最终摆脱了杜威教育思想的羁绊，成为与社会政治经济密切

---

① 李庚靖：《陶行知教育思想研究之现状》，《上海教育科研》2002 年第 4 期。
② 李庚靖：《试述陶行知生活教育理论产生的历史背景》，《广西师范大学学报》（哲学社会科学版）1999 年第 2 期。

相关，充满民族民主革命思想的新民主主义的教育观"①。且不谈陶行知的思想最终是否属于新民主主义教育观，就仅看李庚靖对于陶行知与教育救国论的关系而言，他似乎唯恐将陶氏与教育救国论画上等号，有损陶氏"伟大的人民教育家"这一称号。事实上，早在李文出现前七年，章开沅就已经对陶氏的教育救国论做出了客观公正的评价。显然，李庚靖的研究是孤立片面的，未能对前人的研究成果有所汲取吸收。

无论是主动还是被动、自觉还是不自觉，李庚靖都为陶行知研究做出了一定的贡献，只不过这一过程犹如昙花一现，缺乏研究的持续性，最终他也不过成了陶研领域的匆匆过客。

2. 涂怀京

涂怀京早年师从华中师大陶研专家周洪宇攻读硕士学位，后拜入金林祥门下攻读博士学位。师从周洪宇和金林祥这两位国内一流陶研专家的经历，让涂怀京对陶行知研究有了一种自觉的兴趣。特别是参与了金林祥的《二十世纪陶行知研究》课题后，涂怀京相继撰写了数篇陶行知研究的专题论文，进一步丰富了金林祥陶研团队的研究成果。

在参与金林祥相关课题的基础上，涂怀京梳理了陶研争鸣到复兴阶段即 1979 年到 1985 年间的陶研成果。他认为，在这重要转折阶段诸多陶研学者对于陶行知教育思想的性质、内涵等多方面进行了学术上的争鸣，这一现象随着陶行知九十周年诞辰而基本结束，随之进入了陶行知研究的全面复兴阶段。尽管在这一时期存在诸多不如人意之处，但陶行知研究的向前发展是"不能不以此段争鸣复兴期所奠立的厚实学术基点为重要依托的"②。此外，涂怀京从培养

---

① 李庚靖：《论陶行知的教育功能观》，《广西师范大学学报》（哲学社会科学版）1999 年第 2 期。这里还是广西师院学报，不需要改动

② 涂怀京、陈冬：《从争鸣到复兴：陶行知教育思想研究述评（1979—1985）》，《福建师范大学学报》（哲学社会科学版）2004 年第 5 期。

当代学生学习能力、实践能力和创新能力入手，对比了赫尔巴特的"统觉"论和陶行知的"常能"论，认为在教育思想的建构上，"统觉"向"常能"呈现了一条科学试验道路；在教育目标达成上，"统觉"为"常能"提供了有益的组合模式，这两种理念都为当今的素质教育改革提供了相当的借鉴作用。[1] 从培养当下学生的学习能力入手，涂怀京分析了陶行知学习能力培养思想，认为陶行知在"教学做合一"学习能力培养观下"学习能力和生活能力是多样、动态、典型而又常新的"，并通过体验、看书访友、思考的方式培养学生的思维能力，借助"六大解放"彻底促进学生的学习能力发展。[2]

总体而言，攻读硕博期间师从两位陶研专家的经历，自然让涂怀京早早地融入了陶研文化圈，也做出了一些颇有创见的研究成果。至今，他还对福建地区创办的《福建陶研》杂志贡献着重要力量，延续着集华中、华东、福建三地陶研的血脉。

3. 慕景强

近年来，慕景强成了金门弟子中从事陶行知研究的最主要的学者。慕景强原本从事医学史研究，后因在高职院校工作的关系开始关注职业教育研究。他的第一篇陶行知研究文章便是从职业教育的角度入手，讨论"教学做合一"与职业教育的关系。他认为，"教学做合一"的思想是与当代职业教育中的"工学结合"思想是保持一致的，工学结合可以说是陶行知教育思想在当代的传承与发展，满足了职业教育的人才培养与社会性需求，故而在当下的职业

---

① 涂怀京：《赫尔巴特的"统觉"与陶行知的"常能"》，《福建师范大学学报》（哲学社会科学版）2007 年第 3 期。

② 涂怀京：《陶行知学习能力培养思想的当代价值》，《南京晓庄学院学报》2008 年第 4 期。

教育中"教学做合一"有着很强的生命力与指导意义。① 从某种意义上来看，慕景强的这一研究可能是属于应景之作，并没有真正地深入陶行知教育思想中来。2011 年底，慕景强参加了"陶行知诞辰 120 周年国际研讨会"，这一会议激发了他的研究热情，相继发表了四篇关于陶行知研究史的论文。他通过对近十年里陶行知研究论文的定量分析后认为，陶行知研究的文章在主流核心期刊中不受重视，引用率与下载率存在着较大差异，隐晦地表达了陶行知研究越来越偏离主流研究领域的忧虑。② 在结合了论著、期刊论文和学位论文统计数据上，慕景强指出，二十一世纪来陶行知研究的热点问题依然集中在生活教育理论、乡村教育思想、德育、创造教育、陶行知研究史等几个方面。③ 此外，他还对二十一世纪十年来的陶行知研究著作、重大事件进行了盘点。④

　　慕景强的研究可以说是继续着其师金林祥对于陶行知研究史研究的道路，他对二十一世纪十年来的陶行知研究成果进行了梳理，采用定量分析的办法对其特点予以归类，让后人对陶行知研究的近来发展梗概有了较为清晰的主线。但是颇为遗憾的是，在定量分析如此到位的基础上，他的结论也仅仅陈述了现象，缺乏对问题深层次的分析和批判。他认为近十年来陶行知研究精彩纷呈，成果众多，但事实上，近十年来陶行知研究已经日暮西山，开始走入了萧条的境地。他在研究中隐晦的指出陶行知研究成果难登高级别期刊的窘境、难以在学界掀起一定的影响力，却始终不愿触及陶研走向

---

　　① 慕景强、胡怡芳：《陶行知职业教育思想的传承与发展——从"教学做合一"到"工学结合"》，《青岛职业技术学院学报》2008 年第 3 期。

　　② 慕景强：《新世纪 10 年陶行知研究综述（2000—2009）》，《南京晓庄学院学报》2012 年第 1 期。

　　③ 慕景强：《新世纪 10 年陶行知研究热点综述（2000—2009）》，《浙江外国语学院学报》2012 年第 1 期。

　　④ 慕景强：《新世纪 10 年（2000—2009）陶研著作综述》，《宁波大学学报》（教育科学版）2012 年第 2 期；慕景强：《新世纪 10 年陶研重大事件盘点（2000—2009）》，《丽水学院学报》2012 年第 4 期。

落寞的现状，这不过是一种自欺欺人的结论。

　　除了上述三人对陶行知研究有较大贡献以外，金门其他弟子也从不同角度对陶行知进行了研究。张蓉继续了陶行知研究史的研究工作，梳理了 1951 年到 1978 年的陶行知研究，对比了这一时期的海内外陶行知研究后她指出，这一阶段的意识形态严重影响了陶行知研究，对陶行知的名誉、对我国教育科学理论及教育事业的发展造成了极大的损害。因而，张蓉指出，研究必须要处理好政治与学术的关系，正确评价历史人物才能做到真正的公正客观。[1] 常国良充分挖掘了陶行知乡村教育思想的现代意义，他认为陶行知通过乡村师资的培养以建立统筹兼顾的乡村教育体系，从而达到改造中国乡村的目的，这对于当下的中国农村教育改革有着很强的借鉴意义。[2] 程家福考察了陶行知的创造教育思想，认为陶氏的创造教育重在培养全面发展的人，通过提倡"六大解放"，借助"教学做合一"等方式培养学生的创造能力，"是一种反传统的现代教育，以创造力培养为旨归，以试验（实践）为基础，比较充分地发挥了手脑双全的作用，关注教育与生产劳动相结合"[3]，有助于教育者认清当下应试教育的弊端从而寻找出教育实践的合理路径。董美英从词源学的角度考察了陶行知的"真人"教育目标，认为陶行知从道家思想中批判地继承了"真人"理念，"吸收了它的不计得失、不求名利、不为私己的思想；继承了中国真诚、实在、真正、无伪的传统"[4]，通过自立立人、求真实干、忘我为公、一心向农、做人中

---

[1]　张蓉：《批判与反思：1951—1978 年的陶行知研究》，《华东师范大学学报》（教育科学版）2005 年第 3 期。

[2]　常国良、姜彩丽：《陶行知乡村教育思想及其现实意义》，《内蒙古师范大学学报》（教育科学版）2009 年第 4 期。

[3]　程家福：《陶行知创造教育思想及其当代价值》，《湖南师范大学教育科学学报》2008 年第 2 期。

[4]　董美英：《感喟真人——析陶行知"真人"教育目标论》，《湖南师范大学教育科学学报》2008 年第 2 期。

人、不做伪人的方法培养了一批"真人",达到了追求学生生存意义和价值的目的。李箭从新农村教育的角度考察了陶行知乡村教育思想,认为陶行知的乡村教育思想对于当前农村教育革新、办学转向、教育方法改革方面有着很强的现实意义。① 张雪蓉评析了陶行知早期高等教育改革实践活动,认为陶行知在实践中开始"注意挖掘和融合中国本土化优秀层面的自觉理性",是一种民族化的积极探索。② 杨建华利用历史分析法梳理了陶行知的教育期刊实践,指出陶行知利用期刊的舞台阐述了自己的教育主张,形成了自己独到的办刊思想。③

二十一世纪以来,金林祥逐步将研究重点转至陶行知研究方面,尤其是在编撰《二十世纪陶行知研究》一书时,带领了一批金门弟子参与其中,这掀起了金门弟子对陶研的热情,形成了良好的研究氛围。诸多金门弟子参与了陶行知研究,从不同角度撰写了陶研论文,涉及了陶行知教育思想研究、陶行知研究史研究等多个方面,对陶行知研究的进一步细化与深化做出了重要贡献。但甚为可惜的是,由于金林祥并没有刻意去追求陶行知研究的学术传承问题,他的学生们也只是在这一领域投入了短暂的热情,便相继淡出了这一研究领域。

## 三　华东学人共同体的思想流变

除了上述数位在陶研界极有影响力的华东学人外,华东地区还有一些成果较为突出的研究者。在继华东师范大学这一主要陶研阵地之后,上海师范大学也于 2007 年与中陶会等机构共同建立起了

---

① 李箭:《陶行知乡村教育思想对新农村教育的启示》,《生活教育》2007 年第 4 期。
② 张雪蓉:《陶行知早期高等教育改革实践活动述析(1917—1922)》,《南京邮电大学学报》(社会科学版) 2009 年第 2 期。
③ 杨建华:《论陶行知的教育期刊实践于办刊思想》,《生活教育》2012 年第 22 期。

"陶行知研究中心",形成了以屠棠、古人伏、叶良骏等人为核心的研究团队。此外,在安徽省,由于地缘的关系,也有着比如晋启生、徐明聪等数位陶研学人。受制于篇幅,只能将上述各位学人的代表性研究成果罗列如表6所示。

表6

| 姓名 | 历史渊源 | 代表成果 |
| --- | --- | --- |
| 屠棠 | 上海师范大学陶行知研究中心秘书长、上海陶研会副会长 | 《陶行知教育思想的现代价值(上)(下)》,《南京晓庄学院学报》2002年第1、2期 |
| 古人伏 | 曾任上海师范大学教科院院长、上海陶研会副会长 | 《谈陶行知对师范生品格的培养》,《辽宁师范大学学报》1988年第4期;《陶行知的德育思想与实践》,《教育科学》1989年第2期 |
| 晋启生 | 安徽师范大学教授 | 《论陶行知的教育管理思想》,《安徽师范大学学报》1991年第4期;《评近现代中国教育史教材中对陶行知的曲解》,《行知研究》1986年第3期 |
| 徐明聪 | 安徽省陶行知研究会副秘书长 | 《陶行知评传》,安徽教育出版社2001年版;《陶行知与现代名人》,合肥工业大学出版社2006年版 |

总体来说,尽管华东的陶研共同体虽然人数不多,但由于研究的切入点选取得当,故而在陶研某些领域占据了前沿地位,对陶行知研究的走向起到了一定的影响作用。综观华东学人共同体的研究历程可以发现,这一群体的研究明显呈现出注重综述性研究,强调实践性操作的倾向。

历史的巧合在于诸多陶行知研究学人中,最早、最系统从事陶行知研究史研究的学人都在华东学人共同体中。早在二十世纪九十年代，童富勇就开始将各门各类的陶行知研究进行梳理，整理出当时最为权威的陶行知研究综述，在分源别派之间为后人的研究提供了帮助。这一研究思路可能在某方面对金林祥产生了启示。在二十一世纪初介入陶行知研究后，金林祥主要着重于陶行知研究的研究，他完成的《二十世纪陶行知研究》和《陶行知词典》都是属于这方面的成果。他在童富勇的陶研分期上进一步拓展，提出了当下较为权威的时期划分办法。金林祥的这一治学思想对其弟子也产生了很大影响，其门下弟子张蓉、涂怀京、慕景强等人都对陶行知研究史这一问题进行了探讨，丰富完善了陶行知研究史这一领域。可以说，在这一领域，童富勇是开创者，金林祥是集大成者，金门弟子是不断完善者。

此外，这一群体还有一大特征即是从历史研究走向实践操作。在这一学人共同体的初期研究中，他们更注重从历史的角度重塑陶行知的形象。特别是胡国枢与童富勇的研究中，关注史料的钩沉抉择，关注历史原貌的恢复，关注人物形象的建构。他们试图从一种长程的历史观来考察陶行知，辨析陶行知在历史中的地位与作用，特别是对中国教育的发展历程所起到的关键作用。二十世纪九十年代中期，中国陶行知研究会在全国各地如火如荼地开展了各类学陶实践活动。有了这一历史转变，在完成人物历史研究之后的胡、童二人开始着眼于将陶行知思想致力于当时的教育改革中去。在这一历史研究向现实研究转向的过程中，教育学背景出身的童富勇率先开始了实践工作，他利用现有资源开展了一系列乡村教师培训工作。虽然胡国枢因为年事已高未能直接参与各类教育实践活动，但他仍高屋建瓴，从理论层面、制度层面呼吁重视生活教育在当时中国的实践开展工作。这一"老少"组合从单纯的人物历史研究转向了教育思想实践，只不过一个在理论制度层面呼吁，一个在实践层面操作。后期进入这一研究领域的金林祥也是在历史研究与现实研究之间游走。教育学背景出身的他本来就相对关注教育实践活动，而且他进入陶研领域也是因为屠棠约请他借助陶行知思想参与课程改革。就着解决现实问题的思路进入陶行知研究，他也就承续了胡、童二人重视实践研究的道路。

"行是知之始"。华东学人共同体从历史研究入手，最终走向了实践取向研究，这就正如陶行知当年从"知行"到"行知"的转变，既有自身的领悟，亦有社会的需求。

# 第四章

## 不要金银只要心:陶研华中学派

在中国学术思想史上,为强调学派之别通常有"道统"一说。"道统"源自韩愈,盛于朱熹,强调的是"确立合法性(validity)思想的历史","确立合理性(rationality)思想的历史渊源"①。道统强调文人对门派师承的尊重,以及对师说的进一步发展,这对于壮大某一学术流派有着非常重要的作用。但晚清以降,西方学说的不断冲击以及新式学校的涌现,旧有的道统观念遭到严重冲击,文人的门派师承观念愈发淡薄。特别是新中国成立后,由于意识形态控制的加强及文人畏惧于"拉帮结派"的流言,少有以宏大叙事模式出现的对于某一师承门派谱系的研究。对于这一状况,文学界就有学者呼吁,"文坛呈现一个健康、生动和富有活力的门派传承局面是很有必要的。文学的发展繁荣既需要创新,也需要传承,任何文学大师的诞生都离不开对前人文学成就的吸收和借鉴"。② 文坛的呼声同样也代表了陶研界的心声。事实上,经过三十多年的建设,陶行知研究中已经形成了一个庞大的师承性学派——华中学派。这一学派人员众多,师承脉络清晰,早年由董宝良、章开沅开创,再经周洪宇、余子侠、喻本伐、熊贤君等第二代学人的进取开拓,现

---

① 葛兆光:《道统、系谱与历史——关于中国思想史脉络的来源与确立》,《文史哲》2006年第3期。

② 刘克敌:《文人门派传承与中国近现代文学变革》,《中国社会科学》2011年第5期。

已成为陶行知研究领域的中流砥柱，其研究成果覆盖了陶研的各个层面。相较于"亲缘"群体"吾爱吾师"、华东学人共同体突出实践性的研究缘起，华中学派完全是被陶行知的人格魅力所感染，更多地强调为研究而研究，达到了陶行知所谓的"不要金银只要心"的境界。

# 一　革故与鼎新：第一代华中陶研学人

改革开放之后，对陶行知重新评价的呼声再起，陈鹤琴等人纷纷撰文要求为陶行知平反，得到了诸多陶门弟子的响应，但学界、政界人士对此呼声依然不置可否，这就让陶行知研究陷入了进退维谷的境地。是维持五十年代的定论还是彻底予以平反，一时间对此产生了诸多不同的意见。在这一历史背景下，华中学派的第一代学人率时代风潮之先，对陶行知予以了肯定的评价，并开学界之先河掀起了大规模的陶行知研究热潮。在华中师范大学校长章开沅、副校长邓宗琦，教科所杨葆焜、董宝良、伍文、夏德清等人的共同努力下，华中学派一扫旧时气象，成了引领全国陶行知研究的领头兵。

## （一）董宝良[①]

在华中学派中，董宝良为陶行知研究做出了卓越贡献。他不仅组织编撰了中国第一套《陶行知全集》、出版了诸如《陶行知教育学说》等一系列陶研著作，还培养了一批国内知名陶研学者，为华中师范大学成为陶研重镇付出了极大的心血，也为陶研"华中学派"的形成奠定了基础。

---

① 董宝良（1928—　），辽宁铁岭人，华中师范大学教授，曾任华中师范大学教育系副主任、教科所副所长、中国陶行知研究会常务理事、湖北省陶行知研究会副会长等职。

董宝良早在 1954 年就与陶行知研究结下了不解之缘。时年刚从东北师范大学教育系研究生毕业的他分配至华中师范大学（时称华中师范学院）教育系工作就接到上级的任务，要求撰写一篇批判杜威教育思想的文章，因而接触了解到了陶行知的生平事迹，并为陶行知的人格魅力所深深折服。但受当时环境所限，他对陶行知研究的热情只能压制于心底。粉碎"四人帮"以后，董宝良开始为教育系学生讲解中国教育史课程，并将陶行知教育思想作为课程教授的重点内容，在学生中形成了良好的反响。1981 年初，董宝良组织了教科所的数名教师申报了陶行知研究的课题，并在随后的 10 月联合湖北省教育学会和华中师院教育系①共同筹办了陶行知诞辰九十周年纪念会，刊印了关于陶行知年表和相关活动的纪念文集。这一纪念活动及文集很偶然地被湖南教育出版社社长李冰封知晓，他表示了极大的兴趣，随后联系了华中师院社科处处长后任华师副校长的邓宗琦，表示愿意联合华中师院共同出版《陶行知全集》。

> 陶行知研究一直是我们中国教育史教研室的研究重点，我想是不是学校（华中师院）、教科所都知道我们在研究陶行知。而当时我们的人员非常紧缺，仅有喻本伐、周洪宇、李红梅，以及随后从省地方志办公室回来的熊贤君等。因此在和邓宗琦、李冰封谈了编撰全集的具体事宜之后，我和所长杨葆焜商议决定承担《陶行知全集》的编撰工作。我们的决定也得到了学校的大力支持。当时华师的院长刘若曾同志曾在陕甘宁边区做过教育局长，在解放区大力推广过陶行知的生活教育，对陶行知教育思想甚有好感，所以非常支持我们编撰《陶行知全集》。最终，我们以华中师范学院教科所为主成立了编撰机构，

---

① 当时华中师院实行"系所分家"，教科所与教育系并列，属于学校的二级单位。

聘请华师院长刘若曾担任名誉主编,教科所所长杨葆焜担任主编,我本人担任副主编兼第一卷主编。[①]

《陶行知全集》的编辑是一份极为艰苦的工作。第一在于资料的奇缺。从1951年陶行知被批判到1982年《陶行知全集》编辑开始启动,三十余年的尘封使得陶行知的相关论著很难寻觅,这就迫使董宝良率领其团队不得不多次奔赴全国各地搜集原始资料,访寻陶门弟子。第二是资料搜录的不便。二十世纪八十年代,科技还极不发达,尤其体现在交通与资料抄录方面。据董宝良回忆:"那个年代没法拍照,只能手抄。《金陵光》中那数十篇文章是我和喻本伐、周洪宇三个人在走廊里花了一个下午拼了命才赶抄出来的。"[②]第三是教育部有关领导的阻挠。八十年代初期,尽管陶行知研究开始往好的方向发展,但对于陶行知研究相关部门并不支持。在编辑《陶行知全集》过程中,编委会为怕受到外部环境干扰,在较长一段时间内,让编辑人员处于"地下"工作状态。在编辑《全集》第一卷长达七八个月的时间内,董宝良偕喻本伐、周洪宇、李红梅等人租住在武昌火车站附近的一间小旅馆内,以住店方式秘密地从事着陶行知全集的编辑工作。

1984年,《陶行知全集》第一卷经湖南教育出版社出版发行,在国内引起了巨大的反响,《人民日报》、《光明日报》、《中国画报》等报刊或发表书评,或刊登书照,对这部《全集》做出介绍和评价,蜚声学术界。引人注目的是时任国务委员的张劲夫在《人民日报》上刊发《中国近代教育史上的一座宝库》一文祝贺《陶行知全集》的出版。1985年,董宝良组织人员陆续编辑出版了《全集》的二至六卷,又于1992年组织喻本伐、熊贤君二人增补出

---

① 根据2012年12月4日与董宝良教授访谈整理,经本人审核。

② 同上。

版了《全集》七、八两卷。这部《陶行知全集》可谓是"载万千荣誉于一身",先后获得了"1986 年全国优秀畅销书奖""1988 年全国第一届优秀教育图书特别奖"和"1994 年第一届国家图书奖",而董宝良也因为这部《全集》,和杨葆焜一道被华中师范学院授予了"特别荣誉奖"。2007 年,他又位列 505 名"中国杰出社会科学家"之列,2011 年,他又入选"中国杰出人文社会科学家教育学学者"行列。

> 陶行知研究是我这一生最主要的研究,它占了我一生三分之一的时光,而在此当中,编辑《陶行知全集》则是我陶研生涯中最重要的一件事。在《全集》的编辑过程中,我尽到了自己最大的努力,既锻炼了队伍,又提高了华师的陶研水平。从《全集》编辑出版发行到今日,只要提到陶行知研究,华中师范大学就是最亮的一块招牌。①

正如上文所述,董宝良的陶行知研究是从 1954 年批判杜威延伸而来,故而在拨乱反正之后,如何评价杜威和陶行知的关系成为董宝良关注的重点问题。1982 年,董宝良撰文评析陶行知与杜威的关系,他认为评价两者的关系不仅要从发展的观点来看,更要从问题的本质上去对比,同时对待具体问题时还要具体分析。在董宝良看来,陶行知前期与杜威有着紧密的联系,深受其实用主义思想的影响,但在后期彻底地摆脱了杜威的影响,做到了"推陈出新"。造成这种结果的原因在于陶氏亲自参加了教育改革,通过实践验证了杜威实用主义的缺陷,与此同时,风起云涌的革命斗争也促使他从思想上发生了彻底改变,完成了由实用主义向辩证唯物主义质的

---

① 根据 2012 年 12 月 4 日与董宝良教授访谈整理,经本人审核。

转变。从认识论的角度来看，董宝良指出，陶行知在历经了"知行合一"（1911—1926）、"行是知之始"（1927—1930）、"行知行"（1931—1935）三个阶段之后，最终达到了"'行'才是认识的来源，'行'才能由已知到未知"（1935—1946）的辩证唯物主义认识论目标。故而，陶行知与杜威"在教育思想上也就具有了本质上的不同，即不仅在服务对象上有阶级性质的根本不同，而且在教学认识论上有辩证唯物主义和主观唯心主义的根本区别"①。经过对陶、杜二人的对比，董宝良认为，从教育目的来看，杜威是"为资本主义国家培植干练的统治者和能跟资本家有'合作的意愿'的良好'公民'"，而陶行知则是为了培育能够为劳苦大众服务，改造社会的民主革命战士；从教育内容来看，杜威的"教育即生活"是一种"假"生活，一种"鸟笼式"生活，而陶行知的"生活即教育"是一种"真"生活，一种打破鸟笼式教育的生活，这就与杜威的理念存在本质上的区别；从教学方法来看，由于认识论的不同，杜威的"做"一种生物个体适应环境的主观经验主义，而陶行知的"做"是基于辩证唯物主义的实践，这与杜威的"做"就存在真"做"与假"做"的区别，同时还有革命与不革命的本质区别。通过这一系列的对比论证，董宝良表示，陶行知在转化为党外布尔什维克之后，已经与杜威实用主义教育实行了根本性决裂，彻底从思想上划清了界限，其"生活教育"理论汲取了杜威实用主义教育中的合理部分，摒弃了杂质，将"教育同生活联系的理论向前推进了一大步"②。

除了探讨陶行知与杜威教育思想上的本质区别外，董宝良还进一步探讨了陶行知的"教学做合一"与杜威的"做中学"两者间

---

① 董宝良：《试论陶行知与杜威在教育思想上的联系和区别》，《华中师范学院学报》（哲学社会科学版）1982 年第 6 期。注：此处即为华中师院学报，不需改为"华中师范学院学报"，下同，以及书末参考文献亦是如此。

② 同上。

的区别。董宝良通过大量的史料证实，陶行知的"教学做合一"是对杜威"做中学"理念的一种背叛，是在对"做中学"实践的基础上做出的更为符合中国教育实践的一种尝试，而"强烈的爱国主义、人民性"则是他背叛杜威"做中学"理念的思想基础与阶级基础。董宝良进而认为，陶行知的"做"是指教在"做"上教，学在"做"上学，教学做三位一体，为的是培养抗日救国的革命战士，这与杜威的"做"为的是培养剥削阶级接班人有着截然不同的本质性区别，而促成陶行知这种思想上根本性的转变在于抗日反蒋革命斗争、教育改革实践和共产党人的帮助影响这三方面的合力所成。为了进一步证实陶行知的"教学做合一"与杜威"做中学"之间的区别，董宝良对比了陶行知前后期的办学实践，认为陶行知在后期育才学校的创办中通过班级授课制的形式，强调教师在教学过程中的主导作用，促使学习与生产劳动相结合，比起前期的晓庄学校更为重视了系统文化知识的传授，故而后期陶行知更加重视"教学做合一"中的"合"而非"做"，彻底背叛并摆脱了实用主义"做中学"对其影响。所以，"陶行知的'教学做合一'的教学论，不但同杜威'做中学'没有师承的'翻版'关系，而且也不只是背叛而已，确切些说，是他创造的革命教学理论同杜威反动教学论谬说的对立。"[1]

不难看出，这两篇刊于二十世纪八十年代初期的文章深受当时的研究氛围影响。在历经了三十年的跌宕沉浮之后，陶行知在1981年才得以平反，但仍有诸多学者循着旧时学风批判陶行知。比如有学者认为陶氏的革命性仍然限于资产阶级的性质，其生活教育理论轻视系统理论知识的传授，"生活即教育"和"社会即学校"从本质上来看是一种"学校教育消亡论"，而"教学做合

---

[1]  董宝良：《试论陶行知"教学做合一"同杜威"做中学"的本质区别》，《教育研究与实验》1984年第1期。

一"则"排斥了教师的主导作用，破坏了系统知识的传授，从而使教育停留在日常的个别经验的探求上"①。还有人认为，陶行知对生活教育的定义是"一字不差的照抄了杜威的原话"，其"教学做合一"也是"抄袭杜威关系思维过程的理论"，"与辩证唯物主义认识论所说的理性认识到实践，根本不是一回事"，"'生活教育'思想，实际上是'实用主义'思想在半封建、半殖民地旧中国的实际运用"②。因而，为了驳斥上述结论，将陶行知与杜威这类"反动学术权威"划清界限，重新恢复陶氏"伟大的人民教育家"的身份认同，董宝良的研究也就在所难免地打上了时代的烙印。正如董宝良自己所说:

> 人脱离不开社会。政治思想影响教育思想。我接触陶行知是从批判入手的，在当时的政治氛围中，杜威实用主义是坏的，在今天看来，实用主义也不定全是坏的。事实上，按照今天的评价，杜威在世界教育史中是属于现代派的，这一观点是我在后期参加中陶会的课题后逐渐扭过来的。在此之前，我不是没有自己的观点，只是不敢公开的予以评论。③

随着1985年中国陶行知研究会、中国陶行知基金会的成立，陶行知研究开始逐步走向繁荣。与此同时，董宝良主持编辑的《陶行知全集》六卷本也相继出版发行，进一步奠定了华中师范学院的陶研中心地位，董宝良也摒弃了早期"以论带史"的研究范式，开始更为客观公正地剖析陶行知的教育思想及现实意义。他从陶行知生活教育理论的内涵出发，深入挖掘生活教育理论的中国特色，以

---

① 李桂林、赵家骥:《试评陶行知的生活教育》,《吉林师大学报》1979 年第 4 期。
② 须养本、王思清:《全面正确评价陶行知先生的教育思想》,《教育研究》1980 年第 1 期。
③ 根据 2012 年 12 月 4 日与董宝良教授访谈整理,经本人审核。

响应当时中央提出的"建设有中国特色的社会主义"的号召。董宝良通过对陶行知生活教育的剖析，指出陶氏始终反对脱离民众的传统教育与洋化教育，坚持要从中国实际情况出发，"走中国化的办学道路"，在教学内容和特点上极具中华民族的风格，"同中国劳苦大众的生活紧密结合，继承和发扬中华民族的文化教育传统"①，不仅具有浓厚的乡土气息，更是因为运用大众语言表述大众教育而深受民众喜爱。除此之外，陶氏的生活教育还注重中国传统文化的传承与发扬，并将其运用到人民革命与民族解放斗争中去，这样就使得其生活教育理论不仅具有中国的文化教育特色，更具备了反帝爱国的民族特色。董宝良高度评价了陶行知提出的"教学做合一""小先生制"、传递先生制、艺友制、多轨学制等教育制度，认为这些制度完全符合了当时中国的教育方法与教育体制，"对于普及教育和提高中华民族的文化科学水准，做出了巨大贡献"②。至于陶行知为何能够创造出独具中国特色的生活教育，董宝良通过抽丝剥茧，条分缕析后认为，这是由陶氏本身的中国性、平民性所造成的，陶氏"从事教育活动和教育理论研究，不是为教育而教育，为理论而理论，而是胸中总怀着一个伟大理想，要救国救民，要使贫困的中国变成为富有的现代化国家，要为祖国培养人才"，正是基于这样的想法，陶氏的生活教育才具有强烈的中国特色。此外，陶氏长期坚持不懈的教育实践和创新，也使得他的教育理念越发的与中国国情相吻合，才能富有强劲的生命力。通过这一研究，董宝良希望能够将陶行知的教育理念与当时的中国教育改革相结合，重新审视陶行知教育思想在中国的当代价值，这一理念也是与当时全国兴起的陶行知研究热潮是分不开的。1985 年，中国陶行知研究会与

---

① 董宝良：《陶行知生活教育的中国特色》，《华东师范大学学报》（教育科学版）1987 年第 2 期。

② 同上。

陶行知基金会成立之后，陶行知研究的重心开始逐步由理论研究转向实践探索，呈现出"历史研究与现实借鉴，理论探讨与实践总结有机结合，互补共进的新局面"①，这一时期出现了一大批教育改革的典型，如安徽徽州实验区、山西前元庄村等。可以说，董宝良对于生活教育中国特色的研究正是对这一时期研究特色的集中体现。

正是因为对生活教育中国特色的挖掘，董宝良产生出寻求生活教育思想源头的想法。通过对历史的考证，董宝良认为陶行知生活教育思想最早萌发于1918年，"是作为新教育提出来的，从它诞生之日起，就打上了'五四'新文化运动的印记，是一种反对封建传统教育的进步教育思想"②。通过推论，董宝良将陶行知的生活教育创造历程概括为"生活即教育→教学做合一→社会即学校"等三个阶段，直到1927年创造晓庄师范通过试验才将这三者创造性的结合在一起，形成了生活教育理论体系。同时董宝良认为，与陶行知同时代的教育家杜威、黄炎培、张謇、张伯苓甚至于更早的裴斯泰洛奇都对陶行知生活教育思想的形成产生了重要的影响作用，陶行知或多或少对于他们的思想有所汲取。通过对中外教育家思想的吸收，陶行知形成了自己特有的生活教育理论体系，并在晓庄寻找到了实践的基础，正是有了晓庄这片"生活教育的泥土地"，才使生活教育能够萌发成长。通过上述研究成果我们不难发现，董宝良已经突破了早期仅仅局限于对陶行知与杜威思想传承的探讨，而是将陶行知的思想源泉放置到一个更为宽广的视域中去考察，挖掘陶行知与同时代教育家之间的思想关联，甚至于与更早时代教育家思想中的传承，体现出了董宝良一种宏大的国际视野观。罗伯特·金·默顿在其《社会结构与社会理论》一书中援引牛顿的名言"在巨

---

① 金林祥:《二十世纪的陶行知研究》，上海教育出版社2005年版，第241页。

② 董宝良:《陶行知生活教育思想探源》，载董宝良著《中国教育史散论》，华中科技大学出版社2007年版，第122页。

人的肩膀上"来说明任何科学知识首先是一种学术积累的结果,而董宝良恰恰用陶行知生活教育理论的源泉来佐证了这一说法。历史巧合的是,如同多年前陶行知汲取他人思想以为生活教育理论之用一般,董宝良培养的硕士周洪宇也在其师的学术基础之上,进一步深入挖掘了陶行知海内外师友对其教育思想形成与发展的重要作用,这其中不仅有上述几位教育家,更为重要的是共产党人的出现。

通过对陶行知与杜威教育思想的关系、生活教育的中国特色、生活教育的理论源泉这些方面的研究,董宝良提出了要注重陶行知研究方法论的观点。他批判了当时研究中呈现出的静态的、割裂的研究取向,指出这种只见树木不见森林的研究不仅不能体现出陶行知教育思想的特色,反而会曲解陶行知的教育思想,故而他坚持要做到"分析与综合相结合""抽象与具体相统一""逻辑与历史相一致"[1] 的主张,认为只有坚持以发展的、动态的研究才能真正认识到陶行知教育学说的本质特征。同时,他还提倡将现代的研究方法渗透到陶行知研究当中,如系统方法和结构方法,通过这一类新的研究方法的运用,从而更好地在整体上把握陶行知的教育思想。这种思想既可以看作对其学生周洪宇[2]研究的一种响应,也是华中陶研团队的思想衍生与发展。正是基于这种研究方法论的指导,董宝良跨出了仅仅局限于某一角度诸如杜威与陶行知关系之类的研究,开启了更为宏观大气的研究范式。他从更为整体全面的角度剖析了陶行知的知识结构、思维方式和教育价值观。他认为陶行知在少年时期的儒学、中西兼学到青年时期留学美国专攻西学,从知识结构的层面来看,这种中西交汇的知识构成是陶氏形成特有的教育

———————

① 董宝良、周洪宇编:《陶行知教育学说》,湖北教育出版社 1993 年版,"绪论"第 1—5 页。

② 周洪宇:《陶行知研究的方法论问题》,《华中师范大学学报》(哲学社会科学版) 1989 年第 2 期。

观念的物质起点与基础；从思维方法上来看，陶氏运用中西比较方
法、采取逆向思维、运用辩证思维方式将知识转化为智能，不仅揭
示了传统教育的弊端，还对当时教育思维模式的转变起到了引领作
用；从教育价值观上来看，陶氏反对传统教育、洋化教育，强调实
用主义体现出教育对人和社会发展的巨大功能及价值。不难看出，
董宝良得出这样的结论是深受华中陶研学派整体风格的影响。在经
历了早期"就教育论教育"阶段的陶行知研究之后，华中陶研队伍
开始趋向于以整体宏观的视角研究陶行知，对"陶行知之所以成为
陶行知"这一问题作了较深层次的挖掘，注重考察东西方教育思想
交汇对于陶行知思想形成的重要作用，在这一方面，章开沅、唐文
权在 1992 年出版的《平凡的神圣——陶行知》一书最为典型。章
著中并未沿袭旧说，强调个别群体对于陶行知教育思想形成所产生
的作用，而是别出心裁地提出了"三重文化圈"说，认为陶行知在
"家乡就读""金陵求学""负笈游美"这三重文化圈的共同影响下
产生了其特有的"生活教育"理论与实践，倘若三重文化圈失去任
何一种，陶行知都不会有后来之成就。从某一方面来看，董宝良对
于陶行知中西教育观形成的影响因素是对章开沅研究结论的一种回
应，并且将其具体细化为知识结构、思维方式和教育价值观三个因
素，进一步完善了华中学派研究体系的架构。

　　除了上述的一些理论性基础研究之外，董宝良还积极挖掘陶行
知教育思想的现代蕴含。他高度评价了陶行知，认为他是"教育理
论创新的泰斗和楷模"，学习与借鉴陶行知的教育思想就要做到
"一是坚持办学试验（实践），发现教育新理；二是重视教育调查
研究，促进教育理论出新；三是运用现代思维智慧，使传统教育理
论'过滤'增新"[①]，只有通过上述三个步骤，才能形成系统的理

---

　　①　董宝良：《陶行知是教育理论创新的泰斗和楷模》，载董宝良《中国教育史散论》，华中
科技大学出版社 2007 年版，第 162 页。

论框架与结构，才能创造性的在当下教育研究中加以运用。同时在教学的过程中，教师要能够在主旨鲜明的情况下既面向全体学生又重视特殊人才，实现学校与社会之间的有效沟通，借助"教学做合一"的模式从而达到素质教育的最终目的。在此过程中，董宝良呼吁教师要能够学习借鉴陶行知"捧着一颗心来，不带半根草去"献身于教育事业的精神，要具备抵御各种坏道德、坏心术侵袭的能力，搞好公德与私德修养，才能达到"千教万教教人求真"的境界，才能为我国的教育事业做出更大的贡献。

1981 年 10 月，董宝良在参观完歙县陶行知纪念馆后题诗《师陶——参观陶馆留念》：

> 破浪千里寻遗迹，高山仰止忆行知；
> 小庄破晓老山劳，凤凰山巅古圣寺；
> 民主战士民族魂，教育革新万世师。
> 伟大业迹传千古，丹青增辉教育诗。①

正是这种对陶行知的崇高敬意，促使他在学陶师陶研陶的道路上走了三十余载。综观其三十余年的陶研经历，可谓兼具了开创性、系统性和传承性的三大特点。首先谈开创性。《陶行知全集》的编辑可谓是董宝良一生陶研工作中最具开创性的成就。在当时的历史环境下，唯一的参照物只有《鲁迅全集》，因而承担《陶行知全集》的编辑工作，就需要编者具备足够的胆量、开阔的视野以及敢于拓新的精神。也只有这种"敢入未开化的边疆"的精神，才能让当时尚在"禁区"边缘的陶行知研究得以彻底开放。董宝良在《全集》中收录的一些新史料，对于日后的陶行知研究起到了开创

---

① 根据 2012 年 12 月 4 日与董宝良教授访谈整理，经本人审核。

性的引领作用，比如他发现的陶行知族谱，这为陶研界提供了考证陶氏族系、祖籍提供了史料依据，而在此之前，陶门弟子和亲属均不知其祖籍三代；再如他和周洪宇、喻本伐等人发现的《金陵光》，对陶行知青年时代研究有着极为重要的价值。正是诸如此类的原始史料的挖掘，汇聚成了这套具有里程碑意义的《陶行知全集》，使得华中师范大学在二十世纪八十年代成为全国唯一的陶行知研究中心，也对中国陶行知研究事业的发展奠定了厚实的基础。其次谈系统性。如果说《陶行知全集》的编辑与出版是一种里程碑式的开创性工作，那么董宝良主编的《陶行知教育学说》则是第一本系统全面反映陶行知教育思想的学术著作。在这本著作中，他将陶行知教育学说作为一个大的理论系统进行研究，探讨了理论系统本身的构成诸要素以及诸如民主教育、全民教育、全面教育和终生教育等诸多子系统，同时他还探讨了这一大系统与中国当时社会环境的关系、与外国教育思想之间批判继承的关系以及其在中国教育思想史上的地位，彻底地建构起了陶行知教育学说的科学体系。最后谈传承性。在陶行知研究过程中，董宝良不仅亲力亲为，还更为重视人才队伍的建设问题。在《陶行知全集》的编辑及后期撰著《陶行知教育学说》等研究的不断推动下，华中师范大学教科所涌现出了以"四大金刚"——周洪宇、余子侠、喻本伐、熊贤君为首的一批陶研人才。这里最值得一提的是董宝良指导的硕士研究生周洪宇。1988 年在董宝良的指导下，周洪宇完成了《陶行知与中国教育现代化研究》的硕士论文，随后又师从章开沅完成了《陶行知与中国现代文化》的博士论文，这也是中国第一篇以陶行知为研究主题的博士论文。正是有了董宝良这种甘为人梯的精神，才使得陶行知研究在华中师范大学能够进一步传承、发展并发扬光大。谈及此，正如董宝良所说：

我研究宣传陶行知的教育思想，是一种自愿的付出，但却有意外的收获。我获得的"中国杰出社会科学家"、"中国杰出人文社会科学家教育学学者"等荣誉都是跟我的陶行知研究息息相关的。但让我最感欣慰的是，跟我一起共同研究陶行知的青年学者们，如周洪宇、余子侠、喻本伐、熊贤君等人后来都成了国内陶研界的主要干将。我在师陶研陶中只能算是一名小兵，只算开了师陶研陶的风气，希望他们这些后来者居上，能够为华中师大的陶行知研究再创佳绩。①

### （二）章开沅②与唐文权

作为中国著名的近代史研究专家，章开沅与陶行知有着非常密切的地缘关系。章开沅原籍浙江吴兴，出生于安徽芜湖，在历经抗战磨炼之后，他于 1946 年回到南京入读金陵大学历史系，师从贝德士（Dr. Bates）、王绳组、陈恭禄等教授，开始接受史学训练。从地缘上来看，无论是浙江、安徽还是江苏，都是陶行知当年主要活动的场所，故而章开沅表示，当他还在芜湖襄垣小学读书的时候，就听老师介绍过晓庄师范与"小先生制"的动人事迹，这使得他对陶行知极为景仰。更为巧合的是，章开沅入读的金陵大学也正是陶行知的母校，正是因为这层关系，章开沅很早就接触了陶行知研究这一领域。1948 年春，章开沅在金陵大学《天南星》的墙报上发表了《陶行知与武训》一文，批评学校电化教育馆只制作关于武训的幻灯片而忽略了功绩更大的陶行知，由此可见他对陶行知的一片倾慕之心。③ 谈及这段历史，章开沅表示：

---

① 根据 2012 年 12 月 4 日与董宝良教授访谈整理，经本人审核。
② 章开沅（1926— ），浙江吴兴人，华中师范大学资深教授、博士生导师，曾任华中师范大学校长、中国陶行知研究会副会长、湖北省陶行知研究会会长。
③ 章开沅、唐文权：《平凡的神圣——陶行知》，湖北教育出版社 1992 年版，"序"第 1 页。

我对陶行知最早的认识主要有两个方面，一点是家庭教育的影响，另一点是在金陵大学时期的影响。小时候，虽然我住在乡下，又是深宅大院，但是通过报纸、收音机我知道了小先生制、工学团，那时候陶行知搞的这套实践是沸沸扬扬，影响很大。我的父母也对我说，你们可以跟这些工学团的孩子学习，教附近的工人、农民认字。所以，在我当时很小的心里就知道有个人叫陶行知，这是一个办新式教育，善于教育儿童的人，是一个将教育融化在生命当中的人。所以后来宋庆龄评价陶行知是"万世师表"，我是非常赞同和欣赏的。到金陵大学读书时，学校的电化教育馆制作了关于武训的幻灯片。那个时候正是闻一多、李公朴被刺之后，我开始对国民党感到绝望，对共产党有一些隐隐约约的仰慕，对民主人士也非常敬仰。陶行知虽然不是被刺，但是那种死亡也等于殉国了。所以我的心跟他们三位紧紧联系在一起。因而，在没有地下党或学联的影响之下，我就自发的站出来表示：陶行知比武训的作用大很多，为什么不宣传陶行知？[1]

中华人民共和国成立后，章开沅长期在华中师范学院（后改名华中师范大学）工作，从事辛亥革命史研究，在海内外取得了极大的反响，获得了极高的声誉。二十世纪八十年代，在完成《辛亥革命史》《辛亥革命与近代社会》《张謇传稿》《离异与回归》等一系列专著之后，章开沅的研究方向开始有所转变。1985 年，经早年就读于教会大学燕京大学，后赴美国普林斯顿大学任职的刘子健教授的建议，章开沅遂将研究重点转至当时国内尚缺乏研究的教会大

---

[1]　根据 2012 年 12 月 12 日与章开沅教授访谈整理，经本人审核。

学,这既是受到他自己早年就读的金陵大学是一所教会大学的影响,也有他长期供职并担任校长的华中师范大学的前身亦是由教会大学华中大学发展而来的因素。与此同时,华中师范大学教科所已经完成了《陶行知全集》的编撰,教育部出于协调全国各地陶行知研究的工作需要,安排时任华师校长的章开沅统一协调周边区域的陶行知研究,在 1987 年 5 月湖北省陶行知研究会成立大会上,章开沅当选为会长并一直担任至今。正是由于和陶行知同是金陵大学的校友、研究教会大学史、担任湖北省陶行知研究会会长等多方因素的影响,章开沅开始研究陶行知,特别是从跨文化和文化交感的角度出发进行研究。二十世纪八十年代末九十年代初,章开沅与唐文权(1940—1993)合作撰写了《平凡的神圣——陶行知》一书,既是作为其教会大学史研究的一个组成部分,也表达了他对校友陶行知先生的崇高景仰。章开沅甚至表示,"如果要评选曾在二十世纪感动中国乃至感动世界的十个人或二十个伟大人物,我将毫不犹豫地推荐陶行知"。① 基于这种深厚的感情因素,时在美国普林斯顿大学访学的章开沅不顾时空阻隔,拟好提纲,由唐文权按照提纲进行撰写,写好一章寄往美国一章,再由章开沅修改后定稿,经如此烦琐的书信往来,才最终造就了这本"资料利用之广泛、思想论析之深邃、文字组合之优美,恐怕在若干年之内难有超越者"② 的奠基性研究成果。

> 我有两个榜样,一个是蔡元培,一个是陶行知。蔡元培强调学术自由、兼容并包,强调大学的人格、校长的人格。陶行知则是提倡乡村教育、社会教育,我特别欣赏乡建派从改造农

---

① 章开沅:《章序》,载何荣汉《陶行知:一位基督徒教育家的再发现》,基督教文艺出版社(香港)2004 年版,第 v 页。

② 余子侠:《山乡社会走出的人民教育家——陶行知》,湖北教育出版社 1999 年版,第437 页。

村开始改造整个中国。所以当教育部副部长张健找到我，要我在陶研领域做一些带头作用的时候，我们俩一拍即合，所以才有了这部《平凡的神圣——陶行知》。①

正如章开沅所提倡的"史学寻找自己"那样，他在陶行知研究中也始终秉承着"寻找真正的陶行知"的旨意，客观如实地评价陶行知的功过是非。他反对将史学作为政治的婢女，反对为了政治需要而任意涂改历史的行为，强调在保持独立人格、科学品格的情况下如实地撰写陶行知的生平、思想、实践，合理解释围绕陶行知发生的一切历史事件，在探究事件本源的基础上总结出经验教训，从而促进陶行知研究的健康发展。除了相关的理论研究之外，章开沅还在担任校长之际，与副校长邓宗琦等人共同努力营造并推广"一校一县"模式，即一所大学与一个县或县级市全面合作，意在发扬陶行知的教育社会化和社会教育化的远见卓识，凭借社会的力量来推动大学的发展，又将大学的功能贡献给社会，真正地实现生活即教育、社会即学校的远大目标。这种将历史与现实相结合的实践正充分体现了章开沅所提倡的"参与史学"思想，即"过去、现在、未来，总是前后连续的，而且三者又都是相对而言的。基于这种认识，历史学家不仅应该积极参与现实生活，而且应该成为把现实与过去及未来联结起来的桥梁，用自己的研究成果丰富与影响现实生活，并且与人民一起追求光明的未来"。②

章开沅、唐文权（以下简称章唐）二位学者对于陶行知研究的主要思想都集中在二十世纪九十年代出版的《平凡的神圣——陶行知》一书中。相较于其他传记从传主出生到离世的平铺直叙，章唐的叙事更具独特性，也更有悬念。他们从一开始就提出了"陶行知

---

① 根据 2012 年 12 月 12 日与章开沅教授访谈整理，经本人审核。
② 章开沅:《参与的史学与史学的参与论纲》,《江汉论坛》2001 年第 1 期。

现象"，引发了人们对这一"现象"的思考，从而在这一问题的导向性下，开始逐步了解"陶行知现象"以及造成此现象的内在原因，进而对陶行知的一生产生浓厚的兴趣。章唐的这一研究方法应该是深受法国年鉴学派的影响。年鉴学派针对传统"叙述史学"的历史描述与叙述提出了"问题史学"的研究方法，基于对现实问题的研究从而去了解历史，并为现实问题的解决提供借鉴意义。正如年鉴学派的创始者之一吕西安·费弗尔所说："提出一个问题，确切地说来乃是所有史学研究的开始与终端。没有问题，便没有史学。"[1] 以"陶行知现象"这一问题为导向，章唐很好地结合了文化发生学、心理史学等多种学科理论，深入浅出地阐述了造成这一现象的深层次原因。通过对比悼陶活动时的荣耀与数年后大批判时的惨淡，章唐借助大量史料的阅读与诠释，阐释了"陶行知现象"的深层次原因。在章唐看来，对陶行知的批判并非是简单的因《武训传》所起，而是"多重多面交织而成的复杂体"。为此，章唐特地整理了当时对于陶行知教育学说的几种归纳，如"奠基"说、"相合"说、"大同"说、"源泉"说、"旗手"说，分析了这些学说背后的深层次影响因素以及对新中国教育改革所起到的作用。而从更为宏观的历史环境来看，紧张的中美关系也势必让学界要划清与美国的关系，这样一来，与美国有着密切联系的陶行知及其教育思想就要接受全面的审视与批判。同时，章唐认为，对于陶行知的批判还对后世产生了极大的影响，其倡导的美式实用主义教育开始遭到摒弃，以苏联凯洛夫为首的传统教育得到崇高的地位。多年以后，谈及当年对于《武训传》及陶行知的批判，章开沅表示：

　　　　由于早年我曾写过《陶行知与武训》一文，批评了当时金

---

① 何兆武、陈启能：《当代西方史学理论》，中国社会科学出版社 1996 年版，第 501 页。

第四章 不要金银只要心:陶研华中学派 / 201

陵大学抬高武训而忽视了陶行知。所以新中国成立后批判武训时,我还有些得意,觉得自己有点先见之明。后来陶行知也挨批,我就受不了了。严格来讲,我对武训还是有好感的,对于武训不能全盘否定,尤其是我当了校长之后深知办学之不易。事实上,提高文化本来就是一个基本建设,不可一蹴而就。①

在章唐的陶行知研究中,特别值得一提的是其对于心理史学的娴熟运用。心理史学是运用心理学理论与方法对历史人物的行为做出心理学解释的一种新史学方法,主要兴起于二十世纪初期,由奥地利心理学家弗洛伊德率先应用于研究达·芬奇的心理行为,这一开创性的研究为心理学与历史学的交汇开辟了新的道路。1919 年,美国学者巴恩斯发表了《心理学与历史》一文,深入探讨了心理学与历史学之间的关联。随后,年鉴学派的费弗尔撰写了《历史与心理学:一个总的看法》,强调将"所研究的时代的人的心智材料重新组织起来,以渊博的学识加上想象力,再现形质的、智力的、道德的全部世界"②。这一系列的研究都为心理史学的逐步完善与迅速发展奠定了良好的基础,当然也对章唐的研究产生了极大的影响,主要体现在他们对陶行知青少年时期求学道路的剖析,分析历史人物孩提时代生活环境对其心理形成所产生的影响。通过对陶行知成长环境的分析,章唐认为,正是陶行知"困顿的少年生活,锻炼了他早熟老成、坚韧处世的品格""在他谦逊平易的外表后面,蕴聚了一个顽强执着的个性,初铸了后来以'外圆内方'为特色的处世风格"③。陶行知之所以能够形成这样独特的处世风格,除了少年时代的生活,"三重文化圈"的变奏跳跃也产生了极为深远的影响。

---

① 根据 2012 年 12 月 12 日与章开沅教授访谈整理,经本人审核。

② 李振宏、刘克辉:《历史学的理论与方法》,河南大学出版社 2008 年版,第 543 页。

③ 章开沅、唐文权:《平凡的神圣——陶行知》,湖北教育出版社 1992 年版,第 34—36页。

章唐将陶行知人格形成的重要阶段——青少年时期划分为三个部分：家乡就读、金陵求学、负笈游美，借助文化学的视角审视了这三个阶段对于陶行知的教育思想、人生态度的重要影响，指出徽州文化圈是陶行知与生俱来的"文化脐根"，也是其"日后不断变异自身文化结构的基础砧木"；金陵大学文化圈则让他铸就了特有的道德风范和人生信仰，这其中既包含其已有的儒家文化，还囊括了新吸收的"爱人如己"的基督教文化；赴美留学则让他在政治上理解了民主主义和自由主义，在教育上近距离观察了教育革新运动，在哲学上深刻领会了实用主义思想的精髓。因此，章唐强调，陶行知在从徽州文化圈到金大文化圈再到哥大文化圈的不断超越过程中，也逐步完成了对朱熹、王阳明甚至是杜威的超越①，这三种文化圈失去其中任何一种，陶行知都不可能成为陶行知。

从文化学的视角考察陶行知，这是缘于二十世纪八十年代初期兴起的文化热潮。七十年代末八十年代初，人们开始思考中国往何处去的问题，这也直接导致了国人的信仰危机。为了解决这一问题，当时国内学界开始掀起一波介绍西方思想学说的热潮，从康德、黑格尔到马克斯·韦伯、弗洛伊德和萨特，一大批西方思想家的学说被全面系统地引入中国，中国犹如西方各种思潮的"跑马场"。在这一历史背景下，中国的思想界、文化界掀起了一股"文化热"，即关注和研究中国传统文化，开展对中国传统文化的反思，深入思考传统文化对于中国近现代发展带来的问题，这一过程实质上是继"五四"新文化运动之后的又一场思想启蒙运动。在这场"文化热"的影响下，章开沅相继撰写了《离异与回归：传统文化与近代关系试析》《文化传播与教会大学》等一系列从文化学角度出发的学术著作，架起了文化学与历史学之间的桥梁。章开沅从文

---

① 章开沅、唐文权：《平凡的神圣——陶行知》，湖北教育出版社 1992 年版，第 54—102 页。

化流动力学的角度剖析传统文化与近代化之间的关系，指出中国近百年来始终在"体用之争、全盘西化与中国本位之争、彻底否定传统和重新振兴儒学之争"等方面"周而复始地再现着对于传统文化离异与回归的两难抉择"①。章开沅进而强调，无论在何种情况下，都"应该用强者开放的心态来对待外来文化""放手吸收外来文化的先进部分，改造革新自身的传统文化，并在两者融会贯通的基础上整合、发展本民族的新文化"②。从上述的这一类诸如跨文化和文化交感的角度出发，章开沅指出，陶行知是"中西文化既相冲突而又相融会的产物，他把杜威的教育哲学引进中国，根据中国的国情与社会需要加以改造与发展，并且广泛吸收了中国文化固有与现今的各种积极因素，形成了自己独立的教育哲学和理论与实践密切结合的教育体系"③。二十世纪五六十年代，西方的汉学家诸如费正清、列文森等人提出了"冲击—反应"模式，强调西方的政治军事文化冲击对于中国社会结构的巨大影响，忽略了中国传统的内在影响因素。直到二十世纪八十年代，柯文针对"冲击—反应"模式提出了质疑，认为"从中国而不是西方着手来研究历史，并尽量采取内部的（即中国的）而不是外部的（即西方的）准绳来决定中国历史中哪些现象具有历史重要性"④，因此，柯文将其归纳成为"中国中心观"的一种研究范式。应该说章唐对于陶行知的上述结论受到这一研究的影响，他们确实架构起了陶行知思想起源说中呈现的"内发"与"外铄"两种不同研究结论之间的桥梁，即强调了陶行知思想中儒学等中国传统文化的根基，又突出了西方教育思

①　章开沅：《离异与回归：传统文化与近代关系试析》，湖南人民出版社 1988 年版，第 220 页。

②　同上书，第 225 页。

③　章开沅、唐文权：《平凡的神圣——陶行知》，湖北教育出版社 1992 年版，"序"第 2—3 页。

④　［美］柯文著，林同奇译：《在中国发现历史——中国中心观在美国的兴起》，中华书局 1989 年版，第 165 页。

潮对其思想演变中产生的重要作用，为后人对陶行知思想起源的剖析奠定了扎实的基础。

　　对于陶行知事业中最典型最具代表性的晓庄师范学校的创建以及生活教育理论的建构，章唐也做了相当详尽的研究。他们认为晓庄有四大"特异"之处：校舍特异、教员特异、学生特异、经费特异，这四大"特异"使晓庄成为中国现代教育历史上民办学校的一大辉煌成绩。它既是对中国传统教育崇尚"学在民间"的一种回归，又是对民国以来教育进化及共和主义长足进展的现实观照，从而树立起了私人办学自由试验的一面大旗。从另一个方面来看，晓庄学校的创设实际上是"五四"新教育运动的"目光下移"，在"教育的革命"和"革命的教育"这两个口号中，中国近代知识分子已经意识到只有解决了农村问题，才能够解决中国的根本性问题。在这一风潮的影响下，陶行知、晏阳初、梁漱溟、黄炎培等一批中国近代教育家纷纷将目光投向中国农村教育，试图通过教育来改造农村进而改造中国社会。对于这一批持"教育救国论"的近代知识分子们，章唐肯定了他们的功绩，认为"怀着真诚的愿望深入农村改造农村的知识分子，其爱国济民的思想行动都不是简单的批评所能贬抑抹杀的。从长远的历史眼光来观照，当年那些立志通过教育改造农村的知识分子在政治倾向方面的若干差异，无论其表现为相对保持独立，抑或与当局发生某些联系，都应淡化，甚或略而不计"。① 相较于同一时期还存在的对于"教育救国论"的贬低或批判，章唐的研究更显客观公正，他们指出，"'教育救国论'被严厉批判了几十年。其间虽有辩者，却总似不能理直气壮。其实，救国与社会改革都是一项巨大的社会工程。要实现这个宏大的目标，必须政治、经济、文化、教育等领域同时革故鼎新互相协调有

_____

　　① 章开沅、唐文权：《平凡的神圣——陶行知》，湖北教育出版社 1992 年版，第 202 页。

所作为。孤立无援的教育是难以救国或推动社会改革的。……疲弱乏力、仅能勉强维持的教育，势难培育出一代又一代孔武有力的救国建国健儿。所以，要教育救国建国，还先须国救教育，国建教育。"① 可以说，对"教育救国论"做出如此公正客观的评价，是章唐对于陶行知研究留下的一笔财富，毕竟潘开沛认为的陶行知教育思想"就是要以乡村教育来拯救中国，丝毫也不触及帝国主义、反动统治和生产关系，这就是十足的教育救国论的主张"② 的观点曾在当时国内的陶研学界还有一定的市场，颇多学者对此不是严加批判就是模棱两可，所以章唐的结论对于陶行知"教育救国论"思想的平反起到了奠基性的作用。稍感遗憾的是，在章唐对"教育救国论"做出如此客观公正的评价之后，仍有诸多学者无视前人的研究成果，在日后的研究中还是对陶行知的"教育救国论"思想扣上不公正的帽子，不得不说这是一种学术上的倒退。至于陶行知教育思想与杜威教育思想的不同，章唐认为这是陶行知在基于对中国国情了解的基础上对传统教育和西方教育思想的理想批判态度所致。他们进一步认为，在经过对杜威思想与王阳明学说的理性批判之后，陶行知提出的生活教育学说"继承发扬五四时期的民主和科学精神，克服学校教育的狭隘性，把学校教育扩展到改造社会和改造自然的大环境中"，是一种"源于生活，而又服务于生活，因而充满浓厚的中国特色"的教育理论③，这一教育理论已经从杜威实用主义教育哲学中脱颖而出分道扬镳，逐渐与马克思主义教育理论中关于人的全面发展学说相近，这也是造成陶行知教育学说深受中共欢迎的重要原因之一。

　　或许是因为同样做过一校之长的缘故，章开沅对于陶行知利用

---

① 章开沅、唐文权：《平凡的神圣——陶行知》，湖北教育出版社1992年版，第51页。

② 潘开沛：《陶行知教育思想的批判》，大众书店1952年版，第8页。

③ 章开沅、唐文权：《平凡的神圣——陶行知》，湖北教育出版社1992年版，第211—212页。

社会力量办学一事颇为赞许,他这样评价陶行知:"无论古今中外,我们很难找到另外一个人,能够像他这样千方百计调动社会上一切积极因素来兴办教育,同样又这样千方百计把教育的功能渗透到社会机体的许多层面与许多角落。其思虑之精与用力之勤,真是如同水银泻地,无孔不入。"① 1984 年至 1990 年间,章开沅担任了六年华中师范大学的校长,经历了学校改名、发展、成长的一系列历程,深知"在中国,不管过去与现在,办教育都是很难很难的呵!"② 在辞去校长之时,章开沅甚而感叹:"未了之事与未竟之愿太多太多。"③ 在办学这一事上,章开沅与陶行知有太多的相似之处,故而他费了颇多笔墨研究陶行知办学的社会资本,不厌其烦地罗列出陶行知在"三重文化圈"变奏过程中积累的各种资本,可以说这也是对其自身办学的一种共鸣与反思。社会资本理论经布尔迪厄等人在二十世纪八十年代详细探究之后引起了学术界的关注,布尔迪尔将社会资本划分为文化资本、符号(声望)资本、经济资本、社会资本四项,行动者依据自身占有的社会资本的数量来获取实际或潜在的资源整合。章唐认为,在经历了人生早期的"三重文化圈"变奏之后,陶行知成功地积累起了大量社会资本,"文化教育大变革的时代环境和作为杜威、孟禄的高足弟子,使他占尽天时地利人和的优势。归国不过 5 年,他已名满全国,登上了中国教育现代化初期工程的主要设计师和施工者的重要位置"④,而这些资本最终又全部转化为其办教育的根本动力,因而,学习陶行知对社会资本的娴熟调配不仅是必要的也是必需的。这也实现了生活教育的广义特征,即教育社会化和社会教育化,也就是达到了提倡全社会办教育的最终目的。

---

① 章开沅、唐文权:《平凡的神圣——陶行知》,湖北教育出版社 1992 年版,"序"第 3 页。
② 同上书,"序"第 4 页。
③ 同上。
④ 同上书,第 150 页。

　　尽管陶行知研究并非章开沅与唐文权的主要研究方向，但是得益于华中师范大学得天独厚的陶研优势，再加上二人深厚的史学功底，故而他们的研究成果得到了海内外陶研学者的高度赞赏。章、唐二人敢于奋笔直书，从容评价"陶行知现象"，始终本着还原历史本色的治学态度，不得不让后人佩服他们的勇气。从他们的研究中我们可以深刻领悟到章开沅强调的"史魂"观的真义，即始终强调史学保持独立的科学品格，史学家保持独立的学者人格，史学才能求实存真，彰显出自己独特的学术魅力，"真实是史学的生命，求实存真是历史学家责无旁贷的天职"①。

　　在"真"这一点上，章唐与陶行知是一脉相承的。陶行知主张"千教万教教人求真，千学万学学做真人"，而章开沅强调"求实存真"的治史态度，故而他们的陶行知研究始终烙有"真"的标签。他们"治学不为媚时语"，敢于将"陶行知现象"的起源探讨至最深之处；他"独寻真知启后人"，敢于客观评述"教育救国论"的是非功过，而非将"教育救国"一棍子打倒；他崇尚"史学寻找自己"，试图从不同视角还原全面真实的陶行知，他们高度肯定"像陶行知这样的大教育家、大学问家，对于中西各种文化、精神资源，多半是相容并包，博采众长，然后经过研究与实践形成真正属于自己的思想体系与学术体系。"②

　　除了"真""爱"亦是章开沅与陶行知的共同点。章开沅认为，陶行知是"爱的导师，爱的力行者，爱的创造者""爱在他那里具有至上的实践品位""正是这种博大的爱使他成为一位教育巨匠""使他成为一位民主斗士"③。陶行知这种"爱满天下"的精神，尤其是

---

　　① 陈才俊：《史学的品格与历史学家的使命——章开沅教授访谈录》，《史学月刊》2007 年第 4 期。

　　② 章开沅：《章序》，载何荣汉《陶行知：一位基督徒教育家的再发现》，基督教文艺出版社（香港）2004 年版，第 x 页。

　　③ 章开沅、唐文权：《平凡的神圣——陶行知》，湖北教育出版社 1992 年版，第 520 页。

对青年学子的爱在章开沅的学术生命中得到了充分的体现。马敏、周洪宇、余子侠等诸多章门弟子都曾深有感触地引用过章开沅的一段生动形象的自喻:"我是一只忙忙碌碌的老母鸡,成天到处啄啄扒扒,看到什么食物就招呼小鸡前来深扒会餐,我则继续向前寻找……"也正是这种为青年学子铺路,为发展学术交流搭桥的博爱精神使得"华中学派"学术命脉薪火相传并得以生生不息。现如今,章门弟子中的周洪宇、余子侠二人业已成为国内陶研界的一流专家,至今也在陶研领域"母鸡扒食",为陶行知研究贡献着自己的力量。

### (三)夏德清①

在陶研华中学派的第一代学人中,夏德清对陶行知研究资料的搜集整理、陶行知教育思想的解读等方面都有着独到的见解,形成了自己特有的研究风格。

1961年,夏德清高中毕业后考入华中师院教育系学校教育专业。1965年本科毕业后,他相继赴黑龙江、湖北黄石等地工作,后又回到了华中师范学院教育系任教。这一期间的教育及工作经历让他对陶行知一生的跌宕起伏产生了浓厚的兴趣。

> 当时社会上在批判陶行知,这反而对我产生了影响,使我有了一种好奇心。随着读书及工作期间对陶行知了解的不断深入,成了我投身于陶行知研究的动力。②

1981年,华中师院教科所打算编辑《陶行知全集》。为了取得教育部相关领导对《全集》编辑工作的支持,时借调在教育部工作的夏德清特地向教育部党组书记、常务副部长董纯才请示,

---

① 夏德清(1941—　),湖北蕲春人,深圳市陶行知研究会副会长。
② 根据2013年3月17日与夏德清先生访谈整理,经本人审核。

希望能够得到教育部的支持。在未能获得董纯才响应后，夏德清毅然回到华师参与《陶行知全集》的编辑工作，并担任第三卷的分卷主编。

> 我向董纯才汇报出版《陶行知全集》一事，董纯才表示:毛泽东、周恩来的《全集》《选集》都还没有出版，怎么能出陶行知的呢? 我则表示，陶行知的全集不需要通过政治审查，过程会简单一些。此后，我回到华师参与《全集》前期筹备工作。(科研处长)邓宗琦要我写《陶行知全集》出版报告，并获得学校批准，拨给了五万元经费。此外，我还和周洪宇、熊贤君等人去全国各地调查搜集资料。比如我们去安徽，陶行知的学生操震球一直陪着我们。在调查资料过程中，我多次经过家乡黄石，都过门不入，希望能够全力以赴地编辑好这部《陶行知全集》。[1]

与陶门弟子董纯才的共事、参与《陶行知全集》编辑，这些经历成了夏德清的陶研起点，也使他掌握了充足的第一手资料。这也让他对陶行知生平事迹的考证更为感兴趣。对于陶行知的诞辰，夏德清反对当时陶研界提出的"1891 年说"和"1893 年说"，并根据手头资料认为"1892 年说"才是最为合理的。他借助陶行知的学历证明、回国任教证明、晓庄毕业生同学录证明、校董履历表等多条历史资料，有力地佐证了他的"1892 年说"观点，使其与"1891 年说""1893 年说"共同成为陶行知出生年月的三种学说观点。[2]

---

[1]　根据 2013 年 3 月 17 日与夏德清先生访谈整理，经本人审核。
[2]　夏德清:《陶行知生年质疑》，《长江日报》1982 年 3 月 12 日;夏德清:《陶行知生于一八九二年的又一佐证》，《长江日报》1982 年 3 月 18 日;夏德清:《陶行知先生之诞辰考证》，《深圳职业技术学院学报》2011 年第 6 期。

此外，由于 1979 年至 1981 年，夏德清应董纯才之邀借调至中央教科所工作，这一经历也让他与董纯才近距离的交往中获取了一些口述史料。如董纯才在晓庄学习经历、生活教育在延安的开展实践等。在这些材料中，尤其是对于陶行知是否是共产主义者这一问题，夏德清借董纯才的回忆有了与主流研究者不同的答案。如"董纯才问刘季平：'陶行知是不是马克思主义者？'刘季平摇摇头。"①"我（董纯才）前次开会，遇到胡乔木同志。我问他，陶行知能不能算是马克思主义者，他也摇摇头。"② 可以说，夏德清的这些口述史料是极有价值的。在当时的陶行知研究热潮中，不断地验证"伟大的人民教育家""党外布尔什维克"这些观点，已经将陶行知塑造成为了马克思主义者甚至于达到了共产主义战士这一巅峰，这样的结论在诸多研究成果中屡见不鲜。而夏德清的这些口述史料为我们的学术研究提供了更多思考的余地，即主题先行、以论带史的陶行知研究是否已经被我们过度阐释？

除了在史料学方面对陶行知研究的特有贡献外，夏德清还对陶行知教育思想的诸多层面进行了剖析。在其看来，陶行知教育思想是立体的、多层面的、具有丰富内涵。

从事人物研究，就得对研究人物的各方面思想都尽可能面面俱到，尤其是陶行知这样的大家。当时我就拟定了四十多个题目，准备详细地对陶行知教育思想的各个层面进行挖掘。事实上，只要你钻进去，就会发现陶行知的教育思想非常丰富，有许多地方可以深挖、可以做文章。③

① 夏德清、武素月：《董纯才谈陶行知研究》，《生活教育》2012 年第 18 期。
② 夏德清、武素月：《董纯才与晓庄学校》，《生活教育》2011 年第 5 期。
③ 根据 2013 年 3 月 17 日与夏德清先生访谈整理，经本人审核。

　　正是有了这种思想的指导，夏德清分别从陶行知的创造教育思想、民族教育思想、人才教育思想、职业教育思想、教科书编辑思想等多个层面做了详细的探讨。在创造教育方面，夏德清认为，陶行知借助马克思主义批判继承了杜威的实用主义以及中国传统教育的精髓，形成了"以生活教育为基础、以终身教育为纲的人民教育理论"①。在陶氏的人民教育理论中，创造教育起到了重要的作用。夏德清指出，在陶氏的创造教育中，教师只是外因，内因还在于解放儿童，培养发挥儿童的创造力，这就要求教育能够体现民主作风。② 教育的民主性可谓是陶行知创造教育的重要保障之一，这不仅是其师承杜威民主教育之风，也是陶氏终身为之努力的目标。在陶氏民族教育思想方面，夏德清在经过详尽的史料考证后指出，强调民族自治、民族分工合作、民族间团结友爱等思想是陶氏民族教育思想能够得以实现的根本性保障，但陶氏的这些想法在民国时期是根本无法实现的。在对陶氏民族教育思想进行通盘梳理后，夏德清认为，只有在社会主义中国、在中国共产党的领导下，才能实现民族的平等，也只有这样，民族教育才能根本上得到发展。③ 夏德清通过考察陶行知在内蒙古地区的教育实践经历后指出，陶行知对于民族教育的思考与实践，不仅在当时是教育学习的典范，迄今对于我国的民族教育仍然有着巨大的借鉴意义。④ 此外，夏德清还研究了陶氏的人才教育理论。他在厘清了陶氏人才教育理论的概念与宗旨后指出，陶氏的人才教育与天才教育、基础教育、普及教育、

---

　　① 夏德清:《论陶行知的创造教育思想》,《华中师范学院学报》(哲学社会科学版) 1984年第4期。注: 此处即为华中师院学报,非"华中师范学院学报",故不更改,下同,书末参考文献同。

　　② 夏德清:《论陶行知的创造教育思想》,《华中师范学院学报》(哲学社会科学版) 1984年第4期。

　　③ 夏德清:《论陶行知的民族教育思想》,《云南民族学院学报》1984年第4期。

　　④ 夏德清、武素月:《陶行知在内蒙古的教育实践》,《华中师范大学学报》(哲学社会科学版) 1991年第6期。

道德教育之间有着密切的联系，正是在这种人才教育思想的指导下，陶氏在实践中逐步重视对特殊人才幼苗的培养，并取得了极好的效果。[1] 在陶氏职业教育思想方面，夏德清通过分析陶氏的职教思想后指出，尽管陶氏的职教理念颇为先进，但在当时的中国社会环境下，由于各方面的掣肘，所以陶氏所希望能够达到的"富可均而民自足"的宗旨显然是镜中水月。[2] 在教科书编辑方面，夏德清梳理了陶氏教科书编辑的思想与实践，盛赞了陶氏对于中国教科书编辑所起到的积极引领作用，认为正是这种面对生活的教科书才完全能够符合教育的正确需求。[3]

　　对于陶行知的终身教育思想，夏德清予以了重点考察。他认为，陶行知的生活教育理论实质上是终身教育思想的雏形，两者在概念、目标、意义等多个层面上几乎完全类同。通过两者的对比，夏德清指出，在概念方面陶行知主张教育从纵向上实现"从摇篮到坟墓"的终身教育过程，从横向上以广阔的生活作为教育内容的主体，其"教学做合一"与终身教育的"学习社会"基本类似；在范围方面，终身教育包括学校教育和社会教育，这与陶行知提倡的生活教育范围基本类似，体现出陶氏教育机会平等的现代理念；在目标方面，终身教育是为了人的不断发展以便适应急剧变化的社会，而生活教育的特质则是为人民造福，这两者显然都是为了人的幸福考虑，其目标也是相似的；在实施方法方面，终身教育要对现行传统教育进行大刀阔斧的改革以便建立一个一体化的教育组织，而陶氏则提出了"学前—小学—中学—大学—研究院教育"的一体化实施步骤，可以说实施方法基本类似；在前景方面，终身教育和生活教育都强调人类的解放、平等与幸福。通过这几个方面的比

　　① 夏德清:《试论陶行知的人才教育思想》,《华中师范学院学报》(哲学社会科学版) 1983 年第 5 期。
　　② 夏德清:《陶行知的职业教育思想简述》,《职业技术教育》1985 年第 9—10 期。
　　③ 夏德清:《陶行知先生论教科书》,《课程·教材·教法》1984 年第 6 期。

较，夏德清指出，终身教育和生活教育在基本精神上是一致的，陶行知当之无愧的是现代中国"终身教育"理论的先驱者，也是世界"终身教育"理论的奠基者之一。① 正是基于对终身教育的关注，夏德清还详细考察了陶行知的社会大学。借助详细的史料考证，夏德清对重庆社会大学的课程、教材、教法、办学经费以及毕业生去向都做了详尽的分析，并进而指出，重庆社会大学充分体现出了陶氏"社会即学校"的核心思想。②

1986 年，在完成《陶行知全集》编辑工作后，夏德清离开华中师范学院前往深圳工作，因此也逐步淡出陶行知研究领域。但对于陶行知研究的热情却一直在其心底埋藏。退休后，夏德清又相继发表了数篇陶行知研究的文章，延续了他一生为之努力的陶行知研究。总体而言，夏德清的陶行知研究参与早，成果分布面广，在早期的陶研学人中还是占有很重要的位置。尤其是他对陶行知不同教育思想的挖掘，体现出了他敏锐的观察力和对于宏观研究的把握能力。但从另一个角度来说，他的研究也呈现出时代的特性，即介绍性的成果多，分析性的成果少；"六经注我"式研究多，"我注六经"式研究少，不过这也是当时的社会环境造成的。在二十世纪八十年代初期，陶行知研究刚刚复苏，学界更多地以介绍陶氏的思想特别是教育思想为主，对于陶氏的其他思想以及思想根源形成等其他方面并未涉及，而夏德清的研究恰恰就是受到了这一社会环境因素的影响。无论如何，每个人都会有着其特有的历史局限性。就当时的研究而言，夏德清的陶研已经成了华中学派在新老传承中的重要代表性成果之一。

---

① 夏德清、周南照：《陶行知——中国现代教育史上"终身教育"思想的先驱》，《华中师范学院学报》（哲学社会科学版）1981 年第 4 期。此处也是华中师院学报。

② 夏德清：《陶行知和社会大学》，《教育研究与实验》1982 年第 1 期。

# 二　形塑与再造：第二代华中陶研学人

有了董宝良、章开沅等第一代学人的革故与鼎新，才能为第二代学人的研究打下坚实的基础。董、章之后，以周洪宇为首的第二代陶研学人在编辑《陶行知全集》的过程中迅速崛起，在前人开拓的事业上不断深化。这其中，周洪宇先后师从董宝良、章开沅攻读硕士、博士学位，余子侠、熊贤君也先后拜入章门攻读博士学位，而喻本伐原本就是董宝良在教育系的学生，师承的影响让他们更为迅速地进入了这一研究领域。这四人先后进入董宝良负责的教科所教育史教研室之后，与当时教科所工作的夏德清、李红梅等人组成了国内最为精干的陶研队伍，成了全国陶研的中坚力量。作为"文化大革命"后大学生，这一代学人在西方思潮的影响下，对旧有的研究结论与范式提出了不同见解，形成了各自独特的研究风格，也为陶行知研究打开了视野，扩大了领域。

## （一）周洪宇①

在陶研"华中学派"学人中，周洪宇是承上启下的重要人物。在国内陶行知研究领域，他入行早，研究时间持久，研究深入并取得了众多的成果及广大的影响力。更为难得的是，他极为重视研究的传承性，培养出一批年轻陶研学者，为陶行知研究的薪火相传留下了火种。故而，无论是从研究的广度、深度、持久度等任何一个角度来看，他当之无愧地属于海内外陶研界最重要的学人之一。

周洪宇介入陶行知研究既有必然性也有偶然性。1982 年 1 月，

---

① 周洪宇（1958—　），湖南衡阳人，先后于华中师范大学获历史学学士、教育学硕士、历史学博士学位，现为华中师范大学教授、博士生导师、十三届全国人大常委会委员、湖北省人大常委会副主任、中国教育学会副会长。曾任湖北省陶行知研究会秘书长，现任中国陶行知研究会常务副会长。

刚从华中师范学院历史系毕业的周洪宇被分配至本校新成立的教育科学研究所工作。在经历了初期的转换专业的迷惘之后，正巧湖南教育出版社来华中师院教科所商谈编辑出版《陶行知全集》一事，让周洪宇迅速调整了研究思路，在历史学与教育学之间找到了契合点，即以陶行知研究为切入点研究中国教育史。

  从历史系毕业分配到教育科学研究所工作，对于我来说是一个完全陌生的学术领域，这就意味着多年的历史学积淀可能会没有用武之地了，这对我是一次沉痛的打击，也就意味着我今后要重新选择研究方向，这种选择是痛苦的，但是你又不得不选择。很偶然的是，这段时间湖南教育出版社李冰封社长无意中发现了华师刊印的纪念陶行知九十诞辰的小册子，他就指派曹先捷编辑前来商谈编辑《陶行知全集》一事。曹先捷说从解放到现在我们国家没有出过教育家，也没有出过教育家文集，我们应该给教育家编全集，尤其是像他们这种教育出版社。但是中华人民共和国成立以来没有教育家，那还是得研究中华人民共和国成立前的教育家。最终，在学校与出版社商议得当之后，他们决定成立了以教科所所长杨葆焜为主编，董宝良为副主编的编辑队伍。而我，由于在教育史教研室工作，又是历史学科班出身，就被委以起草体例、框架等重任了。从今天来看，这件事让我从改换专业的痛苦和迷惘中走出来了。正是这个机遇，使我的专业与工作有了结合点。它为我打开了一扇窗，完成了研究中国近现代教育史的学术转向，使我走上了陶行知研究之路。[①]

---

[①] 根据 2012 年 12 月 5 日与周洪宇教授访谈整理，经本人审核。

　　"偶然与必然是需要深入研究的历史哲学的最高范畴,如同它们也是艺术和生活中的最高哲学范畴一样"①,看起来周洪宇进入陶行知研究领域是一偶然性事件,事实上深究背后其历史的必然性也是在所难免的。他所具备的扎实的历史学功底使得他成为《陶行知全集》编辑的不二人选,更为重要的是,是其自身的主观能动性让他也选择了陶行知。大学期间,周洪宇深受李泽厚治学思想的影响,尤其是对李泽厚提出的"不强调从思潮着眼,无法了解个别思想家的地位和意义;不深入剖析主要代表人物,也难以窥见时代思潮所达到的具体深度"②的观点深表赞同。李泽厚因为这一观点而选择了比黑格尔更伟大的康德作为研究对象,周洪宇亦决定效仿李泽厚的研究思路,以"大处着眼,小处着手",决定选择一流的教育家陶行知作为其研究对象。偶然与必然的一瞬间,决定了一个人的几十年,周洪宇选择了历史,历史也选择了他。

　　1985年,周洪宇参编的《陶行知全集》六卷本出版后,他考入教科所董宝良教授门下,以《陶行知与中国教育现代化》为题攻读教育学硕士学位研究生,开始从整理陶研史料转向系统全面地研究陶行知。1988年,他考入史学大师章开沅门下攻读博士学位,并以《陶行知与中国现代文化》为题撰写了国内第一部以陶行知为主题的博士学位论文,进一步奠定了他在国内陶研界的学术地位。2000年底,他远赴陶行知的母校——美国哥伦比亚大学师范学院,近距离地领悟了哥大文化并搜集了一批陶行知当年在海外留学的原始资料。近年来,他在陶研领域仍然笔耕不辍,相继撰写了《陶行知生活教育学说》《陶行知画传》《陶行知年谱长编》《全球视野下的陶行知研究》等多部陶研著作,同时指导了数名博士生、硕士生从不同角度继续从事陶行知研究,在理论层面上进一步丰富和完善

---

① 李泽厚:《中国近代思想史论》,生活·读书·新知三联书店2008年版,第483页。
② 同上书,第484页。

了陶行知研究体系。此外，周洪宇还从陶行知研究中进一步延伸发展，追求其教育思想的现实价值。在他担任全国人大代表期间，他为教育公平献计献策，努力推动义务教育免费政策的出台，努力推动高考制度的改革，努力推动教师队伍的建设，努力推动中小学校车管理条例的颁布，以及提出"阳光教育"理念，这些思想都是从他的陶行知研究中发展而来。2011 年，周洪宇向全国人大提出设立国家级教师最高奖"陶行知教育奖"的议案。在其看来，陶行知丰富的教育思想与实践、崇高伟大的人格魅力堪称现代教师的楷模，这一提案立刻引起了社会的良好反响，当年就由中国陶行知研究会评选出了七名"陶行知教育奖"获得者。谈及这些成果，周洪宇表示："我的研究可以用三个圆圈来概括。内核是陶行知研究，中间是教育史学研究，外围是教育政策与法规研究，而所有的这些研究，都是从陶行知研究演化而来，陶行知研究是我所有研究的历史根基。"[①]

"20 世纪综合性的文化伟人"。作为其所有研究的出发点与归属点，周洪宇的陶行知研究结论也是别具一格，独树一帜。在其看来，陶行知是在中西不同文化的冲撞与交融中成长起来的教育家，同时又为中西文化的交流与融通做出了巨大的贡献，他汲取了中西文化中的精华，批判地继承了儒家、墨家、基督教、实用主义思想中的优点，在教育实践中始终不忘文化创新使命，同时十分注重在语言文学、大众艺术、大众戏剧、现代科学、新闻出版甚至新图书馆运动中的文化传承与创造，这一切的汇聚使得陶行知当之无愧地成为"20 世纪综合性的文化伟人"。周洪宇的这一研究打破了学术界一直将陶行知研究局限在教育学、政治学领域的禁锢，而是将陶行知置于中国现代文化的历史背景下，从微观与宏观、部分与整体

---

① 根据 2012 年 12 月 5 日与周洪宇教授访谈整理，经本人审核。

的视角予以了新的诠释。

周洪宇认为,作为中西文化撞击和交融的产物,陶行知的人生经历了重要的三部曲,从接受传统文化的熏陶,历经西方文化的洗礼,最终归宗于马克思主义,这使得陶行知"既有着强烈的民族意识,又具有恢宏的世界眼光;既时时追踪着时代潮流,又处处从中国现实与国情出发,成为中国近代以来最民族化又最世界化、最有传统性又最有现代性的中国人之一"①。周洪宇提出的"三部曲"一说颇有新意,可谓是对其师章开沅提出"三重文化圈"说的加工、再造和超越。章开沅的"三重文化圈"仅仅包含了陶行知在青年时代所受的东西方文化交融的影响,至于成年之后的陶行知是否仍在接受西方思潮与中国传统文化的洗礼,章开沅并未做出过多的分析。周洪宇显然是汲取了其师的说法,并将"三重文化圈"压缩为"人生三部曲"中前两部,并独具匠心的加上了"归宗马克思主义"。周洪宇认为,马克思实践唯物主义观对陶行知后期的思想转变起到了很重要的影响作用,也正是这种转变,"给他中西结合创造新文化的伟大实践提供了正确的世界观和方法论"②。法国历史学家费尔南·布罗代尔曾提出研究历史就应该穿透事件的历史表层,揭示隐藏在表层之下的、影响集体存在的力量,所以他对历史的时间做出了深刻的阐述,将其表述为长时段、中时段和短时段。尤其是他的长时段思想深刻地改变了历史学的面貌,也只有从长程的历史观来研究事物才能更为全面宏观地揭示出历史的本质所在,"无数的层面和无数次历史时间的剧变都根据这些深层结构、这种半停滞的基础得到解释"③。显然,在解释陶行知一生这一点上,周

① 周洪宇:《开拓与创建:陶行知与中国现代文化》,山东教育出版社 2010 年版,第 46 页。

② 同上书,第 45 页。

③ 〔法〕费尔南·布罗代尔著,刘北成、周立红译:《论历史》,北京大学出版社 2008 年版,第 36 页。

洪宇的长程历史观的"三部曲"说是最为合理的了。他将其师"三重文化圈"关注的二十余年时间扩展至陶行知人生的整个时间段，在一种缓慢变化、近乎停滞的大历史观下从文化学的视角完成了对陶行知整体考察，这可谓是其对师说的一种全面性超越。

既然是从文化学的角度切入，周洪宇也就深入剖析了陶行知的文化观，他认为，尽管陶行知对文化的本质、功用及文化解放的对象、任务、方法和途径都做了重要的论述，但在中西方文化交融的历史大背景下，陶行知也一度陷入迷惘，不过最终陶行知还是提出了"民主的、大众的、科学的、创造的"四大方针，这一方针与毛泽东的文化方针在精神上完全达到了一致，这也是"陶行知晚期文化思想及他对中国文化发展道路独立思考的产物"，"它达到了当时人们所能达到的思想高度，在中国近现代思想文化史上无疑是十分杰出的"[①]。对于陶行知的思想学说，周洪宇也从中外文化交融的角度予以了分析。他认为，陶行知的政治思想是其吸收了古今中外民主思想的产物，其中既包容了儒家"民为邦本""民贵君轻"、墨家"兼爱"、孙中山"三民主义"的思想，又囊括了西方观念，特别是在受到马克思主义及中国共产党的影响之后，陶行知形成了以"新民主主义和社会主义民主观为基本内容的新型政治思想"[②]，成了一个"无保留追随党的党外布尔什维克"。在哲学思想方面，周洪宇认为，陶行知在经历了将王阳明"知行合一"思想与杜威实用主义哲学结合的失败之后，批判地继承了这两者的优点，并结合了墨子的知识论与马克思主义哲学观，在哲学思想上为中西文化的糅合作了又一次创举，体现出其不断博收兼取中西文化精髓的努力与追求。在教育思想方面，周洪宇认为这是陶行知对中西文化博取兼

---

[①]　周洪宇：《开拓与创建：陶行知与中国现代文化》，山东教育出版社 2010 年版，第 51 页。

[②]　同上书，第 56 页。

收最为突出的亮点。陶行知对杜威教育思想从学习接收到改造扬弃,并不仅仅是一种字面上的翻新,而且是陶行知整个政治思想、哲学思想的根本性转变,"这是随着对中国社会了解的加深,是他人生观、世界观产生跃进在教育观上的反映"①。

在近代中西文化交流碰撞中,基督教是一个不可不提的话题,它对中国近代诸多知识分子产生了巨大的影响。论及陶行知与基督教的关系,周洪宇认为,陶行知虽然在 1913 年金陵大学读书时"一度皈信基督教义,但他绝对不是一个狂热偏执的基督徒","他对基督教义既有接纳,也有排拒,并且接纳中有排拒,排拒中又有接纳"②,具有强烈的主题意识和清醒的理性精神。从内在因素来看,基督教义中救世、平等、博爱的教义与中华文化中"亲仁""兼爱"等观念糅合之后,形成了具有鲜明政治倾向的人道主义思想;从外在因素来看,陶行知就读的教会大学氛围也使其对基督教义有了更多的理解,因而,出于完善个体人格和救国救民的双重需要成了陶行知在 1913 年皈依基督教的重要动力。在近代中西文化交流史上,教会大学的作用不可不提,它成了当时中西文化碰撞与交融的重要载体。正如在中国多年从事教会大学工作的芳威廉博士所言:"早期由于(中国)缺少现代化的高等教育体系,任何新事物都难免是舶来品。新式大学显然是外国输入,严格区别于中国的传统教育。"③ 这些学校浓厚的基督色彩使得其成为在教会大学接受教育的中国近代知识分子第一个文化交融圈。在这个圈子中,一批近代知识分子完成了对西方文化的排拒与接纳,由中华文化圈迈向了西方文化圈。但不可否认的是,在经历了向西方近代文明的模

---

① 周洪宇:《开拓与创建:陶行知与中国现代文化》,山东教育出版社 2010 年版,第 58 页。

② 同上书,第 63 页。

③ 章开沅:《教会大学史研究的文化视野》,《华中师范大学学报》(哲学社会科学版)1997 年第 3 期。

仿、学习与趋近之后，这一群知识分子最终还是回到了民族文化的土壤中寻求民族的主体意识，以求延续中华文化的精髓。陶行知的个人经历，则是对这一文化离异与回归的最好注解。这一特定的时代条件、社会背景和个人因素促成了陶行知这一文化伟人的诞生，周洪宇的考察显然是最为合理地解答了这一问题。

周洪宇认为，陶行知能够正确对待中西文化教育，对内他以科学的态度批判继承了中国传统文化教育中的合理成分，推动大众语文运动，创造了一系列脍炙人口的新诗，既是近代新诗的奠基者之一，也是近代教育诗的开山①，同时他又强调大众艺术，以生活教育为载体亲自从事艺术创作与艺术实践，开创了现代大众文艺的先河；对外他批判地吸收了西方文化教育中有利于我国的积极因素，在杜威实用主义教育理论的基础上创造性地提出了以"生活即教育""社会即学校""教学做合一"为核心的生活教育理论并将其应用于中国实践。与此同时，他还充当了中外文化教育交流的使者，为中西文化教育交流做出了突出贡献。因而，"陶行知不仅是近现代中国伟大的人民教育家，而且是 20 世纪综合性的文化伟人"。②

周洪宇借助文化学的视角解读陶行知是有着独特的历史背景的。二十世纪七十年代末八十年代初，历经磨难的一代人无一不在思考着"中国将往何处去"，严重的信仰缺失使得人们陷入了迷惘之中。这一时期中国的知识分子对西方的思想文化充满了学习与借鉴的渴望，而思想界的精英们敏锐地觉察到了这一点，开始大量翻译介绍西方的现代思潮，出版了大量西方思想家的学术著作。在西方各种新思潮、新学说的影响下，中国的思想界掀起了一股"文化

---

① 周洪宇:《陶行知的教育诗》,《教育研究与实验》1984 年第 1 期。
② 周洪宇:《开拓与创建:陶行知与中国现代文化》,山东教育出版社 2010 年版, 第 490 页。

热",他们从关注中国传统文化入手,反思中国传统文化的利弊,思考传统文化与中国近代化发展的关系。这不仅是继"五四"之后的又一场思想启蒙运动,也是对现实政治体制改革思考的曲折反映。提及这场"文化热",周洪宇表示:

> 像当时许多渴望真知的年轻人一样,我也不可避免地被这股来势汹涌的文化热潮所席卷。读书与研究的热情极高,每日沉溺于阅读各种关于思想和文化的书籍和文章,奔赴武汉各大高校旁听关于文化问题的讲座,参与各种文化问题讨论会,思考中国传统文化与现代化的关系,并先后撰写发表了《关于文化学研究的几个问题》《文化系统论纲》等论文,甚至计划与华中师大俞怀宁、程继松等青年教师一道编写一本《文化学概论》,打算创立一门新的综合性的文化学学科。①

尽管由于"文化热"后来迅速降温,但这并不影响周洪宇将文化学的观点引入他的学术研究当中。周洪宇认为,文化与教育犹如孪生兄弟,"文化的传承与进步离不开教育的作用,教育的变革与发展也有赖于文化的支撑"②,文化会影响教育思想的形成与教育方法的抉择,而教育则会对文化的传承起着抉择、积淀与创新的功能。在这一点上,陶行知的生活教育学说是最为典型的代表。生活教育学说是在批判、继承和发展的基础上"以现代教育理论为主干,同时又吸取了大量传统教育的合理因素而形成的一种教育学说,既有强烈的时代气息,又有鲜明的民族特色"③,同时汲取了杜威实用主义教育思想的合理内核,摒弃了不符合中国国情的杂质,

---

① 根据 2012 年 12 月 5 日与周洪宇教授访谈整理,经本人审核。
② 周洪宇:《开拓与创建:陶行知与中国现代文化》,山东教育出版社 2010 年版,第 2 页。
③ 周洪宇:《陶行知生活教育学说》,湖北教育出版社 2011 年版,第 254 页。

将生活与教育的联系又向前推进了一大步。对于这一中西文化交融的教育学说，周洪宇从本体论（生活即教育）、场域论（社会即学校）和方法论（教学做合一）等层面予以了详尽的分析。他认为，尽管陶行知从杜威处借鉴来了"生活"与"教育"这两个概念，但是从本质上来却是截然不同的，陶行知的"生活"实质上是指半殖民地半封建的中国人民争取民族独立平等的全部社会实践，而"教育"实质上是民族解放、人类解放的武器，故而，在生活教育理论中占据本体论地位的"生活即教育"实质上是要求教育能与社会生活、生产劳动相联系，可以为人民大众谋利益，服务于反帝反封建争取民主独立自由的事业。[①] 在场域论方面，周洪宇认为，陶行知的"社会"范畴主要指人民大众能够从事社会实践的生活组织，"学校"范畴主要是指人民大众生活的场所，那么"社会即学校"从实质上来看就是运用社会各方面的力量，创办人民大众所需要的学校，培养出社会所需要的各类人才，进而为反帝反封建事业贡献力量。[②] 在方法论方面，周洪宇认为，"教学做合一"强调的是以"做"为中心的行动与思想的结合，也就是教育与生产劳动、社会活动的结合，手脑并用的结合。不难看出，周洪宇对于陶行知生活教育理论的分析带有浓厚的马克思实践唯物主义哲学的色彩，他强调人在生活教育中的主体性与实践性，以人的教育生活与实践重新诠释了生活教育理论。他的这一马克思实践唯物主义观奠基于大学时代苦读马列原著，发展于陶研时期的生活教育理论剖析，成熟于当下的教育活动史体系建构。他强调关注教育史研究中的人及人的活动（实践），进而提出了教育活动史与教育思想史、教育制度史三足鼎立的研究格局，这些思想在其早期的陶行知研究中均有所体现。

---

① 周洪宇：《陶行知生活教育学说》，湖北教育出版社 2011 年版，第 178—193 页。
② 同上书，第 195—206 页。

或许是受到其师章开沅"参与史学"的影响,周洪宇的陶行知研究更多地会将现实与过去及未来相联系,他梳理了生活教育与中国特色社会主义教育体系的关系,力图挖掘出生活教育的当代价值所在。他指出"生活即教育,社会即学校"实际上是一种现代的大教育观,从横向上打通了学校教育、家庭教育、社会教育之间的隔阂,从纵向上将个体受教育的时间由短暂的学校教育延伸至终生教育,最终实现了社会化的教育与终身化的教育。对于陶行知培养"真善美的活人"这一主张,周洪宇认为这是一种具有现代特质的"主体教育论",是一种以人为中心,民主全面的教育,它符合了弘扬人的主体性的现代教育发展趋势。此外,他还挖掘出陶行知教育思想中生活课程论、实践教学法、终生教育论等多种教育理论与方法的当代价值。特别值得一提的是,对于陶行知的终生教育论,周洪宇认为这是世界上第一个完整提出的终生教育理论,比联合国教科文组织终生教育局局长伦格兰德提出的"终生教育"理念要早二十年左右的时间。①

对陶行知教育学说的整理我们花了很长的时间,从1985年立项开始到1993年出版。之所以花了近十年的时间,是以为当时我们所做的工作是一种创造性的工作,国内尚鲜有对陶行知教育学说全面系统的研究。我们对陶行知教育思想中的三大基本原理"生活即教育"、"社会即学校"、"教学做合一"的形成背景、含义及实质都做了阐释。尽管陶行知早期的教育思想受到杜威、孟禄等美国教育家的影响比较明显,但是他是一位非常具有创造性的教育家,善于从中国的国情出发,根据当时国内教育改革的需要,创造了多种适应中国社会需要的教育

---

① 周洪宇:《试论陶行知的终生教育思想》,《中国教育学刊》1991年第5期。

理论和实践。通过研究可以看出陶行知在中国近代教育史上不是一位外国教育思想的传播者，而是一位始终立足中国实际的教育改革者，所以我才专门论述了陶行知教育学说对当前教育改革的借鉴作用。①

从参与编辑《陶行知全集》到撰写出中国第一部研究陶行知的博士学位论文，周洪宇在陶行知研究领域始终不停地开拓与创建。除了上述对陶行知的研究之外，他还将目光投向了"陶行知研究的研究"。

首先是方法论的研究。作为陶行知研究的根本方法与原则，周洪宇批判了当时存在的庸俗社会学方法论，对陶研中存在的分割研究、注经疏义、假设推理、添冠加冕、循环论证等现象作了深层次的剖析，指出正是由于深受主观主义、教条主义的影响，以及部分研究者研究态度不纯、理论水平不高、研究能力较弱，造成了他们深陷庸俗社会学方法论的泥潭中。因而，他建议，对于陶行知的研究要以唯物辩证法和唯物史观为指导思想与根本依据，将陶行知置身于具体的历史条件与社会环境中加以考察，以全面的、发展的观点来看待研究对象，才能够摆脱庸俗社会学的消极影响，才能将陶行知研究发展为系统科学的"陶行知学"。同时，他建议要避免仅仅从政治和教育这两个角度研究陶行知的狭隘性，而是要大胆地借鉴人文社科其他领域的研究方法，多角度全方位客观公正的研究陶行知，既不过分抬高，也不过分贬低。② 作为目前国内最早提出陶行知学科体系方法论建构的学者，他的这一从方法论（最高层次）、具体方法（中间层次）、研究程序（最低层次）建立起来的立体网

---

① 根据 2012 年 12 月 5 日与周洪宇教授访谈整理，经本人审核。

② 周洪宇：《陶行知研究的方法论问题》，《华中师范大学学报》（哲学社会科学版）1989 年第 2 期。

络结构对于后来的陶研学者产生了很重要的影响。尤其是在二十一世纪以来他以"历史分析法""比较分析法""系统分析法"和"心理分析法"指导了数位从事陶行知研究的博士生,均是以马克思实践唯物主义为指导思想,采取多种不同的研究方法,从不同视角对陶行知予以了解读,在陶研领域取得了良好的反响。

其次是国内陶研资料的整理。史料是一切历史研究的基础,没有史料就无法完成任何研究。从最早参与《陶行知全集》编辑开始,周洪宇就很注重各种陶研资料的汇编,并在资料整理的过程中提出了一些新的看法与意见。比如陶行知的生辰问题。他对陶行知生辰中的"1891年说"和"1892年说"提出了质疑,认为根据各种资料的汇总显示,陶行知应该是1893年11月10日出生①。这一观点也得到了胡晓风等学者的认可,并与前两条并列成为陶行知生辰的三种说法。此外,周洪宇还认为,一个教育家有了《全集》《选集》,更应该有《年谱长编》,这样对于他的研究才能够全面系统。因此,二十世纪九十年代他就着手编撰《陶行知年谱长编》。在《长编》编撰过程中,周洪宇强调,著作仅仅是陶行知教育思想的组成部分,而陶行知是一个活生生的人,不是各种政治需要就能够随意涂抹的,所以应该更多地从生活中、从实践中来反映陶行知的原貌,更多地从书信、日记以及诗歌中去窥探那个时代背景下的陶行知。② 这一想法既与其师章开沅在二十世纪八十年代呼吁的"微观史学"一脉相承,又与周洪宇本人当下力倡的"教育活动史"相吻合。近年来,周洪宇大力倡导教育活动史,注重挖掘信件、日记、传记、报纸、杂志、歌词、民谣、绘画、访谈录及口述材料的史学价值,冀图通过这些一手资料反映教育的本来面目,反

---

① 周洪宇:《陶行知生年考》《历史研究》1983年第2期;周洪宇:《关于人民教育家陶行知的生年问题》,《华中师范学院学报》(哲学社会科学版)1983年第5期。

② 周洪宇、刘大伟:《史料的钩沉、考证与抉择——〈陶行知年谱长编〉编撰手记》,《江汉论坛》2012年第6期。

映鲜活的教育历史活动场景①，这一思想在其编撰的《陶行知年谱长编》中深有体现。

最后是对海外陶研走向的关注。二十世纪八十年代末九十年代初，随着中陶会成立及相关活动的推广，陶行知研究逐步开始成为显学，国内众多学者纷纷参与到陶行知研究中来。此时，进入陶研领域已近十年的周洪宇显现出了更高的战略眼光，他开始站在全球化的角度来研究陶行知。在其看来，陶行知的教育思想与实践对中国及世界上其他国家尤其是第三世界国家的教育改革与实践，仍在产生着程度不同的影响。因而，对于陶行知教育思想的研究及其历史价值的评判，"不仅是我们一个国家和民族的问题，还是一个世人关注的国际性问题"②。他援引斋藤秋男的话佐证其观点："陶行知不仅是属于中国的，也是属于全世界的。"在这种思想的指导下，他搜集了一批海外陶行知研究的论文资料，整理汇编出了《陶行知研究在海外》一书，这本书也成了最权威的研究海外陶研走向的著作。近年来，有感于近阶段海内外陶研成果的不断涌现，周洪宇又主持编撰了《全球视野下的陶行知》八卷本，评介了中国、日本、美国、韩国、欧洲及中国港澳台地区的陶行知研究，以恢宏的气势全景展现了海内外陶研的盛况，为后人的陶行知研究留下了一笔宝贵的财富。

学术传承是薪火相传、固本开新的事业，它既是对前人学术积累总结的过程，亦是一种学术创新的探索过程。在师承董宝良和章开沅两位陶研大师后，周洪宇一跃成为陶研界的领军人物。最为重要的是，他极为重视陶研队伍的建设，重视学术血脉的流承，注重学术师承圈的建构，这样也为陶行知研究的持续性发展保持了足够的动力。他从心理史学的研究方法着手，指导胡志坚完成了博士论

---

① 周洪宇、申国昌：《教育活动史：视野下移的学术实践》，《教育研究》2010 年第 10 期。

② 周洪宇编：《陶行知研究在海外》，人民教育出版社 1991 年版，"编者的话"第 1 页。

文《自我统摄下的心理与行为——蔡元培、黄炎培和陶行知的社会
心理与行为特点研究》，通过社会心理学对蔡元培、黄炎培和陶行
知三位教育家的社会心理和行为特点做了分析研究，得出陶行知在
形成他人认知和态度时的中心品质是"真与行"，最终促使他形成
了行为方式上的"力真求行"①；他从中外对比的角度出发，指导
蔡幸福完成了博士论文《陶行知与牧口常三郎教育思想比较研究》，
通过对陶行知与牧口常三郎的哲学思想、宗教思想、政治思想、教
育思想的对比，反衬出在东西文化冲撞下中日两国教育家的价值取
向②；他从中西文化交流的角度出发，指导了陈竞蓉完成了博士论
文《哥伦比亚大学与现代中国教育》，通过考察陶行知母校——哥
伦比亚大学与近现代中国的交往历程，深入分析了以美国文化为代
表的西方文化在中国传播的内容、方式、途径与特点，揭示了卷入
全球化进程中的中国教育内在发展规律③。谈及这些陶研学术传承
的工作，周洪宇表示：

> 我在介入陶行知研究领域之后就一直想做专题研究，觉得
> 有些专题能够自己做就自己做，没时间做就交给学生做。胡志
> 坚原本是学习心理学的，我就觉得如果从心理史学的角度研究
> 教育人物还是很有特色的，尤其是蔡元培、黄炎培和陶行知，
> 他们都有具有鲜明的性格特征的历史人物，所以我鼓励他从心
> 理史学的角度入手。这样一来，不仅在陶行知研究上有所创
> 新，在方法论上也有创新，同时这还是国内教育家的对比研
> 究，可以说这一研究是一种多重的突破。

---

① 胡志坚：《自我统摄下的心理与行为——蔡元培、黄炎培和陶行知的社会心理与行为特
点研究》，博士学位论文，华中师范大学，2005 年。

② 蔡幸福：《陶行知与牧口常三郎教育思想比较研究》，博士学位论文，华中师范大学，
2008 年。

③ 陈竞蓉：《哥伦比亚大学与现代中国教育》，博士学位论文，华中师范大学，2010 年。

蔡幸福原本是学习比较教育的，那么根据他的情况我建议他选择中外教育家进行对比，国内的首选就是陶行知，国外的我们选择了牧口常三郎。这也是机缘巧合，当时池田大作来华师历史所来商谈合作，我发现池田大作的老师的老师——牧口常三郎是和陶行知同时代的人物且形成了"创价教育"的体系，"创价教育"后来发展至"创价学会"直至今天日本的公民党，可以说牧口常三郎就是公民党的鼻祖。但是我们国内不了解他，他和陶行知也有着相似的人生经历，所以将他们两位教育家放在一起对比等于是开辟了陶研的新领域。这是一种中外教育比较史的研究。

陈竞蓉的研究选题是章开沅先生给我的。章先生认为陶行知与哥伦比亚大学的关系特别密切，可以说没有哥大的培养，没有哥大师长同学的影响，陶行知的历史地位不会有这么高。陶行知与哥伦比亚大学的关系就类似于中国与美国教育的关系，而这个研究是没有人做的。但是由于当年我没去过哥大，也没有哥大的一手材料，所以这个选题就搁置了。直到2001年我去了哥大后搜集了一批资料，我就将这批材料给了陈竞蓉，我要求她将这个选题能够上升到哥大与中国教育的关系，这就不仅包括了陶行知，还有胡适、蒋梦麟、陈鹤琴等一批民国知名人士，那研究就会显得更为厚实。

可以说，胡志坚的研究是国内教育家比较研究，蔡幸福则是中外教育家比较研究，陈竞蓉则是中外教育交流史研究。事实上，自从《陶行知全集》出版之后，我们不断在指导学生从事陶行知研究，当然，学术研究是需要一定的时间的，也需要遇到合适的人选，并不是每个学生都适合从事陶行知研究的，因为一方面我们要从华师陶研的基础、条件、综合实力等方面考虑，另一方面也要从学生的学术基础、学术兴趣考虑，因材施教是我最根本的要旨。①

综观国内陶研界,很难再找出另外一个人像周洪宇这般"水银泻地、无孔不入"的研究陶行知、学习陶行知。从研究广度来看,他的研究覆盖了陶行知研究、陶行知研究史研究、海内外陶行知研究、陶研资料编撰等多个方面,可以说是几无缺漏;从研究深度来看,无论是其本人从文化学的视角研究陶行知,还是指导学生从心理史学、中西文化交流史的视角研究陶行知,都摒弃了以往主题先行"以论代史"的片面肤浅的研究路线,而是将陶行知置于更为广阔深邃的历史背景下挖掘其价值所在。从偶入陶研到开山立派,从史料编撰到融会中西,从师承名门到广纳弟子,周洪宇在陶研之路上筚路蓝缕,以启后学之山林。三十余年来,他凭借自身的努力建构起了上至顶层制度设计,下至教育实践操作的一整套陶行知研究与实践的体系与框架,为"陶行知学"的成型与建设做出了巨大的努力。

### (二) 余子侠②

作为陶研华中学派的代表性人物,余子侠在这一领域取得了颇多建树。从二十世纪八十年代中期接触陶行知研究以来,他笔耕不辍,在陶行知研究领域发表了六十余万字的学术成果,在陶研发展史上占据了极为重要的地位。

1987 年,在华中师范大学历史系获得硕士学位之后,经章开沅推荐,余子侠分配到了华师教育科学研究所。章开沅认为,既然余子侠的硕士论文研究的是教育史,而华师作为一所师范院校,研究

---

① 根据 2012 年 12 月 5 日与周洪宇教授访谈整理,经本人审核。
② 余子侠(1953— ),湖北蕲春人,先后于华中师范大学获硕士、博士学位,现为华中师范大学教授、博士生导师。曾任湖北省陶行知研究会副秘书长,现任湖北省陶行知研究会常务副会长。

教育史不仅有优势而且也非常需要。同时，章开沅主持的国家教委"七五"科研项目"陶行知系列研究"获得了批准，也需要足够的人手辅助章开沅进行研究。就这样，余子侠进入了以董宝良为室主任的中国教育史研究室，"加入了史学研究队伍的'偏师'"①。其时，教科所已经在杨葆焜、董宝良的组织下，编辑出版了第一套《陶行知全集》六卷本，在全国引起了巨大的反响，形成了良好的学陶、师陶、研陶的氛围。余子侠的适时加入，对陶行知研究在全国的进一步扩大无疑是锦上添花。

> 自留华中师大任教后，我开始了自己的学术研究生涯。第一个学研领域，就是恩师（章开沅）牵头的陶行知系列研究，所以我平生的第一篇学术论文就是"陶研"方面的文章。现在回头来看个人的"陶研"道路，正是恩师的开拓性研究，为我辈刨寻到第一块"有虫子吃"的学术园地。②

正如章开沅在陶研中提出的"三重文化圈"说一般，余子侠的陶研起源也是深受当时华师陶研文化氛围的影响。既有章开沅的倡导，亦有董宝良的提携，还有周洪宇、喻本伐、熊贤君等学友的助推，再加上全国一片学陶研陶的热潮，就是在这样的一种文化圈内，余子侠凭借其扎实的史学功底，很快完成了由晚清教育研究向陶行知研究的转变。1993 年，教科所在董宝良的带领下编撰出版了《陶行知教育学说》，余子侠作为课题组成员，承担了重要的研究写作任务。该书出版后，在陶研界和教育史学界引起了良好的反响，并获得了全国高校首届人文社会科学研究成果一等奖。

---

① 余子侠:《引雏觅食，教人求真——浅忆恩师领我走上学研之路》，载华中师范大学中国近代史研究所编《章开沅学术与人生》，华中师范大学出版社 2011 年版，第 370 页。
② 同上。

在此之后,余子侠的陶研灵感与热情一发而不可收。1997 年,他在章开沅的指导下完成了博士论文《双子座的光能:黄炎培陶行知教育思想比较研究》,通过对黄、陶二人教育思想及实践的比较,揭示出了社会转型时期教育的社会功能的内在需求。他的这一研究也引发了冯天瑜的极大兴趣。其时,冯天瑜正应湖北教育出版社之邀组织撰写近代学人评传——"转型间学人评传书系",他最终将"陶行知卷"这一艰巨的任务交给了余子侠。冯天瑜的这一重任,让余子侠倍感压力,他表示:

> 虽说其时在恩师(章开沅)的带引下已做了近 10 年的"陶研"工作,而且博士学位论文做的也是陶行知与黄炎培的教育思想及实践方面的比较研究,但作为人物评传,恩师和唐文权先生合著的《平凡的神圣——陶行知》,资料利用之广泛、思想论析之深邃、文字组合之优美,就现时中国学术界来看,可说在相当长的一段时间内无出其右,况且是书出版后已在学术界引起了一片赞誉之声,深受广大读者尤其是青年读者的喜爱和好评。因此,接受湖北教育出版社撰写"陶行知"的任务时,我颇有犹豫。当这种矛盾的心理向恩师敞开时,恩师给了我十二分的鼓励,点拨我可以从一个"人民教育家"的角度来写出自己学研印象中的陶行知。就这样,我将自己的博士学位论文中有关陶行知研究的这一部分抽出,加以整理、丰富和完善,成就了个人学术生涯的第一部学术专著。[①]

这部在余子侠的矛盾中完成的扛鼎之作——《山乡社会走出的人民教育家——陶行知》一经面世,就得到了学界的一致认可。这

---

[①] 余子侠:《引雏觅食,教人求真——浅忆恩师领我走上学研之路》,载华中师范大学中国近代史研究所编《章开沅学术与人生》,华中师范大学出版社 2011 年版,第 371 页。

是一部将史料与史观融会贯通的集大成之作，凸显了余子侠扎实的史学功力，"没有 10 余年的积累和训练是无法写出来的"①。此后，余子侠又做了一些陶行知事迹的系列考证研究，并参与了中陶会组织的《陶行知词典》的编撰工作，还担任了湖北省陶行知研究会副会长，辅助会长章开沅开展陶研理论研究与实践工作。通过这些工作，余子侠进一步促进和深化了陶行知研究事业，为陶研事业的茁壮发展贡献了诸多的心血。

年鉴学派的代表人物费尔南·布罗代尔将历史划分为一系列的层次，或者更为确切地说，是将历史时间划分为地理时间、社会时间和个人时间，他又将其称作为长时段、中时段和短时段。在这三种时间中，地理时间的变化最为缓慢，它包含了诸如地理、气候、生态环境、社会组织、思想传统等长期不变或者变化缓慢但却在历史上起着深刻作用的一些因素。也许是受到年鉴学派这一治学思想的影响，余子侠注重从地理环境、文化传统的视角来梳理陶行知的思想谱系。他在考察陶行知的文化背景时提出了"新安文化"这一概念，并强调正是陶行知在幼年接受的这一"新安文化"氛围及教育对其日后的知识体系结构完善有着极大的补益，使其成年之后能够在"旧学"与"新学"之间任意转换，"一方面为实现文化转型必须大力革新与鼎创，另一方面为保持传统文化又必须有所承续与传衍"②。这一从长时段考察历史人物成长背景的做法在陶研界中并不少见，其中最为典型的是章开沅的研究。章开沅认为，"徽州自来已形成一个历史悠久的特定文化圈，积淀着传统深厚的历史土壤"③，并进而提出了"三重文化圈"说。余子侠显然是在承继师

---

① 李刚：《历史与范型：陶行知研究的知识社会学考察》，东北师范大学出版社 2006 年版，第 211 页。

② 余子侠：《山乡社会走出的人民教育家——陶行知》，湖北教育出版社 1999 年版，第 25 页。

③ 章开沅、唐文权：《平凡的神圣——陶行知》，湖北教育出版社 1992 年版，第 60 页。

说之上提出了"新安文化"这一概念,这一系统化概念的提出开始将陶行知置于更为完善健全的体系内予以考察。余子侠提出的这一说法既是对其师章开沅研究的一种回应,也是对其思想的提炼升华与承继发展,从传承的角度来看,这也是学术知识的不断累积叠加与嬗变。余子侠认为,"新安文化"中有两点对于陶行知的思想底色有着很重要的影响,一是长期以来知识与教育的重要积淀,二是坚忍不拔的群体性格。"新安文化"中对知识和教育的共性认识使得陶行知在从小就领悟了教育对于人生甚至于社会的重要作用,这也是促使他日后投身于中国教育改造运动的重要影响因素,而"徽骆驼"群体的坚忍不拔吃苦耐劳的精神则培养了他日后为了事业无复故返的坚毅品格,所有的这些传统教育与乡俗文化的影响最终涂抹出了陶行知知识底色中的最原始色彩。

作为陶行知知识底色中的第二层色彩,教会大学的教育就不可不提了。作为中西文化交汇的产物,教会大学培养了一批融汇中西的近代知识分子,这群知识分子在道与教的边缘来回摆动,在离异与回归之间最终寻找到了属于自我的合适道路。对于这种彷徨与抉择,余子侠认为,陶行知"虽曾一度求助于基督教'道学'","但最终还是于修身过程'宗旨未定'之际,回溯到讲求'知行合一'的'王学'上"[1],而正是这与实用主义颇为神合的王学牵引着陶行知由中向西进入了西方实验主义的殿堂,王学也成为其生活教育理论思想的胚胎。此外,金陵大学对陶行知的另一重要影响是帮助其不断建构和完善知识体系。余子侠指出,陶行知对于"教育的社会功用产生了一种于其时思想水准的最高标度的认识",而这些超越了前人的思想认识源泉正是陶行知在金陵大学期间对于中西文化的汲取吸纳。同时,余子侠认为,陶行知的知识体系结构中的基督

---

[1] 余子侠:《源头活水:陶行知教育思想的知识底色》,载周洪宇、余子侠、熊贤君编《陶行知与中外文化教育》,人民教育出版社1999年版,第134页。

博爱和献身精神，以及他与教会组织间的特殊关系，对其人生事业始终在发挥着极大的影响力。论及陶行知与基督教的关系，余子侠也做了详尽的考察。他认为，陶行知当年一度加入基督教的最根本原因在于"为了个人间的道德修持，希图借西方宗教之教义涤除个性作'伪'以求'真我'复现"①，但经过了二十世纪二十年代民族主义的洗礼，以及历经平民教育运动、乡村教育运动之后，陶氏平民性的再次回归，让他对早年所受的教会教育有了一种全新的态度和辩证的看法，"早年教会教育灌输的某些宗教教义或神学观念的影响，随着民族主义意识的高涨而涤汰殆尽"②，唯一存留的也就是基督的博爱精神和献身精神。故而余子侠强调，尽管百余年来西方传教士前赴后继的试图能够让"中华归主"，影响和打造出一批献身于上帝事业的新中国人，但是由于中华文化具有极大的开放性和包容性，西方传教士们的希望最终落空。而在这种中西文化剧烈交碰时期成长起来的诸如陶行知一类的中华人物，"在民族地位日益沉沦、民族主义日益高涨的历史时代，首先考虑的还是自身民族的世俗利益的保护，而非来自'天国'的某些愿望的实现"③。

　　赴美求学熏染了陶行知知识的最后一层底色。余子侠认为，在这一层思想底色的着色过程中，教育学科的系统知识学习为陶行知最后的教育思想形成打下了扎实的理论基础，而其个人敏锐的接受能力及转化能力更有助于博采众长并择优所用，最终演绎为其独特的生活教育理论体系的有机组成部分。余子侠颇有创见地分析了陶行知其时内外文化的核心成分。他认为，陶氏早年接受的王学是属于"农业文明社会里的儒家文化的学术结晶"，而赴美所学的西学是"宗教改革后基督教文化为了适应后起的工业文明而在思想学术

---

　　① 余子侠:《陶行知与近代中国教会教育（续）》,《河北师范大学学报》（教育科学版）2002 年第 6 期。

　　② 同上。

　　③ 同上。

上的理论反映",王学的"行"并不涉及对客观世界的实践,而是强调内心修养的"内圣",西学的"行"则强调经验的不断获取与累积。正是有了西学的这一思想着色,陶行知才由"内圣"转变为"外王",转变的根本目的则在于成为"改进社会改造环境的真主宰"①。在王学与西学的比照中,余子侠从教育的社会功能挖掘了农业文明与工业文明内在深层次关系对中国近代知识分子中的重要影响,从教育与社会变迁的视角重新阐释了王学与西学对陶行知知识体系架构的重要作用。余子侠进而还指出,正是由于这种中西知识的汇聚,陶行知知识体系建构出现了超于时代的困惑,这就在于陶氏"过高地估计了中国社会'由农业文明向工业文明过渡'的深度与幅度"②,从而才会使其对中国教育的改造产生"失败"的结果。

思想的形成与理论的发展无疑都是建立在前人的基础之上,是对前人研究成果的不断归纳、总结、汲取与承继,也只有如此,学术研究才能精进不止。从章开沅的"三重文化圈"说到余子侠的"三层知识底色"说中间间隔了近十年,但这十年却是中国经济突飞猛进的时代,最为重要的这是一个强调知识经济的时代。正如罗伯特·金·默顿指出的那般,任何思想学说不仅与学术传承有关,而且更会受到社会结构的外在影响。在一个强调知识重要性的时代中,余子侠跳出了其师章开沅的"文化圈"说,而是从知识的建构角度入手分析了陶行知教育思想学说产生的背景因素。更为重要的是,他的这一研究更为强调了陶行知的主观能动性,即从"文化圈"说的外在影响变成了陶行知知识建构的内在诉求。由考察外因转而成为研究内因,看似是一个简单的过程,却是学者在学术传承

---

① 参见余子侠《山乡社会走出的人民教育家——陶行知》,湖北教育出版社1999年版,第80—81页。

② 余子侠:《双子座的光能:黄炎培陶行知教育思想比较研究》,博士学位论文,华中师范大学,1997年。

中的一大飞跃。

　　或许是因为二十世纪八九十年代是一个社会转型期的缘故,余子侠开始考虑社会转型与教育之间的关系,他从近代中国社会转型对教育提出的时代要求着手,分析比较了近代中国两位杰出的教育家——黄炎培、陶行知的教育思想,分析二人的教育思想对于中国教育早期现代化理论的增益和建树,并希望借此能够揭示出近代以来中国教育变革和发展的必然趋势。余子侠指出,在中国被纳入现代化轨道之后,教育事业同经济变革和社会发展之间,必然会形成一种极为紧密的联系,教育也会为了实现这种联系从而对传统教育进行"批判、否定和革变"①,黄炎培和陶行知的教育思想正是应对这种"批判、否定和革变"而生。通过对二者教育思想的比较,余子侠指出,黄氏的教育思想"在国内的教育改革实践中逐渐形成注重教育社会实用性的实用主义教育思想,以此为基础,借助国外的职业教育理论,主要是美国的职教经验材料,对自己的教育思想认识进行修正、调整、补充乃至完型"②,而陶氏教育思想则"先是系统地吸收和鉴取西方的教育理论,再在自身参加的中国教育改革运动中,逐渐地修正和扬弃由西学得来的教育观点和主张,转而构架和完型自己的思想理论体系"③,这也是实用主义教育思想和试验主义教育思想的异同所在。但无论是哪一种教育思想,都是在为了满足教育现代化的社会转型的历史时代背景下产生的,"其外在表现即为要求教育适于社会的实际应用,讲究教育与现实社会生活的实际联系"④。因而,在对二人的教育思想条分缕析之后,余子侠肯定了二人在中国教育现代化上的贡献,认为他们在教育目的上阐

----

　　① 余子侠:《双子座的光能:黄炎培陶行知教育思想比较研究》,博士学位论文,华中师范大学,1997年。
　　② 同上。
　　③ 同上。
　　④ 同上。

明了人才要能够适应社会生活变化发展的需要；在教育对象上满足了全体国民的教育需求；在教育内容上具备实用的精神；在教育方法上强调了手脑并用，所以二人的教育思想在一定程度上促进了中国教育现代化的进程，为社会转型与发展提供了动力。[①] 中国现代化的问题在二十世纪八九十年代成为研究的热点，罗荣渠、章开沅等前辈学人为此贡献了诸多努力，并相继出版了《世界现代化进程研究丛书》和《中国近代化比较研究丛书》。在章开沅的影响下，华中师大教育史研究团队受到现代化理论的启发，成功申报了"八五"课题——"中国近现代教育思潮与流派"研究，开启了华中师大教育史现代化研究范型。或许是因为章开沅力倡现代化范式研究及教育史教研室陶行知研究的特长，余子侠将博士论文的选题投向了教育家在社会转型时期的重要作用。他将黄、陶二者的对比置于宏大的历史背景之下，梳理出二人教育思想形成的脉络，在东方与西方、历史与现实的来回切换中挖掘出二人教育思想的社会功用。

对于陶行知的教育思想，余子侠也有详尽的梳理研究，特别是其主体理论工程——生活教育理论的研究。余子侠通过史料的考订认为，陶行知生活教育观念的孕育萌芽早在 1918 年，是与其前期理论工程——试验主义教育密切相关的。他又从教育本质、教育组织和教育方法的视角对陶行知的"生活即教育""社会即学校""教学做合一"理念作了理论上的分析，指出陶氏的这些理论是在对中国古代教育思想材料和近代西方教育思想材料的清理和扬弃的"纯化"产物，并在其中伏下了民主教育、全民教育等多种思想。论及陶行知的民主教育思想，余子侠给予了高度的赞赏："民主教育作为陶行知教育学说形成过程中的精神主旨，始终贯穿于他的整

---

① 余子峡：《双子座的光能：黄炎培陶行知教育思想比较研究》，博士学位论文，华中师范大学，1997 年。

个教育思想体系的建构过程中，即是说，以民主第一位思想内核和本质特征的教育主张，始终是陶行知教育学说中一条带有根本性意义的指导原则"[1]。他分别从民主教育的性质、目的、方法、内容等多个层面对陶氏的民主教育思想做了深入浅出的剖析。通过历史分析法，他指出陶氏的民主思想在"五四"时期形成发展，在随后的教育实践中改进完善，到生命的最后时刻才得以最终完成。这种民主体系建构的过程体现了陶行知作为一个教育家的开拓与创建的魄力，并在其平民教育中有所体现。余子侠认为，陶行知的平民教育是陶氏对教育民主化的初步反应，随着平教运动的不断发展，陶氏的教育民主思想最终在其乡村教育中得以完全体现。余子侠肯定了教育救国的思想，指出教育家的职业使命就是逐步完成社会的改造工作，而社会改造则是人类社会进程的最根本改造方法，既是采取革命的形式，也需以此为必要的前提和准备。在二十世纪八十年代末九十年代初的历史条件下，对教育救国论持肯定态度是需要一定的勇气和魄力的，这一点章开沅先生亦深有体会。余子侠在当时的历史背景下，从社会改造理论出发，敢于评判教育救国思想的公正是非，无疑是对章开沅"治学不为媚时语"的最好回答。

陶行知"民主教育"体系除了在平教运动中得以体现外，乡村教育、女子教育、民族教育中都闪现着民主的光辉。通过对陶行知乡村教育的考察，余子侠认为，正是乡教运动推动着陶行知走上了"人民教育家"的道路，其乡教理论与实践是其民主教育观念发展到一定阶段的必然产物，也是其生活教育理论整体建构的过程之一。对于女子教育，余子侠赞赏了陶氏在历史潮流中推动女子解放运动所做的贡献，认为他在建构女子教育理论的同时

---

[1]　余子侠：《民主教育》，载董宝良主编《陶行知教育学说》，湖北教育出版社 1993 年版，第 237 页。

还不忘参与现实的行动。对于民族教育,余子侠剖析了陶氏的民族教育思想,对其理念的先进性和正确性甚为赞同,但也对其民族思想的狭隘性予以了批判。对于幼儿教育,余子侠肯定了陶氏在中国幼儿教育从西化向中国化进程中的重要作用,指出他这一走向人民化的幼儿教育思想正是体现出了他平民性的根本特点。从余子侠对陶行知专题思想的研究中可以发现,他始终本着一个历史学者的专业精神,以马克思主义唯物辩证法为指导方法,将陶行知置于历史长河中予以全面客观的考察,肯定其成绩,指出其不足,批判其缺陷。陶行知研究在二十世纪八九十年代曾长期存在一种主题先行的论述模式,即以"伟大的人民教育家"为出发点和归属点,反复论证陶行知的伟大之处,纯属典型的"革命史观"研究范式。余子侠的研究显然打破了这一陈旧的研究范式,为陶行知研究开辟了一片新的领域。

从二十世纪八十年代中期至今,已快近三十年过去了,余子侠仍坚守在陶研领域,时常有新作佳作产出,为陶行知研究的承续贡献着自己的力量。综观余子侠这近三十年的陶行知研究,他既注重史料的考证又注重客观的史学评价,既有长程宏大的研究又有微观专题的叙述,他严谨的治学态度和开创的写作手法必然让其在陶研的碑刻上留下响亮的名号。

近年来,余子侠着手对陶行知的生平事迹做一些系列的考证性研究①,纠正了以往的一些史实错误,端正了学风,也开辟了陶行知研究的新领域。1987 年余子侠分配至华师教科所时,《陶行知全集》六卷本业已出版,但是由于时间紧、任务重、人员少等多种缘故,《全集》还存在一些瑕疵与遗缺。除此之外,陶研界存在着诸

---

① 主要成果有:余子侠:《陶行知生平事迹五考》,《安徽史学》2001 年第 3 期;余子侠、李桂元:《陶行知的三次武汉之行》,《武汉文史资料》2000 年第 6 期;余子侠:《事业的起手处,理论的思想源——由陶行知导师施吹耳的译文引发的思考》,《生活教育》2012 年第 2 期。

多史实不详，以讹传讹的谬误，朱子善先生就曾连撰五文①抨击了这种不正文风。有鉴于此，历史学科班出身的余子侠遂开始做一些考证类的工作，这些工作在其博士学位论文及《山乡社会走出的人民教育家——陶行知》一书中均有所体现。他对陶行知的诞辰、宗教信仰等方面都做了详尽备至的考证，甚至还挖掘出了一些不所为人知的新史料。可以说，他的所有陶研成果都是建立在扎实的考证基础之上的。有了这缜密的考证做根基，他的研究才更有穿透力和说服力。周勋初曾如此评价程千帆："千帆先生幼年秉承家学，接受了考据学的训练，青年时期进入大学，在学习诗歌的过程中，又大量阅读了诗文评价方面的著作。对一个新时代的学者来说，前人的成就已经不餍于心，以于是他尝试着'一种将批评建立在考据基础上的方法。'"② 以此来看余子侠，他这种将陶行知研究建立在考据基础上的研究方法在陶研学界也是极为少见的。

与其他几部陶行知传记不同，余子侠所撰的《山乡社会走出的人民教育家——陶行知》一书以文学的叙事手法叙述了陶行知的一生，其开篇第一章更是恢复了"一个真实的场面"，以人物对话的方式呈现出历史原貌，让读者能够饶有兴味地去了解陶行知，这可以说是余子侠在陶研中的一个独创。叙事一直以来是中国历史撰写的一种方式。在中国历史学实践中，叙事一直作为一种重要的历史书写策略存在。从本质上来看，叙事是一种话语模式，它将特定的事件序列依时间顺序纳入一个能为人理解和把握的语言结构，从而赋予其意义。用更为通俗的话语来表达，就是讲故事。余子侠以讲

---

① 朱子善的五文相继为:《毋忘求真——关于陶行知生平事迹的几点辨析》,《杭州大学学报》1998 年第 2 期;《再说毋忘求真——陶研资料中有待澄清的一些问题》,《浙江社会科学》2000 年第 1 期;《三说毋忘求真——谈某些陶研著作的引文问题》,《浙江社会科学》2001 年第 1 期;《四说毋忘求真——书报瑕疵辨证》,《浙江社会科学》2003 年第 5 期;《五说毋忘求真——商榷、请益、辨析》,《浙江社会科学》2006 年第 6 期。

② 巩本栋编:《程千帆沈祖棻学记》,贵州人民出版社 1997 年版，第 141 页。

故事的方式将陶行知置身政治反复动荡、社会急剧转型的近代历史中,通过对陶行知知识底色的建构,寻找出陶行知与社会各种势力的互动关系,勾勒出一个"人民教育家"的伟岸形象。在这一叙事的过程中,余子侠借鉴了兰克"如实直书"的治学方法。兰克主张撰写历史要客观公正,还原历史的本来面貌,力求不带有自我的任何偏见,及至晚年他甚至要求从书中"消灭自我",即把他的观点毫无保留地从书中排除出去①,而余子侠则希望自己能够避免布洛赫所说的"就像阎王殿里的判官,对已死的人物任意褒贬"②。故而在这本"讲故事"的陶行知传记中,留给人们更多的是无尽的思考。

### (三) 喻本伐③

在华中陶研学派中,喻本伐作为第二代学人中的杰出代表全程参与了中国第一套《陶行知全集》的编撰工作,并从教育实践的角度对陶行知教育思想做了整体的辩证剖析,他的研究工作对陶研事业的不断推进与发展起到了重要作用。

1980 年,喻本伐从华中师范学院教育系毕业后留校工作,从事相关教学工作。其时,全国的陶行知研究已隐约有了复苏的迹象。数月后,教科所副所长董宝良副教授携喻本伐赴上海搜集陶行知相关资料,打算对陶行知的教育思想做一些研究,以为 1981 年在华师召开的陶行知纪念会做准备工作。1981 年,陶行知纪念会在华师召开后,湖南教育出版社找到了华师教科所,准备编辑出版《陶行

---

① 张广智:《超越时空的对话:一位东方学者关于西方史学的思考·张广智卷》,北京师范大学出版社 2008 年版,第 253 页。
② 余子侠:《山乡社会走出的人民教育家——陶行知》,湖北教育出版社 1999 年版,第 18 页。
③ 喻本伐(1947—　),湖北黄梅人,华中师范大学教育学院教授,中国最早参与《陶行知全集》编辑人员之一。

知全集》。因此，喻本伐在历史的自觉与不自觉之间、主动与被动之间卷入了这场持续甚久的研究热潮中来。

　　对于陶行知研究的缘起，是一件非常偶然性的工作。由于湖南教育出版社找到我们教科所编辑《全集》，作为教科所的教师，我全程参与其中。当然，我只是做一些基本的工作，决策过程我并未参与。为了搜集相关资料，我和董老师、周洪宇等人多次奔赴上海、江苏、安徽等地搜集、抄录相关资料。在《全集》编辑分工上，我主要参与了第一、二、三卷的工作，又参与了第五、六卷的定稿工作。1991 年，我又和熊贤君编辑了第七、八两卷，尤其是第七卷，也就是陶行知日记的编辑，由于陶行知笔迹潦草再加上很多英文，处理起来相当的困难。从今天来看，当时编辑的《全集》还是很粗糙的，存在着诸多问题。当然，这也是历史原因造成的。资料搜集的困难、人员的缺乏造成了"《全集》不全"的局面。当时对于《全集》是按陶行知著作分类收还是编年体收存在诸多争议，编撰组全体成员为此召开多次会议统一协调，最终形成今天湘版《全集》的这一模样。①

　　从事一项研究，研究者受教育的专业背景在第一时间决定了研究思路和研究方法。作为一名教育学出身的学者，喻本伐的研究与"华中学派"数位历史学出身的学者有着本质上的不同，他善于从教育学和心理学的角度对陶行知及其生活教育理论进行剖析，这种研究在"华中学派"第二代学人中还是极有特色的。

　　章开沅曾在他的研究中利用心理史学分析少年时期的生活对于

———————————

①　根据 2012 年 12 月 19 日与喻本伐教授访谈整理，经本人审核。

陶行知成长的作用,认为"正是困顿的少年生活,锻炼了他早熟老成、坚韧处世的品格"①。沿着这一思路,喻本伐借助心理学的视角分析了青年陶行知人生抉择的内在动力。他认为,崇名与尚名、扬名与惜名是青年陶行知人生抉择的内在动力,在这种动力推动下陶行知经历了医药救国、文学救国、政治救国和教育救国四个阶段。比如在少年时期,由于对王守仁、墨子等人的景仰,陶行知产生了仰慕中国历史名人能以文章流传千古影响后人的情怀,故而才有了他冀图文学救国的想法。喻本伐进一步分析认为,赴美留学时陶行知因为崇名与尚名的缘故选择了杜威与哥伦比亚大学,回国后则为了扬名而批判杜威的教育学说。故而,尽管陶行知曾在撰写《伪君子篇》时痛下决心誓言破除好名心理,但"就陶行知终身以观,这'病根'实未彻底铲除","师从杜威的陶行知,尽管充盈着现代意识,然后就其人格特征而言,却依旧未脱中国传统的旧轨。他的平民性,使他选择了归国服务;他的名士气,使他选择了教育,并不断地予以翻新"②,崇名、尚名、扬名、惜名、重名、好名,这不仅是陶行知个人的特征,也是中国士阶层的通病。但喻本伐进一步认为,尽管陶行知有着士阶层"好名"的通病,但他不逐利、不揽权,体现出了他人格的光辉。从心理史学的视角研究人物总会得到一些别具新意的解答,诸如马敏对孙中山的研究就从气度、胆略、意志、使命感、同情心、求知欲等方面做了极好的示范③。但在当时的陶研领域,除了章开沅曾有提倡外,鲜有学者从这一视角出发考察。事实上,在当时的陶行知研究中存在简单化、标签化的倾向,一味地论证一些已成定论的结果,而不是揭示陶行知深层次心理品质和教育实践之间的关系,所以这些研究对陶行知的人性解读

---

① 章开沅、唐文权:《平凡的神圣——陶行知》,湖北教育出版社1992年版,第58页。

② 喻本伐:《青年陶行知人生抉择的内在动力》,载周洪宇、余子侠、熊贤君编《陶行知与中外文化教育》,人民教育出版社1999年版,第255页。

③ 马敏:《论孙中山伟人品质》,《历史研究》1986年第6期。

缺乏足够的深度和说服力。喻本伐则很好地从心理史学的角度解决了这一问题，为我们勾勒出了一个更为立体的陶行知形象。

陶行知的哲学观及生活教育理论是喻本伐的研究重点，他为此付出了数十年的努力。对于陶行知的哲学观，喻本伐指出，尽管陶行知一生所信奉不渝的是"实践出真知"，但还是存在前期和后期的差异之分。在经历了杜威哲学思想的怀疑与论证后，陶行知逐步形成了辩证唯物主义哲学观，而这种观念的形成，喻本伐确定地指出是在 1943 年。① 对于陶行知的核心思想生活教育理论，喻本伐认为它是由"三大基石"组成，"生活即教育"则是"基石中的基石"，"社会即学校"和"教学做合一"则是特质的定向扩展或延伸。在其看来，生活教育理论的六大特质：生活的、行动的、大众的、前进的、世界的和有历史联系的是对传统教育的弊端提出的，体现了陶行知强烈的批判精神。但这种批判并非两者绝对的对立、也非全面的否定和过头的批判，生活教育与传统教育之间仅仅是有限度、有选择的对立。在喻本伐看来，教育作为一种特殊的生活，毕竟不能等同于一般的生活，如果它真能以一种社会运动式的形式来达成，那么学校的价值以及这种特殊生活理当自动消亡。故而他强调，"生活即教育"与"教育即生活"的不同，说到底是"生活本位"还是"教育本位"的问题，在这一问题的处理上，社会学者或许更偏重于"生活本位"，而教育学者可能更重视"教育本位"。因此，他得出结论："如果简单地断言'陶行知比杜威高明'，恐怕这种举动的自身，就带有天真幼稚的成分。"② 在二十世纪八十年代末九十年代初，正是陶行知研究异常火热的时期，其时对陶行知的评价一步比一步高，而喻本伐敢于在此时对陶行知研究"泼冷水"，在陶行知与杜威两种教育观念之间的对比中客观公正的

---

① 　喻本伐、熊贤君：《中国教育发展史》，华中师范大学出版社 1991 年版，第 629 页。
② 　同上书，第 631 页。

陈述事实，体现出了其作为一个教育学者冷静的思考态度。"五四"以来，中国的学术研究长期在一种"非此即彼、非黑即白"的研究氛围中挣扎。诸如"五四"，为了推行新文化运动，曾出现了一批持彻底打倒儒学，全盘西化主张的学者。这种风气在陶行知研究中也屡见不鲜。陶行知离世之际，一片赞誉之声，而在五十年代初期陶氏被打倒时，又几乎全是一片讨伐之声。二十世纪八十年代中期，随着中陶会成立，陶行知研究开始复苏，一部分欲在陶行知生活教育理论中寻求当代价值的学者又开始失去了明辨是非的能力，呈现出以论带史的研究趋向，一味地为求建构"伟大的人民教育家"形象，贬低杜威，贬低传统教育。作为在这种热潮中为数不多的保持着冷静的学者，喻本伐的这一研究结论就显得极有价值了。对于"生活即教育"和"教育即生活"两者之间的优劣，喻本伐并未做出高下之分，他认为这要看教育的目的所在。作为希图借教育改造中国社会的目的而言，以生活为本位的教育更能够在改造社会的过程中发挥更大的作用，而从学校教育的目的而言，教育即生活则更为适合，且不易导致学校的消亡。喻本伐进一步认为，陶行知贬斥学校教育，更多的是希望社会教育能够包揽学校教育，达到"社会即学校"的目的，但这些理想却是不切实际的。作为由农业文明向工业文明过渡的中国，学校是最经济、最有效的实施教育的场所，故而，陶行知这一"超越时空的设计，只能以新奇赢得短暂的精神振奋；除此之外，大概不会留下更多的东西"[1]。学术上讲究批判地继承，一味地接纳拔高只会使得学术研究了无新意。喻本伐的研究显然是在批判的基础上对陶行知的教育主张做了全面系统的思考。繁荣中的冷静，喻本伐显然比同时代的许多陶研学者做得更为出色。

---

[1]　喻本伐、熊贤君：《中国教育发展史》，华中师范大学出版社1991年版，第633页。

对于生活教育的方法论——"教学做合一"，喻本伐从更为广阔的视野下考察了其产生的历史与时代背景。他认为，"教学做合一"是针对洋八股和老八股的弊端应运而生的，尤其是针对传统师范教育的不满，其精神内涵诞生于 1922 年，作为系统理论形态出现则在 1926 年。从重视"试验和做"到重视教学合一，喻本伐在深挖其历史根源的同时指出，教学做合一更应该首先是"师范教学法"，其次才是"教学法"，最后才是"生活法"①，并通过"实习实干法""艺友制""'工学团'三结合法""小先生与传递先生制""旅行修学"等方式在方法论上予以不断地丰富发展。在经过这一系列概念界定和特质评判之后，喻本伐批判了当时陶研界存在的将"教学做合一"进行"剥笋式"界定的做法，认为将"教""学""做"分离界定研究显然是违背了陶行知的本意，"真正的教学做合一，只说其中的任何一个字，便自有其他两个字的含义在"②。为了进一步厘清"教学做合一"的内在含义，喻本伐还将"教学做合一"与当时存在的设计教学法、道尔顿制、生产教育方法做了详细的对比。在设计教学法对比方面，喻本伐认为，晓庄时期的"教学做合一"与设计教学法虽然存在一定的区别，但精神上是相合的，故而陶行知很少批判设计教学法破坏知识传授的系统性，因为"教学做合一"的"活动中心""以做为中心""以事为中心"与设计教学法有着本质上的相似，当然，育才时期陶氏已经注意到这一缺陷并做了改进。在道尔顿制方面，喻本伐认为两者也有着极为相似之处，只不过"教学做合一"的范围和主动性更为突出。在生产教育方面，喻本伐批判时人动辄将"教学做合一"与生产教育相提并论、等量齐观的做法，认为"在不废除传统学校教法

---

① 喻本伐：《教学做合一》，载董宝良主编《陶行知教育学说》，湖北教育出版社 1993 年版，第 154 页。

② 同上书，第 176 页。

的同时附加上生产劳动教育的做法,而这正是教学做合一所不取的"①。

在对"教学做合一"做了如此深入详尽的探讨之后,喻本伐高度肯定了"教学做合一"的目的,指出其根本目的在于打通"师范学校与附属学校隔阂,附属学校与实际生活隔阂"②,所以这是"一条鞭"的方法。喻本伐随后分阶段的解读了陶行知不同时期"教学做合一"的精髓。他认为,在晓庄师范阶段陶行知的"教学做合一"可做两个时期来看,第一阶段是1927年的"教学做合一",第二阶段是1928—1930年的"教学做合一"。第一阶段的"教学做合一"是在顾及学校形式并认定乡村学校是中国改造乡村生活唯一可能中心的前提下实施的,但这一时段陶行知显然是不满意的,故而在第二阶段晓庄虽未褪去学校的躯壳,但是根本观点上已经产生了巨大的转变。山海工学团阶段陶氏的"教学做合一"开始转变为"小先生制"和"传递先生制"。到了育才时期,陶氏的"教学做合一"发生了最为明显的变化,它开始顾及教育的特殊性,在对前期教育理念的修复基础上,"生活教育的钟摆,有着向传统教育回归的倾向"③。因而,喻本伐指出,"教学做合一"是有着与时俱进的特征,它随着时势变化灵活变通、不断修正其内核思想,所以对"教学做合一"的评价就应该采取动态的、联系的、发展的方法论。在陶行知研究史上,对"教学做合一"存在两种不同的看法,一种认为该理念泛化或淡化了教学的特殊性,将教育法与生活法等同,另一种则肯定了"教学做合一",认为其并非排斥班级授课并承认教师的作用。这两种观点中,前者是依据陶氏在晓庄和工学团时期的教育理念,后者则依据的是育才时期的教育理念,故而

---

① 喻本伐:《教学做合一》,载董宝良主编《陶行知教育学说》,湖北教育出版社1993年版,第181页。

② 同上书,第192页。

③ 同上书,第196页。

才会产生观念上的分歧。所以在结合这种分歧之上，喻本伐以联系发展的观点去评析"教学做合一"更有独具匠心之处。

对于陶行知毕生为之奋斗的普及教育运动，喻本伐也予以了相当的考察。他认为陶行知的普及教育思想从民族现代化、生活现代化和寿命现代化三个角度出发，全方位立体地涵盖了普及教育的各个层面，却存在理想主义与现实主义之间的巨大落差。他进而指出，在义务教育阶段推行工学团制是缺乏科学依据的，陶行知的这一主张不过是乌托邦式的教育蓝图，而陶氏强调的以"平民读书处"等方式为主的社会教育轻视了学校教育的作用，并试图取代学校教育，但家庭或基层并非施教的理想环境，如果用这二者作为学校教育的补充而非成为普及教育的主力，效果可能会更好。喻本伐批判了工学团的"虎头蛇尾""小先生制"最终"跌落到初步的读书识字的窠臼"的窘境，故而他强调从普及教育的角度来看，"与其在这'魔圈'中晕眩，莫如朴实无华地开班授课"①。有据于此，喻本伐还批判了二十世纪八十年代末期兴起的一股欲以陶行知普及教育思想为指导理念的普教工作，认为将陶行知的普教思想运用于当时的中国教育是不可行的，过去的"开门办学"已经暗合了工学团的思想，但事与愿违，不但没有促进教育普及，反而造成人才的青黄不接，因而如果贸然以工学团的方式普及现代生活教育，很可能制作出现代的"皇帝的新装"。对于其时欲在普及教育中运用小先生制，喻本伐也予以了抵制，他指出小先生制是对师范教育的不信任，也是对普教师资水平不断提高的逆动，对儿童来说也是一种极大的负担。二十世纪八十年代末期，随着陶行知研究的复兴以及诸多官居要职的陶门弟子的推动，整个学界呈现一种非理性的研究

---

① 喻本伐：《陶行知普及教育理论的现实可行性探究》，《华中师范大学学报》（哲学社会科学版）1989 年第 2 期。

热潮,这种热潮的最大后遗症就是呈现出一种"'凡是'的味道"①。在这种非理性思潮的席卷下,诸多知名学者都卷入其中,产生了诸多成果,但总体而言是好的声音多、坏的声音少,肯定陶行知的多、否定陶行知的少。在这种情况下,喻本伐从一个教育学者的角度秉直地批判了陶行知教育思想的弊端,在全国一片热潮中提出了自己的冷思考,这种精神难能可贵。

> 研究需要冷静的思考。陶行知的普及教育运动是一种社会化的、运动式的普及教育,与真正依托于学校的教育还是不一样的,所以他的普及教育过于理想化。从教育规律来看,它不是一种正道沧桑。在热潮中有这种冷静的思考,研究才可能立体化,才会与片面的、宣传式的研究有所不同。在当时的陶行知研究中存在着一种不太好的现象,其门生故旧存在着一种僵化的、形式主义的研究态度,甚至于"一好百好"的英雄主义观念。对于这种偏颇的观点,我觉得有必要予以纠正。②

早期维特根斯坦和晚期维特根斯坦思想差异的例子告诉我们,人的思想是不断变化、积淀与发展的。在历经了十余年的积淀之后,喻本伐对陶行知研究又做出了一些新的研判。他对二十世纪九十年代提出的"生活本位"和"教育本位"的问题进行了新的思考,认为生活教育"从纵向进程来看,是先有'生活的火花',然后才有'教育的变化';从横向剖面来看,生活的涵盖面,则远较教育为大。"③ 所以,喻本伐为自己在二十世纪提出的问题找到了答

---

① 喻本伐:《陶行知普及教育理论的现实可行性探究》,《华中师范大学学报》(哲学社会科学版)1989 年第 2 期。

② 根据 2012 年 12 月 19 日与喻本伐教授访谈整理,经本人审核。

③ 喻本伐:《陶行知的教育思想》,载余子侠主编《中国名家教育思想》,华中师范大学出版社 2011 年版,第 183 页。

案，即生活教育是依据生活本位而建构的，而非"在教育言教育"，所以陶行知的教育本质从广度来看要与生活互为关合，从深度来看要有历史联系并使生活发生前进的变化。除了对生活教育进行了再思考外，喻本伐还对之前的一些概念进行了整合，进而提出了诸如"晓庄模式""工学团模式"等新概念。他肯定了晓庄模式的作用，认为若非因为政治的关系，晓庄这种"社会即学校"的试验或许可以对乡村教育运动产生良好的效果；但同时他也否定了工学团模式，他认为工学团模式依靠名人效应和民众的新奇感作为发展的依据，一旦失去这些条件，工学团模式自然也会衰败下去。至于喻本伐曾批判过的普及教育，近年来他也对陶行知的方式方法做了进一步梳理归类，将普及教育的方式分为"社会运动式""家庭渗透式""自我教育式""自然教育式"以及"学校教育式"五类。他的这一归纳总结可以说是二十一世纪以来为数不多的对生活教育再解读的研究成果，进一步丰富完善了生活教育理论体系。

从编辑《全集》入手到研究的不断丰富完善，喻本伐的陶研历程也走过了三十多个年头。虽然从研究的广度来看，他的成果不多，但是每一项研究都掷地有声，独具新意。他求深，从陶行知的内心世界出发，运用心理史学的方法剖析陶行知重名的内在因素，为我们建构出一个生活的、立体的陶行知；他求真，本着"我不下地狱谁下地狱"的态度，敢于在全国一片陶研热潮中提出自己冷静的思考甚至强烈的批判，辩证的对待陶行知教育思想的对与否。更为重要的是，他求行，试图寻找到生活教育与当代教法和师范实习的契合点，挖掘出生活教育在当下的实践意义，这也是在华中学派第二代陶研学人中特有的"喻本伐烙印"。

**(四) 熊贤君①**

从《陶行知全集》编辑到将陶行知置于中国近代义务教育体系下予以重点考察,熊贤君的陶行知研究体现出浓厚的专题研究色彩。作为第二代学人中的杰出代表,对他的陶研考察可以从另一个角度去解读陶行知。

1982 年,熊贤君从华中师范学院中文系毕业之后进入了华师教科所教育史教研室工作。当时湖北省正按照全国的统一安排组织人员编撰教育志,以为日后教育年鉴的出版打好基础。熊贤君分配至教科所的任务也就是编撰教育志。由于其时教科所已经由杨葆焜着手编辑《陶行知全集》且人手奇缺,有鉴于此,熊贤君遂从地方志编撰转而编辑《陶行知全集》。

> 当时湖北省第一次修教育志,并希望以后教育统计能够走上正轨,每年可以出一本年鉴,我就因此来到教科所。当时教科所刚刚成立,青黄不接,仅有教育系调来的杨葆焜、董宝良和伍文等老师。我从中文系分配过来的根本任务就是编撰教育志。当时湖南教育出版社很想在最短时间内出版《陶行知全集》第一卷,这也等于是向社会做一个广告。当然,其他几卷又不能拖的太久,这样就还需要一些人手。我就边编撰地方志边编辑《全集》。由于地方志不是很急,而《陶行知全集》要的很急,我就和另一个做教育志的蔡静芳同志一起抽过来编辑书信卷,这一卷正好也是我们教育志的负责人肖宗六负责。此外,我还参加了第三卷的编辑,本卷是由夏德清负责。等到九十年代初期,全国教育规划办组织了一个大课题,由好多家单

---

① 熊贤君(1957— ),湖北麻城人,先后于华中师范大学获得文学学士、教育学硕士、历史学博士学位,现为深圳大学教授、博士生导师。

位兵团作战，包括了江苏、安徽、四川等地，华师这里主要是章开沅负责。华师的课题组决定依据新发现的材料编辑《全集》补遗卷和日记卷，指定了喻本伐和我负责。其中一些英文资料，我们又请了杨汉麟老师协助翻译。这样，我们就最终完成了《陶行知全集》八卷本的编辑工作。①

在编辑《陶行知全集》的过程中，熊贤君还考入教科所教育史专业攻读硕士学位研究生，和周洪宇一道成为华师教育史专业的第一批硕士研究生。二十世纪九十年代中期，他拜入史学大师章开沅门下攻读博士学位研究生，并以义务教育为题撰写了博士学位论文。在这一博士学位论文中，陶行知成为他研究的重要人物之一。

> 将陶行知纳入近代义务教育体系中研究，这对于近现代义务教育研究，实非偶然，有着其必然性。作为人民教育家的陶行知，他在义务教育方面发展了大量论著，为普及教育四处奔走呼吁，风餐露宿，将普及教育作为他的一种教育理想，朝于是，夕于是，流离颠沛亦于是。我在参编《陶行知全集》第三卷、第五卷时，就拜读了大量陶行知关于义务教育的论著，深深地被他为普及教育献身的精神所感动。当时就想，如果以后有可能撰写中国近现代义务教育方面著述的话，一定要将陶行知的义务教育思想和为推行义务教育不辞劳苦的精神大书特书一笔。②

作为一名二十世纪八十年代出道的学者，文化热对其产生的影响是绝对不可忽略的。熊贤君的陶行知研究亦是如此。他指出了陶

---

① 根据 2012 年 12 月 17 日与熊贤君教授访谈整理，经本人审核。
② 根据 2012 年 12 月 17 日与熊贤君教授访谈整理，经本人审核。

行知的文化观具有强烈的民族特色,是一种以"中国性、平民性"为核心的文化思想路线①,这种思想路线是经过陶行知对中西方文化的批判与扬弃之后所做出的选择,同时也深受其个人经历、文化氛围和知识结构的影响。对于陶行知这一文化思想路线的归处,熊贤君提出了"文化土壤"说。熊贤君认为,文化的土壤是包含了人口、民风民俗、生活结构与方式、宗族、社会经济等多方面因素,而在这些因素的综合影响下,陶行知选择了"中国性、平民性"作为其文化思想路线的核心理念。对于陶行知思想的起源与发展,日本学者斋藤秋男曾提出"民族土壤"说,认为陶行知最终回到了"民族土壤"中去。斋藤的学生牧野笃在其师的基础上,反驳了其师对于陶行知思想起源来自杜威一说,认为陶氏的思想源于民族土壤归于民族土壤。熊贤君这篇撰于二十世纪八十年代的论文恰恰与牧野笃的研究相互呼应,体现出其卓越的研究水准。

　　我从文化的角度审视陶行知,主要是因为我在参编《陶行知全集》第三卷和第五卷时,发现陶行知的家乡安徽徽州地区有着其非常丰厚的文化底蕴,正是这些文化底蕴,成就了陶行知、胡适、陈独秀等一批中国近现代思想史、文化史上重量级人物。我当时看到,如果单独地研究陶行知的教育思想,肯定总是给人以隔靴搔痒的感觉,难以看清楚,其原委说不清、道不明。所以要从文化上去研究陶行知,从广阔的文化背景上去看陶行知,否则,就陶行知谈陶行知,就陶行知的论著谈陶行知,很难谈出点深层次的东西。另外,也受二十世纪八十年代中期悄然兴起的一股文化思潮有关。当时,全国兴起了一股"文化热",各地开办了许多"文化"讲习班,这也为许多学

①　熊贤军:《陶行知对中西文化的批判——兼论陶行知对中国文化发展道路的选择》,《华中师范大学学报》(哲学社会科学版)1988年第6期。

者，特别是年轻的学者打开了思路，拓宽了人物研究的文化
视角。①

此外，熊贤君对陶行知的教育思想作了多项专题研究。对于陶
行知的师范教育思想，熊贤君推崇备至，赞誉陶行知是"疗师范之
疾的神医"，其师范改造思想是"改造中含孕着建设，建设中亦不
无改造"②。在肯定陶行知师范改造思想注重新旧关系交替的同时，
熊贤君还肯定了陶行知师范教育重点在乡村的特点，认为这是抓对
了中国师范教育的症结。在完成和梁漱溟、晏阳初的对比后，熊贤
君赞誉了陶行知乡村教育的极高明之处，即培养农民导师而非有助
统治者传道。对于陶行知的全面教育思想，熊贤君从德智体美劳五
个方面予以了阐述。他认为，陶行知的德育思想"融合了中西道德
教育之优长，既洋溢着时代气息，又体现出鲜明的民族特色"③，以
爱国主义教育、集体主义教育、民主教育、理想教育、人格教育为
内容呈现出来，通过身教言教合一、知情意合一、爱教训合一、
"劳动、健康、政治、文化"生活合一、自治与民主合一、环境与
校风合一等途径予以实施，目的是培养"大丈夫"、"伟丈夫"。熊
贤君进而指出，从总体上来说陶行知的德育思想是在生活教育理论
支配下完善的，但也存在对道德的高估倾向，这种倾向显然是"道
德至上"的中国文化对陶行知的一种制约。对于智育思想，熊贤君
认为陶行知始终是以"活"为中心，通过教学做合一、自学与讨论
合一、质疑与创造合一、调查观察和实验合一的方法达到反传统教
育弊端的根本目的。对于陶氏的智育观，熊贤君认为这是陶氏在汲

---

① 根据 2012 年 12 月 17 日与熊贤君教授访谈整理，经本人审核。

② 熊贤君：《职业教育和师范教育》，载董宝良主编《陶行知教育学说》，湖北教育出版社
1993 年版，第 366 页。

③ 熊贤君：《全面教育》，载董宝良主编《陶行知教育学说》，湖北教育出版社 1993 年版，
第 394 页。

取西方形式教育和实质教育长处之后总结得出的，既避免了形式教育的学生官能片面发展的缺陷，又避免了实质教育将智力发展置于次要地位的不足。但对于"活"的把握程度，熊贤君也提出了自己的忧虑，纵然"读死书、死读书、读书死"存在弊端，但过往矫正强调"无字书"，则造成了知识的不系统性。对于体育观，熊贤君认为陶行知通过开展多种体育活动始终将健康教育放在重要地位，甚至于在晓庄时，健康生活一度成为生活教育的出发点。他认为，陶行知将体育教育与道德教育联系起来，作为爱国主义教育的一个组成部分，在国难教育时及民主教育时期发挥了重要作用。在美育方面，熊贤君认为，陶行知主要通过戏剧、音乐、绘画、文学和舞蹈等方式对学生进行审美教育，既包含校内教育也覆盖了校外教育，而这种美育的出发点和归属点都在于陶行知的人民性。熊贤君强调，陶行知美育的对象和目的始终是为老百姓服务的，这是与舞文弄墨、吟风诵月的小资产阶级知识分子是截然不同的，而是与毛泽东的大众文艺思想完全吻合。生产劳动观是陶行知生活教育思想的一条主线，熊贤君考察了陶行知生产劳动教育观后认为，陶氏是明显受到"五四"时期的实用主义思潮、实利教育思潮、职业教育思潮等思潮的影响后逐步建立起这种观念。陶行知将生产教育作为培养"整个的人"过程中的一个有机环节，亲自参与劳动实践，所以熊贤君认为他是"对中国优良文化的弘扬，又是对黄炎培、蔡元培的职业教育、工读教育思想的实验、实践和发展"[1]。更为重要的是，除了上述思想的影响，马克思主义与他的劳动教育思想还有很强的一致性，所以熊贤君断言，陶行知"将教育与生产劳动相结合的教育思想，绝不是'偶然尝试'、没有理论指导的怪物"[2]。

---

[1]　熊贤君:《全面教育》，载董宝良主编《陶行知教育学说》，湖北教育出版社1993年版，第454页。

[2]　同上书，第455页。

　　由于熊贤君长期致力于中国近代义务教育研究,故而他也将陶行知置于近代中国义务教育这一长程时间段内予以考察。他梳理了陶行知对于义务教育所做出的贡献。他肯定了陶氏对女子教育所做出的贡献,并认为尽管陶氏的女子教育思想属于理想主义化的色彩,但其从中国国情出发,在尊重地方民风民俗的基础上解决女子教育问题还是值得当下重视和借鉴的。① 陶行知的义务教育还有一独特的制度——"小先生制",熊贤君认为这是最廉价的普及义务教育方法,但也必须要客观地看待"小先生制"的缺陷,因为其只能作为初等小学的辅助形式,"一个国家义务教育千秋大业,不可能希望在这些小先生来完成""小先生传授的知识不可能系统,必然是'现炒现卖'的零碎内容,而且'一碗水倒不了一碗'——教学质量是无法得到保证的"②。在当时的历史背景下,诸多陶研学者尤其是陶门弟子高呼以小先生制来完成扫盲,实现普及教育的梦想,熊贤君的研究无疑给他们泼了一盆冷水,但毋庸置疑的是,他的研究是客观公正且经得起历史考验的。

　　谈及陶行知的义务教育就不得不和当下的义务教育有所关联。熊贤君对当下义务教育进行了批判,他认为陶行知所言的"普及教育"实际上就是今天的"义务教育",但今天的"普及教育"含义发生了极大变化。熊贤君认为,今天的"普及教育"是"普及"而"收费"的教育。

　　　　如果陶行知在九泉之下看到今之"普及教育"是如此含义,恐怕他宁可挨"第三枪",也不会同意他倡导的普及教育是今天的这个含义。他所言的普及教育,用他的话说是冬天的破棉袄,老百姓是享受不了收费的"普及教育"的。他也是绝

---

① 熊贤君:《中国女子教育史》,山西教育出版社 2009 年版,第 337 页。
② 熊贤君:《中国近代义务教育研究》,华中师范大学出版社 2006 年版,第 238 页。

对不可能去普及收费的"普及教育"。①

对于中国近代教育的考察，诸多学者会从教育现代化的视角来从事相关的研究，华中师大也不例外，尤其是章开沅先生主持的《中国近代化比较研究丛书》。或许是师从章开沅的缘故，熊贤君将陶行知研究的视角由近代义务教育转向科教兴国。他将陶行知列为中国近代史上强调科教兴国的典型代表，认为陶氏代表的是一种改良主义的科学教育思想和科学教育运动。对于陶行知的这种思想，熊贤君予以了客观的评价，认为不能用"非革命即反革命"的简单思维来否定科教兴国的历史作用，而应该用一种辩证的思维来对待这一问题，故而他指出这种早期科教兴国思潮是本着救国、爱国的思想对传统封建思想进行批判与否定，在一定程度上推动了中国教育现代化的进程。他肯定了陶行知对科教兴国的理论研究和"科学下嫁"的实践行动，赞誉它是"时代的强音""振聋发聩"，也是陶行知"教育思想中的一颗明珠"②。除此之外，熊贤君还肯定了陶行知通过乡村教育、育才学校和社会大学的方式进行人才培养以达到科教兴国目标的做法，认为尽管这些做法充满了乌托邦的理想主义色彩，但体现出当时中国知识分子为教育兴国所做出的努力。特别是创造教育与科教兴国，熊贤君在经过整体的梳理考察后指出，这一思想是在中西方创造教育思想合璧的基础上产生的，是其"深入考察了人类科学技术史，总结了古今中外科学发明发现的历史经验教训，寓中国传统文化中弘扬创造精神的内容与西方智慧于一炉，形成了既有别于中国传统，又有别于西方情形的带有中国特色的创造教育思想"③，其思想中的六大解放、方法上提倡因材施教活

---

① 根据 2012 年 12 月 17 日与熊贤君教授访谈整理，经本人审核。

② 熊贤君：《近现代中国科教兴国启示录》，社会科学文献出版社 2005 年版，第 63 页。

③ 熊贤君：《陶行知创造教育思想探微》，《教育研究》1999 年第 11 期。

学活用，使得创造教育能够萌发出强劲的生命力，也会对人类科学技术的进步起到巨大的推动作用，对当下的科教兴国目标实现有着重要的借鉴意义。

　　说到科教兴国为何与陶行知联系到一起的问题，这也是陶行知自身的理论与实践决定的。陶行知的教育理论和教育实践，目的集中在近现代中国的两大主题上。这两大主题是"启蒙"和"救亡"。就陶行知的具体情况来看，他是一个实践家，他的理论和实践更多地倾向于"救亡"，他的一切可以说是紧紧地扣着"救国兴国"四字。譬如，他要改造100万个乡村，他大力倡导科学普及活动，他大力倡导"新武训"，他大力推行民主教育，都是为了"救国兴国"。①

　　晚年的陶行知因为为民主事业奔走呼号，最终不幸离世，对于这一结果，熊贤君强调指出，"一位信仰'科教兴国'功能的教育家，竟将他奉为终身职志的事业忍心搁置一边，而为中国人民的民主自由奋斗到最后一息，这本身就说明在当时那种特定的政治、文化环境下，过去曾将教育奉为救国唯一路径的人们，对'科教兴国''教育救国'的信仰已经荡然无存"②。这一结论也算是为陶行知的科教兴国人生画上了一个句号。但这里颇存疑义的是，是否因民主未竟而使得陶行知丧失了"科教兴国""教育救国"的希望呢？事实上，哪怕至生命的最后一刻，陶行知也未曾放弃教育救国、科教兴国之希望，他在留给世人的最后一封信中仍在叮嘱育才师生"一为博爱而学习，二为独立而学习，三为民主而学习，四为

---

① 根据2012年12月17日与熊贤君教授访谈整理，经本人审核。
② 熊贤君：《近现代中国科教兴国启示录》，社会科学文献出版社2005年版，第492页。

和平而学习，五为科学创造而学习"①，体现出了其毕生用教育实现民主共和的终极思想。故而，熊贤君认为因民主斗争而使陶行知乃至一群近代教育救国的知识分子放弃理想一说还是值得商榷的。

一切历史都是当代史。熊贤君的陶行知研究带有很强烈的问题意识，几乎都是从当代事件中发现问题，追根溯源，在历史中寻求合理的答案。他从改革开放后的文化热入手，寻求中西文化的品评问题，试图从陶行知及那个时代知识分子的中西文化交融中为八十年代的知识分子寻找到一条不再迷惘的道路。他从义务教育制度变迁入手，在小先生制、女子教育、经费筹措等方面试图为当代义务教育的发展与完善寻找到历史依据。他从科教兴国入手，在科学下嫁、创造教育中试图为当下中国教育科技的发展添砖加瓦。只是颇为遗憾的是，因为工作的调动，他离开了华中师大这一陶研文化圈，同时也因为个人兴趣的转移，近年来他已逐步淡出陶行知研究领域，这不啻为陶研界的一大损失。

## 三　启新与拓域：第三代华中陶研学人

随着华中学派一、二两代学人研究的不断深入以及同时代学人的共同努力，陶行知研究领域不断扩大，研究成果也不断推陈出新，研究进入了梁启超所谓的"境界国土，为前期人士开辟殆尽"②的学术蜕分期阶段。梁启超认为，这一时期的学术研究有两种倾向，一种是深入局部问题研究，另一种是转变研究方法。显然，华中学派第三代学人在这两个方面取得了极大的进展。在学派第二代学人的共同指导下，他们从研究方法、研究领域、研究思路等方面做了极大的创新，从心理史学、中外比较、中西文化等多个

---

① 方明主编：《陶行知全集（九）》，四川教育出版社 2005 年版，第 474 页。
② 梁启超：《清代学术概论》，中华书局 2010 年版，第 3 页。

视角进一步拓宽了陶行知研究的思路，不仅在方法论上有所创新，其结论亦有独到之处。

**(一) 胡志坚①**

从心理史学的角度研究陶行知是华中学派的一大特色，从章开沅到喻本伐，他们都曾将心理史学运用于考察陶行知的人生历程之中。这一学术思想传承到第三代学人时，已经逐步系统化、规范化了，胡志坚就是这一学术传承的代表人物。

1985 年，胡志坚从师范院校毕业后，就一直从事着教师教育的相关工作。在经历了二十世纪九十年代"下海潮"和"下岗潮"一连串的冲击后，胡志坚开始对自己的本职工作产生了更多的思考。什么是好教师? 如何能够成为一名好教师? 诸如此类的问题在胡志坚的心头萦绕不去。带着解决这些问题的想法，胡志坚阅读了大量民国时期教育家的著作，这些阅读不仅未能解决"胡志坚之问"，反而让他更深入地去思考:为什么在那个动荡纷杂的时代中，这些教育家能够坚守岗位，能够有诸多创造性的工作，能够矢志不渝的为着教育救国的梦想而努力? 他们是怎么想的，他们为什么会这么想? 带着这一系列问题，2002 年，胡志坚考入华中师大周洪宇教授门下攻读教育史博士学位研究生。对于胡志坚提出的这些问题，周洪宇因材施教，建议他从近代教育史上选取出有代表性的数位教育家，利用心理学的视角深入人物内心探寻其执着于教育事业的内在动力，那么陶行知作为近代著名教育家自然也进入了研究的视野。这一选题既因为华中师大教育史专业是国内陶研重镇的缘故，也与胡志坚原本研究方向是心理学有关，这样一来，就开辟了心理史学研究陶行知的专题研究领域。2005 年，胡志坚完成博士学

---

① 胡志坚 (1963— )，山东济宁人，聊城大学教育科学学院教授、硕士生导师。

位论文《自我统摄下的心理与行为——蔡元培、黄炎培和陶行知的社会心理与行为特点研究》，这也是国内第一部利用心理史学分析陶行知的专题研究，在陶研方法论上开了先河。

　　对于这一选题，我本来想从民国时期教育家群体入手，但导师周洪宇教授认为，群体研究工作量太大，恐一时难以完成，并且也只有在研究个体之后才更有利于研究群体。所以后来我选择三个具有代表性的人物：一个（蔡元培）是搞高等教育的、一个（黄炎培）是搞职业教育的，一个（陶行知）是搞义务教育的。这三个人既有自己的教育思想和理念，又具体从事教育实践活动，符合教育家的概念界定。①

近年来，在研究教育家这一思想的主导下，胡志坚将研究逐步转向当代教育家的培养方面，也就是重视对教师专业发展方面的研究。他从教师角色期望的自我概念建构入手，认为影响教师专业发展的因素之一是教师自我理想的阻碍，而摆脱这种阻碍的方法就是理想自我概念的结构②，比如以陶行知"捧着一颗心来、不带半根草去"的理想追求，才会填补教师专业自我发展中理想自我与现实之间的沟壑。

　　事实上，我现在的研究与陶行知研究是密切相关的，在内容和主旨没有根本性变化，都是从事教师教育研究。我认为教师要经历佛家的"见地、修正、行愿"历程，通过立志、高水准的认识见解，以及最后的实践，才能达到陶行知对于教师理

---

① 根据 2012 年 12 月 19 日与胡志坚教授访谈整理，经本人审核。
② 胡志坚：《关于教师专业发展研究中几个问题的思考》，《教育研究与实验》2009 年第 6 期。

想境界的要求。这也是我这些年来一直为之奋斗的目标。①

　　胡志坚从香港学者何荣汉得出的"陶行知是一位基督徒教育家"这一结论入手，逐步分阶段剖析了陶行知自我概念形成的过程。对于陶氏幼年阶段自我概念形成，胡志坚从三种陶行知的生辰说，探究陶行知对自己生辰"似乎不甚在意"背后的心理动机。他指出，陶行知小时候的乳名"和尚"带有浓厚的佛教色彩，村人及家人对"和尚"这一称呼的角色期望，不可避免地对陶行知的角色采择产生了一定的影响，故而，他用陶行知文存中的大量佛教用语佐证了自己的观点。他进而强调，这一角色期待的作用并非仅仅体现在文字中，更是体现在陶行知自我概念的形成中。因而，胡志坚认为何荣汉提出的"基督徒教育家"说不够全面，陶行知的传教精神不能简单地用"基督徒教育家"来涵盖。胡志坚随后通过考证陶行知姐姐陶宝珠夭折的详细原因，得出了陶行知极有可能寄入佛门的结论，并认为，姐姐的夭折使得父母对他的角色期待更为强烈，这也促使他最终立志成才的内在动力。

　　陶行知自小在教会学校崇一学堂读书，但为何直到金陵大学时才一度信奉基督教？对于这一问题，学界似乎很少有人关注，究其原因可能在于陶行知与基督教的关系长期以来是一种"讳莫如深，避而不论"的状态有关。对于陶行知与基督教的关系，大陆学界仅有周洪宇、余子侠等少数人专门论及，但仍不够系统全面，比如上述问题就未能有所解答。对于此问题，胡志坚从心理学的视角透视后认为，陶行知在崇一学堂时期未信奉基督教，原因在于一是被先进的西学所吸引故而没有精力去思考信仰问题，二是在其心中基督教与佛教以及儒家思想并无二致。但无论是何原因，胡志坚认为，

_____

① 根据2012年12月19日与胡志坚教授访谈整理，经本人审核。

崇一学堂的教育对陶行知自我概念的形成影响远不及家庭教育和私塾教育来的深远,"以'品行为上'的私塾教育,给予陶行知的不单在知识,更重要的是在自我概念的形成和保持认知自我与理想自我间的一致性。"① 对于陶行知金陵大学期间的自我概念形成,胡志坚认为,通过王学西学之间的交融,陶行知开始逐步寻找到统一自我的办法,即"知行合一"。在这一理念的引导下,陶行知形成了"立真去伪"的自我概念,为了"克服理想自我与认知自我间的矛盾所带来的内心痛苦,保持自我概念的一致性"②,他改名为陶知行,就是很好的说明。通过对陶行知幼时到金大读书期间的一系列自我概念的建立过程分析,胡志坚用合理的证据纠正了把陶行知界定为"基督徒教育家"的偏颇,认为陶行知思想是在融合了儒家、墨家、佛教和基督教的基础上综合产生而来,是"以'我是一个中国人,要为中国做出些贡献来'为核心,以'实用理性'为心理基础"③ 建立出自我概念的一个过程。同时,他还认为,这一自我概念的建构促使陶氏无论在何种情形下都以奋斗不息、求真力行的方式理想自我和认知自我的统一。

> 我研究的是人的成长史与心理史,也就是人成长过程中的影响因素。何荣汉的著作出来后,陶行知被定义为"基督徒教育家"。但陶行知的思想并不仅仅包含基督教思想,他还受到了儒家、墨家、佛家、马克思主义等多方面的影响,并不是何荣汉的定论"基督徒教育家"那么简单。中国人没有宗教,但不能说中国人没有信仰。信仰来自多个方面,这种多方面的精神来源简单地用"基督徒教育家"来概括就未免太狭隘了,反

---

① 胡志坚:《自我统摄下的心理与行为——蔡元培、黄炎培和陶行知的社会心理与行为特点分析》,博士学位论文,华中师范大学,2008 年。

② 同上。

③ 同上。

而将陶行知恢宏博大的思想内涵给降低了。所以，归根到底，我的研究是对何荣汉研究成果的进一步丰富。①

　　对于陶行知确定以教育救国为人生奋斗目标的内在原因探析，胡志坚从社会心理学的角度又得出了与以往研究不同的结果。他认为除了陶行知在国内时期已经形成的教育救国的社会心理基础之外，美国当时如火如荼展开的进步主义教育运动从外在给了陶行知极大的刺激，杜威和哥伦比亚大学在这场运动中的核心作用也促使陶行知最终选择了赴哥大读教育以救国的想法。胡志坚还别有新意地提出了美国文化对陶行知的影响。他认为，美国人民不畏艰险、敢于创新的精神对陶行知产生了鼓舞和影响，美国国民的这一特性也会促使他与中国国民"因循""伪君子"的特点相对照，故而，这一社会心理影响促使陶行知冀图通过教育改变中国国民的"劣根性"，为建立一个共和的国家而努力。以往的研究在分析陶行知思想形成的过程时，比较注意的是分析杜威甚至于哥伦比亚大学对其的影响，极少有学者从外围环境如美国进步主义教育运动、美国国民特性的角度来分析这些因素对陶行知的影响，因而，胡志坚的这一研究确有独特的视角。事实上，如果将胡志坚的研究进一步提炼归纳，他是从"美国梦"的角度考察对陶行知的重大影响。从陶行知的人生历程来看，无论是顺境还是逆境他都为着"平等""自由""民主"奋斗不息、战斗不止，这或多或少也有"美国梦"的影响。

　　在通过认知自我、他观自我和理想自我等自我概念建构对陶行知进行全方面地剖析后，胡志坚指出，陶行知的理想自我和认知自我是合二为一的，但他明显缺乏中庸和道家相对主义的观念和内

---

　　①　根据 2012 年 12 月 19 日与胡志坚教授访谈整理，经本人审核。

容，在理想与现实之间缺乏一个缓冲的余地，因而相较于蔡元培、黄炎培两位教育的外圆内方来看，陶行知更强调"真与行"，这也是为何他在日后的事业中屡败屡战的心理根源。

除了用社会心理学分析陶行知的人格因素，胡志坚还用其分析了生活教育理论。他认为，如果仅从教育内部来研究生活教育理论，则永远纠结于生活与教育关系的问题上，无法正确理解领悟生活教育理论的精髓。只有从生活教育的社会动机出发，从考察陶行知以民主事业为根本目标的角度出发，才能对生活教育有内在的思考。在胡志坚看来，"提高国民素质、建立民主共和国家"作为陶行知的目标牵引力让其从大学教授的位置上走向乡村、走向农民，并有了生活教育去"凑"农民实际的出现。① 故而，生活教育的真正出发点和归宿是让农民"明了自己的权力，能用自己的权力，会用自己的权力""'生活'绝不是随意的生活，而是具有提高农民素质和能力的'生活'"，从哲学意义上来看，陶行知生活教育中的"'生活'是一种'应然地民主共和国民的生活'，而不是'实然的农民的生活'"②。

受中国传统史学观念的影响，中国的历史研究很少涉及人的心理状况。这一改变在二十世纪八十年代得到了改观，美国的心理史学和法国的心态史观的传入开始促使中国史学界重视这一心理分析方法在历史研究的重要作用。在随后的研究中，诸多学者在历史人物的个体心理分析，历史事件的社会群体心理分析方面取得了丰硕的成果。在心理史学的研究范畴中，没有一件历史事实是不与人们的心理状况发生密切联系的，无论是克罗齐的"一切历史都是当代史"还是柯林伍德的"一切历史都是思想史"，所有的历史事件都

① 胡志坚：《自我统摄下的心理与行为——蔡元培、黄炎培和陶行知的社会心理与行为特点分析》，博士学位论文，华中师范大学，2008年。
② 同上。

是人的心理活动付诸实践的产物。通过心理史学的研究，我们可以探究出一个人的行为动因，审视历史人物在特定历史时期的内心世界和精神情感，从而正确把握人物的真实心理活动和思想动机。在心理史学的影响下，华中师范大学马敏、朱英相继从心理史学的角度撰写了多篇论文，章开沅也在其研究中渗透了心理史学的研究方法，形成典型的华中"心理史学"研究学派。但由于受制于跨学科的知识盲点，这些研究多是"从严谨的历史材料出发，实实在在地研究历史上的心理问题"①。在陶行知研究领域，章开沅曾从陶行知的少年生活出发剖析幼年的心理对人物成长所产生的作用，喻本伐则从中国士阶层的重名心理出发讨论陶行知的人生抉择。这些成果为从心理史学研究陶行知打好了基础，拥有心理学教育背景的胡志坚的出现就让这一研究变得更为系统全面了。随着研究视野的拓展和研究内容的深化，胡志坚越来越认识到历史人物心理研究的复杂，在他看来，日记、自传、口述、传记等，只能作为历史研究的资料之一，还必须加强史料"内证"与"外证"的功夫，否则，很容易被"真实的虚假"所迷惑。

　　总体而言，胡志坚的陶行知研究还是有颇多的创新之处。从方法论的角度来看，胡志坚利用心理史学的方法，从陶行知自我概念形成的过程入手，对其人格形成过程的影响因素予以了详尽的分析，并得出陶行知以提高国民素质，为民主思想普及而奋斗的目标。这一结论尽管在陶研界已成定论，但是从另一个角度再次证明这一观点，在方法论的创新方面还是有所建树的。从史料的新意来看，他充分利用了陶城口述史、西方新发现的陶行知材料等资料，为其研究添色不少。从研究结论创新来看，他纠正了何荣汉的"陶行知是一位基督徒教育家"的观点，认为陶行知早期思想中还深受佛教思

---

① 邹兆辰：《当代中国史学对心理史学的回应》，《史学理论研究》1999 年第 1 期。

想的影响,故而应该是融儒、墨、佛、基督影响于一身的人物。

　　当然,并非胡志坚的研究不存在缺陷。首先,他未能将陶行知置于一个长程的时间段中予以考察,仅仅将研究的时间段基本局限在晓庄创办以前时期。事实上,陶行知人生事业的高峰却远远没有来到,从晓庄到育才时期陶行知总结了更多颇有创见的新思想,特别后期陶行知崇高声望树立的背后是共产党人的推动作用,故而陶行知与共产党人在互动中的社会心理与特点也应成为陶行知自我概念建构的重要组成部分,显然胡志坚的研究并未能覆盖于此。其次,陶行知的人生是跌宕起伏的,他一生曾被政府通缉两次,也曾因此导致第一任妻子投河自尽,虽未遂但精神深受刺激,这一人生、家庭的变故对陶行知的自我概念建构会产生更大的影响。特别是第一次被政府通缉后,原有朋友圈的崩溃会促使他在一定程度上反思自己的行为,对于这些胡志坚的研究并未涉及。最后,胡志坚在研究中强调研究人物的心理要从日记、回忆录中挖掘人物的内心世界,不仅如此,其实还更应该从陶行知的诗歌中寻找他内心真实的一面。作为新派诗人,他有许多诗歌直接反映了其内心世界,倘若以此为史料,自然可以为心理研究添色不少。

## (二)蔡幸福[①]

　　在不少学者认为陶研领域基本再无新意可以挖掘而逐步淡出陶研界的时候,作为新生代学者的蔡幸福则不同的视角切入,在中日教育家对比中再次凸显了陶行知的历史地位。正所谓横看成岭侧成峰,只要采取新的方法论指导,陶行知研究还是有诸多方面可做文章。

　　2005年,蔡幸福考入华中师范大学教育史专业,师从周洪宇攻读博士学位研究生。中学教师和教育行政管理部门工作的经历以及

---

[①]　蔡幸福(1966—　),湖北通山人,曾任武汉市江岸区教育局副局长,现为中共武汉市纪委驻食品药品监督管理局纪检组副组长、武汉市监察局驻食品药品监督管理局监察室主任。

丰富的一线调研阅历使他开始关注什么是好教师，好教师又如何培养成为教育家？恰好再度的入学给了他更多的时间去深入思考这一问题。华中师范大学教育史专业是研究教育家陶行知的全国中心，在这里蔡幸福进一步接触到民国教育大师的风采。由于国内陶行知研究已相当成熟，想找到新的突破口颇不容易，所以周洪宇建议蔡幸福从中外教育家比较的角度，选择一个与陶行知相当时代背景的外国教育家，比较两者教育思想之间的异同。机缘巧合的是，日本创价学会会长池田大作此时来访华师近代史研究所，在了解到创价学会的创始人牧口常三郎是和陶行知同一时代的教育家之后，周洪宇建议蔡幸福从中外教育比较史的角度研究这两位教育家教育思想的异同。

　　由于我硕士学位研究生的专业是比较教育研究，所以周老师希望我能从中外教育家比较的角度入手，这也算是因材施教吧。在确定了国内教育家为陶行知之后，一直在为选取外国比较对象而犹豫。2006 年 1 月份，我在一次学业汇报中表达了这种忧虑。周老师听后，建议我从陶行知与牧口常三郎的教育思想对比入手，研究中日两位教育家的异同。这其实是我第一次听说这位教育家，但是我被其人生经历所深深折服。在此之后，我又参加了日本创价大学国际部副部长高桥强与章开沅先生的会晤。章开沅先生指出，牧口和陶行知一样，都是热爱和平的教育家，一位提倡创造价值、提倡"得善美"，一位提倡创造教育，提倡"真善美"，但中国国内对牧口了解不多，这就需要更多的年轻学者来推动。就此，我有了研究牧口常三郎与陶行知的教育思想的初步想法。①

---

① 根据 2012 年 11 月 11 日与蔡幸福博士访谈整理，经本人审核。

由于牧口常三郎在国际教育界的声望并不高,国内几乎无人从事专题研究,这就使得蔡幸福搜集资料的难度极大。经过日本创价学会高桥强先生的帮助,蔡幸福相继从中国台湾、日本搜集到了一些关于牧口常三郎的著作,又从国内找到了一些译作,这为蔡幸福的研究打好了奠基工作。

> 2007年美国哥伦比亚大学师范学院的哲学、教育学教授大卫·汉森在其主编的《教育的伦理视野——实践中的教育哲学》一书中列出了二十世纪最具影响力的世界十大教育家,亚洲有两位入选,一位是陶行知,另一位就是牧口常三郎。我就特别奇怪,陶行知入选可以理解,牧口鲜为人知居然也能当选,这就让我坚定了研究他的决心。同时,我多年来对佛学有着浓厚的研究兴趣,也学到一些佛学知识,这就对于我理解牧口的佛教信仰提供了便利,最终我决定撰写这篇博士论文。①

2008年,蔡幸福完成了博士学位论文《陶行知与牧口常三郎教育思想比较研究》。这一研究具有重大的意义。从国际范围来看,蔡幸福系统梳理挖掘了牧口常三郎的教育思想,填补了中日两国在牧口常三郎教育思想研究的空白;从国内来看,通过陶行知与牧口常三郎的对比,丰富了国内的陶行知研究,在方法论上开辟了中西对比的先河。

人物研究少不了对人物成长环境的分析。对于陶行知成长环境的论述,历经章开沅、周洪宇、余子侠两代人的努力已经得出了相当精辟的注解,因此蔡幸福独辟蹊径,将目光投向了佛教的影响。他经过分析后指出,陶行知对于佛教的接纳也如同其对于基督教的

---

① 根据2012年11月11日与蔡幸福博士访谈整理,经本人审核。

汲取一般，自觉主动、从现实需要出发有选择的接受佛教思想，"就像他没有'被基督化'，而是'化基督'，使基督教为之改造中国社会和教育的实践服务一样，他不是佛教徒，而是推崇佛教理念，并吸取其精华，为我所用"①。可以说，蔡幸福对于陶行知佛教思想的研究是进一步深化发展了"华中学派"关于陶行知宗教信仰问题的研究。此前周洪宇曾认为陶行知"一度皈依基督教"，"后来放弃了基督教信仰，不再是基督徒了"②，在此基础上胡志坚提出陶行知思想中的佛教影响，但并未能够深入阐述。在历经两代三位学人的学术传承后，蔡幸福详尽完整的阐述了佛教对陶行知的影响，可谓是陶研"华中学派"在二十一世纪研究成果的一大突破。至于牧口常三郎的成长背景，蔡幸福认为，尽管牧口没有机会出国进修，但是西方文化尤其是杜威与康德的思想对其产生了举足轻重的影响作用，这其中，康德的影响主要体现在牧口的哲学与政治思想方面，杜威的影响则体现在教育思想上，因而，牧口是"借助着博览他人的译作并在外来文化的冲浪中形成了自己独到的人生观和世界观"③。

哲学、宗教和政治，这三方面思想构成了陶行知和牧口常三郎教育思想的三大基石。蔡幸福认为，在哲学思想上，两人有着诸多相似之处。在本体论方面，尽管陶氏是从唯心走向唯物，牧口是从唯物走向唯心，但无论如何，两人都强调物质第一的观念；在实践论方面，两人都强调实践是检验真理的唯一标准，强调主客观相符、理论实践统一；在人生观方面，两人都提倡将创造与奉献作为人生的价值标尺。当然，蔡幸福也指出，两者的思想也存在很大的

---

① 蔡幸福:《融通与创新:陶行知与牧口常三郎教育思想比较研究》，山东教育出版社2008年版，第69页。

② 周洪宇:《陶行知与基督教》，《安徽史学》1991年第4期。

③ 蔡幸福:《融通与创新:陶行知与牧口常三郎教育思想比较研究》，山东教育出版社2008年版，第55页。

不同。在哲学思想的来源上,相较于陶行知的博采众长,牧口的思想来源主要是康德哲学思想;对于"真"这一问题的理解,陶行知更多的是强调"对不对"和"好不好",牧口则是强调"有没有";在创造方面,陶行知强调人的创造性,牧口则侧重于人生价值的创造。① 在宗教思想方面,蔡幸福认为,陶行知是兼容了基督教、佛教的思想,牧口则是单一的佛教思想来源,但无论如何,两人都是从理性出发,试图唤起人们慈悲仁爱之心,以为建设和谐世界。在政治思想方面,蔡幸福认为,陶行知强调的是"共和、民主、和平",牧口强调的是"和平共存、人道竞争",尽管陶行知侧重于共和与民主,牧口关注个人、社会与国家的和谐,但两者都是高举和平大旗,本质上没有任何不同。

教育家的思想主要还是体现在教育方面,蔡幸福对此投入了颇多精力进行研究。他认为,在教育目的观上,陶行知与牧口常三郎的最大区别在于"得"与"真"的不同,而在培养人的"善"、"美"方面基本思想保持一致,为的都是正确引导未成年人的社会化,因而在目的观上,两者都是属于"社会本位论"者。② 在教育功能观上,蔡幸福指出,陶行知是为了"创造文化、创造人、创造国家和创造社会"③,而牧口则是为了对生活进行干涉和指导,但殊途同归,两人都是为了发挥教育对人的价值观塑造的作用。在教育内容观上,蔡幸福认为,陶行知强调生活即教育,牧口强调走向生活、走进自然与社会,两人都将生活置于课程的核心地位,强调儿童的主观性与创造性,符合了世界教育改革的趋向。在教学方法观上,蔡幸福比较了陶行知"教学做合一"与牧口"讲求方便、自然"的异同,认为他们二人强调实践的态度对于本国的教育改革发

① 蔡幸福:《融通与创新:陶行知与牧口常三郎教育思想比较研究》,山东教育出版社2008年版,第108—109页。
② 同上书,第155页。
③ 同上书,第156页。

挥了巨大推动作用，只不过陶行知强调"做"而形成了系统的方法论，而牧口还仅仅停留于具体方法层面。在学校观方面，蔡幸福认为无论是陶行知的"社会即学校"还是牧口的"半日学校制度"，都是走出了一条集学校、家庭与社会于一体的新办学思路，这是对旧式教育的一种全新改革。在教师观方面，蔡幸福认为陶行知的一流教育家和牧口的教师表率作用都是站在人的生命和国家的高度对教师提出的全新要求，但相较于牧口从教育内部问题思考的保守性而言，陶行知更强调教师的开拓意识，这也是两者在教师观上的差距。

在经过这一全方位立体互动的对比后，蔡幸福认为，陶行知与牧口常三郎的现代教育思想在弘扬人的主体性、实践性与创造性方面起到了巨大的作用，他们的思想在那个特殊时代中体现出强烈的民族忧患意识，推动了国家的教育改革甚至民主化的进程。故而，他们两位教育家在民主性、民族性、创造性和实践性方面有着极大的相通之处。蔡幸福进一步指出，他们二位强调民主性但不主张民主泛滥；强调民族性但反对民族霸权；强调创造性但抵制掠夺性创造；强调实践性但不支持盲目的实践，他们的思想是站在全人类的高度，希望用一种和谐发展的观念抵制各种不公现象，促进人类社会向大同世界迈进。蔡幸福高度评价了这两位教育家的历史贡献，认为他们在批判的基础上建构自己独到的教育思想，"他们都关注实践，重视生活经验，强调教育要走向自然、走向生活，并对当时教育中存在的种种脱离实际的问题进行了大胆的抨击，这些在过去、现在和未来都是符合教育规律和儿童身心发展规律的"[1]。但同时他们忽视了对教育与经济基础、上层建筑之间的关系研究，对教育体制也缺乏全面的思考，这就造成了他们的教育理论在一定程度

---

① 蔡幸福：《融通与创新：陶行知与牧口常三郎教育思想比较研究》，山东教育出版社2008年版，第275页。

上的不足。

比较是确定事物之间相似性与差异性的方法。[①] 比较教育则是通过对教育现象的考察寻找其教育内部的相似性与差异性,从而为解决教育问题找到一条规律性的道路。比较教育学近年来在我国发展极快,研究视野不断开阔,研究水准不断提升,研究队伍不断壮大,研究成果日益增多。但是,在比较教育学中对比较教育史的研究明显关注不够,甚至于对比较教育史产生一定的偏见。殊不知,历史是现实的镜子,没有比较教育史的研究,比较教育亦难以深入开展。尤其在陶行知研究领域,长期以来国内学者就陶行知而言陶行知,对陶行知的教育思想进行了各种程度的梳理与挖掘,甚至于产生了多种不同结论的文本解读,造成了陶行知研究领域的基本饱和。在中外对比方面,也长期局限于梳理杜威与陶行知关系及两者的对比上,除此之外,很少有人将陶行知与其他外国教育家对比研究。蔡幸福选择将陶行知与牧口常三郎进行对比,在比较对象上就有了很大的创造性。在陶行知研究的方法论上,很少有人利用比较分析法对陶行知进行专题性研究,事实上,这种研究可以在中外教育家比较中重新发现陶行知的非凡和独特之处。故而,在方法论方面蔡幸福也开创了新局面。在蔡幸福的研究中,由于其本人具有扎实的佛学功底,这就使他对佛教思想与陶行知的关系做出了深层次的解读,挖掘出陶行知思想中所隐含的不为人所知的新结论。可见,无论是在方法论、比较对象还是研究结果方面,蔡幸福的研究都有了很大的创新。

当然,白璧并非无暇。蔡幸福的研究中对于陶行知教育思想的研究始终未能突破前人的限制。在陶氏专题教育思想和生活教育理论研究方面,蔡幸福并未能够提出更多的创见,其研究中还带有传

---

① 蒋凯:《比较教育研究方法的相关问题分析》,《教育研究》2007 年第 4 期。

统历史观点的影响。

无论如何，作为一部中日教育家教育思想对比的研究成果，蔡幸福的研究还是体现了华中学派学术的传承性、团队的合作性。只是略为可惜的是，由于工作方向的转变，蔡幸福近年来已经淡出了陶行知研究领域，不得不说是陶研界的一大遗憾。

### （三）陈竞蓉[①]等人的贡献

除了上述两位第三代华中陶研学人的努力外，华中学派还积极开疆拓域，将陶行知研究的外延进一步延伸至中外文化交流史的领域，站在了更高的高度来看待陶行知研究以及与此相关的中西文化交流。陈竞蓉的博士学位论文《哥伦比亚大学与现代中国教育》就是这方面的杰作。

从陶行知研究发展到研究陶行知的母校——美国哥伦比亚大学与中国教育的关系，这原本是章开沅在指导其博士生周洪宇时所想出的一个选题。由点到面、由浅至深、由人物研究深化至中外文化研究，"大处着眼，小处着手"，这体现出了章开沅对于陶行知研究谋策划局的高瞻远瞩。由于周洪宇其时未曾有过留美经历，没有哥伦比亚大学的相关资料，故而这一选题只能被暂时搁置下来。2000年底至2001年，周洪宇赴哥伦比亚大学访学后搜集了一批毕业于哥伦比亚大学的中国教育家资料，这就让他重新燃起了研究哥伦比亚大学与现代中国教育关系的兴趣，他于是将这一任务交给了学生陈竞蓉。陈竞蓉不负师望，在历经六年的硕博苦读之后，终于交出了这篇集中了华中三代学人思想的博士学位论文。

陈竞蓉在通过对史料的挖掘梳理后认为，中国作为一个"后发外生型"的国家，在现代化的历程中始终在追寻西方的脚步，并以

---

① 陈竞蓉（1969— ），湖北荆州人，长江大学教育学院教授，硕士生导师。

西方为变革之蓝图。二十世纪初，西方尤其是美国的进步主义教育运动引发的一系列民主思潮与国内的新文化运动相得益彰，为中国的教育改革提供了思想基础，而哥伦比亚大学则提供了变革的最根本推动力——人。陈竞蓉指出，"20 世纪 20 年代，以剧烈的社会转型为背景，以杜威、孟禄等哥伦比亚大学著名教育家访华为契机，以朝气蓬勃的归国哥大学子为主导，中国教育界掀起了一场气势磅礴的现代教育改革运动"，这场运动"对教育的各个领域、各个层面进行了轰轰烈烈的改革，且改革的广度、深度和力度均为前所未有"[①]。陈竞蓉认为，在这场运动中，由于哥大归国学子对中西教育差距有着切身体会和深入比较，所以他们发起了对中国传统教育的猛烈批判，并大力引入实用主义教育思想，为现代教育理论在中国的确立以及现代学制的制定做出了极大的贡献。同时，哥伦比亚大学的学者们如杜威、孟禄也积极地参与了中国的教育改革与学制制定，将他们的实用主义思想渗透进了中国教育之中。且哥大归国学子"广泛任职于教育行政部门、高等学校及其他文教机构且位居显要"，这就为现代教育理念的建立提供了"登高一呼、应者云集"的便利条件[②]。故而，陈竞蓉认为，无论是中国内在因素还是西方外在影响，都为中国教育由近代向现代转型提供了动力，中国开始纳入教育全球化进程中去。

当然，在这一教育转变的过程中，哥大归国学子对哥大教育理念的中国化、本土化、创新化也发挥了巨大的作用。陈竞蓉通过对陶行知、陈鹤琴、邰爽秋、庄泽宣等人教育理念的个案分析后指出，这一批归国学子"秉承五四时期民主、科学的时代精神，立足中国社会实际和教育情势，充分发扬主体性，对来自师门的实用主义教育理论进行了大力改造与创新，为实现实用主义教育理论的本

---

① 陈竞蓉：《哥伦比亚大学与现代中国教育》，博士学位论文，华中师范大学，2010 年。
② 同上。

土化做出了许多可歌可泣的艰难探索，创造了别具风貌、影响深远的'生活教育''活教育'等理论，并最终促使中国教育理论成功地走出近代模式"①。在这一过程中，中国学子对于西方先进文化思想的排拒与接纳、学习与创造，也促使西方的先进文明能够向适合中国的方向发生转变。对于这种转变，我们除了看到陈竞蓉所谓的"西方强势文化"向"东方弱势文化"交流、碰撞和渗透的影响，更应该看到这群哥大学子根植于内心"文化土壤"中的民族性，也正是这种民族文化性推动了这群学子将西方强势文化为我所用，创造性地提出了一批适合中国教育的理论体系。

陈竞蓉指出，作为中美教育交流的一个缩影，哥伦比亚大学与近代中国的交流有着"内容丰富、规模宏大、方式多样、态势失衡、历时时间长、影响深远"② 等诸多特点，这一原本起自民间的教育交流活动，在经过杜威、孟禄、克伯屈、胡适、蒋梦麟、张伯苓、陶行知等人的推动之后，成了一种政府行为，影响了两国的文教政策制定，拓展了中美两国教育交流的深度与广度，对日后中美两国的政治经济与文化交流产生了深远影响。

从考察陶行知到考察陶行知的母校与中国的关系，华中学派将陶行知研究置于中西文化交流史的背景下，从文化传播学的视角来探讨中西方文化交流的历史。文化传播学的观点认为，文化的形成与发展受到传播的影响，传播促成了文化的整合、积淀、分层、变迁和增值；文化对传播的影响则体现在传播者与受传者的文化意义。故而，对于文化和传播而言，他们是同质同构，兼容互渗的。③从文化的本身特性来看，文化具有传递和扩散的冲动，具有一种动态的特性，有了传播才不会封闭为"死文化"，才不会由动态

---

① 陈竞蓉：《哥伦比亚大学与现代中国教育》，博士学位论文，华中师范大学，2010 年。

② 同上。

③ 周鸿铎编：《文化传播学通论》，中国纺织出版社 2005 年版，第 18 页。

变为静态。陈竞蓉从文化传播学和文化流动力学的角度考察二十世纪初中西文化特别是美国文化对中国文化的影响，将中国近代知识分子纳入全球化的语境中，就可以帮助后人从一个更高的高度来理解中国近代新文化运动和新教育运动的内涵，甚至对于重新解读当代中美文化交流有着重要的意义。当然，由于力所不及，陈竞蓉的研究仍存在着英雄史观的缺憾，仅仅从"精英中的精英"视角来剖析哥伦比亚大学与近代中国的关系，比如她在研究中更多的关注杜威、孟禄、克伯屈、胡适、陶行知、陈鹤琴等哥伦比亚大学师生中的杰出代表，对于哥伦比亚大学其他教师及其他毕业生着墨不多。事实上，哥伦比亚大学其他教师并非对中国没有产生影响，比如陶行知的博士生导师斯特雷耶就是美国著名的教育行政学者，陶行知归国后对于中国的教育行政学的发展也做出了特有的贡献。显然，我们只注意到了陶氏与杜威的关系，忽视了哥伦比亚大学这位教育行政学者对于中国的贡献。无论如何瑕不掩瑜，陈竞蓉的研究虽然是从陶行知研究衍生而来，却为陶行知研究提供了更宏大更深远的背景，为从中西文化交流史的视角研究陶行知开辟了一条新的道路。

除了以博士学位论文的形式对陶行知进行系统全面的研究外，华中学派的第三代学人群体还通过专题研究的方式从多个方面论述了陶行知与近现代教育及社会的关系。申国昌对陶行知"真"的理念进一步予以了阐释，他认为陶行知治学的预期结果与动力都在于追求真理，教育学生做"真"人，无论男女老少大小贵贱陶氏都能予以照顾到，体现了其普及教育的思想。同时，申国昌进一步指出陶行知在治学过程中注重学习条件的内在调配，对内强调学生的主观能动性，对外强调学习的自然环境与人文气息，这样才能达到事半功倍的效果。在学习方法上，申国昌认为陶行知通过理论与实践相结合的方式，强调在教学做合一过程中创造精神培养，突出了陶

氏特有的科学、创造、实践与协作的特点。① 陆克俭则从陶行知的
学生自治思想入手，认为陶行知在晓庄时期提出了"自立与互助"
"平等与责任""自由与纪律""大同与不同"的四条学生自治方
针，在育才时期提出了"集体自治"的方针，这些方针对于培养学
生的民主意识、公民意识和自主精神有着重要的借鉴意义。② 兰军
从中外教育交流的角度出发，考察了陶行知与国际教育会议的关
系，认为陶行知利用国际教育会议向全世界推介了中国教育思想与
实践，这一中国模式是在民族化的基础上走向全球化的，"经历了
一个从机械移植、仿效西方教育理论到主动选择并注重民族性的过
程"。③ 汪楚雄考察了新教育运动陶行知的作用，认为他在新教育运
动的发轫（1912—1917）、发展（1917—1919）、高潮（1919—
1925）和衰退（1925—1927）这四个阶段中扮演了重要角色。在发
轫期，作为学生的陶行知仅仅是关注者；在南高师时期，他是新教
育运动的参与者；任职中华教育改进社时期他是领导者；在寻找民
族出路时期他是拓新者。但无论其角色发生什么变化，汪楚雄强
调，陶氏对于教育的忠诚和奉献之心始终未改，为的就是能够建立
现代的"公众教育体系"。④ 吴丹梳理了陶行知的考试思想，认为
陶行知在对传统考试批判的基础上提出了依据培养目标制定考试制
度的想法，并探索出学生创造能力考成的新方法。吴丹强调，陶行
知的考试制度不是为了考倒学生，也不是为了升学和衡量学生学习
水平，而是为了实际生活的需要，体现出陶行知生活教育的内涵所

———————

　　① 申国昌、周洪宇:《陶行知求真务实的治学理念探析》,《华中师范大学学报》(人文社
会科学版) 2006 年第 4 期。
　　② 陆克俭、熊贤君:《试论陶行知"学生自治"理论与实践》,《湖北大学学报》(哲学社
会科学版) 2006 年第 9 期。
　　③ 兰军:《使中国教育走向世界的尝试——陶行知与国际教育会议》,《安徽史学》2006 年
第 5 期。
　　④ 汪楚雄:《陶行知与中国新教育运动》,《教育研究与实验》2009 年第 3 期。

在。<sup>①</sup>方玉芬从当前中国农村幼稚教育问题入手梳理了陶行知的幼稚教育思想与实践，认为当前教育应对农村学前教育在政策、财政和人力上投入更多的关注，才能解决农村学前教育中存在的各种问题。<sup>②</sup>陈功江在对杜威与陶行知的课程观进行对比后指出，在课程目标上杜威强调培养合法公民，而陶行知重视培养"真人"；在课程内容上，杜威是一种"假"的社会生活而陶氏是"真"的社会生活；在课程实施观上，杜威强调做中学，陶氏强调教学做合一，即将"教师在主导作用和学生的主体作用在做的过程中得以实现"，体现了两者的最大区别。<sup>③</sup>陈晴从当代学生社会适应能力不足的现状出发，借鉴生活教育理论分析了教育与生活的关系，认为教育必须要将培养人的社会适应能力放在重要的位置，才能指导学生从学习的"围城"中走到生活的世界里。<sup>④</sup>李忠认为，生活教育的价值取向在于人的解放和社会的民主，这一基本价值取向与"闻知""亲知""推知"的知识论以及以"做"为中心的"教学做合一"方法论构成了生活教育理论的基本内涵，故而生活教育从本质上来看是具有极强的鲜活生命力。<sup>⑤</sup>于洋在广泛占有材料的基础上，对近年来美日德三国涌现的陶行知研究博士论文进行了文本分析，认为海外的陶行知研究没有受到中国国内政治建构的影响，更为侧重于对陶行知隐性心理因素的阐释，体现出了由本质主义向非本质主义生成性思维模式。<sup>⑥</sup>笔者亦从考证考据、教材编撰、社会资本等

---

① 吴丹、熊贤君：《陶行知考试思想述论》，《教育研究与实验》2009 年第 3 期。

② 方玉芬：《陶行知普及乡村幼稚教育思想及启示》，《南京晓庄学院学报》2011 年第 4 期。

③ 陈功江、王佩、申国昌：《杜威与陶行知课程观比较及其当代价值——基于当代课程研究创新与本土特色的视角》，《课程·教材·教法》2012 年第 4 期。

④ 陈晴：《生活教育与学生社会适应能力的培养》，《教学与管理》2012 年第 24 期。

⑤ 李忠：《教育如何实现解放：以陶行知的"生活教育"为例》，《生活教育》2012 年第 2 期。

⑥ 于洋：《还原性视角、语境中建构与生成性思维——美日德陶行知研究博士论文个案分析》，《现代大学教育》2012 年第 4 期。

视角撰写了一些文章。① 另外特别值得一提的是,近年来华中第三代陶研学人刘来兵、宋骏骥、鲍成中、于洋等人在周洪宇的带领下,编撰了《全球视野下的陶行知研究》八卷本,全景式地展现了近百年来的海内外陶研成果,这既是对前人学术研究的梳理,亦是为后人进入陶研领域扫清了障碍,可谓功莫大焉。

## 四　华中学派的学术传承

三代二十余人,华中师范大学这一蔚为壮观的陶研学派已成为当下这一领域中最主要的研究力量。比起其他研究群体较为松散的组织结构,这一以师承关系为纽带形成的学派则更为严密,这种严密性的具体体现就是强调学术的逻辑性,在研究上重视层层推进,以前人成果为基础不断覆盖研究的每一个角落。

师承是这一学派最大的特色。每一位学人都会在其师的基础上不断拓展深化,进而提炼出自己不同的看法。以传记为例,章开沅与唐文权、周洪宇、余子侠都在此方面有专著面世,但周、余二人显然是在章开沅的基础上再一步探索。章开沅、唐文权提出陶行知的"三重文化圈"说,余子侠则提出了"三层底色"说,这就将"三重文化圈"说的被动接受改变为陶氏的主动容纳,突出了历史人物的主观能动性。而周洪宇在"三重文化圈"说基础上提出了"人生三部曲"说,将章开沅的"三重文化圈"压缩为陶氏人生的前两部曲,在此基础上周洪宇还加上了"归宗马克思主义"的第三部曲,这就将陶行知置于更为长程的历史观下予以考察。布罗代尔

---

① 刘大伟:《川版新版〈陶行知全集〉考订》,《浙江社会科学》2012 年第 3 期;刘大伟:《论陶行知教材编撰思想与实践及其现实意义》,《课程·教材·教法》2013 年第 1 期;刘大伟、申国昌、潘标:《社会资本:解读陶行知的新视角》,《高教发展与评估》2012 年第 5 期;刘大伟:《论台湾的陶行知研究———一种学术史的视角》,《福建师范大学学报》(哲学社会科学版)2013 年第 1 期;刘大伟:《陶行知研究范式的新转向》,《云梦学刊》2013 年第 1 期。

认为，长时段的研究可以更为完整的呈现出人类历史的深层次结构，如生态结构、心理机构、文化结构、思想结构，这些结构对于人类文明的历史进程产生着持续不断的深刻影响。显然，周洪宇的"三部曲"说也是对章开沅研究结论的一种发展与超越。再以"教学做合一"的研究为例。董宝良认为育才时期的"教学做合一"已经与晓庄大不相同，开始强调班级授课制的重要作用。作为董宝良的学生，喻本伐在此基础上进一步分析了"教学做合一"，认为育才时期它已经顾及教育的特殊性，在对前期教育理念的修复基础上，开始呈现出向传统教育回归的倾向。再以陶行知与宗教的关系为例，最早由周洪宇与余子侠分析了陶行知与基督教的关系。第三代学人中的胡志坚则认为基督教与佛教共同影响了陶行知，但对佛教方面并未能够展开，最终陶行知与佛教这一问题由蔡幸福研究完成。通过上述几例可以发现，华中学派强调学术传承，善于从前人研究中汲取养分，并进一步发展超越，这也是华中学派能够不断壮大的原因之一。

　　同门相互影响则是这一学派的另一成长要素。章开沅借助文化学理论研究陶行知，这一思想也影响了周洪宇、余子侠、熊贤君等人，他们也分别撰文从文化学的角度来剖析陶行知，亦得出不尽相同的结论。熊贤君就曾表示，"在闲聊中，在茶余饭后，（与同门）都有较多的涉及（文化学）。"① 胡志坚与蔡幸福两人则对陶行知的宗教信仰问题产生了兴趣，特别是佛教思想，胡志坚虽未能深入研究陶行知与佛教的关系，但这并不影响他对蔡幸福所做出的启发贡献。同门之间的学术互动为思想提供了碰撞的机会，激发了创作灵感，这些都为华中学派的壮大发展起到了积极的推动作用。

---

① 根据 2012 年 12 月 17 日与熊贤君教授访谈整理，经本人审核。

# 第 五 章

## 丈夫志在探新地:海外陶研
## 学人的个案分析

除了中国大陆形成的这三个主要陶研群体外,海外学人也一直对陶行知研究颇为关注,这完全是因为陶行知巨大的国际声望和个人魅力影响的结果。二十世纪二十年代末期,陶行知的晓庄学校就已经引起了日本和美国教育界的极大关注;三十年代由于抗战的缘故,陶行知奔走于欧洲各国,进一步扩大了他的国际影响力;四十年代由于以一种"抱着爱人游泳"的态度办理育才学校,陶氏获得了国际教育界、政界的极高赞誉。故而,在陶行知在世时海外就已有人对其研究,在其去世之后,这一研究态势迅速扩大。尽管由于资料的缺乏,但仍然难掩陶氏的巨大魅力,陶行知研究吸引了包括费正清在内的众多名家的关注,成果斐然。这其中,尤以日本、美国、德国、中国港台地区的研究成果最多,研究最为深入持久。

## 一 日本:斋藤秋男与牧野笃

海外的陶行知研究中,日本是起步最早、发展最快、成果最多、研究最深的国家。这是因为多方面的原因。首先日本与中国一衣带水,在历史、地理、文化方面有着天然融通的优势,其次是因为陶行知在 1930 年遭受通缉后一度避难于日本,在这一期间他和日本各界人士有了一定的接触。这些原因都让日本的教育界不仅较早接触到了陶行知的生活教育,还将其付诸日本的教育活动中。

早在 1928 年,日本就开始有学者关注到陶行知的生活教育及晓庄试验,并发表了《支那之理想学校》等文章对晓庄及生活教育进行了评介。但由于历史久远,这些资料已难以查及。随后,东京池袋"儿童之村"的牧泽伊平开始系统的介绍陶行知生活教育理论。在与几位自称是陶行知学生的中国留学生接触后,牧泽伊平发现陶行知的思想与他们的教育改革颇为相似。随即牧泽伊平创办了《生活学校》杂志,并发表了《中华民国的新教育——世界新教育的动向(一)》,介绍了陶行知的小先生制。随后的日子里,牧泽伊平不断撰写陶行知生活教育理论与实践的文章,系统向日本介绍陶行知教育思想,促使了日本教育界开始重视来自中国的教育实践。几乎与牧泽伊平同时,"儿童之村"的另一位老师户塚廉也发表了系列文章介绍陶行知的教育思想与实践,并积极与山海工学团取得联系,相互交流经验。此外,由于陶行知在抗战中的重要作用,日本的新闻界、政治界也在相应的报道中对陶氏有所涉及。但这一阶段的还谈不上研究的水准,更多是评介性的文章。

第二次世界大战之后,无论政治、经济、文化、教育等各方面,日本均在美国的掌控之下。在这一历史背景下,日本开始全盘接受西方尤其是美国的教育体系,故而,民国时期中国教育家对美国教育的排拒与接纳成为他们学习的对象。作为民国教育家群体的重要一员,陶行知再次回到了日本学界的研究视域中。学界内涌现出一批诸如世良正浩、市川博、新岛淳良、斋藤秋男等颇有影响力的研究者。这一批学者由于具备良好的研究素养且长期研究中国问题,当他们着手研究陶行知后,其产出的成果不仅深入且质量极高,所以很快引起了国际学术界的关注。在这其中,斋藤秋男的研究无论是时间长度还是成果数量都排在日本学界的前列。斋藤强调陶行知的思想发展从接受杜威思想开始，最终回到"民族土壤"中去，这也被学界称为特有的"斋藤模式"。这一研究成果在二十世纪八十年代遭到了牧野笃的挑战，牧野笃从民族性、主体性出发，强调"民族土壤"始终存在于陶行知的内部，故而斋藤将陶行知视为杜威的学生作为其思想发展的起点的观点是需要推敲的。这一研究的出发点显然是与八十年代日本民族主体性的恢复有着密切的联系。随后，牧野笃也发表了一系列陶研成果，成了当今世界唯一的一位学士、硕士、博士学位论文都从事陶行知研究的学者。

　　总体而言，日本的陶行知研究开展得早，研究也非常深入，成果极为丰硕，甚至于在一段时间内长期领先于中国大陆的研究。尤其是斋藤秋男与牧野笃的研究，代表了二十世纪五十年代至八十年代陶行知研究的最高水准。

**（一）斋藤秋男①**

　　在日本的陶研学者中，斋藤秋男从 1946 年开始接触陶行知、研究陶行知，直到离世从未间断。无论中日两国关系如何变化以及陶行知在中国的地位如何起伏，他都坚持不懈的将陶行知的著作与思想翻译传播至日本。他研究时间长、研究成果多、研究贡献大，可谓是日本陶行知研究的第一人。

　　斋藤秋男 1942 年毕业于日本东洋大学文学部中国哲学文学科，后参军入伍成了侵华日军的一员。1945 年日本投降后，斋藤以"就地期满"的形式放下武器来到武汉，在日文报纸《正义日报》任职。在此期间，他接触到了陶行知等主办的《民主星期刊》，便

---

　　① 斋藤秋男（1917—2000），生于日本东京，1942 年毕业于日本东洋大学文学部中国哲学文学科。后相继在东洋大学、北海道大学、日本专修大学任职，兼任中国儿童文学研究会顾问、日中艺术研究会顾问、日中友好协会理事、日中文学协会中央委员、历史教育者协议会研究委员。

被其中的民主思想所深深吸引。

> 我在街市角落的一家书店里发现了这种小报。一次，我买
> 了回来，放在报社书桌的抽屉里。第二天竟不见了。于是，我
> 明白了这种报纸的政治立场。尔后，我每周一次出去时就站在
> 书店里阅读。这家报纸叫《民主星期刊》，重庆出版，编辑主
> 任是一位名叫陶行知的教育家。①

从此之后，斋藤开始慢慢搜集陶行知相关的著作与诗歌，随着
对陶行知思想的逐步了解，斋藤对陶行知的人格和精神越来越敬
佩，也就有了学习陶行知，并将陶行知的民主思想传播到日本去的
想法。

> 当时我一直有一个想法，我曾经是一个日本的士兵，停战
> 回国后应该做些什么工作呢？怎样才能为建设和平民主的新日
> 本，为日中友好做些努力呢？我觉得，把陶行知介绍给日本，
> 让日本也搞和平民主教育，这一定会有利于日本开辟和平民主
> 道路的。我相信这一点，所以我决定坚持从事陶行知研究的
> 工作。②

1946 年 7 月，斋藤回到日本以后就开始致力于向日本民众介绍
陶行知。1947 年，斋藤根据在中国搜集的资料写成《重庆"社会
大学"的设想》，发表了他的第一篇陶研文章。从此，斋藤一发而
不可收，开始了长达五十余年的陶行知研究工作。此后，他相继出

---

① ［日］斋藤秋男著，杨畅译：《陶行知评传——政治抒情诗人的一生》，四川教育出版社
1987 年版，第 3 页。
② ［日］斋藤秋男：《陶行知是属于世界的》，载周洪宇编《陶行知研究在海外》，人民教
育出版社 1991 年版，第 38 页。

版了《新中国教师之父——陶行知》《民族解放的教育》（编译）
《陶行知评传》《陶行知生活教育理论的形成》等著作以及多篇学
术论文，在海内外陶研界引起了巨大反响，也奠定了他在陶研界的
地位。为了获得鲜活的一手资料，斋藤一生多次访华，赴各地参观
考察，了解中国陶研进展，搜集各类陶研资料，为日中两国的陶研
交流架起了沟通的桥梁，充当了中日文化交流使者的重要角色。

　　斋藤的陶行知研究既缘于他对陶行知的敬仰，也深受日本当时
国内的政治社会影响。战后的日本在美国的占领下开始进行了五项
改革，强调民主与自由。同时日本政府也在 1947 年颁布《教育基
本法》，着手解决教育民主化问题。可是，什么是教育民主化？为
什么要实施教育民主化？如何实施教育民主化？这一系列问题困扰
着社会各界。斋藤在当时认为，这一弥漫着美国式民主的教育实际
上在二十多年前陶行知就已经在中国予以实践了，不仅如此，陶行
知还将杜威式的美国民主教育与中国实际相结合进行了改造，使杜
威的教育哲学理论完全被中国本土化了。因而，斋藤觉得陶氏的这
一实践对日本教育界应该是很有帮助的，非常有必要将陶氏的思想
及实践引介到日本教育界来，故而他搜集相关材料撰写了《新中国
教师之父——陶行知》。在书中，斋藤阐述了作为一名教师和知识
分子应有的人生态度。日后谈及此书时，斋藤表示："第一本书反
映并刻画了我跟朋友和长辈们一起亲自经历过的日本'战后'。因
此，这本书对笔者来说讲是一个纪念，但是作为陶行知研究未超出
习作的范围。"① 随后斋藤又翻译了陶行知的三十一篇论文并以
《民族解放的教育》为名出版。在这本译著中，斋藤提出了三个日
后需要进一步研究的问题，一是对陶行知从"改良主义者"向
"革命民主主义者"转变的过程研究；二是陶行知生活教育理论在

---

① 周洪宇编:《陶行知研究在海外》，人民教育出版社 1991 年版，第 8 页。

晓庄之后约二十年时间的发展与停滞；三是研究陶行知"大众诗人"的一面。这三个问题的提出，意味着斋藤秋男已经从介绍性研究转向深层次理论分析阶段，体现出他试图从宏观整体的视角上研究陶行知的一种倾向。

斋藤率先研究解决了他自己提出的第三个问题。他模仿高杉一郎的《盲诗人爱罗先珂》的写法，从陶行知的诗歌这一独特视角入手，撰写了一部与中国国内风格截然不同的陶行知传略。斋藤秋男认为，陶行知既是一位教育事业实践家，也是一位很称职的诗人，陶氏一生中最突出的是："农民的宿命与生命力，战争的悲惨与奋起。"① 斋藤不仅通过诗歌梳理了陶行知为民族解放、实现民主而苦战奋斗的一生，还将山海工学团与日本东京池袋"儿童之村"的实践相结合，这就证明了日后斋藤提出的重要观点"陶行知不仅是属于中国，也是属于全世界的"。当然，这一部撰于二十世纪六十年代的陶研著作，由于当时中国的陶行知研究正陷于低谷，史料的匮乏甚至错漏也为斋藤的研究制造了不少阻碍。不过依然值得肯定的是，斋藤的视角确实独特新颖。在毛泽东赞扬陶行知为"伟大的人民教育家"之后，斋藤却没有以教育家这一点为切入口，反而选取了至今仍未有深入研究的陶行知诗歌为切入点，体现出了斋藤思想上的独创性。谈及这一点，斋藤自己在1987年也曾表示："欣闻旧著《陶行知评传》译文版即将问世，不免有点踌躇和暗自高兴。大都称陶行知为'伟大的人民教育家'，可是称陶行知为'诗人'的却不多。所谓'高兴'，就是期望以《陶行知评传》的译文版为契机，同中国友人谈论'诗人'陶行知的机会更多。所谓'踌躇'，就是拙著《陶行知评传》还不够成熟"②。

---

① ［日］斋藤秋男著，杨畅译：《陶行知评传——政治抒情诗人的一生》，四川教育出版社1987年版，第172页。

② 同上书，第180页。

在完成问题三的研究之后,斋藤开始着重于对问题一、二的探讨。斋藤对问题一、二又进行了进一步深层次思考后,提出了三个重要观点,受到了海内外陶研学者的热烈关注。这三个重要观点分别是:一,关于生活教育理论的形成;二,陶行知不仅是属于中国的,也是属于全世界的;三,要把握陶行知的整体人格形象。在随后的时间里,斋藤开始致力于不断完善发展自己的这三个观点。

对于陶行知生活教育理论的形成,斋藤认为,陶行知思想的发展是与王阳明哲学、杜威哲学思想紧密联系在一起的。斋藤指出,陶行知将王阳明"知是行之始,行是知之成"的唯心论改为"行是知之始,知是行之成"的唯物论,并将自己的名字由"知行"改为"行知",都充分体现了陶行知思想上的重大转变。除了考察陶行知与王阳明的关系外,陶行知与杜威的关系也是斋藤考察的重点。斋藤认为,陶行知将杜威的"教育即生活""社会即学校"的理论改为"生活即教育""社会即学校",这是陶氏对杜威思想的斗争与超越,因为"如果从他的教育思想形成的侧面来看,可以说是陶行知对老师杜威的学说和理论进行斗争的过程"[1]。斋藤认为,陶行知虽然是杜威的学生,但是对杜威的教育思想并非全盘接受,而是以回归"民族的土壤"为根本目的,有目的有选择的接受杜威教育思想,同时,陶氏还将杜威教育思想与中国实际情况相结合,做出了创造性的改变。在斋藤看来,陶行知身上所具有的中国性与平民性,正是促使陶行知教育思想向民族土壤回归的原始动力。斋藤的这一研究实为有的放矢。正如上文中提到,第二次世界有大战后美国教育思想主导了日本教育界,在教育民主化、教育自由化大行其道的当日,诸多日本学者对于美国教育思想尤其是杜威教育思想实行"拿来主义",不加思考、不加扬弃,也不去考虑美国教育

---

① [日]斋藤秋男:《"生活教育"理论形成的过程》,载周洪宇编《陶行知研究在海外》,人民教育出版社1991年版,第270页。

思想是否能够适合于日本的国家现状。针对于此，斋藤借助陶行知的研究向日本教育界证明，只有以日本本土性、民族性为核心，批判地继承美国教育思想中的优点，才能够结合美国教育思想创造出适合日本民族需要的教育思想与制度。斋藤这一结合历史与现实的研究，不仅对日本教育界更对中国陶研界产生了重要影响，故而后人也称其为"斋藤模式"。

1984年，斋藤在南京晓庄师范学校做报告时提出，"陶行知不仅是属于中国的，也是属于全世界的"。对于提出的这一观点，斋藤指出这是陶行知对知识分子的引导作用和对儿童的解放作用两个方面作出的重大贡献。斋藤认为，陶行知置名利于不顾，深入到劳苦大众中去，为大众办教育、写诗歌、做演讲、为大众争民主、争自由，甚至献出了生命，从这点来看，陶行知成了知识分子的典型，对于彷徨苦闷中的现代知识分子有着积极的引导作用。所以，"陶行知不仅是中国知识分子的榜样，也是各国知识分子的模范，我们都应该学习他"①。在儿童解放方面，斋藤认为，陶行知将鲁迅"救救孩子"的呼号变为了现实，他解放儿童的思想，解放儿童的才智，让儿童做社会的主人，这种解放归根到底是为了大众的解放、民族的解放，最后达到全人类的解放。所以斋藤强调，陶行知的"心中不仅有中国，而且有全世界"，"他留下的宝贵遗产，不仅是中国的，而且是世界人民的"②。斋藤的这一观点显然是其对陶行知研究三十余年的一个小结，也是对陶行知历史价值的准确定位。这既是建立在陶行知伟大人格的基础上，也是斋藤对陶行知思想在日本实践获得成功的一种肯定。斋藤在考察了小先生制在当时日本的实践情况后指出，"针对目前日本学校对学生自由发展有压

① ［日］斋藤秋男：《陶行知是属于世界的》，载周洪宇编《陶行知研究在海外》，人民教育出版社1991年版，第38页。
② 同上书，第38—39页。

抑现象，'小先生'运动要求学生从沉重的作业堆里解放出来，提倡儿童生动活泼的发展，解放儿童的精神，充分发挥儿童的创造力。这些主张与陶先生的教育思想实质上是一致的。"①

进入二十世纪九十年代，斋藤已经不再局限于对陶行知的研究，而是上升到陶行知该如何研究的这一层面上。为此，他提出了"迈向陶行知整体形象的研究"这一观点。他对当时存在的"人民教育家陶行知"和"大众诗人陶行知"两条不同研究路线提出了质疑，认为应该正确把握和描述"在中国革命的激流中奋斗过来的陶行知的整体人格形象"②。斋藤分析了茅盾为陶行知所做的悼文《我所见的陶行知先生》，极为赞同茅盾所说的在陶行知的人格内部"教育家"和"诗人"共同存在的观点。所以斋藤提出不能孤立的研究陶行知，不能将教育家与诗人分割开来，而是相互结合，才能把握陶行知的整体形象。斋藤的这一研究显然是针对陶行知研究的现状有的放矢。二十世纪九十年代，由于官方的推动作用，陶行知研究一时间成为显学，参与研究的人士多如过江之鲫，看上去颇显热闹，实则隐藏着诸多危机。对此，周洪宇曾在 1989 年就对陶研中的"分割研究""注经疏义""假设推理""添冠加冕""循环论证"③ 等庸俗社会学研究方式进行了批判，并进而强调要从整体的、宏观的角度把握陶行知、分析陶行知。正所谓英雄所见略同，斋藤此时提出的把握陶行知整体形象研究可谓是两国学者对这一忧虑的共同看法。当然，斋藤的提议也不是完善的。陶行知整体形象的把握也并非仅仅"教育家"和"大众诗人"这两个视角，这两点只

① ［日］斋藤秋男：《陶行知是属于世界的》，载周洪宇编《陶行知研究在海外》，人民教育出版社 1991 年版，第 39 页。

② ［日］斋藤秋男：《迈向陶行知整体形象的研究——"人民教育家"和"大众诗人"的共有和内在冲突》，载周洪宇、余子侠、熊贤君编《陶行知与中外文化教育》，人民教育出版社 1999 年版，第 220 页。

③ 周洪宇：《陶行知研究的方法论问题》，《华中师范大学学报》（哲学社会科学版）1989 年第 2 期。

是陶行知整体人格形象的两个侧面，倘若以此来把握陶行知的整体形象，必然也是不完整的。

总而言之，斋藤秋男是一位毕生奉献于陶行知研究的日本学者，他在日本陶研界筚路蓝缕，锐意进取，开拓创新，为日本乃至全世界的陶行知研究做出了重要贡献。更值得一提的是，他还非常关注陶行知研究的学术传承，其提携指导的牧野笃已经成为日本新生代陶研学者的领军人物，继续为日本陶行知研究及中日两国文化的交流贡献着力量。

### (二) 牧野笃①

作为斋藤秋男之后的日本陶研界中坚力量，牧野笃对日本陶研的传承与发展做出了巨大贡献。他在 1981 年开始接触陶行知研究以来，学士、硕士、博士论文均是以陶行知教育思想为主题，这样秉承一贯的研究态度也奠定了他在陶行知研究领域的重要地位。

1981 年秋，尚是名古屋大学教育学部三年级学生的牧野笃开始对陶行知研究产生了兴趣，随即拜访了日本陶研界第一人斋藤秋男。在斋藤秋男的帮助与指导下，牧野笃对陶行知研究的热情倍增，相继翻译了多篇陶行知文章及中国陶研论文。1983 年，牧野笃发表了他的第一篇陶研论文《陶行知"生活教育"论的基本构造试论》，随后一发而不可收。为了能够进一步深化陶行知研究，他还在 1985 年远赴中国南京大学深造，学习中国语言。事实上，为了能够做好陶行知研究，牧野笃在二十世纪八十年代初期就是以汉语作为外国语参加名古屋大学硕士研究生入学考试，也就是从这时开始，汉语成了名古屋大学的硕士入学考试的外国语种。1985 年至1987 年，作为日本文部省奖学金获得者，牧野笃在南京大学孙传华

---

① 牧野笃（1960—　），出生于日本爱知县，名古屋大学教育学博士毕业，日本知名陶研学者。他相继在名古屋大学、东京大学任职，现为东京大学大学院教育学研究科教授。

和徐缦华老师的指导下进行了为期两年的学习。孙、徐二人都是热衷于陶行知研究的学者，也发表了多篇陶研论文，这一良好的研究氛围对牧野笃的帮助甚多。对此，牧野笃表示："在南京大学，各国研究者和留学生聚集于此，在浓厚的学术研究氛围中，持有各种各样价值观的研究者和留学生，用普通话作为共同语言，相互进行广泛的交流和讨论，使笔者受益匪浅。"① 1991 年，牧野笃又以客座研究员的身份赴中国中央教科所工作一年。中央教科所一直以来也是中国陶行知研究的重要机构，不仅有多任所长曾系陶门弟子外，郭笙等研究人员还出版过多部陶研著作，在这样的一种氛围中，牧野笃的研究也在日益精进。1993 年，牧野笃将其博士论文《陶行知生活教育思想研究》修改整理后以《中国近代教育的思想性发展和特质——陶行知生活教育思想研究》为名正式出版发行，在学界引起了极大的关注。他的这一研究不仅对斋藤模式提出了挑战并得出全新的解释，还贡献了诸多新的史料，进一步拓宽了陶行知研究的视野。

凭借开阔的学术视野、扎实的语言功底、全新的知识结构，牧野笃对前人的研究提出了新的见解。牧野笃认为，斋藤秋男将陶行知赴美留学、师从杜威作为陶氏思想的出发点，并将陶氏思想的形成、发展看作是对杜威思想的接受与克服，并最终回到"民族土壤"的这一观点还是值得推敲的。牧野笃认为，在战后日本急需寻求各种改革的时间点上，斋藤通过借助陶行知这一案例来帮助日本教育界从美国教育中寻找合适的方法与路径是非常合理的，但是这种模式却存在两个重要问题。一是斋藤的研究并没有将陶行知青少年时期的思想形成作为分析对象，而是直接将接受杜威思想作为陶氏思想的起点，这就造成了陶氏思想形成的

---

① 金林祥:《日本陶行知研究的中坚——牧野笃及其陶行知研究》，《上海师范大学学报》（哲学社会科学·教育版）2002 年第 3 期。

割裂;二是陶行知在美国读书时究竟与杜威有过怎样的接触,受到杜威多大的影响尚未清楚,故而将杜威作为陶氏思想的起点缺乏说服力。所以,牧野笃强调,陶行知教育思想的形成与其自立性、主体性之间的关系是非常重要的,这也是斋藤之前的研究忽略或尚未解决的问题。

为解决第一个问题,牧野笃从陶行知青少年时期入手,通过走访多位陶氏当年亲友,借助大量的口述史料还原出陶氏的青少年生活面貌,深入剖析了陶氏的人格与思想形成。通过研究分析,牧野笃指出,陶行知"一边以自己成长的土壤为基础,即以现实生活为基础,一边以自己是一个中国人的强烈意识规范着自己行为方向",形成了"中国古典和西方近代教育贯穿合流于一体"① 的思想特征。牧野笃进而指出,正是一种强烈的"作为一个中国人"的想法使他日后在金陵大学期间不断地思考民族危机问题,并最终与王阳明的思想产生共鸣,也正是对于民主共和的思考,促使陶氏形成了赴哥伦比亚大学攻读教育学的决定,所有的这一切举动,都是站在中国人的主体性立场上予以认识、吸收和发展的。所以,牧野笃强调,陶行知在童少年时期的思想意识是其决定日后人生发展的基础,"与日后经历各种摇摆、彷徨、飞跃和断绝,并在主体处于紧张关系的时代状况下所形成的陶行知教育思想有着内在的联系"②。

通过对金陵大学时期陶行知思想的考察,牧野笃认为,陶行知的这一主体性思想是王阳明思想的影响下渐进形成的。在王阳明思想的指导下,陶行知将国家的问题还原成为个人问题,通过发现现实的自己和内心的自己,寻找到克服现实自我的路径,最终达到自

---

① [日]牧野笃:《陶行知童少年时期的活动和教育》,载周洪宇编《陶行知研究在海外》,人民教育出版社 1991 年版,第 116 页。

② 同上书,第 118 页。

我变成实践的主客体双重目标。牧野笃进一步指出,陶氏对于个人的认识不过是为社会改造过程中形成"共和国"意识所做的铺垫,而为了实现"共和国"这一目标,只能提高人民能力,而提高人民能力的唯一办法也就是借助教育的手段。由牧野笃的这一段考察可以发现,他通过层层递进,抽丝剥茧,寻找到了陶行知冀图借助教育改造社会的根源所在,这也是他一直所强调的陶行知内在的主体性、民族性所在。所以他强调,陶行知在接受杜威理论之前,就基本形成了接受其思想的"土壤",所以他对杜威思想的接受是以这块"土壤"为基础,并对杜威理论不断加以修正、解释最终形成其特有的生活教育理论。所以,陶行知并非斋藤认为的"民族土壤的回归",而是"其'土壤'边根植,边解体,再构成,无穷尽的自我解体——创造的过程"①。

为了解决第二个问题,牧野笃在日本陶研学人阿部洋的研究基础之上考察了陶行知在美留学期间所受教育的具体情况,希望能够通过具体的课程学习进一步了解陶行知与杜威思想的传承关系。通过对陶行知在伊利诺伊大学和哥伦比亚大学所学习科目的考察,牧野笃指出,伊大期间陶行知不仅学习了相关的政治学原理,还涉及了美国的外交、贸易,欧洲政治等多方面课程,延续着他金陵大学期间形成的建设"共和国"的志向。同时,陶氏还不忘学习教育行政学,也证明了他始终保持着对教育的原有设想。哥大期间陶氏学习了斯特雷耶的教育行政学、杜威及克伯屈的教育哲学、孟禄的教育史、斯列丁及康德尔的教育社会学,这些课程的学习体现出了陶氏为实现共和国的志向将"教育观为基础并置于人生观之上",这些对陶氏归国之后的思想形成有着极大的影响。故而,牧野笃认为,"与其说他(陶行知)在学习过程中坚持攻读教育行政学,倒

---

① [日]牧野笃:《陶行知教育思想之根基——金陵大学时期对王阳明思想的解释与吸收》,载周洪宇编《陶行知研究在海外》,人民教育出版社1991年版,第128页。

不如说他在向担负着实现真正的'共和国'和直接同培养'共和国民'有关的教育哲学方面转移"，其归国后的一系列举措都体现出了"'共和'的绝对价值为自己的人生观"①。

通过对自己提出的两个问题的解答，牧野笃从人的主体性出发，完成了对"斋藤模式"的挑战，进一步丰富完善了陶行知研究体系。"斋藤模式"可以说是二十世纪五六十年代费正清等人提出的"冲击—反应"模式的日本化，一味地强调西方思想对东方的冲击，而忽略了知识分子内在的本体性和民族性。当然，这也与斋藤所处的时代有关。第二次世界大战之后，日本在美国掌控之下，政治、经济、文化、教育等各方面都受到美国的制约，在这种制约之下，日本还要寄希望学习美国实现民族重振，故而，对西方思想积极吸收的同时忽略了对日本民族本土性特征的思考。到了二十世纪八十年代，美国学者柯文针对"冲击—反应"模式提出了质疑，认为要从中国内部来发掘影响中国进程的影响因素，并将其概括为"中国中心观"。这一以民族性、本土性为观照的研究范式一经提出，就在学界内引发了强烈的共鸣。以此推测，牧野笃的研究或许也受到了"中国中心观"的启发。但更为重要的是，经过数十年的发展，日本国内的形势已经与斋藤时期完全不同，急需"重新发掘战后教育改革中的'民族'理念，建立体现既有人类普遍性，又有固有价值的，作为多元世界一要素的日本的真正独立的主体形成理论"②。故而，牧野笃在这个时候发掘出陶行知生活教育理论中的主体性，对于日本重新审视战后教育、吸收民主主义教育思想具有重要的价值。

对陶行知思想的主体性挖掘以及对其留学期间所受教育的考察

---

① ［日］牧野笃：《关于陶行知在美国留学期间学习与生活的若干考察》，载周洪宇编《陶行知研究在海外》，人民教育出版社1991年版，第159页。

② 金林祥：《日本陶行知研究的中坚——牧野笃及其陶行知研究》，《上海师范大学学报》（哲学社会科学·教育版）2002年第3期。

是牧野笃对陶行知研究最重要的贡献。除此之外，他还相继对生活教育、晓庄师范及工学团投入了较大关注。他认为，陶行知的生活教育思想是通过教育来调和个人与社会之间的矛盾，以生活、社会、民族三者作为贯穿个人和社会的重要线索，达到建立以人民为主体的"共和国"这一终极目标。牧野笃指出，在生活教育论的框架中，社会成员通过"生活"的摩擦不断更生，增强对现存权力的自律，同时促进社会成员个体性的确立。这一过程就是教育，实现了陶氏"生活即教育"的目标。① 对于"教学做合一"，牧野笃认为，这一思想包含着"推动人民的意识思维和自我改革的内容"，在"做"的过程中，可以让个体自觉地体验生活，具有引导人民、体现自我、自我培育的功能。② 当然，牧野笃也批判了早期陶行知"教学做合一"中具有的杜威思想的局限性，指出只有在晓庄时期的"教学做合一"才跳出了依赖主观意识变化的经验改造过程，达到了"做学教合一"的境地。对于"生活即教育""社会即学校"，牧野笃认为这是与杜威理念存在一些区别，杜威以培养学生掌握新型民主的社会价值和秩序为主体内容，学生是在学校里学习已经被简化了的"经验"，而陶行知的教育标准始终是以作为环境中一员的儿童生活需要来确定。也就是说，陶氏的理念"不仅将'生活'中的社会各种关系溶解在机能概念之中，而且还把握住实体概念，使各种关系在自身变革之中孕育去发展自身的机会"③。在对山海工学团考察后，牧野笃认为，这是陶行知思想中"个人"与"生活"互为媒介构成的"集团"形式在经历了"学校中心""乡村师范"向社会扩展过程解体后的再次创新，但无论如何，其根本的目的，

① ［日］牧野笃：《陶行知"生活教育论"小考》，载周洪宇编《陶行知研究在海外》，人民教育出版社 1991 年版，第 329 页。

② ［日］牧野笃：《陶行知"乡村师范"的集团论——记晓庄师范学校》，载周洪宇编《陶行知研究在海外》，人民教育出版社 1991 年版，第 334 页。

③ 同上书，第 336 页。

即培养"共和国"的主体力量目标始终未变。牧野笃指出，工学团包含了静止的农业社会和变动的农业社会两个因素，在这个双重性中，它强调了为人民大众去开拓生活，为人民大众生活的不断完善发展创造条件，所以，它是"生活"的不断丰富与发展。但同时牧野笃也批判了工学团中明显带有的自卫团色彩，认为这一自立的理论很有可能发展成为一种逃避现实的理论，而最终与陶行知一贯秉持的解放的理论产生严重的割裂。①

牧野笃的这些研究相继发表于1984—1986年间，从中也可以看出日本学人的时代特性。二十世纪八十年代，日美关系产生了巨大变化。随着冷战的开始，日美两国从七十年代的"伙伴关系"演变为"同盟关系"。随着国际地位的不断提高，日本越发的希望能够寻求自主化，要求能够与美国分享平等的待遇。这种政治上的崛起体现到国民性上，就是愈发的希望能够呈现出更多的主体性和民族性。故而，牧野笃通过对陶行知的研究，不仅希望能够激发出国民的主体性意识，也更希望战后日本能够摒弃狭隘的国家主义思想而建立起陶行知所希望的民主"共和国"。

作为斋藤秋男之后的日本陶研学者，牧野笃的研究有着数点非常鲜明的特色。（1）研究起步早。牧野笃最早参与陶行知研究在1981年，同年10月中国才召开了纪念陶行知诞辰九十周年大会，拉开了陶行知研究的帷幕。故而，比起国内陶研中生代力量而言，牧野笃无疑在入行方面走在了大家的前列。（2）研究起点高。得益于日本陶研第一人斋藤秋男的照顾，牧野笃能够在斋藤的指导下迅速入门并且其学士、硕士、博士学位论文均为陶行知研究，这在国内外陶研界也是绝无仅有的。不仅如此，他还对斋藤模式提出了质疑，提出了"民族土壤"始终在陶行知内部的这一主体性研究定

---

① ［日］牧野笃：《陶行知"工学团"的集团论》，载周洪宇编《陶行知研究在海外》，人民教育出版社1991年版，第355—387页。

论，在海内外产生了重大影响。(3)强调史料学。史料是历史研究的基础，牧野笃的研究充分展示了这一特性。他不仅充分利用了日本陶研界挖掘出来的陶行知赴美留学期间的一手资料，还走访了大批陶行知的亲朋好友，整理出了一批口述史料，为陶行知研究的进一步开展打下了坚实的基础。只是颇为可惜的是，近年来随着研究兴趣的转移，牧野笃已经逐步淡出了陶行知研究领域，这也是陶研界的一大损失。

## 二　中国港台：何荣汉与曹常仁

将中国港台地区学者与日本、欧美学者一道视为"海外学者"是不妥当的，但若考虑到数十年时间形成的差异，他们的研究水准与结论也是与大陆截然不同的。

先看中国香港的研究。因为创办中华业余补习学校的关系，香港一直以来与陶行知有着千丝万缕的联系。陶行知去世后，香港的学生们在报刊上发表了一系列的纪念文章追悼陶行知。但随着二十世纪五十年代"反右"批陶的开始，香港的陶行知研究也陷入了沉寂。直到八十年代才有卢玮銮等人重提陶行知旧事。随后，蔡宝琼在其博士学位论文《近代中国教育与政治》中对晏阳初、梁漱溟、陶行知三人的乡村教育改造做了对比，赞誉陶行知的乡教运动具有高度的自发性和革命性，摆脱了官僚主义的束缚。近些年来，陶氏创办的中华业余补习学校（简称"中业"）校友会对陶行知研究推动起到了很大作用。特别值得一提的是中业教育机构董事兼秘书、中业校友会荣誉会长徐润俭，他不仅组织中业教育机构利用陶行知诞辰纪念结集出版各类回忆性文章，还在2005年捐助香港浸会大学近代史研究中心设立"陶行知与中国平民教育"研究计划。这一计划迅速推动了香港陶行知研究的进程。在浸会大学周佳荣教授的带领下，形成了以文兆坚、甘颖轩、侯励英、区志坚、丁洁等人为骨干的香港陶研圈，结集出版了《陶行知与近代中国教育》①。在这一研究团队中，浸会大学的李炳坤还完成了目前有史可查的香港第一篇陶研硕士论文《陶行知与专题研习——兼论其对香港 21 世纪专题研习的启示》②。当然，香港陶研学人中最具代表性的当属何荣汉，毕业于香港中文大学的他依据自己扎实的神学功底及丰富的神学体验，对陶行知与基督教的关系做出了重新解读，得出了陶行知是一位基督徒教育家的新结论。③ 这一结论质疑了中国大陆陶研学界对陶行知与基督教关系的研究结果，成了一种新的研究范式。

相对于中国香港陶研的缓慢发展，中国台湾地区的研究则要繁荣许多。在 1987 年"解严"之前，由于陶行知与中国共产党的密切关系，台湾学者少有专著论及，只是会在各类研究中提及陶行知，这类学人中也不乏诸多名家，比如陈启天、刘绍唐、秦贤次、郑世兴、周邦道、吴鼎等人，其中不乏对陶行知的精彩评介，但受制于这一时期的特殊历史氛围，对于陶行知的研究也只能是浅尝辄止。1987 年台湾党禁解除后，台湾学者对陶行知研究开始逐步增多。同年，简淇勤率先在台湾政治大学《历史学报》发文，开始系统全面的研究陶行知。④ 1997 年，曹常仁完成了台湾第一部陶行知专题研究博士论文，他从哲学的角度分析了陶行知思想及生活教育理论，从陶氏的理想教师素质内涵出发探讨陶行知的师范教育观念，肯定了陶行知对于师范教育所做出的贡献。⑤ 同年，吕秋慧也完成了硕士论

---

① 周佳荣、文兆坚编:《陶行知与近代中国教育》，香港教育图书公司 2010 年版。
② 李炳坤:《陶行知与专题研习——兼论其对香港 21 世纪专题研习的启示》，中华开智教育（香港）有限公司 2010 年版。
③ 何荣汉:《陶行知——一位基督徒教育家的再发现》，基督教文艺出版社（香港）2004 年版。
④ 简淇勤:《陶行知生活教育的理论与实际》，《台湾政治大学历史学报》1987 年第 5 期。
⑤ 曹常仁:《陶行知师范教育思想之研究》，博士学位论文，台湾师范大学教育学系研究所，1997 年。

文《陶行知社会教育思想之研究——其生活教育理论与实践》,她对陶氏的师范教育理论与实际措施做了系统整理,期能彰显陶氏师范教育思想之真义。[①] 此外,周水珍从陶氏教育思想与教育改革入手,希望能从陶氏思想中挖掘出对当前台湾教育改革有益的启示。[②]

　　二十一世纪以来,陶行知研究在台湾开始日趋多元化。台湾"中央研究院"院士王汎森从近代知识分子自我形象的转变入手,比较了陶行知与胡适、傅斯年之间的区别,指出这两派知识分子观点的异同直接导致了近代知识分子自我形象两种风格的不同转变。[③] 江明渊则比较了陶行知与晏阳初二人在大众文学方面的成就,认为在民智未开的时代中,二人愿意脱下西装深入中国农村,充分展现了近代中国知识分子教育救国的爱国情操。[④] 曾秀卿以晏阳初、陶行知、梁漱溟为例探讨了民初平民教育思想与实践。[⑤] 许佩玲从陶行知儿童教育观着手,指出陶氏希望通过学习让学生学会适应未来的社会的目的。[⑥] 此外,陈光辉的《从陶行知生平事略透视民主教育思潮》《生活教育的前驱——陶行知先生》,王静珠的《陶行知教育家的教育哲学思想》[⑦] 分别从民主教育、生活教育和教育哲学的角度探讨了陶行知的教育思想与理论。

　　总体而言,港台地区(尤其是后者)的陶行知研究已经呈现出较高的研究水准,这不仅在于研究者水平逐步提高,更在于有着高

---

① 吕秋慧:《陶行知社会教育思想之研究——其生活教育理论与实践》,硕士学位论文,台湾师范大学社会教育学系,1997年。

② 周水珍:《陶行知的教育思想与教育改革运动对当前教育之启示》,《花莲师范学院学报》1997年第7期。

③ 王汎森:《近代知识分子自我形象的转变》,《台大文史哲学报》2002年总第56期。

④ 江明渊:《民初陶行知、晏阳初教育理论与民间文学之关系研究》,硕士学位论文,花莲师范学院民间文学研究所,2003年。

⑤ 曾秀卿:《民初平民教育思想与实践之研究——以晏阳初、陶行知、梁漱溟为例》,博士学位论文,台湾师范大学教育社会研究所,2004年。

⑥ 许佩玲:《陶行知儿童教育观之研究》,硕士学位论文,台北市立教育大学国民教育研究所,2006年。

⑦ 王静珠:《陶行知教育家的教育哲学思想》,明道文艺(台湾)2009年版。

水平研究机构的引领，比如台湾师范大学、香港浸会大学等。随着港台地区专题研究的不断深入，以及与大陆研究界往来的日益密切，港台地区的陶行知研究也必然会产出更多优异的成果。不过就目前港台陶研界的成果来看，何荣汉与曹常仁的研究代表了这一区域的最高水平。

### （一）何荣汉①

作为近些年香港涌现的陶研学人，何荣汉从基督教的角度对陶行知进行了"再发现"，他运用了大量海外新史料佐证了陶行知是一位"基督徒教育家"。他的这一研究无论是在史料上还是在史观上都有了很大的突破与创见，进一步丰富了陶行知研究的成果。

1995 年，何荣汉进入香港中文大学宗教系攻读博士学位。1998年在完成博士课程之后他留在母系担任吴梓明教授的中小学宗教教育计划——"学校宗教教育、德育与公民教育发展计划"的全职研究助理。这一计划后又演变为香港特区推动生命教育的项目——"宗教与人生——优质生命教育的追寻"，作为该项目的研究助理，何荣汉开始了"追寻生命教育"的过程。

> 当时对"生命教育"所知不多，真的是要展开"追寻"，也就是对"生命教育"的"追寻"，让我认识了陶行知先生。起初在网上用中文寻找"生命教育"的资料，认识了台湾的生命教育。后来也用英文 Life Education 来搜寻网上资料。除了知道于 20 世纪 70 年代在澳洲成立的 Life Education Centre（生命教育中心）之外，最特别的就是发现原来陶行知先生可能是最

---

① 何荣汉（1961—　），出生于香港，先后于香港中文大学获得文学学士、哲学硕士（政治与行政）、哲学博士（宗教与神学）学位。毕业后先后任职于沙田崇真中学、香港中文大学宗教系、香港教育学院公民教育中心、香港循道卫理联合教会学校教育部及香港教育学院宗教教育与心灵教育中心。

早用英文 Life Education 一词的中国教育家,只是因为他当时把 Life Education 译作"生活教育",所以在中文"生命教育"的搜寻中反而没有找到陶行知先生。①

这一次偶然的网络搜索让何荣汉认识了陶行知,而让他将博士论文选题确定研究陶行知还是因为周洪宇《近代知识分子与教会教育——一项以陶行知为观照基点的历史透视》一文的影响。由于何荣汉自身的神学修养让他从一个"教内人"的身份来审视周洪宇的研究成果,这样促使他决定以陶行知为研究对象。

> 当时我的书架上有章开沅、林蔚编的《中西文化与教会大学——首届中国教会大学史学术研讨会论文集》,留意到周洪宇教授的论文《近代知识分子与教会教育——一项以陶行知为观照基点的历史透视》,原来内地学术界正在讨论陶行知是不是基督徒的问题,也进一步引起我的思考,因为当时我在学业上最重要的关口,就是要重新规划博士论文的研究题目及范围。……陶行知在 1916 年以英文撰写的《我的学历及终身志愿》,当中有这样的一句自述:"1913 年我成了基督教徒",既然传主已明确表述,为什么在陶研学圈仍有这个讨论?②

正是这一问题导向,何荣汉决定研究陶行知的宗教信仰问题。何荣汉经过分析认为,陶行知既然在 1913 年加入了基督教,赴美留学期间可能会撰写过相关的文字资料,且这些资料并没有被两套《陶行知全集》收录。因此,他通过电子邮件请求美国哥伦比亚大学

① 何荣汉:《陶行知——一位基督徒教育家的再发现》,安徽教育出版社 2011 年版,作者序。

② 同上。

师范学院、伊利诺伊大学帮助查询陶行知留美期间的相关资料,又请求耶鲁大学神学院图书馆档案室查询中国教会史的相关资料。可喜的是,何荣汉的请求都得到了满意的答复。哥伦比亚大学的资料由于已有前人搜集整理,业已收录进了《陶行知全集》之中;伊利诺伊大学则提供了该校青年会活动资料以及中国留学生宗教活动资料;耶鲁大学神学院图书馆档案室提供了一批留美中国学生基督徒学生所办的期刊,其中《留美青年》杂志陶行知不仅担任了编委,还发表了数篇文章。有了这些新发现的一手资料,何荣汉遂以《陶行知——一位基督徒教育家的再发现》为题撰写了博士学位论文。

通过分析国内学者对陶行知基督教信仰的研究成果,何荣汉指出,之所以国内学者对于陶行知基督教身份有一些偏见,在于"陶行知所信仰的基督教,本身就存着某些模糊含混的地方,使得他身边的人似乎也会以为他不是个基督徒"①。故而,何荣汉认为就有必要甄别陶行知所信仰的基督教类型。他分阶段考察了陶行知的基督教信仰问题后指出,少年时期的陶行知信仰耶稣但没有信仰基督教。借助大量的史料分析后何荣汉推论出,基督教信仰应该是帮助陶行知父亲戒除鸦片的重要原因之一,也正是如此,陶家人才会对基督教抱有正面的态度,这也直接促使陶行知成年以后非常重视借助基督教机构和教会来抵制毒祸。② 正是这一种对于基督教的正面态度,也直接促使了陶行知从广济医学堂退学。何荣汉认为,退学一事并非如国内学者所说,"表现了一个中国青年的铮铮傲骨"③,而是陶行知对耶稣博爱仁慈精神的重视与执着促使他离开这所有违

① 何荣汉:《陶行知——一位基督徒教育家的再发现》,基督教文艺出版社(香港)2004年版,第23—24 页。

② 同上书,第37—38 页。

③ 周洪宇:《近代知识分子与教会教育——一项以陶行知为观照基点的历史透视》,载章开沅、林蔚编《中西文化与教会大学——首届中国教会大学史学术研讨会论文集》,湖北教育出版社1991 年版,第364 页。

耶稣精神的学校。何荣汉进而认为，国内的研究将基督教与中国本位意识树立成对立面，"铮铮傲骨"的中国青年是不能与基督教扯上关联的，故而为了刻画出一个有理想有抱负的陶行知，就必须要与基督教划清界限。通过分析崇一学堂和广济医学堂这两所对少年陶行知产生重要宗教影响的学校，何荣汉认为，陶行知对内地会所办的崇一学堂是抱有正面态度的，加上父母亲信仰基督教也给他带来深刻的影响，陶氏并未在少年时期加入基督教并非要为中国做出一些贡献的缘故，而是因为他对内地会、崇一学堂和广济医学堂等较为保守的基督教信仰有所保留，对教会学校的宗教灌输有所抵制，才在这一时期并未成为基督徒。

在对陶行知"信仰见证"一文考察后何荣汉认为，直接促使陶行知信仰基督教的原因在于陶氏在金陵大学时期对詹克教授《耶稣生平与教导的社会与政治含意》一书的研读。在詹克的宗教理念中，"基督徒不是履行某些宗教规条，参与宗教礼仪，而是具体地在生活中表达对神对人的爱，就是为了服务他人而存心奉献自己"①。詹克的基督教思想强调爱，强调服务他人牺牲自己。何荣汉强调，正是对詹克宗教理念的研习，使得陶行知形成了乐于牺牲、服务他人的态度，这种"爱人如己"的思想也融入了他日后为人处世以及教育实践中去。书的影响是一方面，人的影响是另一方面。何荣汉认为，亨克教授对于王阳明哲学的重新解读也有助于陶行知从基督教的角度来思考中国传统文化。何荣汉指出，陶行知在"体会到孔子对君子——伪君子的二分法，以及王学对人能透过自身内省达到真诚和至善的困局，才转向基督教，发现人内心善于伪善的斗争"②。故而，在詹克、包文、亨克等人的影响下，陶行知对基督

---

① 何荣汉：《陶行知——一位基督徒教育家的再发现》，基督教文艺出版社（香港）2004年版，第73页。

② 同上书，第102页。

教加深了认识与体会,认清了基督教与现代知识、民主国家、教育现代化的关系,故而何荣汉认为他走上了一条与传统基督教福音派不同的道路,即自由派——社会福音派。比起陶行知少年时期接触的内地会所代表的个人得救传统福音派,社会福音派更强调爱与信仰的社会组织,冀望通过教育能够培养人的公德心,选择社会公益进而放弃个人私益,扫除社会的各种不公义。① 至于为何陶行知一生几乎没有宗教礼仪的行为,何荣汉解释,这是因为社会福音派"并非乘载于这些传统礼拜和仪式,而是社会直接参与,强调个人为国家和社会的进步而努力"②,因而陶行知是一位"信仰教义而不参与'传统教会体制内的'实际教仪活动的'基督教徒'"③。

通过崇一学堂时期和金陵大学时期的考察,何荣汉确定了陶行知的基督徒身份,他进而又考察了赴美留学时期陶行知的宗教活动,认为在哥伦比亚大学读书期间,身为基督徒的孟禄与克伯屈对陶行知的宗教思想影响很大。这两位深受现代派神学影响的学者使得陶行知不仅在学术上得以深造,信仰上也得到了深造。何荣汉根据贝德士撰写的一条资料线索找到了陶行知刊发于《留美青年》杂志的《中国道德与宗教教育》一文。通过对文章的仔细研读,何荣汉指出,陶行知的基督论是一种"由下而上,由人成为神的基督论",这种基督论"比起传统神成为人的基督论,更有教育意义",它强调让"学生在自由的学习环境中,自己去体会到从耶稣身上流露出来的一份崇高而使人向往,愿意为人牺牲的情操"④,因而这一基督论是与陶行知在金陵大学时期所信仰的基督教是一脉相承的。在日后的信仰与教育实践上,陶行知是不断践行着这种基督论,故

① 何荣汉:《陶行知——一位基督徒教育家的再发现》,基督教文艺出版社(香港)2004年版,第108—109页。
② 同上书,第114页。
③ 同上书,第118—119页。
④ 同上书,第155页。

而何荣汉强调，赴美留学收获学术是一方面，信仰深造是陶行知的另一大收获。

通过考辨陶行知对基督教象征的运用以及陶行知与中华基督教文社、中华基督教青年会、美以美会的关系，何荣汉指出，陶行知非常重视在写作中运用基督教象征且与基督教组织保持着千丝万缕的关系，这也是陶行知基督教信仰的一个力证。何荣汉还对平教运动、晓庄学校等陶行知的教育活动进行了研究，认为正是因为有了传教士不远万里来中国开班讲学，以及陶氏本身的基督教信仰，都促使产生了要让全中国人都受到教育的远大理想，陶氏在平教运动、在晓庄、在育才洒播得"爱"很大程度上就是深受基督教"爱"观所影响。故而，无论是在信仰还是实践上，陶行知都是一位基督徒教育家。对于自己的这一研究定论，何荣汉认为，这不单是打破了学界在陶行知与基督教研究上"讳莫如深、避而不论"的态度，更是对那一时期的知识分子与基督教的关系做出了一个重要的研究路向。

"多一个基督徒，少一个中国人"。长期以来，由于政治建构以及基督教在华的"西方形象"，使得学界对于前人的基督教信仰研究停滞不前。这一研究取向在陶行知研究领域也是如此。因为"伟大的人民教育家"这一政治建构，迫使诸多研究者对陶行知与基督教的关系"讳莫如深、避而不论"。直到华中师范大学研究中国教会大学史，顺应这一研究趋势，国内才有学者诸如章开沅、周洪宇、余子侠等人开始探讨陶行知与基督教的关系。但由于资料的缺乏和神学素养的不足，大陆的这方面研究并未能够完全深入。故而，何荣汉的研究无论是资料还是研究视角都极具震撼力，李刚赞其为"史料学取向与宗教体验渗透的张力"①。傅斯年认为，史学

---

① 李刚：《史料学取向与宗教体验渗透的张力——评〈陶行知：一位基督徒教育家的再发现〉》，《南京晓庄学院学报》2006 年第 1 期。

便是史料学。当然，随着当下研究范式的不断多元化，史料学派与史观学派的隔阂越来越小，融会贯通学派逐渐壮大，但这并不意味着史料的作用在减弱，恰恰是一些研究饱满化的领域，一条新的史料即可以挑战原有已被众人所认定的既成事实。何荣汉对陶行知研究的最大贡献在于他发现了一批海外陶行知研究史料，这些史料填补了陶行知宗教信仰领域的空白，对于当下已经形成的一些定论提出了根本性质疑。何荣汉的这一尝试体现出了他宏大的国际视野。在当下学界认为陶行知研究再难有新意可挖的情况下，他能够将目光放眼全球，不仅关注了陶行知在美就读的母校，更关注到美国神学研究机构，这一战略性视角的调整是非常值得学习与借鉴的。当然，他的这一研究成功之处更在于他深厚的神学功底，这是其他陶研学者所不具备的。他的研究能够在陶研界达到一定的高度也是其特有的文化背景、宗教体验相互结合的产物。博兰霓的知识论认为，人的创造来源于两种意识：集中意识与支援意识。① 集中意识是人在思想时集中的兴趣与意图，而支援意识是指人所受的潜移默化的影响。虽然人在思想时是集中意识的体现，但真正的创造源还是来自平时潜移默化的"未可明言的知识"，也就是人的支援意识，"换句话说，当你提出问题的时候，已经意会到了找寻答案的方向与答案的眉目，但却无法明说出来"②。何荣汉的研究能够体现出与众不同的创新性，也在于他宗教信仰与神学素养的支援意识所在。无论是其搜寻史料时的神学取向，还是对陶行知所信仰的社会福音

---

① 对于支援意识，林毓生举了一个例子阐述：一个想做音乐演奏家的人，在他的"集中意识"中，无论多么努力（学会了各种演奏技巧，研究了各个名家的传记，听了许多名家的演奏会和唱片，平日勤加练习等等），他还是不能变成大家，但如果他有好运，一朝被一位音乐大师收为门生，经常跟随他一起练琴，偶尔被这位大师相当武断地改正一下姿势或手法（艺术大师通常只知如何"做"，却说不出"道理"），日久天长，在潜移默化中，他渐渐形成了一种无法明说的"支援意识"，心中产生了如何拉弹才对劲的感觉，最后甚至可能超越大师的作风，自成一家，青出于蓝。参见林毓生《中国传统的创造性文化》，生活·读书·新知三联书店2011年版，第284页。

② 林毓生：《中国传统的创造性文化》，生活·读书·新知三联书店2011年版，第28页。

派的研判，以及对《伪君子篇》的基督视角解读，甚至于"护教心切"的辩解，都是源于他思想中的支援意识。何荣汉的这一创造性研究正如林毓生所谓的，"真正创造的泉源是来自个人心中无法表面化的'支援意识'(subsidiary awareness) 而不是表面上可以明说的'集中意识'(focal awareness)"①。

当然，在肯定何荣汉的创新之外，对其观点还是要进一步商榷。章开沅就曾认为，将陶行知"称之为人民教育家或平民教育家即可，不必给他戴上这种尺寸或那种尺寸、这种颜色或那种颜色的特定帽子""我认为作者（何荣汉）把陶行知称之为'较受基督教影响的中国知识分子'或'富有传教精神的教育家'，都是比较符合实际的。但是没有必要在'基督徒'字眼上钻牛角尖，因为真正重要的是思想内容而不是表现形式。"②结合章开沅的这一思想来看何荣汉的研究，至少有两点是站不住脚的。首先，何荣汉认为，陶行知对基督教象征的运用"与他自己一些行事为人信念和价值，有着密切的关系"，同时何荣汉也为自己留下了回转的余地，指出"当然不一定是基督徒，才会在写作时运用基督教象征"③。作为一个不必要充分条件，何荣汉将其作为探讨陶行知作为基督徒知识分子的四个侧面之一，显然是无法成立的。陶行知在论著中不仅大量运用基督教符号，还大量运用了佛教符号，对于此，胡志坚、蔡幸福都有深入研究，那难道不可以认为陶行知是一位佛教徒？其次，何荣汉一直将未找到陶行知放弃基督信仰的见证作为反驳周洪宇、余子侠等人提出的"一度皈依基督教"的说法，且不谈找不到证据不代表不存在一说，仅就同时代胡适的个人案例就可以证明，并非

① 林毓生:《中国传统的创造性文化》，生活·读书·新知三联书店 2011 年版，第 283 页。
② 章开沅:《序》，第 7 页，载何荣汉《陶行知:一位基督徒教育家的再发现》，基督教文艺出版社（香港）2004 年版。
③ 何荣汉:《陶行知———位基督徒教育家的再发现》，基督教文艺出版社（香港）2004 年版，第 161 页。

要放弃信仰的见证才能说明放弃基督教。胡适在 1911 年 6 月 18 日加入基督教，当日日记如此记述："下午绍唐为余陈说耶教大义约三时之久，余大为所动。自今日为始，余为耶稣信徒矣。是夜 Mr. Mercer 演说其一身所历，甚动人，余为堕泪。"① 但八年后，胡适却如此表示："他们（基督徒）用'感情'的手段来捉人，实是真情。后来我细想此事，深恨其玩这种'把戏'，故起一种反动。"② 胡适曾加入基督教也最终放弃了基督教，但并无相关见证，是否可以认为胡适始终是一位基督徒呢？当然，上述仅是两个例子，但却证明了何荣汉的研究中存在诸多逻辑漏洞，这是他的研究需要进一步完善的所在。

### （二）曹常仁③

台湾的陶行知研究由于受制于政治形势的缘故，长期以来都是以介绍性研究为主。1987 年"解严"以后，研究性成果才开始逐渐增多。在台湾的陶研学者中，曹常仁当仁不让的是这个领域的最权威人士。

曹常仁长期在中小学一线工作，曾历任中小学教师、校长、台北教育局股长、"教育部"科长等职务，累积了丰富教学经验及教师培训经验。正是有了这些丰富的从教经验，他曾在 1978 年被选为台湾优良教师，进而在 1980 年当选为台湾第十八届十大杰出青年。长期浸淫在教育领域，使曹常仁对中国教育史产生了浓厚的兴趣，亦对中国近代教育家群体产生了研究的欲望。他认为，中国近代的教育家希望通过教育手段达到拯救国家、民族的目的，使得近

① 曹伯言编:《胡适日记全编（一）》，安徽教育出版社 2001 年版，第 106 页。
② 同上书，第 110 页。
③ 曹常仁（1949— ），台湾人，台湾师范大学教育学院教育学博士毕业，先后任职于台北市教育局、台东师范学院、台东大学、台湾中华医事科技大学。

代中国教育带有强烈的世俗化、普及化、技艺化和现代化的特征。①
他进而又将教育家分为三类,第一类为教育学家,即"于教育理论
有深邃之研究,独创之见解,致力于探讨教育本质和原则,虽未实
际从事教育工作但创造教育学说,而影响教育之发展";第二类为
教育实行家,"其基于教育爱,有教无类,以培育人才为其职志,
而在实际教育工作上有卓越成就";第三类为教育运动者,"凭其睿
智与魄力,领导教育改革,对教育实际之影响至巨,唯其所推动之
教育,非以教育自身为鹄的,而是作为达成其他社会理想之手
段"②。结合这三种标准,曹常仁认为,在中国近代教育史上能兼具
三种标准的学者为数很少,陶行知就是其中之一。巧合的是,在进
入台湾师范大学攻读博士学位后,曹常仁的导师黄光雄教授亦认为
陶行知是一位非常值得研究的教育家。其时黄光雄常往来台海两岸
参与学术会议,发现陶行知是大陆人民最崇拜的杰出教育家,故而
嘱咐曹常仁以陶行知教育思想为主题撰写博士学位论文。对于这一
经历,曹常仁表示:

　　当时会挣扎一番,因写的博士论文大纲并非此主题,花了
一大段时间,放弃了非常可惜,可是指导教授一席话不得不听
也,考虑许久后接受,就如此投入研究陶行知之工作。记得当
时在台湾有关陶行知著作不多,黄教授给了一本《陶行知全
集》第五册,先行阅读,后来陆续去图书馆找资料也无所有,
于是决定赴大陆收集相关资料。③

曹常仁先后两次前来大陆搜集相关资料,访问了华东师范大

① 曹常仁:《陶行知师范教育思想之研究》,博士学位论文,台湾师范大学,1997 年。
② 同上。
③ 曹常仁:《陶行知研究在台湾》,《生活教育》2002 年第 5 期。

学、华中师范大学、晓庄学院等研究机构，并访谈了吴树琴、李楚材、沈增善、孙传华、胡晓风等陶氏亲属与弟子，这一经历为他最终的研究奠定了基础。返回台湾后，他决定以陶行知教育思想为题撰写博士论文，后因材料等方面的因素影响，最终他确定以《陶行知师范教育思想之研究》为题撰写博士论文。

曹常仁首先梳理了陶行知师范教育思想的理论基础。在哲学思想方面，他认为陶行知的人生观从人性出发，强调动的人生观、真善美的人生观。动是强调变化，符合进化论的观点；真善美是强调知识分子之理想，以"真"破除迷信、改造社会，以"善"追求"大丈夫精神"，以"美"劝人委婉改造社会。总体而言，曹常仁认为陶行知的人生观既重视科学也不忽视哲学，符合中庸之道。当然，他也对陶行知"美"的人生观中"委婉精神"付诸现实的行为提出了批判，他认为陶氏后期实践上常以激进手段行事，有违"委婉精神"，造成了其"美"的人生观在实践中的美中不足。① 在知识观方面，曹常仁认为陶行知的知识观深受荀子、实验主义、进步主义的知识观影响，强调求知、行思并重，并体现出逆向思考的重要价值，是一种非常启发人的创造型知识观。曹常仁还批评了陶研学界认为陶氏"行知行"辩证观与马克思主义唯物辩证法一脉相承的观点，指出唯物辩证法并非世界上唯一的辩证法，杜威实验主义哲学观中的辩证思想亦对陶行知产生了重要影响。曹常仁认为，陶氏的辩证法已经领悟到经验与理性并存，并非常人所误解的陶氏只重行动不重读书，事实上，陶行知非常鼓励学生看书、用书。② 在经世思想方面，曹常仁认为陶行知的政治观强调自由、平等、博爱，突显民主自由，博采众长，尤其是陶氏独有的文化民主、国际民主是具有超时代的境界；文化观则体现出了文化为公，多元化、

① 曹常仁：《陶行知师范教育思想之研究》，博士学位论文，台湾师范大学，1997 年。
② 同上。

大众化的特点，当然，曹常仁也指出，陶氏的大众文化观不免有流于粗俗之倾向，忽视了精致文化和固有文化精华的发展。

生活教育理论作为陶行知教育思想的核心，曹常仁予以了重点考察，也得出了与大陆研究颇为不同的解读。曹常仁认为，"生活即教育"是一种广义的、宏观的、自由的教育，它肯定了生活是教育的中心，扩大了教育活动的范围，使教育更为开放和自由，在当时的保守社会中有这一改革口号着实为难得可贵的突破。但同时他也指出，"life as education"若能翻译为"生活似教育"可能更不会让人误解"生活等同教育"，因为"生活"与"教育"概念意义不仅不同，而且生活的范围太大，若不做价值选取则无法施教。同时曹常仁还强调，"生活即教育"与"教育即生活"可以互为补充，相辅相成，并不需要相互排斥对立。[①] 对于"社会即学校"观念，曹常仁认为这是打破了"学校自学校，社会自社会"的传统学校观念，将受教机会扩大至全社会，为普及教育实现提供了便利基础。在看到优点的同时曹常仁也指出了其缺陷，他认为，"社会即学校"会导致学校系统消失，不符合社会学的功能要求，且这一理念过于理想化，陶行知最终转了一圈还是回到办理育才学校中来，最终难逃"学校即社会"的办学命运。[②] 在"教学做合一"方面，曹常仁认为这是打破教与学界限的创举，是对教育观念进行的正面改革，打通了中心学校与师范学校的隔阂，将理论与实际结合到了一起。但他同时也指出，"教学做合一"的概念外延模糊不清，常被人误解为只有"做"或"生产劳动"，事实上"做"是在"行上思""行思并重"的做，故而倘若改成"教学做思合一"更为贴切，且"教学做合一"与道尔顿制、设计教学法的区别并未能够详

---

① 曹常仁：《陶行知师范教育思想之研究》，博士学位论文，台湾师范大学，1997 年。
② 同上。

细阐述，这也容易给人造成混淆。[①]

　　在考察完陶行知教育思想的理论基础后，曹常仁将研究重点转向主题——陶行知师范教育思想。他从陶行知的师范教育观、师范教育制度蓝图、师范教育"教学做"、师范教育主张实践等几个方面详细探讨了陶氏的师范教育理念与实践。他将陶行知的师范教育思想划分为五个时期：师范教育思想孕育期（1914 年秋以前）、师范教育思想改良期（1914 年秋—1925 年）、师范教育思想创新期（1925—1930 年）、大众教师主张实践期（1931—1939 年春）、民主教师主张倡导期（1939 年夏—1946 年夏）。在前三个时期陶氏注重教师培育和进修，强调以正式学制办理；后两个时期陶氏注重教师进修研究性质，强调以非正式学制办理。[②] 在对这五个时期的师范教育思想做了总体考察后，曹常仁认为陶行知的师范教育观念是一种广义的师范教育，不仅培育各种教员，还培养各种人才以为教育界需要。这一广义的思想来源显然是受到哥伦比亚大学的影响，哥大的学生既有年轻人也有中年人和老年人，为的就是帮助教育界培养形形色色的教育人才。为了实现这一广义师范教育的目标，陶行知设计了从幼稚教育到中心学校到师范学校的教育蓝图。对于这一蓝图，曹常仁认为，蓝图并未简单地以儿童心理为中心，显然是汲取了杜威关于心理学和社会学思想的精华，其中心学校兼顾了幼年人和社会环境的需要，其师范学校重视了理论与实践的结合，故而这一蓝图是有机的、循环的、符合中国国情的。

　　在师范教育课程方面，曹常仁认为，陶氏的课程主张是从学科课程到生活课程又回复到学科课程，其生活课程注重培养师范生自主学习的能力，强调教学做合一，有助于教育部门重视师范学生的实习过程，这是颇有创新的做法。但曹常仁也指出了其中的缺陷，

---

① 曹常仁：《陶行知师范教育思想之研究》，博士学位论文，台湾师范大学，1997 年。
② 同上。

即学生在自主学习时缺乏系统有效的指导，使得学生在摸索中成长，直接导致了教学做效果的减弱。在师范教育方法方面，曹常仁认为陶行知重视行思并重、内外兼修，强调爱与创造精神，这些方法都有利于师资力量的培育。但陶行知一味强调"变"，会让学生跟不上教育方法变化的节奏，从而对其思想无所适从。在教师进修研究方面，曹常仁肯定了陶行知多元化的做法。他认为陶氏不仅从方法上采取专题研修、集体探讨、旅行研修等多样化的方式促进了教师主动研修的积极性，还设置了暑期学校、社会大学等多种教育机构，为教师进修提供了多种便利。[1]

在实践方面，曹常仁以晓庄学校、艺友制、小先生制为重点考察了陶行知师范教育主张。曹常仁肯定了晓庄学校的实践对旧师范教育的冲击，认为这一个人与生活兼顾的学校教育实现了陶氏规划蓝图中的理想学校目标，可谓是中国的进步主义学校。对于艺友制，他认为这是实现了陶氏广义师范教育的目的，即借助社会力量来增加学校师资来源，与美国良师制（Mentor Teacher Program）有着异曲同工之妙，但艺友制更具师生平等精神。对于小先生制，曹常仁肯定了其对于当时中国普及教育做出的巨大贡献，但他也对小先生的施教能力提出了质疑，认为小先生准入制度不够严明，一些能力较弱的孩子并不能够有效的承担起教学任务，反而会影响了教学质量。故而，小先生制远不及兰开斯特的导生制严谨有效。[2]

在通过对陶行知师范教育思想从理论到实践的系统梳理后，曹常仁认为陶行知的师范教育观是在中美两国文化思想的共同熏陶下形成的，其思想"从实践多于理论出发，然后再转成实践与理论并重。其思想注重人性的、行动的、辩证的（反向的、综合的）、民

---

① 曹常仁:《陶行知师范教育思想之研究》，博士学位论文，台湾师范大学，1997 年。
② 同上。

主的、解放的（开放的、自由的）、生活的；唯太多反向思考，且过度积极前进，以致与当局理念有许多不同"①。但无论如何，陶行知的师范教育思想对二十世纪二十年代乡村师范学校的普设和法令制定起到了推动作用，也为现代师范教育的形成做出了巨大的贡献。

作为第一个系统研究陶行知教育思想的台湾学者，曹常仁的研究无疑有着巨大的开拓性价值。长期以来，受制于意识形态的限制，陶行知研究在台湾地区属于思想禁区，几乎无人涉及专题研究。即使在 1987 年"解严"之后，也仅仅有简淑勤在当年撰写过《陶行知生活教育的理论与实际》，帮助台湾学界对陶行知的思想有了大概的了解。至曹常仁完成博士论文的 1997 年，近十年间没有任何人关注陶行知、研究陶行知。这种现象的原因一是可能陶行知研究资料的缺乏使得研究者望而生畏；二是陶行知属于大众知识分子，与台湾学界喜欢研究小众精英知识分子的取向可能不符，所以近十年间无人对其产生研究兴趣。当然，也可能由于陶行知在大陆教育界几乎众人皆知，而在台湾也许陶氏只不过是民国时期诸子百家中的普通一员，远达不到台湾学界研究的需求标准。但无论如何，曹常仁的研究为台湾陶行知研究开了一个好头。除了这一博士论文的研究，曹常仁还挖掘了陶行知教育思想的多种元素，相继发表论文《陶行知幼儿教育思想与实践》（载台北师范学院主办：《幼幼传承与变革学术研讨会论文集页》，1996 年）、《教学做合一师资培育之探析》（载欧用生主编：《新世纪的教育发展》，台北：师大书苑，1997 年）、《陶行知教育行政思想之探讨》（载台湾师范大学《中等教育双月刊》，1998 年）、《陶行知师范教育思想之探析》（载《"教育部"人文及社会学科教学通讯》，1998 年）、《陶

---

① 曹常仁：《陶行知师范教育思想之研究》，博士学位论文，台湾师范大学。

行知教育思想与实践》（载《台东师范学院学报》1999 年）、《陶行知教学思想之初探》（载《教育实习辅导季刊》，2000 年）、《陶行知师范教育思想之探析》（载《初等教育学刊》，2000 年）、《陶行知社会教育思想与实践》（载《花莲师院学报》2000 年）、《教学做合一对师资培育之启示》（台东师院初教系第一届初教系国民教育论坛，2000 年）、《陶行知社会教育思想与实践之研究》（"行政院国家科学委员会"专题研究报告书［NSC89 - 2413 - H - 143 - 005］）。正是在他的这种研究热情带领下，1997 年之后台湾呈现了一波陶研热潮，出现了多篇博士、硕士学位论文及各类专题性研究，推动着台湾的陶行知研究朝着更好的方向发展。

除了开拓性外，曹常仁的研究还有着极强的现实观照性。由于多年从事教育工作，曹常仁者更为看重陶行知教育思想的实践功能，他冀望于从陶行知师范教育思想中借鉴先进的思想从而解决当前中国台湾地区的师范教育问题，比如他希望借助生活课程解决师资培训的课程弹性问题，借助"教学做合一"解决师范理论与实际结合的问题，借助艺友制、中心学校解决现代师资培训问题。可以说，他的研究带有强烈的问题意识与现实价值，这有助于陶行知思想在台湾教育界的借鉴与发展。

再有，曹常仁对陶行知师范教育思想并非全盘接受，而是有选择的批判地继承。他在肯定陶行知师范教育思想的理论基础、教育观以及实践操作的同时不忘对其弊端加以批判，辩证地汲取吸纳了陶行知思想的精髓。比如他评价陶行知的大众文化流于粗俗之感，这一定论在大陆极为少见，且不谈具体是否如此，至少可以看出曹常仁已经形成了自己独特的陶研价值判断体系。再如他提出的"生活似教育""教学做思合一"等理念，更是他在对陶氏师范教育思想通盘考虑的基础上提出的创新，这一创造性的见解显然是建立在他多年的中小学教育教学经验基础之上的，这是诸多大陆陶研学者所无法比拟的优势了。

当然,曹常仁的研究也有需要商榷的地方。比如他对陶行知师范教育思想渊源的挖掘明显还是不足的,尤其是杜威的民主理念、知识观的影响。相对于大陆而言,台湾地区对于陶行知民主教育理念的挖掘应该限制更少,在这一方面曹常仁应该还有诸多文章可做。陶行知终其一生为的就是民主国家的建立,他的师范教育观念也是建立在这一基础之上的,显然对这一方面的思想渊源还是有待于进一步挖掘。同时,陶行知的师范教育体系并非孤立的、片面的教育体系,它是与陶行知的幼稚教育、终生教育、全民教育、全面教育等思想相辅相成,互有体现互为吸收的,所以在考察陶行知师范教育思想的同时也必须考虑到其他教育思想对其师范教育思想形成所产生的重要作用。以上是从宏观层面需要商榷的地方,在微观层面来看,曹常仁的一些定论也并非毫无问题。正如上文所说,他认为陶行知的大众文化流于粗俗,忽视了精致文化和固有文化精华的发展。事实上,陶行知的大众文化是当时新旧文化冲突中最合适普通民众的一种文化表现方式,这也符合他一贯的平民教育、普及教育的风格,这并不是粗俗的问题,而是陶行知平民性的体现。曹常仁的这一观点颇具有代表性。确实,当下有一些学者认为陶行知的文化功底不足,写出来的大众诗歌毫无底蕴,这一观点显然是偏颇的,也是缺乏对陶行知的深入了解。从陶行知金陵大学时期所撰的文章来看,他有极为深厚的古文功底,而后期他为了普及教育运动抛弃了这一写作路线,放弃了与胡适等人一道成为新文化运动旗手的机会,而是以更为平民化口语化的方式撰写各类文章、诗歌。倘若我们一味地以成熟的定型的思维去追溯不成熟不定型的思维,那一定会以为陶行知的文化过于粗俗。那么放至今日,让批判陶行知文化底蕴欠缺的学者去撰写七言、五言甚至文言文,是否能够符合平仄韵律以及斟词酌句都很成问题。故而,对于这一问题,我们应该用联系的发展的眼光去看，不要看其文化是否粗俗，而是看他为那个转型的时代做出了多大改变，看他在新文化运动、文字改革、大众文推广运动中做出了多大历史性贡献。

当然，以上也属吹毛求疵之孔见。不论如何，曹常仁的系统研究带动了台湾陶研的热情，也为海峡两岸陶研学术互动与交流提供了更多的机会。

## 三　欧美：黄冬与姚渝生

欧美一直以来是海外陶行知研究的重要地区。这主要由两个原因造成，一是陶行知的海外留学经历。当年陶行知在哥伦比亚大学就读，师从杜威、孟禄、克伯屈、斯特雷耶等一批美国进步主义教育家，回国后又积极引进传播杜威实用主义教育学说，这使得陶行知在海外教育界人士中颇有影响。二是陶行知 1936 年以国民外交使节的身份出访欧美等二十八个国家和地区宣传抗日反战思想，甚至联合杜威、罗曼·罗兰、爱因斯坦、罗素等世界名人发表声明谴责日本对华侵略，这使陶氏在国际上获得了崇高的地位。甚至于陶氏去世之后，美国哥伦比亚大学特地为其举行了纪念仪式，一批学界名流均现身说法，表达了对陶行知的景仰之情。正是因为巨大的影响力，陶行知在欧美地区一直受到学人重视，这其中不乏蜚声世界的知名学者，如克伯屈（W. H. Kilpatrick）[1]、费正清（John King Fairbank）[2]、孔斐力（Philip A. Kuhn）[3] 等人。这些知名学者

---

[1]　克伯屈，美国进步主义教育家，哥伦比亚大学教授，设计教学法的缔造者。

[2]　费正清，美国著名历史学家，哈佛大学历史系教授，美国现代中国学的奠基人，国际上享有盛誉的历史学家。20 世纪 30 年代曾在中国学习语言、历史和文学，曾当面采访过陶行知，与陶行知私交甚好。

[3]　孔斐力，哈佛大学历史系教授，芝加哥大学远东语言学教授，原哈佛大学费正清中国研究中心主任，著名的中国近现代史专家。曾师从费正清教授、史华慈教授攻读博士学位研究生，著有博士学位论文《中国太平叛乱时期的民兵：团练的理论与实践》。

的加入，无疑对陶行知研究跻身海外中国学研究领域创造了有利条件，同时也为陶行知研究的进一步发展奠定了基础。

哥伦比亚大学教授克伯屈是最早将陶行知的晓庄师范带向国际视野的人。1929 年，他在参观了晓庄师范之后，对其大加赞赏，认为"如大家肯努力，过一百年以后，大家再回过头来，纪念晓庄！欣赏晓庄！这就是教育革命的策源地。"[1] 由于克伯屈在国际教育界的重大影响力，所以从二十世纪三十年代起欧美学者就已经开始关注到陶行知的晓庄学校及其试验了。二十世纪四十年代，一些在华工作的欧美学者在与陶行知接触过程中，对陶行知的教育试验留下了深刻印象。《中国科学技术史》著者李约瑟（Joseph Needham）的夫人陶露西·尼达姆（Dorothy Needham），世界和平理事会副主席、加拿大学者文幼章（Endicott），美国援华会总干事华莱士（Mildred Price），美国哈佛大学著名学者费正清等人都对陶行知的人格及事业大加赞赏。

二十世纪五十年代，前往晓庄参观学习过的朱宕潜赴哥伦比亚大学读书，并于 1953 年提交了《陶行知与中国教育》的博士论文，在美国学界引起了强烈关注，也激发了美国学者对陶行知研究的兴趣。此后的 1959 年，以《叫魂》一书在中国享有盛誉的哈佛大学教授孔斐力发表了《陶行知：一位教育改革家》，他向美国学界详细地介绍了陶行知的生平事迹，研究了陶氏与杜威的以及美国进步主义教育之间的关系，并得出了晓庄是陶氏事业巅峰的论断。[2] 进入七十年代，巴雷·基南（Barry C. Keenan）[3] 出版了《杜威实验

---

① ［美］威廉·克伯屈：《我对晓庄之感想》，载周洪宇编《陶行知研究在海外》，人民教育出版社 1991 年版，第 204 页。

② Philip A. Kuhn. Tao Hsing-chih, 1891 - 1946, An Educational Reformer, *Harvard Papers on China* (East Asian Studies of Harvard University), 13 (1959): 163 - 195.

③ 巴雷·基南，美国著名中国近代史专家，蒙特·霍约克学院历史学教授。曾发表过论文《中华民国早期的教育改革与政治势力》，后此文扩充为专著《杜威实验在中国：民国早期的教育改革与政治势力》，由哈佛大学出版社 1977 年出版。

在中国：民国早期的教育改革与政治势力》一书，介绍了杜威实用主义教育在中国的历程，剖析了陶行知与杜威之间的思想渊源，并将陶行知在晓庄的短暂成功归结为远离政治控制的对正规教育制度的改革。[①] 八十年代后，美国学者胡·布朗（Hubert O. Brown）[②]在《中国教育中的美国进步主义：陶行知个案》研究中，运用文化传播学理论探讨陶行知与美国教育之间的关系，认为杜威对陶行知的影响微不足道，而对陶氏更大影响的还是其自身的主体性。[③] 除此之外，苏智欣（Su Zhixin）[④]、艾恺（Guy S. Alitto）[⑤]、海福德（Charles W. Hayford）[⑥]、苏珊娜（Suzanne Pepper）[⑦] 等学者对陶行知研究均有涉及。近年来，美籍华人学者姚渝生异军突起，凭借他在中美两国生活学习的经历，在东西方文化交融中，他选择以陶行知思想中的无政府主义因素为突破口，重建出了一个试图通过教育救国的激进主义教育家的形象。[⑧]

　　欧洲国家中，德国学者对陶行知研究关注的相对更多。早在二

---

[①]　Barry Keenan. Tao Hsing-chih and Educational Reform, 1922 – 1929. in *The Dewey Experiment in China：Educational Reform and Political Power in the Early Republic*（Cambridge：Harvard University Press, 1977）：81 – 110.

[②]　胡·布朗，美国学者，中国教育思想史专家。获哥伦比亚大学、芝加哥大学、斯坦福大学三校哲学博士学位。现为香港大学教育学系高级讲师。

[③]　Hubert O. Brown. American Progressivism in Chinese Education：The Case of Tao Xingzhi. in Ruth Hayhoe and Marianne Bastid（eds）. *China's Education and the Industrialized World：Studies in Cultural Transfer*（New York：Sharpe. Inc. 1987）：120 – 138.

[④]　Su Zhixin. Teaching, Learning, and Reflective Acting：A Dewey Experiment in Chinese Teacher Education. in *Teachers College Record*（Teachers College, Columbia University）98. 1（Fall 1996）：126 – 152.

[⑤]　Guy S. Alitto. *The Last Confucian：Liang Shu-ming and the Chinese Dilemma of Modernity*（Berkeley：California University Press, 2nd ed. , 1986）：160 – 165.

[⑥]　Charles W. Hayford. *To the People：James Yen and Village China*（New York：Columbia University Press, 1990）：47 – 51.

[⑦]　Suzanne Pepper. *Radicalism and Educational Reform in Twentieth-Century China：The Search for an Ideal Development Model*（London：Cambridge University Press, 1996）：92 – 95.

[⑧]　Yusheng Yao. *National Salvation through Education：Tao Xingzhi's Educational Radicalism*［D］. The University of Minnesota, 1999.

十世纪七十年代，恩斯特·诺格保尔（Ernst Neugebauer）[①]、托马斯·沙平（Thomas Scharping）[②] 等人的研究中就开始涉及陶行知。较为深入研究还是艾哈德·内克曼（Erhard Neckermann）[③]，他利用在中国学习的机会，搜集了一批材料整理出了《生活即教育——中国改革教育学家陶行知之生平》[④]，系统的向德国介绍陶行知教育学说。1993 年，德国出版了因病去世的中国留学生丁伟祥未完成的遗稿《陶行知——中国二十世纪的改革教育学家》[⑤]，这一著作对陶行知的教育改革进行了深入的探讨，这也引发了同样来德留学的黄冬的关注。他以《陶行知（1891—1946）与阿道尔夫·莱希维恩（1898—1944）——两个改革教育家之比较》[⑥] 为题，分析了中德同一时期的教育家为教育所做出的不同贡献，特别是两者对于民主思想的传播作用。在法国，汉学家玛丽安·巴斯蒂女士（Marianne Bastid-burguiêre）[⑦] 在其《是奴役还是解放？——记 1840 年以来外国教育实践及制度引入中国的进程》一文中运用文化传播学理论探讨了陶行知及中国教育与西方教育的关系。此外，俄罗斯学者尼·叶·鲍列夫斯卡娅（Nina Ye. Borevskaya）[⑧]、比利时学者克里斯

---

[①] Neugebauer Ernst：Anfänge pädagogischer Entwicklungshilfe unter Dem Völkerbund im China 1931 bis 1935, Hamburg 1971.

[②] Scharping Thomas：Der Demokratische Bund und seine Vorläufer 1939-1949. Chinesische Intelligenz zwischen Kuomintang und Kommunistis-Cher Partei, Hamburg 1972.

[③] 艾哈德·内克曼，德国西柏林大学教授、汉学家，曾于西安外国语学院任教，并打算撰写陶行知教育思想博士学位论文。

[④] Neckermann Erhard. Tao Xingzhi Leben Ist Erziehung-Das Leben eines chinesischen Reformpädagogen in Dokumenten, Arbeitskreis Erziehung in China an der FU Berlin, Wintersemester 1975/76.

[⑤] Ding Weixiang：Tao Xingzhi-Ein Chinesischer Reformpädagoge im 20, Jahrhundert, Köln 1993.

[⑥] Huang Dong. Tao Xingzhi（1891 – 1946）und Adolf Reichwein（1898 – 1944）：Zwei Reformpädagogen im Vergleich ［M］. Dr. Kova. Hamburg, 1999.

[⑦] 玛丽安·巴斯蒂，历史学家，欧洲科学院院士、欧洲汉学协会会长，法国社会科学高级研究学院教授，法国研究中国近现代史专家，法国国立科学研究中心研究员、课题组长、当代中国研究中心高级研究员，曾任巴黎高等师范学校副校长。

[⑧] 尼·叶·鲍列夫斯卡娅，俄罗斯著名汉学家、历史学博士、教授。俄罗斯科学院远东教育研究所研究员、俄罗斯比较教育学会副主席、中国教育问题专家。1991 年赴北京参加中国陶行知诞辰一百周年纪念会。

蒂·波西凯[①]、陶路西·尼达姆（Dorothy　Needham）[②]、詹生（F. A. Jensen）[③] 等人对陶行知也有较为深入的研究。

　　总体而言，欧美学者的陶行知研究开展得很早，并且由于有一些重量级学者如费正清、孔斐力等人的加入，无疑对研究的深化有很大的帮助，可以说在早期他们的研究主导了陶研的取向。在研究方向上来看，欧美的研究更多关注于陶行知与杜威的关系、陶行知与中国传统文化的关系，其实这也反映出欧美等国逐步从二十世纪五六十年代"冲击—反应"模式向八九十年代"中国中心论"不断过渡的过程。此外，欧美的研究更为关注陶行知民主思想成分，这也是国内的研究中较为缺乏的。不过，陶行知研究在欧美也呈现了日趋边缘化的倾向，所以近年来出现的黄冬与姚渝生的两篇博士论文就特别值得关注了。

### （一）黄冬[④]

　　欧洲学者对于陶行知也投入了较多的关注目光，不少欧洲学者在自觉或不自觉的研究中涉及陶行知，但总体而言研究并不够系统。这一局面直到德国黄冬的成果出现才得以打破。

　　黄冬的研究缘起并非偶然。1978 年，黄冬考入西安外国语学院学习德语，恰好担任德籍专家内克曼的助手，帮助内克曼搜集翻译陶研资料，因此对陶行知教育思想产生了浓厚的兴趣。内克曼曾在德国、日本等国学习汉学、日本学和社会学。1975

---

　　① 克里斯蒂·波西凯，比利时教育学者。她先后在香港、南京等地执教三十余年，前后三次赴晓庄学校旧址参观学习，力求做陶行知式的教育家。曾先后被中国授予"友谊奖"、"首届行知奖"、"外籍专家先进工作者" 等称号。

　　② 陶路西·尼达姆，英国著名学者，皇家科学院院士，生物化学家，《中国科学技术史》作者李约瑟博士的夫人。

　　③ 詹生，奥地利人，博士，20 世纪四十年代任职于联合国救济总署，五十年代任民主德国某报社驻华记者，陶行知生前好友。

　　④ 黄冬，于德国马堡大学获得博士学位，后任德国资助中国实力残障学生协会业务主任。

年内克曼从西柏林自由大学毕业后，在该校担任助教，并开始研究陶行知教育思想。1975—1976 年内克曼主办了以陶行知研究为主的中国近代教育研讨班，并与人合作翻译整理了《生活即教育——中国改革教育家陶行知之生平》。1978—1980 年，内克曼赴西安外国语学院担任德籍专家，搜集了大量陶行知研究资料以为撰写胡适与陶行知比较的博士论文。正是由于这样的一个契机，黄冬才初步认识和了解到陶行知，并将内克曼的德文陶研成果翻译成中文，刊载在《纪念陶行知》和《陶行知研究在海外》这两本著作中。

1988 年，黄冬赴德国马堡大学留学，后又师从余蓓荷（Monika Ubelhör）教授攻读博士学位研究生。余蓓荷对中国传统文化和思想，尤其是王阳明哲学颇有研究，曾发表过数篇关于王阳明哲学的文章。二十世纪九十年代后，欧美汉学界掀起的"民国研究热"也让余蓓荷开始关注到民国人物，这样，对王明阳思想颇有见解的陶行知就进入了余蓓荷的研究视野。在余蓓荷的建议下，马堡大学汉学系购买了上百册陶行知著作和相关陶研资料。1992 年以后，余蓓荷还经常在阅读课上选用陶行知撰写的文章向学生讲授陶行知的教育思想。正是由于有了内克曼和余蓓荷的影响，黄冬产生了研究陶行知教育思想的最初动机。

1994 年，黄冬参观了马堡的纪念莱希维恩展览，巧合的是，黄冬在马堡大学的学生宿舍就是以莱希维恩命名的"阿道尔夫·莱希维恩之家"。在参观展览之余，黄冬对莱希维恩跌宕起伏的生平所感染，并发现他的开放性、包容性与陶行知有着惊人的相似，这就促使了黄冬产生了将两人教育思想与实践对比的动机。最终，黄冬决定以陶行知和莱希维恩两人为研究对象，撰写博士论文《陶行知（1891—1946）与阿道尔夫·莱希维恩（1898—1944）——两个改革教育家之比较》。

作为中德教育家的比较研究,黄冬首先探寻了陶行知与德国的关系以及莱希维恩与中国的联系。他认为,这两位东西方文化的传介者对他国文化的汲取及改造对形成各自的人生观和教育观有了很大的帮助。黄冬认为,学界内很少有人关注到陶行知与德国哲学和教育学思想之间的关系,实际上,陶行知很早就开始关注德国教育学,他从美国归来后的一系列文章中不断提到德国教育界的先进创举,并在各种宣传德国教育的特点所在。通过分析黄冬指出,陶行知对德国教育形成的这一良好印象应该是深受哥伦比亚大学孟禄教授以及蔡元培的影响。孟禄有过在德国海德堡大学求学的经历,蔡元培在柏林和莱比锡都留过学,他们二人的言传身教让陶行知对德国教育产生了强烈的兴趣。[①] 德国的影响对陶行知如此之大以至于黄冬还列举陶行知由"知行"改为"行知"一名的提议也是由德国友人卫中提出。黄冬借用了德国汉学家傅吾康(Wolfgang Franke)对德中关系的评价来点评陶行知与德国的关系:"19 世纪的一些德意志精神思潮随着马克思主义的传播影响了中国。在此前和五四运动之后,直到 30 年代,一种巨大的导向主宰了德意志精神生活,即不再局限于马克思主义,打破传统的偏见和传统的思维模式。"[②] 黄冬还考察了陶行知在 1938 年"国民外交"期间与德国的近距离接触,这一研究国内还是少有人涉及。黄冬通过查阅陶行知日记及当时的德国相关报刊文摘后指出,陶行知三次造访德国但并未留下很好的印象,他之前对德国成就的惊叹在遭受纳粹主义的挑衅之后被全然推翻,代替而来的是震惊与失望。[③] 对于莱希维恩与中国,黄冬认为,莱希维恩大量有关

---

① Huang Dong. Tao Xingzhi (1891 – 1946) und Adolf Reichwein (1898 – 1944): Zwei Reformpädagogen im Vergleich [M]. Dr. Kova. Hamburg, 1999: 107 – 109.

② Ibid., 111.

③ Ibid., 124.

于中国与欧洲的著作帮助西方人理解了东方文化和艺术，也让中国人多了一扇了解德意志文化的窗口。

　　陶行知被誉为"民主斗士""民主主义教育推动者""进步主义民主主义者"，而莱希维恩也被誉为"反对纳粹统治的斗士""反对派教育家"和"民主主义社会主义者"，这些特殊的政治文化背景让黄冬有了对二人进行政治观念比较的想法。黄冬认为，这两位教育家都成长在国际共产主义高涨的时代且与共产党有着千丝万缕的联系，因而，对待共产主义思潮和共产党的态度，是研究这两位极富政治热情的知识分子不可回避的一个话题。在通过对二者政治信仰和世界观的考察后，黄冬找出了两者相似的三点因素：贫寒的出身让二人了解疾苦大众的需要并愿意急大众之所急；战争的磨难使二人更为向往和平，反对强权暴力甚至暴力革命；专制政权促使他们痛恨独裁追求民主自由并主张通过教育等非暴力手段实现社会变革①。但黄冬亦指出，虽然有这样的三点因素但并不意味着二者是与共产主义走在了同一条道路上。莱希维恩基本认同马克思主义，但他并没有教条地接受马克思主义，而是强调应该借助社会所有力量相互磨合从而建立新的社会制度。再看陶行知，黄冬认为早期的陶行知是对马克思主义学说持批判态度的，不过这一批判还是停留在表面程度上，比起陶行知对列宁的批判则温和了许多。黄冬认为，陶行知毕生都在寻找将劳苦大众从物质贫困和思想匮乏中解决出来的办法，为此，他从各种思想中汲取精华当然这也包括了马克思主义。他进而强调，陶行知虽然多次拜谒马克思墓并在身边有众多的共产主义者一起共事，但这并不能解读成他是一个马克思主义信仰者，这些举动仅仅能够证明陶行知赞同马克思主义中的部分观点。

---

　　① Huang Dong. Tao Xingzhi（1891 – 1946）und Adolf Reichwein（1898 – 1944）：Zwei Reformpädagogen im Vergleich［M］. Dr. Kova. Hamburg, 1999：147 –153.

因为莱希维恩少有民主论著存世，故黄冬对陶行知的民主思想单独予以了置评。他将陶行知对民主认识及理解划分为三个阶段。第一阶段属于共和国与共和主义阶段。黄冬认为，在这一阶段中陶行知遵循着法国大革命倡导的"自由、平等、博爱"思想和中国儒家"中庸"学说的指导，主张实行议会民主制，反对暴力革命，反对与政党发生关联，强调教育的政治作用。在第二阶段，陶行知强调经济政治平等，个人精神发展自由。黄冬指出，陶行知反对孙中山的自由观是在于陶氏将民主不仅视作国家体制和政治机器，更强调了它是个人和团体生活中的基本原则。第三阶段中陶行知要求全面民主。黄冬考察了陶行知这一阶段政治教育活动，指出他不仅参与组织民主党派更是长期撰文宣传民主，也就是通过实践来施行民主。对于陶行知而言，"行"永远比"知"重要，这也是他的人生哲学观。在这一阶段，陶行知的民主已经超出民族和国家的界限，是一种广义上的民主。在通盘考察了陶行知民主思想的三个阶段后，黄冬认为，中国近代的知识分子在致力于民主的时候总离不开两个方面，一是反对专制独裁，二是反对外来势力控制干涉。只有当西方思想与中华民族利益一致时，他们才会接受西方的民主制度，一旦西方的民主思想挟带有其他用意时，这群知识分子不仅会怀疑更会反对。①

在对陶行知和莱希维恩的文化、政治思想对比后，黄冬细致考察了二者的教育思想。他从二人的教育观、学校观、师生观、教学观入手，进行了细致的分析对比。在教育观方面，黄冬认为人民性或大众性构建了二人共同的教育基点，"能够使广大下层社会的劳苦大众受到教育是他们的主导思想，并像一条红线贯穿了他们整个

---

① Huang Dong. Tao Xingzhi（1891－1946）und Adolf Reichwein（1898－1944）：Zwei Reformpädagogen im Vergleich［M］. Dr. Kova. Hamburg, 1999：186－187.

教育事业"①。他们二人既坚持平等人文理念又强调在自觉自律基础上个性的自由发展，并同时将目光投向了乡村教育，体现出了两者对"人民教育"理解的殊途同归。在学校观方面，黄冬认为二者在博爱的基础上更为注重学校的社会功能，都希望能够将学校办成民主规则的训练场、培养个人和社会融合的生活与教育的共同体以及带动乡村社会的文化发展。② 在师生观方面，黄冬认为二者都是希望培养新型教师以改造社会，为尽快实现这一目的，莱希维恩提出了"帮手制"，陶行知提出了"小先生制"。这两种制度都锻炼了学生社会行为方式，包括团结、合作以及责任感，唯有不同的是，陶行知的"小先生制"关注的是校外领域，莱希维恩则更为关注校内的学习"共同体"。③ 在教学观上，陶行知宣扬"教学做合一"，莱希维恩推崇"意图教学法"，尽管名称不一，但黄冬认为这两种方法都是来源于裴斯泰洛奇的教育思想，意在强调通过工作来发展儿童的行动力与创造力达到改革旧学校的目的。④ 在经过这一系列不同方面的考察后，黄冬高度评价了陶行知与莱希维恩，认为二者是始终将教育与政治结合在一起的代表人物，他们在反对专制促进民主方面做出了重要的贡献，二人的思想时至今日仍有极强的生命力。

从中西文化的角度来看，黄冬的研究打开了中德文化交流的一扇窗口。陶行知研究虽然在欧洲有诸多学者关注，但是专题性的研究成果并不多。在黄冬之前，曾有中国留学生丁伟祥准备撰写研究陶行知的博士论文，后丁不幸因癌症去世，研究也因此中断。虽然丁的导师克尔斯滕·赖希（Kersten Reich）后将丁的论文以《陶行

① Huang Dong. Tao Xingzhi（1891 - 1946）und Adolf Reichwein（1898 - 1944）：Zwei Reformpädagogen im Vergleich［M］. Dr. Kova. Hamburg, 1999：194.

② Ibid. , 203 - 208.

③ Ibid. , 208 - 214.

④ Ibid. , 214 - 223.

知——中国二十世纪的教育改革教育学家》① 为题在 1993 年公开发表，但这也仅能算是一部半成品，所以赖希在前言中也表示"它为西方研究者对这位中国改革教育学的经典著作家进行探讨奠定了基石"。黄冬的研究正是在这基石之上再进一步，他并没有仅仅向德国介绍陶行知的教育学说，而是结合德国本土教育家莱希维恩，将两者放置于一起，从比较教育的视角分析两者的异同，不仅为中德文化交融做出了贡献，还从研究的方法论上进行了创新。一直以来，国内的陶行知研究仅仅限于本土范围内的研究，长期缺乏国际视野，即使是对比也仅仅局限于陶行知与杜威之间的比较研究，对于与陶行知同时代的海外其他教育家的比较研究几难寻觅。故而，黄冬的这一研究也帮助了国内学者打开了研究思路，在之后的国内陶研界中也出现了类似的国际化比较研究，比如蔡幸福的《陶行知与牧口常三郎教育思想比较研究》。

　　黄冬的研究还有一大特色就在于他没有就教育言教育，而是将教育看作这两位教育家改造社会的一种手段、一种工具。陶行知当年就曾立志于借助教育改造社会、建设国家，教育也一直被其视作改造社会的工具。不论是早年的《共和精义》，还是晓庄试验，或是山海工学团，他都是希望通过教育的普及改变民众的观念，进而建设一个民主国家。所以归根到底，陶行知思想的核心应该是民主，教育不过是过程，从这一角度来说，陶行知更应该称之为民主运动人士。只不过国内的研究已经先入为主、主题先行，将陶行知定位为"伟大的人民教育家"，故而国内的研究更多喜欢从教育的角度切入，反而忽视了陶行知思想最核心的部分，当然这其中也不免有意识形态因素的干扰。因为没有了这些干扰，黄冬的研究纯度也更高了一些，他重点考察了陶行知的民

---

① Ding Weixiang: Tao Xingzhi – Ein Chinesischer Reformpädagoge im 20, Jahrhundert, Köln, 1993.

主观念以及与中国共产党之间的关系，从一个局外人的角度客观的予以了评价。

　　除了上述的优点，黄冬的研究也存在一些不足。比如他的题目是"两个改革教育家之比较"，但是综观全文，他比较的方面还是略显不足。不管是文化、政治还是教育方面，他谈的更多的是两者之间的相同相似，对于两者的不同谈及甚少，仅仅在"小先生制"、"教学做合一"等方面才略有提及。此外，他在研究中述的多，评的少，对两者思想中的精髓缺乏独创性的评价，尤其是陶行知在教育方面的创见，基本上还是沿袭国内的评论结果。当然，他的研究在德国属于试水之举，在德国国内缺乏对陶行知的深入了解之前，他的研究迅速加深了德国学界对陶行知的印象，这也是黄冬在陶研历史上做出的重要贡献。

　　**（二）姚渝生①**

　　美国的陶行知研究曾在费正清、孔斐力、巴雷·基南和胡·布朗等知名学者的带领下掀起过一阵热潮。近年来，美籍华人姚渝生在这一研究领域异军突起，成了美国陶研界的领军人物。

　　和陶行知类似，姚渝生也是深受中西文化交汇的影响。他成长于中国国内，作为恢复高考后的第一批大学生进入北京大学英文系。1984 年，他在北大获得英语文学硕士学位后还曾留校工作。所以从根源上来说，姚渝生是深受中国传统文化的熏陶，这点也在他的陶行知研究中有所体现。1987 年，姚渝生赴哈佛大学燕京学社访学，后又相继在明尼苏达大学获得硕士、博士学位，并在罗林斯学院任教至今。这二十余年的美国留学、工作经历，也必然会让他的陶行知研究打上西方的烙印。总体而言，比起孔斐力等西方学者，

---

① 姚渝生，美籍华人，1982—1984 年先后获得北京大学英语文学学士、硕士学位。后赴美留学，先后获得明尼苏达大学硕士、博士学位。现为美国罗林斯学院历史系终身教授。

姚渝生不仅经历与陶行知相似，文化传承发展也与陶行知类似，他更了解陶行知、更了解中国，所以这种切身体会的优势是西方学者无法比拟的。

姚渝生结识陶行知既有偶然也是必然。1994 年博士研究生课程上完之后，姚渝生决定选取合适的题目撰写博士学位论文。一个偶然的机会，他在明尼苏达大学东亚图书馆发现了一些陶行知的资料，随着资料阅读的不断深入，他对陶行知的思想越发认同，遂定下以陶行知为研究对象，撰写了题为《教育救国：陶行知的教育激进主义》（National Salvation through Education：Tao Xingzhi's Educational Radicalism）的博士学位论文。

> 我在明尼苏达大学东亚图书馆偶然发现了湖南教育出版社出版的《陶行知的一生》等书籍，后又发现了湘版《陶行知全集》。通过精读，我觉得陶行知这个人特别有意思。他是留学生，他提倡教育救国，这些我都比较感兴趣。特别是晓庄的锄头舞，我觉得特清新特有意思，我后来就决定以这个题目来研究研究。[1]

正是这一偶然性让姚渝生开始研究陶行知。当然，这偶然性中也存在着必然性。同作为中国留学生、同样对国家和民族未来的担忧、同样都希望能将西方先进思想运用到中国，有着如此多的共同点，姚渝生研究陶行知、学习陶行知也成了他必然的选择。

> 因为是相同的经历，都是留学生、都学了西方的东西、都愿意将西方的东西应用到中国，这样就会很有共鸣。八十

---

[1]　根据 2012 年 12 月 29 日与美国罗林斯学院姚渝生教授访谈整理，经本人审核。

年代，我受到西方启蒙主义的影响，特别是人本主义的民主思想影响，到了九十年代，我就开始反思激进主义。所以，陶行知魅力也在于此。他是一个社会改良主义者，他更多的是受到激进主义的影响，所以最终我认为他是一个社会革命者。①

作为美国学者，姚渝生首先对美国的陶行知研究做了详尽的梳理。他分析了孔斐力、巴雷·基南和胡·布朗的陶行知研究。他认为孔斐力在陶行知研究中做出了三点重要贡献：一是建立起杜威对陶行知从哲学思想到实践上的影响以及陶氏对杜威教育思想进一步的发展；二是看出来陶行知思想中王阳明与杜威的一致性，即"知觉的能动观点""这一观点认为知觉和行动在功能上不可分"②；三是批判了陶行知在晓庄生活教育理论实践中的极权主义倾向。在肯定了孔斐力研究成果基础上，姚渝生认为，孔斐力的研究过于重视陶行知与杜威的关系而忽略了其他方面对塑造陶行知思想与人格发展的影响，故而造成了研究视域的狭隘。对于巴雷·基南的陶行知研究，姚渝生认为，基南显然更为注重考察多种力量在晓庄试验过程中对陶行知思想的影响，特别是在 1927 年前后孙中山"三民主义"和克鲁泡特金"无政府主义"等革命话语对陶行知的影响。正是因为有了这些革命话语的武装，陶行知在 1929 年前后开始批判杜威的自由主义教育理念。论及胡·布朗对陶、杜两者关系的研究，姚渝生认为他是与孔斐力及巴雷·基南截然不同的。姚渝生认为，布朗贬低了美国进步主义教育运动对陶行知在 1917 年到 1922 年间的影响，甚至于陶行知与杜威的关系布朗都认为是微乎其微或

---

① 根据 2012 年 12 月 29 日与美国罗林斯学院姚渝生教授访谈整理，经本人审核。

② Yusheng Yao. Rediscovering Tao Xingzhi as an Educational and Social Revolutionary. *Twentieth-Century China*, Vol. 27. No. 2 （April 2002）：81.

者不确定的，相反，布朗更强调陶行知在遇到杜威前后所受到的影响，诸如王阳明、辛亥革命、晏阳初等。对于布朗的这一思路，姚渝生认为，强调陶行知个性的形成、发展与特征确实为研究提供了一种新的思路但更要注意对陶氏内在思想发展的研究。对于这三篇代表着过去数十年间关于中国近代历史研究范式转换的陶行知研究论文，姚渝生分析后指出，孔斐力在 1959 年的研究体现出了费正清所主导的"冲击—反应"思想以及五十年代末六十年代初的资本主义现代化理论；基南在 1977 年的研究则强调杜威自由主义在中国的不适用，实际上是质疑了资本主义现代化理论的普世性；布朗的研究则是受到八十年代文化批判和后殖民研究的影响，他反对资本主义现代化理论，并将杜威打扮成文化殖民主义的代表，这一研究是体现出了陶行知充分的自主权，即创造中的主体性。[①] 尽管这三位学者对陶行知研究做出了一定的贡献，但姚渝生还是认为他们在解决陶行知思想来源的问题上仍未能取得进展，而且三位学者仅仅关注陶、杜二者的关系狭隘了研究视域，忽略了更多对陶行知思想和个人发展产生重要影响作用的因素，因为在姚渝生看来，陶行知思想涵盖极广且变化多端、无章可循，其中包括了儒家思想、基督教思想、杜威哲学、无政府主义、孙中山三民主义和马克思主义这些不同甚至对立的思想学说。[②]

梳理美国陶行知研究的同时，姚渝生也顺带点评了中国大陆的陶行知研究。他认为中国国内对于陶行知的评价存在着明显的简单化研究取向。当然，他也肯定了近年来的一些研究超越了简单的阶级二分法，如章开沅、唐文权的《平凡的神圣——陶行知》、董宝良、周洪宇编的《陶行知教育学说》等，认为这些研究的出现意味

---

① Yusheng Yao. Rediscovering Tao Xingzhi as an Educational and Social Revolutionary. *Twentieth-Century China*, Vol. 27. No. 2（April 2002）:83.

② Ibid. , 79.

着陶行知研究进入了新的发展阶段，开始朝着更加独立和多元的方向迈进。

杜威主义改良派，这是美国主流学者为陶行知贴上的标签。对于这一提法，姚渝生表示了不同意见，他认为，陶行知在遇到杜威前后所受到的诸多影响都应该详加研究，只有这样才能避免将目光狭隘地聚焦于陶、杜关系上，才能感受到陶行知思想中多元化的成分。在经过对陶行知思想演变的细致分析后，姚渝生对中美主流观点提出了挑战。他根据研究指出，陶行知是一名独立的激进主义者，这一激进思想是在金陵大学到晓庄师范这一时间段中不断完善的。姚渝生将这段时间陶行知思想发展划分为四个阶段：1913 年共和政府失败后，陶行知形成了道德民族主义思想和教育救国的理念；1917 年留美归国后到 1923 年他深受杜威哲学和美国进步主义教育的影响；1923 年到 1926 年的平教运动让陶行知在"平民性"的挖掘中重新定位到平等主义和民粹主义，这一改变开始超越杜威自由主义和改良主义；1927 年到 1930 年的晓庄试验将陶行知的激进改革与国民革命高潮、革命话语三者结合，形成了生活教育的革命理论。[①] 当然，在这四个阶段以外，姚渝生强调，尽管 1930 年到 1946 年陶行知接受了马克思主义并让中共党员参与他的改革，但他仍保持了独立的教育激进主义立场。

姚渝生认为，陶行知一生经历了两次重要的认同危机，第一次即上述四阶段论中的第一阶段，第二次则在四阶段中的第三阶段。姚渝生指出，陶行知在金陵大学期间对《新约全书》的学习引发了第一次认同危机。对于虚伪的认识促使陶行知坚定不移的遵守王阳明的"知行合一"哲学，并顺利化解了这次危机。与此同时，王阳明的道德思想也帮助陶行知形成了道德民族主义，姚渝生特别指出

---

① Yusheng Yao. Rediscovering Tao Xingzhi as an Educational and Social Revolutionary. *Twentieth-Century China*, Vol. 27. No. 2 （April 2002）：86 - 87.

的是，王阳明哲学的道德修养和道德行动论从此开始始终存留在陶
行知道德激进主义的核心思想当中。① 平教运动则促发了陶行知第
二次认同危机，姚渝生认为，这一运动导致了陶行知重新定位教育
和社会平等主义、民粹主义的思想和价值，思想的重新定位也为陶
氏从杜威自由主义向激进主义转变做好了准备。在随后的晓庄试验
中，陶行知的平民化进一步发展为农民化，这是需要陶行知内心产
生深刻的阶级认同变化才能达到的转变。故而，姚渝生认为，陶行
知在这一转变过程中提出的"四通八达"的社会是其金陵大学期间
提出的和谐大同社会思想的延续，且这一思想是深受杜威民主观念
的影响，即"民主是超越阶级分野的社会和互相关联的生活方
式"②。

　　对于晓庄师范与生活教育理论，姚渝生予以了重点的考察。他
认为，陶行知所谓的手脑并举是无政府主义思想的中心主题，且陶
氏的这一思想应该是深受无政府主义者吴稚晖和蔡元培的影响。姚
渝生指出，作为二十世纪中国教育激进主义的中心主题，不同意识
形态的革命主义者与激进主义者都相信手脑并举可以消灭阶级和社
会等级，从而创造出新人类和平等互助的新社会。③ 姚渝生分析了
陶行知手脑并举的一元论哲学思想，认为无论是其哲学基础还是教
育改革方法都体现出陶氏平均主义、无阶级社会的想法，这些思想
无论是从词汇还是从实践来看都与无政府主义思想有着极大的相似
性。在姚渝生看来，由于无政府主义研究在中国研究不多，陶研学
界内也缺乏进一步挖掘探讨，所以在陶行知思想的形成方面缺漏了
这一部分的影响因素。他还进一步指出，如果大陆学界将陶行知的
激进主义定义为共产主义，那也是更接近于无政府共产主义而非马

---

　　① Yusheng Yao. Rediscovering Tao Xingzhi as an Educational and Social Revolutionary. *Twentieth-Century China*, Vol. 27. No. 2（April 2002）: 91.

　　② Ibid., 95.

　　③ Ibid., 98.

克思共产主义。① 从无政府主义视角研究陶行知，姚渝生是深受阿里夫·德里克（Arif Dirlik）的影响。德里克关于中国激进主义的著作《中国革命中的无政府主义》（*Anarchism in the Chinese Revolution*）、《中国共产主义的起源》（*The Origins of the Chinese Communist Party*）详细阐述了中国二十世纪前二十五年无政府主义的普遍影响。同时，德里克还与 Ming K. Chan 合作撰写了《田野工厂中的学校：无政府主义、国民党和上海劳动大学（1927—1932）》（*Schools into Fields and Factories*：*Anarchists*，*the Guomingdang*，*and the National Labor University in Shanghai*，1927 – 1932），详尽研究了国民党下属的无政府主义者所做的教育试验。这一激进的教育试验与晓庄差不多同时进行，并存在相似的激进社会思想与方法。正是这两所相似的试验，才促使了姚渝生希望从无政府主义思想中挖掘出陶行知激进主义源泉的做法。

我在研究中一直强调精读，即严密地阅读和理解陶行知本人所写的材料，这是在一种归纳法，也就是一切理解从历史材料出发，而非某种主题先行的方法，比如强调陶行知是马克思主义者，然后再加以论证这种方法。我在读到一些外围材料时觉得陶行知思想中有无政府主义的影响，陶行知自己并没有说，也没有相关学者这样评论，但是我觉得他们很相近，有种平行的感觉。同时我发现国内好像很少有人谈无政府主义。我当时觉得他的思想与无政府主义比较接近。从更宏观的视角来看，陶行知早年所处的社会环境，即早于"五四"及"五四"期间的社会中，无政府主义有着重要的影响。在这一点上，德里克认为，不管是从法国、俄国还是日本传入，无政府主义在

---

① Yusheng Yao. Rediscovering Tao Xingzhi as an Educational and Social Revolutionary. *Twentieth-Century China*，Vol. 27. No. 2（April 2002）：114.

当时已经形成了一个很大的潮流，这一潮流为的是改造中国社会。当然，中国改造社会的流派太多了，无政府主义只是其中一种。无政府主义也有极端的方式，比如暗杀，但更主流的是通过教育来改变社会，通过教育改变个人，在个人灵魂深处爆发革命，是一种道德教育，再随着个人发展延伸到社会中去。我发现这一思想与陶行知很相近。在1907—1908年，无政府主义在中国已经很流行了，陶行知很可能受到了影响，希望能够通过教育手段改变社会。这种教育不是学院派教育，而是社会教育，通过个人的道德更新实现最终目标，这跟王阳明的思想非常接近。正是有了上述的想法，我觉得既然大陆很少提及无政府主义，那我就突出强调这一点。同时，我还发现郭笙研究过"五四"时期"少年中国"等无政府团体，在他的研究中我也发现和陶行知思想非常相近的地方，所以我决定大胆的从此切入。当然，我没有确凿的证据证明无政府主义影响了陶行知，但在当时无政府主义影响很大，是马克思主义传播到中国之前影响最大的思潮，所以我觉得陶行知很可能读到了这些思想，受到了影响。①

对于生活教育理论的形成，姚渝生认为，这是陶行知对杜威自由主义思想激进化的成果。在经历了第二次认同危机后，陶行知重新定位的平等主义、民粹主义和无阶级大同社会思想与杜威自由主义教育哲学产生了冲突，为了克服这一冲突，就必须创造出更强大更革命的社会理论与策略。那么，从对无政府主义、国民革命高潮、三民主义、晓庄学生政治激进主义、杜威哲学中革命因素等思想的重新解读中，陶行知利用"教学做合一"发展出了创造新人

---

① 根据2012年12月29日与美国罗林斯学院姚渝生教授访谈整理，经本人审核。

类、新社会的革命理论,从而完成了对杜威的超越。姚渝生还原了那一时期的历史原貌,试图找出陶行知身份认同危机与理论创新之间的关联。他认为,作为空前民族危机下的一员,陶行知希望能够构建新的个人与民族身份认同,这种民族身份的认同是从寻求个人的认同开始,所以,从金陵大学的道德民族主义到平教运动中的民粹民族主义,陶行知完成了身份认同的一次次转变。在这一次次转变过程中,他的平等主义、民粹主义和大同理想最终汇聚成了生活教育理论,其晓庄试验也是中国教育和社会激进主义的重要版本,属于二十世纪的中国革命话语系列。

孔斐力、基南和布朗等人认为陶行知在晓庄试验后兴趣和创造力就大不如前了,姚渝生对此存有异议。他认为,陶行知的山海工学团作为其乡村建设的组成部分,在理论和实践层面仍具有极大的创造力。通过对陶行知所著《古庙敲钟录》的文本分析,以及结合陶行知所办山海工学团的实践,姚渝生认为,山海工学团是陶行知对中国新型教育和国家重建的再次创新。陶行知试图通过工学团的创建来缓解中国人口过多、日本侵略这两大危机。姚渝生指出,陶行知鼓励普通民众通过脑力劳动和体力劳动的结合,来调动中华民族进行乡村重建和民族重建,从而创造出新人类、新社会和新世界。[1] 但对于山海工学团与马克思主义之间的关系,姚渝生肯定地认为马克思主义在这其中发挥的作用是微乎其微的,更多地体现出了实用主义、民粹主义和无政府主义的倾向。[2]

谈及马克思主义与陶行知,姚渝生的研究结论就更值得一提。

---

[1]  Yusheng Yao. A Model for Village and National Reconstruction—Tao Xingzhi`s Work-Study Union Movement (1932 – 1937). 载中国陶行知研究会编:《为生活而教育——陶行知诞辰120周年国际学术研讨会论文集》,2011年,第57页。

[2]  Yusheng Yao. A Model for Village and National Reconstruction —Tao Xingzhi's Work-Study Union Movement (1932 – 1937). 载中国陶行知研究会编《为生活而教育——陶行知诞辰120周年国际学术研讨会论文集》,2011年,第58页。

作为海外学者，他能够更为中立地看待陶行知与中国共产党之间的
关系。他认为，陶行知对于晓庄中共党员的活动是矛盾的，一方面
陶行知在合作中获益；另一方面他不赞成冒险主义的做法，因为这
会危及他的改革事业。所以，从某一角度来说，晓庄是陶行知寻求
替代暴力式农村革命所做的建设性探索。① 随着晓庄被封之后陶行
知政治立场的左转，他的教育激进主义中的平等主义、民粹主义和
实用主义成分开始与新民主主义教育思想有着更多的相通性。但姚
渝生反对"在他生命的最后十年，陶行知紧跟着中共的领导"这一
说法，认为这是过于夸大的说法，因为在其看来，陶行知生命的最
后十年与中共不断扩大合作是出于共同利益，这在于陶氏的大多数
激进主义观点被中共统一战线温和包容并日趋一致。② 姚渝生又指
出，陶行知在中国起落数次，这不利于客观全面地认识陶行知，对
陶行知研究的发展也会产生负面效果。在陶行知与马克思主义的关
系问题上，孔斐力和巴雷·基南认为陶行知最终转向了马克思主
义。但姚渝生对此持有异议，他指出孔斐力和巴雷·基南是想当然
认为陶行知变成了马克思主义或者受马克思主义影响，是将思想与
政治混淆之后得出的结论。姚渝生指出，陶行知虽然偏向共产党，
但不代表他是受马克思主义的影响。1934 年以后，陶行知使用了阶
级斗争词汇，但与马克思主义完全不一样，而是将阶级划分为大众
和小众，这是一种民粹主义的思想。对此，姚渝生表示:

> 陶行知仅仅是用民粹主义的大众、小众二元论来解释马克
> 思主义，抛弃了马克思主义中的"经济基础决定上层建筑"
> "阶级斗争"等理念，这些并不能代表陶行知是走向马克思主

① Yusheng Yao: The Making of a National Hero: Tao Xingzhi's Legacies in the People's Republic of China. *The Review of Education*, *Pedagogy*, and *Cultural Studies*, Vol. 24, No. 3 (July-September, 2002): 259.

② Ibid. , 260.

义的。美国本土学者没有经过慎重研究就得出陶行知走向马克思主义的观点，我是表示反对的。我认为陶行知思想是混合的、是博采众长的。他不在乎各种理论的内在矛盾，并将这些理论糅合到一起去。所以，马克思主义仅仅是其思想来源之一。他是一个杂家，不拘一格。他不分传统、现代、东方、西方，所有思想他都可以拿来用，这是一种实用主义态度。对于实用主义，这里也需要做一个解释。实用主义、无政府主义，这些词汇在美国是中性的，但翻译到中国则变成了贬义的。这也造成了这些观点在中国无法阐述的困境。①

思想中的无政府主义、行动中的民粹主义，这构成了"姚渝生范式"中以教育激进主义救国的陶行知形象。对于陶行知与无政府主义、民粹主义的关系，长期以来研究甚少，这与社会结构对研究范式的影响有关。正如姚渝生所谓的，由于中美两国对无政府主义、民粹主义、实用主义等词汇理解上的偏差，这些在美国属于中性的词语在中国则属于灰暗地带，导致少有学者从这些视角来研究陶行知。所以姚渝生的研究还是极富创新性的，填补了在这些领域的空白。此外，他对陶行知与马克思主义关系的研究也独富创见，他并没有遵循中美双方多数学者已经达成的共识，即陶行知最终转向马克思主义一说，而是通过对文本的细致解读，认为马克思主义只是陶行知思想中的一个源泉，挑战了"党外布尔什维克"这一定论，而将陶行知塑造成为一个博采众长的杂家，这也是姚渝生与诸多研究颇为不同的所在。

作为恢复高考后的第一届大学生，之后赴美留学，姚渝生也和陶行知走的类似的一条中美文化交融的道路，所以他的研究中也不

① 根据 2012 年 12 月 29 日与美国罗林斯学院姚渝生教授访谈整理，经本人审核。

可避免地带有中西文化的烙印。对激进主义、自由主义的反思,这些都推动着他利用美国的话语体系来研究中国。同时,他的研究又是一种扬弃,他利用中华文化的底蕴挑战了美国主流学者的观点,又以一个局外人的身份冷静地看待中国国内研究的不足。所以,他的研究进一步开拓了陶行知研究的视域,特别是解决国内陶行知研究的定势思维。美中不足的是,受制于美国研究条件的制约,姚渝生的研究在史料运用上难免有一些偏差与讹误,这也是其下一步研究中需要完善的所在。

## 四　海外群体的特点

随着全球化的发展,学术已不再像过于囿于师承之说。通过阅读他人的作品,也成为吸收他人知识的有效途径。海外陶研群体由于空间限制,故而更多的是通过对陶行知原著的阅读完成他们的研究。当然,日本、港台、欧美三个地区的研究又因为各自社会环境的影响,研究的出发点和结论也是不尽相同。

日本的陶行知研究带有极强的实用主义,其目的是让日本教育能够适应第二次世界大战之后社会的巨大转变,所以早期的研究者希望从陶行知与杜威思想的传承中学习到转变提炼吸收美国教育思想的经验,以为美国教育模式在日本的推行。后期的研究则显然更强调了人的主体性、民族性、独立性,体现出了当时日本社会冀图摆脱美国控制的急切心态。中国港台地区的研究显然是受到了意识形态的影响。早年中国台湾地区几乎无人提及陶行知,随着"解严"才有人问津,但研究还是局限于教育思想这一领域,关于陶行知其他思想的挖掘还显然不够。香港地区虽然在 1997 年之前处于英国统治之下,但大陆的"运动"显然还是对香港学界产生了一定的影响,这就导致香港的陶行知研究长期处于停滞状态。政治对学术的影响在港台的陶行知研究中可见一斑。欧美地区的研究也经历了一个变化的过程。早期的研究中美国学者显然有着一种强大的自我优越感，突出杜威对陶行知乃至中国教育进程的影响，体现出美国民众对美国教育乃至整个美国模式的优越感。随着柯文的"中国中心观"的提出，才逐步解构了美国的这种优越性，学者也开始更为客观的看待中西文化交融对陶行知的影响。而近年来，黄冬与姚渝生的研究则体现出了另一种风格，即对自由主义的追求。这显然与二者的中西求学经历有关。二位学者都是在恢复高考后考入大学后奔赴西方留学进而成为西方公民，因此会从自由主义的视角来考察跟中国有关的事物，陶行知研究也不例外。

可见，无论是海外的任何一种取向、任何一种范式的陶行知研究，都难以逃脱研究者自身的局限性。研究者自身的经历以及所在的研究环境，成了引导和制约他们的研究目的的最大因素。

# 余　　论

通过对陶行知研究的学术谱系梳理可以发现，知识是一个不断累积叠加的过程。正如知识社会学者卡尔·曼海姆所说的，每个人都是在进一步思考其他人在此之前已经思考过的东西，"每个个人都在双重意义上为社会中正在成长的事实所预先设定：一方面他发现了一个现存的环境，另一方面他发现了在那个环境中已形成的思维模式和行为模式"①。默顿则将这一问题放大至整个科学界，他认为"近代科学除了是一种独特的进化中的知识体系，同时也是一种带有独特规范框架的'社会体制'。它同其他某些社会体制有部分共同点，而与另一些社会体制则有着紧张的冲突。"② 他进而用"在巨人的肩膀上"这一名言来演绎科学知识探索的进程，"表明科学工作绝不是以不可动摇的线性方式进行的，虽然新的发现和发明依赖于以前的有选择地积累的知识遗产。"③ 显然，这两位学者的观点很好地阐释了陶行知研究中甚至整个科学界研究中呈现的不断递进的一种态势。具体到陶行知研究而言，学界的研究经历了数个

---

① ［德］卡尔·曼海姆著，黎鸣、李书崇译：《意识形态与乌托邦》，上海三联书店 2011 年版，第 3 页。

② ［美］罗伯特·默顿著，范岱年等译：《十七世纪英格兰的科学、技术与社会》，商务印书馆 2000 年版，"中文版前言"第 6 页。

③ 同上书，"中文版前言"第 8 页。

阶段,从新中国成立前的建构再到新中国成立后的解构,再到改革开放后的再度建构和再度解构,但无论如何,研究的重点还是集中在几个主要方面不断推进,借助的也是一位位出现的"巨人"。举例而言,陶门弟子对于生活教育的丰富发展显然是在陶行知这一"巨人的肩膀"上完成的;牧野笃在二十世纪八十年代完成的研究则是在斋藤秋男的"肩膀"上完成的;章开沅、唐文权提出的"内发外铄说"已然却是在牧野笃和柯文的"肩膀"上完成的;周洪宇、余子侠的"三部曲说"和"三层底色说"显然是在章开沅、唐文权的"三重文化圈说"的"肩膀"上完成的……正是有了这些"肩膀",才有了默顿所谓的"小矮人在巨人的肩上,这样能够比古人看到更多和看到更远。"① 在默顿看来,科学中没有无中生有的创造或绝对的创新,任何研究都是在前人的基础上不断发展的,甚至于很难达到完善的程度。他强调:"我的意图是用比喻表明,我们任何一个学者或科学家都是小人物,因为我们依赖于巨大的学术遗产,是它们为我们提供了起点。"② 默顿故而强调通过反复阅读经典,从前人的思想中汲取养分,并在不断与前人对话的过程中构建新的视角与方法,建立起拥有自我话语体系的批判性思想结论,并完成对前人成果的丰富与补充。将默顿的这一思想借用至陶行知研究领域,就意味着要通过大量阅读陶行知本人及陶研前辈学人的文本,在与陶氏及前辈学人对话过程中批判性地建立起自己的话语体系,而非一味地反复论证已然确立的观点。一旦不能对前人的成果有效地吸收归纳,陶行知研究中就很容易出现两类极端倾向:一种是"强迫创新谬误""其中的学者认为他们的观点是彻头彻尾原创性的,与过去没有根本的连续性";另一种是"武断重复谬误"

---

① [波]彼得·什托姆普卡著,林聚任等译:《默顿学术思想评传》,北京大学出版社2009年版,第19页。

② 同上书,第20页。

"学者的角色仅限于忠实地对其再现和加以评注的情况下"①。这两类倾向对于陶行知研究并不能产生任何积极作用，相反还会让圈外人士感觉到陶行知研究的幼稚，事实上，陶行知研究中广泛存在着这两类倾向。并非仅仅是陶研散户学人的研究中，甚至于谱系学人中也是类似。如李刚《〈武训传〉批判的历史考论》一文在核心思想上与章开沅《平凡的神圣——陶行知》中的《开国文化第一罪案》一节基本类似，十多年的时间沉淀多的也只是史料的增加。李刚表示在早期过程中他并未接触到华中学派的研究成果，这就让他的研究看似属于自我思想的积累，但显然后来的学者是不会这么认为的。重复倾向则更多了，特别是对于陶行知作为"伟大的人民教育家"这一观点，多有学者不断对前人成果加以评注，最终将陶氏推到了"共产主义战士"这一最高峰。再如，金林祥对于陶行知"教育救国论"的评价，再度陷入了"非黑即白"的二元论中，事实上早在1992年章开沅的研究中就对"教育救国论"做出了客观公正的结论，显然金林祥是在重复着学界中存在的旧结论，并未能够对章开沅的研究仔细解读。这两种极端的倾向都向我们表明，任何一类研究都并非孤立的，必须在通读研究成果的基础上才能够产生出新的发展。

当然，对前人的研究吸收研判并非一个直线累积的过程，还会受到研究者自身知识范围和意识形态的限制。马克斯·舍勒认为，"所有知识也是由这个社会及其特有的结构共同决定的"②，研究者所得出的结论必然深受所处社会的影响，打上了时代与环境的烙印。默顿在此基础上又延伸了一步，他不仅肯定了社会对知识影响，还将其扩大至整个科学领域，指出社会不仅影响了人文科学，

---

① ［波］彼得·什托姆普卡著，林聚任等译：《默顿学术思想评传》，北京大学出版社2009年版，第20页。

② ［德］马克斯·舍勒著，艾彦译：《知识社会学问题》，译林出版社2012年版，第65页。

还影响了自然科学。通过对默顿科学社会学思想的梳理，可以将其概括两种成分：一是社会中的科学，二是科学中的社会。所谓社会中的科学，强调的是科学研究始终是处于某种社会背景之中的，这种社会背景影响了科学研究的发展轨迹。什托姆普卡将"社会中的科学"划分为两个体系，一是科学的宏观环境，"它由社会中大规模的系统构成，例如政治、经济、阶级体系、社会意识"；二是科学的微观环境，"由学术氛围、思想学派、'无形学院'、有着各自本土传统的大学和研究机构构成"①。上述的宏观与微观环境对于某一门类学科知识的发展产生出极其重要的影响，特别是在知识构建的主导倾向方面产生积极或消极的作用。所谓科学中的社会，是指科学共同体中内部形成的社会群体，这一社会群体必须遵循体制内部的规则，否则就会遭到围攻或者摒弃。马克斯·舍勒曾就指出，不同群体的知识是受到群体的特殊形式限定的，"无论这种知识可能有多么模糊，以及关于人们普遍接受的价值观念和目的的知识，都是属于这个'群体'（所以，没有一个阶级不具有某种阶级意识）的"②。从舍勒和默顿的观点来看，某一社会群体的形式决定了它本身具有一些传统的界定知识，这些知识作为确切的思想代代相传。在这一群体中，"普遍流行的思想逻辑和思想方式不是'富有创造的'（ars inveniendi）而是'用于论证的'（ars demonstrandi）"③，一旦群体内部有人试图挑战这些传统的界定知识，就会被视为大逆不道而遭到批判、禁止。陶行知研究中就曾有过这种情况。李刚曾表示，当他试图阐述"回到陶行知的历史世界"这一观

---

① ［波］彼得·什托姆普卡著，林聚任等译：《默顿学术思想评传》，北京大学出版社2009年版，第38页。

② ［德］马克斯·舍勒著，艾彦译：《知识社会学问题》，译林出版社2012年版，第65页。

③ ［美］罗伯特·默顿著，唐少杰等译：《社会理论与社会结构》，译林出版社2008年版，第613页。

点时，就遭到了老一辈陶门弟子们的强烈反对。① 在这群老研究者看来，反复论证陶行知是一位"伟大的人民教育家"才是正确的研究路向，李刚批判这一"用于论证的"研究方法是"看不到陶行知思想与实践的变迁轨迹，看不到陶行知思想的多元甚至矛盾之处，看不到陶行知思想的巨大批判意义"②，显然是对老一辈学人界定知识的一种挑战。显而易见的，在知识传承的群体内部存在着一种独断论的知识控制倾向，这一思想既受着社会结构的宏观影响，也受到群体内社会共同体的微观影响。从这一角度来看，学术谱系内部很难产生出颠覆整个谱系思想的个体，甚至连敢于挑战学术谱系思想权威的都少之又少。陶行知研究并非这一问题的个案，它也是当下中国人文社科研究普遍存在的一种现象。

默顿在归纳了前人的思想之后指出，知识是"通过对社会关系实际上影响思想的方式的描述和结构分析而进行的纯粹经验研究""关于上述社会关系和思想的相互作用对有效性问题的影响的认识论研究"。③ 他进而指出，社会冲突的不断增加会导致不同的社会群体具有极端的不同观点，这不仅会导致从个人爱好出发的抨击，而且也会导致"功能化的阐释"，"一般地看，这种功能化还意味着对对手的信誉的相互攻击；如果进行较为系统的思考，这种功能化会导致相互的意识形态分析。无论是一般地看还是进行较为系统的思考，都会严重地威胁着集体安全感"④。默顿指出，思想的"被功能化"是因为同一个社会中广泛存在的不同观点导致的不同群体间相互不信任而造成的，由于不信任感，人们会不再探究相互的论断是否正确，而是探求思想的起源与发展，这也就是回到了知识的

---

① 根据 2012 年 7 月 15 日与李刚教授访谈整理，经本人审核。
② 李刚：《回到陶行知的历史世界》，《南京晓庄学院学报》2005 年第 1 期。
③ ［美］罗伯特·默顿著，唐少杰等译：《社会理论与社会结构》，译林出版社 2008 年版，第 641 页。
④ 同上书，第 594—595 页。

传承问题上。弗洛伊德在默顿之前已经观察到了这一倾向，他指出："假设某人坚持说地球的中心是由果酱组成的，那么'我们认识活动的结果会导致我们的兴趣的转移；我们将不再去专注于对地球的中心到底是否由果酱组成这个问题本身的研究，而是竭力想去知道到底是什么人在其头脑中形成了这样的观念。'"① 从默顿、弗洛伊德的研究可以发现，两者都发现了同一个问题，即科学的认识论。两者都试图寻找人的思想源头，这与尼采、福柯提出的谱系学亦有着相似的观点，即通过探寻人类知识的源起，缕析人类知识传承脉络。当然，默顿的思想不仅有着前人的沉淀，更有了进一步发展。他认为功能化的阐释会导致一种集体安全感危机，特别是系统思考后的功能化阐释，更会上升到意识形态的高度。

借助知识社会学、科学社会学②的视角我们再次审视陶行知研究的历史进程可以发现，每一位学者的研究都受到了社会的巨大影响，这既包括宏观上的社会环境，也包含了微观的社会环境（即学术场域）。先谈宏观上社会环境对知识的影响，它又可以分为两个层面：强制性影响和渐进性影响。所谓强制性影响，是指社会结构产生剧烈变化后对学术研究产生强制性话语体系转变。这一影响反映在陶研领域，就是陶行知教育思想在 1946—1951 年因为社会环境的变化，对其学术评价也产生了完全不同的两极，用默顿的话语表达就是学术的"被功能化"。同理，改革开放后对陶行知的评价再度变化也是归结于社会结构的巨大变化。再如牧野笃推翻"斋藤模式"的这一研究，显然是受到二十世纪八十

---

① ［美］罗伯特·默顿：《社会理论与社会结构》，唐少杰等译，译林出版社 2008 年版，第 594 页。

② 林聚任认为："科学社会学与知识社会学有着密切的联系，甚至可以把科学社会学看作是知识社会学的一个分支领域。在默顿的整个学术生涯中，其最杰出的成就之一就是开创了科学社会学这一新领域，从而被誉为'科学社会学之父'。"见林聚任《站在巨人的肩上——读默顿〈社会理论与社会结构〉》，《中国图书评论》2007 年第 10 期。

年代日本民众"民族性""主体性"回归的重要影响，日本社会结构的变化促使牧野笃得出了新的研究结论。通过上述可以发现，社会结构会长期对学术研究及其成果产生重要影响，任何知识的形成与传播都离不开社会结构的控制。从"捧陶"到"抑陶"再到"捧陶"，从这一线索中我们可以看出当代中国社会结构演变的过程。而之所以当下陶行知研究开始走向衰落，也是与当今中国的社会结构变革有着必然的联系。首先是素质教育的势力再度被应试教育所吞噬，陶行知当年抨击的"会考"制度成为选择人才的重要标准，那么作为反对应试教育的陶行知自然会被冷落起来。其次是当今社会的多元化使得人们有了更多的关注对象，即便在教育界，也有着越来越多可以选择的研究对象，对陶行知的关注也就自然逐步减少。最后是中国陶行知研究会的衰落。随着陶门弟子的离世，陶行知研究从官学走向民间，缺乏了官方的支持，对于陶行知的研究就再也不能恢复昔日的辉煌。无论如何，社会结构的变革会随时在科学知识上有所体现。所谓渐进式影响，是指社会结构对人类思维模式潜移默化所产生的影响，这种影响与强制性影响不同，它属于不易察觉的，多是通过教育的方式完成。周洪宇的研究就带有明显的渐进式影响痕迹。周洪宇提出陶行知的人生"三部曲说"，认为陶行知最终归宗于马克思主义。通过分析周洪宇的教育经历可以发现，这显然是他所受社会结构渐进式影响而得出的结论。周洪宇表示，他在大学期间就喜爱研读马恩原著，也深受马克思主义的影响，这种影响最终体现在他的研究成果上。他不仅将陶行知归宗为马克思主义，而且他近些年来的教育史研究也是深受马克思实践唯物主义的影响。作为长期浸淫于陶研领域的学者，周洪宇不可能不知道陶行知的思想是"善变"的，陶氏学墨子最终未归宗于墨家、学王阳明最终未归宗于王学、学杜威最终未归宗于实用主义，所以，仅凭陶行知提倡的"行知行"哲学思想、研读马克思主义著作、拜谒马克思墓、保护中共地下党员活动等证据，就将陶行知归宗于马克思主义，这显然是周洪宇所受渐进性影响所产生的结论。与周洪宇相对的是姚渝生，由于姚渝生在美国攻读硕士、博士学位且留美工作，马克思主义的意识形态并没有对其产生多少影响，反而是自由主义对其研究产生了一定的影响，故而姚渝生并不认同周洪宇以及国内一些学者提出的陶行知最终归宗于马克思主义的观点，他认为陶行知是一个不断糅合不同观点甚至对立观点的人，将其归为任何一类都是错误的。

再看微观社会环境，也就是学术场域对知识形成所产生的影响。布尔迪厄认为，"作为一个包含着潜在的和活跃的力量的空间，场域同时也是一个充满了旨在维护或者改变场域中的力量格局的斗争的场所。进而言之，作为力量位置之间客观关系的结构，场域为这些位置的占据者个别地或集体地寻求保证或改善他们的位置以及将最有利于他们的产品的等级化原则强加于场域之上的策略，提供支撑和指导。行动者的策略取决于他们在场域中的位置，即在特定资本分配中的位置，也取决于他们对场域所持有的认知，而这种认知又取决于他们对场域所采取的观点，即他们从场域中的一点对场域所做的观察。"[1] 布尔迪厄的场域论在学术界也是同样适用，丁学良曾指出："当代学术界人士（无论是西方的还是东方的）与当代的工商界人士或者政界人士相比较，并不具备道德上的天然优势。缺乏有效的制度的规约，任何一届的人士都可能滥用落入自己手中的资源，包括权力、公信力、机会。如果没有抗辩之声（the counter-voice），这种现象就会自得其乐地蔓延，这在任何社会里均是普

---

[1] 成伯清:《布尔迪厄的用途》，载［法］皮埃尔·布尔迪厄《科学的社会用途——写给科学场的临床社会学》，刘成富、张艳译，南京大学出版社 2005 年版，第 14 页。

遍规律。"① 具体至陶行知研究领域来看，这种场域之争也是非常明显的，随之而来的就是学术研究受制于场域之争无法进一步深入发展。如上文所述，李刚在提出"回到陶行知的历史世界"这一观点时，就受到了多位陶门弟子的反对，这就使得陶行知研究的一些新观点难以得以呈现。学术场域中占有优势资源的学者一旦有独断的知识控制倾向，那这一领域的学术研究必然会停滞不前，很难再有新的成果涌现。再有，场域内部的派系之争也会影响学术研究的进一步深化。陶行知研究中就曾因为对场域利益分配不满而导致出现了湘、川两个版本的《陶行知全集》，这就造成了研究群体内部的损耗，影响了整体研究实力。时至今日，这种影响依然存在。李刚由于有着"晓庄学院"这一天然性的"血亲"关系，他就体现出一种明显的选择性研究。在《知识与范型：陶行知研究的知识社会学考察》一书中，他长篇累牍地分析了同为"亲缘"研究群体的胡晓风的成果，而对"华中学派"的成果一笔带过。这种有选择性地偏向性的学术研究，必然会影响科学知识的完整性。再如笔者撰写的《川版新版〈陶行知全集〉考订》一文，由于担心批判川版新版《陶行知全集》会招致胡晓风的不快，一度压制不敢发表。这些例子都可以证明，学术场域内的资源斗争无时无刻不在影响着知识的建构与发展，影响学术的不断进步。

任何一门学术研究或者说知识建构，都深受社会环境的影响。科学社会学的学者们甚至进而认为，连自然科学这一类依据试验、建模得出的研究成果也是受到科学家意识和意识形态的影响。借助知识社会学以及科学社会学来分析陶行知研究的发展历程后，我们可以发现，每一位陶研学者都是在承继前人的学术思想的基础上不断演变，这种演变最根本的动力在于社会结构的影响，既来自宏观

---

① 丁学良：《什么是世界一流大学》，北京大学出版社 2004 年版，第 117 页。

的社会也来自微观的学术场域。

我们或许可以通过陶行知研究的学术发展规律再次佐证上述观点。梁启超曾借助佛学思想阐述了学术发展的自然规律:"佛说一切流转相,例分四期:生、住、异、灭。思潮之流转也正然,例分四期:一、启蒙期(生),二、全盛期(住),三、蜕分期(异),四、衰落期(灭)。无论何国何时代之思潮,其发展变迁,多循斯轨。"① 在梁启超看来,一种学术研究在经历启蒙期、全盛期之后,必然是"境界国土,为前期人士开辟殆尽,然学者之聪明才力,终不能无所用也,只得取局部问题,为'窄而深'的研究,或取其研究方法,应用之于别方面,于是派中小派出焉",自此之后,更是"派中精要之义,则先辈已浚发无余,承其流者,不过捃摭末节以弄诡辩""此衰落期无可逃避之运命"。② 若按梁启超四期分类法来划分陶行知研究,则启蒙期当在二十世纪四五十年代,其代表是陶行知的离世以及对他的批判引发了社会各界对陶行知的强烈关注;全盛期在二十世纪八十年代中期至九十年代中期,其代表是中陶会的成立及湘、川两版《陶行知全集》迅速将陶行知研究推向了高潮;蜕分期在二十世纪九十年代中期至二十一世纪头十年,代表是出现了以胡晓风为首的"亲缘"研究群体、以金林祥为首的实践取向群体和以周洪宇、余子侠为首的华中学派等三个不同派系;从近三五年来陶行知研究则开始步入了衰落期,虽然周洪宇还在力挽狂澜,但数据可以证明历史规律是谁也无法改变的。

李刚对《20世纪陶行知研究资料索引》作了统计,指出在二十世纪四十年代关于陶行知的文章有397篇,五十年代有100篇,六十年代有12篇,七十年代有32篇,八十年代有1489篇,九十年代有2459篇;在图书方面,四十年代14种,五十年代9种,六十年代4

---

① 梁启超:《清代学术概论》,中华书局2010年版,第2页。
② 同上书,第3—4页。

种，七十年代 4 种，八十年代 94 种，九十年代 119 种，其中六十年代到八十年代的 8 种图书中只有 1 种是大陆出版的。① 《20 世纪陶行知研究资料索引》的统计并非全部是学术性文章，还包含了一些回忆录、报纸评介等，故而，如果从纯学术研究的视角来看，李刚的统计数据还需要再删减掉一些"水分"。据慕景强统计，二十一世纪十年来共有图书 71 种，文章 1571 篇出现。② 具体如图 2、图 3 所示。

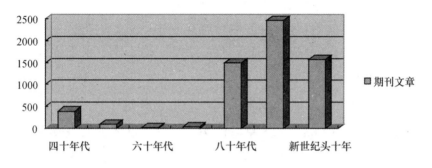

图 2　陶行知研究期刊文章统计

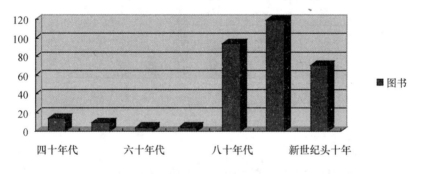

图 3　陶行知研究图书统计

从图 2、图 3 明显可以看出陶行知研究的逐步回落，但还不足以

---

① 李刚：《历史与范型：陶行知研究的知识社会学考察》，东北师范大学出版社 2006 年版，第 136 页。

② 慕景强：《新世纪 10 年陶行知研究综述（2000—2009）》，《南京晓庄学院学报》2012 年第 1 期。

揭示问题的根本。事实上,陶行知研究中存在入门易、成果水平低的弊端。由于大量的中小学教师以陶行知为题发表论文,这一类文章基本上谈不上是研究,只是不断地重复前人成果。故而,若要准确指出陶行知研究的趋势,依据的还是主导陶研方向的谱系内学人的成果,也就是本研究中涉及的诸位学人的成果。因陶门弟子除张劲夫外已全部过世,故而这一群体无样本可取。胡晓风过世,章开沅、胡国枢、董宝良因均步入耄耋之年,故这几位亦不取样,那么剩下的可以主导陶研发展方向的学者还有周洪宇、余子侠、熊贤君、喻本伐、童富勇、金林祥、储朝晖、李刚、胡志坚、蔡幸福等十人。通过中国知网查阅正规出版期刊中这十人近十年(2008—2017)以"陶行知"为主题的研究成果后发现,近十年这十人(以第一作者算)以陶行知为主题发表文章共计61篇,具体分布如图4所示。

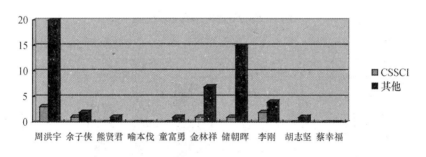

**图 4  重要学人陶研文章数量统计**

尽管学界对中文社会科学引文索引(CSSCI)评价体系颇有诟病,但不可否认的是在当下的评价体系中,其入选期刊的标准还是很高的,几乎代表了学界研究的最高水准。尽管近十年上述十位学者发表了61篇陶研文章,但一半的文章集中发表在《生活教育》上,十人仅仅发表了8篇CSSCI来源期刊(不含扩展版,以下统计均不含扩展版)。按照当前的评价标准来看,既反映了陶行知研究的衰落,也说明了陶行知研究得不到学术界的认可,这一后果的恶性循环就是陶行知研究队伍的分崩离析。再来看近十年来 CSSCI 来源期刊以"陶行知"为主题发表的文章。据统计，近十年来 CSSCI 来源期刊发表以"陶行知"为主题的文章共计 47 篇，2008—2012 年 5 年间发表 26 篇，2013—2017 年 5 年间发表 21 篇，研究速度稍有放缓（如表 7 所示）。

表 7　　近十年来（2008—2017）CSSCI 来源期刊陶行知研究论文汇总

| 期刊 | 作者 | 文章 | 刊期 |
|---|---|---|---|
| 华中师范大学学报（人文社会科学版） | 章开沅 | 研究与践行陶行知要与时俱进 | 2017 年第 2 期 |
| | 申国昌、唐子雯 | 陶行知义务教育理论与实践及当代价值 | 2017 年第 2 期 |
| | 郭景川、申霞 | 陶行知与中外文化教育国际学术研讨会综述 | 2017 年第 1 期 |
| | 潘涌 | 论陶行知的教育诗 | 2012 年第 2 期 |
| 华东师范大学学报（教育科学版） | 周洪宇 | 陶行知历史定位新论 | 2017 年第 2 期 |
| | 周洪宇 | 核心素养的中国表述：陶行知的"三力论"和"常能论" | 2017 年第 1 期 |
| 江汉论坛 | 周洪宇、刘大伟 | 史料的钩沉、考证与抉择——《陶行知年谱长编》编撰手记 | 2012 年第 6 期 |
| | 刘大伟 | 论当代学术谱系的构建——以陶行知研究学术史为例 | 2014 年第 7 期 |
| 浙江社会科学 | 刘大伟 | 川版新版《陶行知全集》考订 | 2012 年第 3 期 |
| 福建师范大学学报（哲学社会科学版） | 刘大伟 | 论台湾的陶行知研究——一种学术史的视角 | 2013 年第 1 期 |
| 教育研究与实验 | 刘大伟、杜京容 | 海外陶行知研究述评：一种知识社会学的视角 | 2015 年第 2 期 |
| | 余子侠、覃小放、余文都 | 试析陶行知试验主义教育思想及其现实意义 | 2009 年第 6 期 |
| | 吴丹、熊贤君 | 陶行知考试思想述论 | 2009 年第 3 期 |
| | 汪楚雄 | 陶行知与中国新教育运动 | 2009 年第 3 期 |

续表

| 期刊 | 作者 | 文章 | 刊期 |
|---|---|---|---|
| 课程·教材·教法 | 刘大伟 | 论陶行知教材编撰思想与实践及其现实意义 | 2013 年第 1 期 |
| | 刘立德、杨燕 | "陶行知与中外文化教育"国际学术研讨会述评 | 2017 年第 2 期 |
| | 陈功江、王佩、申国昌 | 杜威与陶行知课程观比较及其当代价值——基于当代课程研究创新与本土特色的视角 | 2012 年第 4 期 |
| | 申国昌、程功群 | 论陶行知的教学论思想及其当代价值 | 2016 年第 1 期 |
| 天津师范大学学报（社会科学版） | 申国昌、郭景川 | 生活史视域中的教育家交往活动审视——以陶行知社会交往个案研究为例 | 2016 年第 6 期 |
| 现代大学教育 | 于洋 | 还原性视角、语境中建构与生成性思维——美日德陶行知研究博士论文个案分析 | 2012 年第 4 期 |
| 清华大学教育研究 | 于洋 | 海外陶行知学术研究走向 | 2012 年第 5 期 |
| | 魏波 | 民主教育:陶行知教育思想的内核 | 2015 年第 4 期 |
| 教育发展研究 | 黄书光 | 陶行知本土办学实践与"生活教育"的独特创造 | 2015 年第 18 期 |
| 教育研究 | 黄书光 | 回归人本:教育本土化办学的价值共识——陈鹤琴、陶行知办学实践探索 | 2016 年第 2 期 |
| 中国图书馆学报 | 李刚、倪波 | 陶行知与新图书馆运动 | 2008 年第 3 期 |
| 江苏社会科学 | 李刚、吕德雄 | 思想的底色——陶行知《金陵光》文献考论 | 2008 年第 3 期 |
| | 张青运 | 陶行知教育思想的价值基源 | 2008 年第 3 期 |
| 江海学刊 | 姚群民 | 《救国时报》与 1936 年陶行知欧洲之行 | 2008 年第 6 期 |
| 教育学报 | 金林祥 | 李维汉论陶行知 | 2010 年第 2 期 |
| 中国教育学刊 | 徐明聪 | 陶行知创造教育思想及其时代意义 | 2011 年第 11 期 |
| 安徽史学 | 徐明聪 | 胡适与陶行知教育思想比较 | 2012 年第 5 期 |
| 图书馆工作与研究 | 周国良 | 陶行知的图书馆与书刊报情结 | 2009 年第 11 期 |
| 教育理论与实践 | 王坤 | 陶行知的教师学习观 | 2009 年第 36 期 |
| 社会科学研究 | 川尻文彦 | 杜威来华与"五四"之后的教育界——以陶行知的杜威思想受容为中心 | 2009 年第 6 期 |

| 期刊 | 作者 | 文章 | 刊期 |
|------|------|------|------|
| 体育与科学 | 钟文正 | 陶行知体育思想对高校体育教学评价体系改革的启示 | 2008 年第 5 期 |
| 体育文化导刊 | 郭可雷、惠珍 | 胡适与陶行知体育思想之比较 | 2012 年第 7 期 |
| 宁夏社会科学 | 王建平、杨秀平 | 教育的原点：生活——一种基于陶行知生活教育理论的解读 | 2010 年第 5 期 |
| 现代教育技术 | 赵慧臣 | 陶行知工具教育理论：本土特色的媒体应用方法 | 2011 年第 2 期 |
| 河南师范大学学报（哲学社会科学版） | 李小丽 | 陶行知和杜威教育思想比较及其启示 | 2012 年第 3 期 |
| 现代出版 | 杨卫民、董灿蕾 | 平民化出版——陶行知在上海 | 2012 年第 4 期 |
| 河南社会科学 | 王彩凤 | 和谐社会视野下的陶行知生活教育理论 | 2012 年第 8 期 |
| 南京社会科学 | 鲍成中、吕德雄 | 建设性思维：陶行知教育学说的价值取向 | 2013 年第 7 期 |
| 东南大学学报（哲学社会科学版） | 储朝晖 | 郭秉文与陶行知在中国教育现代化中的互动与选择 | 2014 年第 3 期 |
| 求索 | 邱克、何光辉 | "行知精神"及其当代价值 | 2014 年第 12 期 |
| 安徽师范大学学报（人文社会科学版） | 钱广荣 | 陶行知"人中人"思想及其伦理共同体意蕴 | 2017 年第 5 期 |
| 南京师大学报（社会科学版） | 朱小蔓、王平 | 在职场中生长教师的生命自觉——兼及陶行知"以教人者教己"的思想与实践 | 2017 年第 3 期 |
| 社会科学战线 | 杨冰 | 文化自觉与陶行知教育思想的"本土现代性" | 2017 年第 8 期 |

　　表 7 数据再次证明了当下陶研领域最为重要的三个群体：华中学派、"亲缘"学术群体、华东学术共同体在陶行知研究中的重要作用，这三个群体十年来共计在 CSSCI 来源期刊发表陶研文章 32 篇，占总数的 68%。其中华中学派由章开沅、周洪宇、余子侠、申国昌、吴丹、陈功江、汪楚雄、于洋、鲍成中、郭景川及笔者发表文章共计 20 篇，占总数的 42.5%。其次是以李刚为首的晓庄学院

"亲缘"学术群体,包括张青运、姚群民等共计发表 5 篇占总数 10.6% 。华东学术群体近年来只有徐明聪、黄书光还在继续研究。再看发表的期刊来源,华中师大主办的两本期刊《华中师范大学学报》(人文社会科学版)和《教育研究与实验》,以及人民教育出版社主办的《课程·教材·教法》相继以五篇、四篇、四篇排名前三,成了支持陶行知研究发展的重要源泉,这与传统的陶研底蕴有着密不可分的关系见图 5。

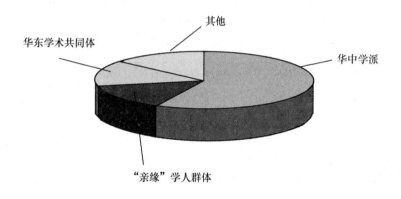

**图 5 近十年来(2008—2017)CSSCI 来源期刊陶研文章研究群体分布**

以上数据在证明三大研究群体重要性的同时却难掩陶研衰落的现状。首先是成果数量的下降。近十年来在 CSSCI 来源期刊发表的陶研文章总量与均数呈现出下降趋势,且参与学者渐少。虽然陶行知研究尚有《生活教育》为依托,但显然该期刊文章质量明显低于研究的平均水准。在当下的标准化考核时代,没有高水平学术平台的窗口,陶行知研究是不可能再回复到二十世纪九十年代的辉煌的。学术研究一旦缺乏出路、缺乏市场,必然会走向衰亡,这一结果可能会让对陶研深有感情的学者难以接受,但事实确实如此。这一衰落也同样在著作出版方面有所呈现。近十年来,周洪宇试图力挽狂澜，连续撰写或出版了《开拓与创建——陶行知与中国现代文化》《陶行知生活教育学说》《陶行知大传：陶行知的四个世界》《陶行知画传》《人民之子陶行知》《全球视野下的陶行知研究（八卷本）》《陶行知年谱长编》等一系列著作，并在美国翻译出版了陶行知研究的著作两本，但一种学术思潮并非一己之力就可以推动的，缺乏学界的整体呼应仅凭个人努力只会事倍功半。虽然中陶会曾在 2011 年陶行知一百二十周年诞辰之际出版了《陶行知研究丛书》，但其中近一半是将港台研究成果内地化，新瓶装旧酒，并不能代表陶研成果的深化。总而言之，无论是著作出版还是期刊发表，有影响力的陶研成果已经不可避免地逐步减少。其次是研究人员的大量减少。2006 年，李刚根据文献计量学对陶研队伍进行统计，在以 4 篇陶行知研究文章为底线的情况下，他认为全国共有200 人左右的研究队伍，且队伍人数在逐步减少。[①] 历史的诡异之处就在于书写他人历史的同时也在书写自己的历史，在李刚得出此结论后一两年内，他就离开了陶研领域。目前国内陶研队伍出现了一种"老者退，中者离，幼者不入"的困境。随着张健、胡晓风、金成林等人的离世，章开沅、董宝良等人的老去，喻本伐、金林祥等人的退休，研究队伍进一步缩小。与此同时，传统的陶研人员纷纷淡出这一领域，如熊贤君、李刚、胡志坚、蔡幸福等人，这既包括研究兴趣的转移，也有学术量化考核等多方面因素的影响。学术量化考核影响最大的则是青年研究者群体，在毕业、评职称等方面仍然以高水平研究成果为标准的情况下，陶行知研究成果发表的困难程度成了阻碍青年学者进入这一领域的最大障碍。除了成果难以发表外，由于前人已经将这一领域的多个方面研究殆尽，后来者很难寻找到属于自己的立足之地，也就必然不敢涉及这一领域。这也

---

① 李刚：《历史与范型：陶行知研究的知识社会学考察》，东北师范大学出版社 2006 年版，第 208 页。

就是梁启超所谓的:"环境既已变易,社会需要,别转一方向,而犹欲以全盛期之权威临之,则稍有志者必不乐受,而豪杰之士,欲创新必先推旧,遂以彼为破坏之目标。"① 从梁启超的话语中可以发现,他所谓的学术"生住异灭"这一结论已然又回到了我们研究的起点,即知识、学术无时无刻不受到社会的牵制与影响。无论是陶研领域创新点无多还是陶研成果量化考核的阻碍,都是学术内外的社会给陶行知研究设置的重重阻碍,学术无时无刻不在受着社会的无形影响。

一个家族的存亡既有外因,也有内因。外因或如战乱、动荡、灾荒,内因或如不育而无后。学术谱系亦是如此。社会对学术的影响必然让某一学术研究的走向产生微妙或巨大的变化,这一外在影响到学术群体的内部时即表现为学术人才的断层。在通过对陶行知研究学术谱系的考镜源流、分源别派后我们可以认为,任何一个研究领域的源起、发展、兴盛与衰落都与学术场域内外的社会密切相关,人类在书写历史,历史也在书写人类。

---

① 梁启超:《清代学术概论》,中华书局2010年版,第2页。

# 参考文献

## （一）文集、资料类

《中国陶行知研究基金会会讯》。

华中师范学院教育科学研究所编：《陶行知全集》，湖南教育出版社 1985 年版。

方明主编：《陶行知全集》，四川教育出版社 2005 年版。

上海图书馆中国文化名人手稿馆、丽水师范专科学校图书馆编：《20 世纪陶行知研究资料索引》，上海科学技术文献出版社 2001 年版。

吴奕宽、方善森等编：《陶行知研究集萃》，广西师范大学出版社 1994 年版。

中共中央马克思恩格斯列宁斯大林著作编译局编：《马克思恩格斯文集》，人民出版社 2009 年版。

中国陶行知研究会编：《陶行知及其生活教育——方与严教育文集》，四川教育出版社 1995 年版。

张劲夫著：《思陶集》，华夏出版社 1994 年版。

刘季平著：《刘季平文集》，北京图书馆出版社 2002 年版。

朱泽甫著：《陶行知年谱》，安徽教育出版社 1985 年版。

陆璀著：《晨星集》，人民日报出版社 1995 年版。

胡晓风主编：《工学团史料》，四川教育出版社 1992 年版。

周洪宇编:《陶行知研究在海外》,人民教育出版社1991年版。

周洪宇、余子侠、熊贤君编:《陶行知与中外文化教育》,人民教育 出版社1999年版。

李定开编:《为中国教育寻觅曙光》,四川教育出版社1989年版。

江苏省陶行知教育思想研究会编:《纪念陶行知》,湖南教育出版社 1984年版。

金林祥、胡国枢编:《陶行知词典》,上海百家出版社2009年版。

金林祥、胡国枢、屠棠编:《当代中国陶行知教育思想实验研究》, 浙江工商大学出版社2008年版。

华中师范大学中国近代史研究所编:《章开沅学术与人生》,华中师 范大学出版社2011年版。

余三定主编:《当代学术史研究》,人民出版社2009年版。

童富勇编:《我的乡村教育改造》,浙江大学出版社2008年版。

巩本栋编:《程千帆沈祖棻学记》,贵州人民出版社1997年版。

章开沅、林蔚编:《中西文化与教会大学——首届中国教会大学史 学术研讨会论文集》,湖北教育出版社1991年版。

曹伯言编:《胡适日记全编》,安徽教育出版社2001年版。

北京图书馆《文献》丛刊编辑部、吉林省图书馆学会会刊编辑部编: 《中国当代社会科学家(第5辑)》,书目文献出版社1983年版。

中国陶行知研究会编:《为生活而教育——陶行知诞辰120周年国 际学术研讨会论文集》,2011年。

周佳荣、文兆坚主编:《陶行知与近代中国教育》,香港教育图书公 司2010年版。

W. H. Kilpatrick. KilpatrickDiary(1917)[Z]. New York:Special Collection in Library of Teachers' College of Columbia University.

[法]福柯著,杜小真编选:《福柯集》,上海远东出版社2003 年版。

（二）中文著作类

章学诚：《文史通义》，上海书店出版社 1988 年版。

梁启超：《中国近三百年学术史》，岳麓书社 2010 年版。

梁启超：《清代学术概论》，中华书局 2010 年版。

梁启超：《中国历史研究法补编》，中华书局 2009 年版。

钱穆：《中国史学名著》，生活·读书·新知三联书店 2005 年版。

李学勤：《中国学术史》，江西教育出版社 2001 年版。

张立文：《中国学术通史》，人民出版社 2004 年版。

罗荣渠：《现代化新论》，商务印书馆 2004 年版。

潘开沛：《陶行知教育思想的批判》，大众书店 1952 年版。

章开沅、唐文权：《平凡的神圣——陶行知》，湖北教育出版社 1992 年版。

章开沅：《离异与回归：传统文化与近代关系试析》，湖南人民出版社 1988 年版。

郭笙：《为中国教育寻觅曙光——陶行知教育思想研究》，辽宁教育出版社 1991 年版。

郭笙：《五四时期的工读运动和工读思想》，教育科学出版社 1986 年版。

董宝良：《中国教育史散论》，华中科技大学出版社 2007 年版。

董宝良、周洪宇主编：《陶行知教育学说》，湖北教育出版社 1993 年版。

董宝良、周洪宇主编：《中国近现代教育思潮与流派》，人民教育出版社 1997 年版。

童富勇、胡国枢：《陶行知传》，教育科学出版社 1991 年版。

胡国枢：《生活教育理论——陶行知教育思想研究》，浙江教育出版社 1991 年版。

胡国枢:《陶行知新论》,浙江人民出版社 2003 年版。

胡国枢:《中华本土教育家陶行知》,杭州出版社 2009 年版。

周洪宇:《开拓与创建:陶行知与中国现代文化》,山东教育出版社 2010 年版。

周洪宇:《陶行知生活教育学说》,湖北教育出版社 2011 年版。

周洪宇:《陶行知画传》,山东教育出版社 2011 年版。

周洪宇:《人民之子陶行知》,湖北人民出版社 2011 年版。

余子侠:《山乡社会走出的人民教育家——陶行知》,湖北教育出版社 1999 年版。

余子侠主编:《中国名家教育思想》,华中师范大学出版社 2011 年版。

喻本伐、熊贤君:《中国教育发展史》,华中师范大学出版社 1991 年版。

熊贤君:《中国女子教育史》,山西教育出版社 2009 年版。

熊贤君:《中国近代义务教育研究》,华中师范大学出版社 2006 年版。

熊贤君:《近现代中国科教兴国启示录》,社会科学文献出版社 2005 年版。

金林祥、屠棠、冯鸿甲编:《二十世纪陶行知研究》,上海教育出版社 2005 年版。

吕德雄等:《陶行知师德理论及其当代价值》,人民出版社 2010 年版。

李刚:《历史与范型:陶行知研究的知识社会学考察》,东北师范大学出版社 2006 年版。

陈平原:《游心与游目》,四川人民出版社 1997 年版。

沈卫威:《"学衡派"谱系——历史与叙事》,江西教育出版社 2007 年版。

周仁政：《知识拜物教与现代文学谱系：现代文化与中国现代文学研究导论》，中国社会科学出版社 2009 年版。

忻剑飞：《世界的中国观：近两千年来世界对中国的认识》，学林出版社 1991 年版。

戴伯韬：《陶行知的生平及其学说》，人民教育出版社 1982 年版。

戴问天：《父亲的脚印》，华文出版社 2011 年版。

陶行知与中国现代化课题组：《陶行知与中国现代化》，四川教育出版社 2008 年版。

何荣汉：《陶行知：一位基督徒教育家的再发现》，基督教文艺出版社（香港）2004 年版。

何荣汉：《陶行知——一位基督徒教育家的再发现》，安徽教育出版社 2011 年版。

储朝晖：《多维视野中的生活教育》，安徽教育出版社 2011 年版。

吴擎华：《陶行知与民国社会改造》，安徽教育出版社 2011 年版。

谭斌：《文化冲突视野下的陶行知》，安徽教育出版社 2011 年版。

曹常仁：《陶行知师范教育思想的现代价值》，安徽教育出版社 2011 年版。

于凤政：《改造：1949—1957 年的知识分子》，河南人民出版社 2001 年版。

彭刚：《叙事的转向——当代西方史学理论的考察》，北京大学出版社 2009 年版。

朱维铮：《壶里春秋》，上海文艺出版社 2002 年版。

王汎森：《中国近代思想与学术的系谱》，吉林出版集团有限责任公司 2011 年版。

何兆武、陈启能：《当代西方史学理论》，中国社会科学出版社 1996 年版。

李振宏、刘克辉：《历史学的理论与方法》，河南大学出版社 2008

年版。

李泽厚:《中国近代思想史论》,生活·读书·新知三联书店 2008
年版。

张广智:《超越时空的对话:一位东方学者关于西方史学的思考·
张广智卷》,北京师范大学出版社 2008 年版。

蔡幸福:《融通与创新:陶行知与牧口常三郎教育思想比较研究》,
山东教育出版社 2008 年版。

李炳坤:《陶行知与专题研习——兼论其对香港 21 世纪专题研习的
启示》,中华开智教育(香港)有限公司 2010 年版。

王静珠:《陶行知教育家的教育哲学思想》,明道文艺(台湾)
2009 年版。

林毓生:《中国传统的创造性文化》,生活·读书·新知三联书店
2011 年版。

王晓清:《学者的师承与家派》,湖北人民出版社 2007 年版。

丁学良:《什么是世界一流大学》,北京大学出版社 2004 年版。

周鸿铎编:《文化传播学通论》,中国纺织出版社 2005 年版。

## (三)外文著作及译著类

Barry Keenan. *The Dewey Experiment in China:Educational Reform and
Political Power in the Early Republic*, Cambridge:Harvard University
Press, 1977.

Ruth Hayhoe and Marianne Bastid(eds.). *China's Education and the
Industrialized World:Studies in Cultural Transfer*, New York:Sharpe.
Inc. 1987.

Guy S. Alitto. *The Last Confucian:Liang Shu-ming and the Chinese Di-
lemma of Modernity*, Berkeley:California University Press, 2nd
ed., 1986.

Charles W. Hayford. *To the People*：*James Yen and Village China*，New York：Columbia University Press，1990.

Suzanne Pepper. *Radicalism and Educational Reform in Twentieth-Century China*：*The Search for an Ideal Development Model*，London：Cambridge University Press，1996.

Neugebauer Ernst：*Anfänge pädagogischer Entwicklungshilfe unter Dem Völkerbund im China* 1931 *bis* 1935，Hamburg 1971.

Scharping Thomas：*Der Demokratische Bund und seine Vorläufer* 1939 – 1949. *Chinesische Intelligenz zwischen Kuomintang und Kommunistis – Cher Partei*，Hamburg 1972.

Neckermann Erhard. *Tao Xingzhi Leben Ist Erziehung-Das Leben eines chinesischen Reformpädagogen in Dokumenten*，Arbeitskreis Erziehung in China an der FU Berlin，Wintersemester 1975/76.

Ding Weixiang：*Tao Xingzhi-Ein Chinesischer Reformpädagoge im* 20，Jahrhundert，Köln 1993.

Huang Dong. *Tao Xingzhi*（1891 – 1946）*und Adolf Reichwein*（1898 – 1944）：*Zwei Reformpädagogen im Vergleich*. Dr. Kova. Hamburg，1999.

牧野笃. 中国近代教育の思想的展開と特質：陶行知［生活教育］思想の研究［M］. 日本図書センター，Tо̄kyо̄：Nihon Tosho Sentа̄，1993.

［德］尼采著，田立年译：《曙光》，漓江出版社 2007 年版。

［德］尼采著，谢地坤等译：《论道德的谱系·善恶之彼岸》，漓江出版社 2000 年版。

［德］卡尔·曼海姆著，黎鸣、李书崇译：《意识形态与乌托邦》，上海三联书店 2011 年版。

［德］马克斯·舍勒著，艾彦译：《知识社会学问题》，译林出版社 2012 年版。

［美］罗伯特·默顿著,范岱年等译:《十七世纪英格兰的科学、技术与社会》,商务印书馆 2000 年版。

［美］罗伯特·默顿著,唐少杰等译:《社会理论与社会结构》,译林出版社 2008 年版。

［美］唐纳德·里奇著,王芝芝、姚力译:《大家来做口述历史》,当代中国出版社 2006 年版。

［美］海登·怀特,陈永国等译:《后现代历史叙事学》,中国社会科学出版社 2003 年版。

［美］海登·怀特著,陈新译:《元史学:十九世纪欧洲的历史想象》,译林出版社 2009 年版。

［美］柯文著,林同奇译:《在中国发现历史——中国中心观在美国的兴起》,中华书局 1989 年版。

［法］皮埃尔·布尔迪厄著,刘成富、张艳译:《科学的社会用途——写给科学场的临床社会学》,南京大学出版社 2005 年版。

［法］费尔南·布罗代尔著,刘北成、周立红译:《论历史》,北京大学出版社 2008 年版。

［波］彼得·什托姆普卡著,林聚任等译:《默顿学术思想评传》,北京大学出版社 2009 年版。

［英］保尔·汤普逊著,覃方明、渠东、张旅平译:《过去的声音——口述史》,辽宁人民出版社 2000 年版。

［英］卡尔·波兰尼著,许泽民译:《个人知识:迈向后批判哲学》,贵州人民出版社 2000 年版。

［日］斋藤秋男著,杨畅译:《陶行知评传——政治抒情诗人的一生》,四川教育出版社 1987 年版。

## （四）期刊报纸类

Philip A. Kuhn. Tao Hsing-chih, 1891 – 1946, An Educational Reformer, Harvard Papers on China（East Asian Studies of Harvard University）, 13（1959）: 163 – 195.

Su Zhixin. Teaching, Learning, and Reflective Acting: A Dewey Experiment in Chinese Teacher Education. in Teachers College Record（Teachers College, Columbia University）98. 1（Fall 1996）: 126 – 152.

Yusheng Yao. Rediscovering Tao Xingzhi as an Educational and Social Revolutionary. Twentieth-Century China, Vol. 27. No. 2（April 2002）: 81.

Yusheng Yao: The Making of a National Hero: Tao Xingzhi's Legacies in the People's Republic of China. The Review of Education, Pedagogy, and Cultural Studies, Vol. 24, No. 3（July-September, 2002）: 259.

满力涛：《教育与生活》，《生活教育》1935 年第 2 卷第 19 期。

满力涛：《科学化的生活教育》，《生活教育》1935 年第 3 卷第 12 期。

满力涛：《教与学》，《生活教育》1935 年第 2 卷第 18 期。

满力涛：《凝胀教学活动法》，《生活教育》1935 年第 2 卷第 20 期。

满力涛：《文化军与教学营》，《生活教育》1936 年第 2 卷第 21 期。

方与严：《生活教育运动小史》，《民主教育》1946 年第 6 期。

方与严：《再认识陶行知先生教育学说并批判自己》，《人民教育》1952 年第 7 期。

刘季平：《略论陶行知先生的哲学观点》，《人民教育》1951 年第 11 期。

张健：《略谈陶行知先生的生平与事业》，《东北教育》1949 年第 4 期。

张健：《重新认识陶行知先生的生平和事业》，《人民教育》1951 年第 11 期。

张健：《所谓"三无""四有"》，《人民教育》1951 年第 7 期。

张健:《伟大的人民教育家陶行知先生——为纪念先生诞辰九十周年而作》,《华中师范学院学报》(哲学社会科学版)1981 年第 4 期。

张健:《陶行知教育思想研究的几个问题》,《教育论丛》1987 年第 2 期。

张健:《生活教育是什么:为"生活教育社"成立十五周年纪念而作》,《解放日报》1942 年 3 月 15 日。

张劲夫:《在和陶夫子相处的日子里》,《光明日报》1993 年 8 月 29 日。

张劲夫:《追忆伟大的人民教育家陶行知先生》,《江淮论坛》1981 年第 2 期。

白桃:《生活教育发展史纲》,《战时教育》1940 年第 5 卷第 10 期。

白桃:《生活教育》,《中华教育界》1933 年第 20 卷第 9 期。

戴伯韬:《对陶行知教育思想认识的初步检讨》,《人民教育》1951 年第 10 期。

白韬:《论陶行知的教育思想》,《学术月刊》1958 年第 1 期。

戴自俺、方与严:《生活教育的中心是什么?》,《生活教育》1934 年第 13 期。

戴自俺:《陶行知的幼儿教育理论及其实践》,《教育研究与实验》1983 年第 1 期。

戴自俺、楼化篷:《陶行知教育思想的我见》,《江淮论坛》1981 年第 6 期。

戴自俺:《陶行知的幼儿教育理论及其实践(续完)》,《教育研究与实验》1984 年第 1 期。

王琳:《陶行知的教育事业》,《安徽史学通讯》1958 年第 3 期。

王琳:《陶行知教育思想在边区》,《江苏教育》1981 年第 6 期。

方明:《谨防"替外国人拉洋车"——陶行知的学生、中国陶行知

研究会会长方明畅谈陶行知与我们的教育现实》,《爱满天下》
2005 年第 4 期。

方明:《方明同志在农村中小学和师范学校素质教育研讨会上的讲
话》,《中国陶行知研究基金会会讯》1994 年第 10 期。

方明:《平民教育——开发农村人力资源的重要对策》,《中国农村
教育》2007 年第 9 期。

方明、丁丁:《"生活教育"在社会主义时期的新发展》,《中国陶
行知研究基金会会讯》1995 年第 8 期。

郭笙、刘硕:《陶行知对半殖民地半封建社会的旧教育的批判》,
《行知研究》1983 年第 8 期。

郭笙、刘硕:《略论陶行知人民教育思想的发展》,《华东师范大学
学报》(教育科学版) 1983 年第 1 期。

郭笙:《试论陶行知对传统教育的批判及其生活教育理论》,《华东
师范大学学报》(教育科学版) 1986 年第 8 期。

郭笙:《重视师范教育 改革师范教育——简论陶行知师范教育思想
及其现实意义》,《中国教育学刊》1988 年第 4 期。

朱小蔓:《首要的是加强思想建设和组织建设》,《生活教育》2012
年第 11 期。

朱小蔓:《继承陶行知伟大教育思想 实现当代中学教育的使命》,
《爱满天下》2003 年第 6 期。

朱小蔓:《改版寄语》,《生活教育》2010 年第 1 期。

朱小蔓:《立足现实,勇于实践,推进陶研工作》,《生活教育》
2011 年第 11 期。

杨东平:《解读前元庄:"学校中心"和"生活教育"》,《中国改
革》(农村版) 2003 年第 7 期。

杨东平:《今天仍需提倡"生活教育"》,《成才之路》2009 年第
34 期。

杨东平:《学习借鉴陶行知教育思想 提高农民生活质量构建和谐社会》,《中国农村教育》2005 年第 Z1 期。

杨东平:《中国需要新的教育哲学:从素质教育到生活教育》,《南京晓庄学院学报》2008 年第 9 期。

梅汝莉:《多元和谐是陶行知教育思想方法的精髓》,《人民教育》2006 年第 12 期。

梅汝莉:《让历史启迪未来——人民教育家陶行知对未来教育的天才构想》,《中小学管理》1998 年第 Z1 期。

梅汝莉:《以科学发展观为指导 探索陶行知构建教育思想体系的方法论》,《生活教育》2008 年第 2 期。

姚文忠:《结合陶行知教育思想 推动中学教育科研》,《爱满天下》2002 年第 6 期。

姚文忠:《读〈生活教育目前的任务〉》,《生活教育》2006 年第 8 期。

姚文忠:《论陶行知的课程理论》,《爱满天下》2004 年第 4 期。

胡晓风:《论陶行知思想转变的三个阶段》,《生活教育》2012 年第 12 期。

胡晓风:《陶行知创造教育的理论和方法》,《教育科学研究》1994 年第 6 期。

胡晓风:《陶行知创造教育及其现代价值》,《教师之友》2000 年第 4 期。

胡晓风:《试论陶行知思想发展的三个阶段》,《安徽教育学院学报》(社会科学版) 1987 年第 3 期。

张文郁:《生活教育是进步发展的》,《天津教育》1950 年第 Z1 期。

张文郁:《关于陶行知教育思想的评价》,《文汇报》1956 年 11 月 21 日。

张文郁:《伟大的人民教育家陶行知》,《上海师范大学学报》(哲学社会科学版）1980 年第 1 期。

张文郁：《陶行知传略》，《晋阳学刊》1981 年第 5 期。

张文郁：《陶行知的教育思想——陶行知先生九十诞辰纪念》，《江
淮论坛》1981 年第 5 期。

张文郁：《陶行知的乡村教育运动：思想与实践》，《华东师范大学
学报》（教育科学版）1985 年第 1 期。

张癸：《陶行知与中国共产党》，《行知研究》1987 年第 1 期。

张癸：《陶行知的中西文化观》，《行知研究》1988 年第 1 期。

张癸：《论生活教育理论的形成与发展》，《行知研究》1994 年第
4 期。

胡国枢：《论陶行知共产主义世界观的形成与发展》，《浙江社会科
学》1992 年第 1 期。

胡国枢：《论陶行知生活教育理论产生的时代背景》，《浙江学刊》
1987 年第 6 期。

胡国枢：《陶行知的生活教育理论体系》，《杭州师范学院学报》
（社会科学版）1991 年第 2 期。

胡国枢：《前元庄村农村教育综合改革前前后后》，《中国职业技术
教育》2003 年第 23 期。

胡国枢：《生活教育理论的当代价值与世界意义》，《教育研究》
1997 年第 10 期。

董宝良：《试论陶行知与杜威在教育思想上的联系和区别》，《华中
师范学院学报》（哲学社会科学版）1982 年第 6 期。

董宝良：《试论陶行知"教学做合一"同杜威"做中学"的本质区
别》，《教育研究与实验》1984 年第 1 期。

董宝良：《陶行知生活教育的中国特色》，《华东师范大学学报》
（教育科学版）1987 年第 2 期。

章开沅：《参与的史学与史学的参与论纲》，《江汉论坛》2001 年第

1 期。

章开沅:《教会大学史研究的文化视野》,《华中师范大学学报》(哲学社会科学版)1997 年第 3 期。

夏德清、武素月:《董纯才谈陶行知研究》,《生活教育》2012 年第 18 期。

夏德清、武素月:《董纯才与晓庄学校》,《生活教育》2011 年第 5 期。

夏德清、武素月:《陶行知在内蒙古的教育实践》,《华中师范大学学报》(哲学社会科学版)1991 年第 6 期。

夏德清:《陶行知生年质疑》,《长江日报》1982 年 3 月 12 日。

夏德清:《陶行知生于一八九二年的又一佐证》,《长江日报》1982 年 3 月 18 日。

夏德清:《陶行知先生之诞辰考证》,《深圳职业技术学院学报》2011 年第 6 期。

夏德清:《论陶行知的创造教育思想》,《华中师范学院学报》(哲学社会科学版)1984 年第 4 期。

夏德清:《论陶行知的民族教育思想》,《云南民族学院学报》1984 年第 4 期。

夏德清:《试论陶行知的人才教育思想》,《华中师范学院学报》(哲学社会科学版)1983 年第 5 期。

夏德清:《陶行知的职业教育思想简述》,《职业技术教育》1985 年第 9—10 期。

夏德清:《陶行知先生论教科书》,《课程·教材·教法》1984 年第 6 期。

夏德清、周南照:《陶行知——中国现代教育史上"终身教育"思想的先驱》,《华中师范学院学报》(哲学社会科学版)1981 年第 4 期。

夏德清：《陶行知和社会大学》，《教育研究与实验》1982 年第 1 期。

周洪宇：《陶行知生年考》，《历史研究》1983 年第 2 期。

周洪宇：《关于人民教育家陶行知的生年问题》，《华中师范学院学报》（哲学社会科学版）1983 年第 5 期。

周洪宇：《陶行知的教育诗》，《教育研究与实验》1984 年第 1 期。

周洪宇：《陶行知论解放儿童创造力》，《课程·教材·教法》1984 年第 3 期。

周洪宇：《陶行知研究的方法论问题》，《华中师范大学学报》（哲学社会科学版）1989 年第 2 期。

周洪宇：《陶行知与基督教》，《安徽史学》1991 年第 4 期。

周洪宇：《试论陶行知的终生教育思想》，《中国教育学刊》1991 年第 5 期。

周洪宇：《欧美陶行知研究概况》，《国外社会科学》1991 年第 10 期。

周洪宇：《〈陶行知传〉的特色之所在》，《教育评论》1993 年第 2 期。

周洪宇：《继承中的超越与超越中的继承——陶行知与杜威关系略论》，《教育研究与实验》1993 年第 4 期。

周洪宇、申国昌：《教育活动史：视野下移的学术实践》，《教育研究》2010 年第 10 期。

周洪宇、刘大伟：《史料的钩沉、考证与抉择——〈陶行知年谱长编〉编撰手记》，《江汉论坛》2012 年第 6 期。

余子峡：《陶行知与近代中国教会教育》，《河北师范大学学报》（教育科学版）2002 年第 5 期。

余子峡：《陶行知与近代中国教会教育（续）》，《河北师范大学学报》（教育科学版）2002 年第 6 期。

余子侠：《陶行知生平事迹五考》，《安徽史学》2001 年第 3 期。

余子侠：《陶行知与基督教青年会——兼析基督教青年会与近代中国新型知识阶层》，《南京晓庄学院学报》2008 年第 1 期。

余子侠、覃小放、余文都：《试析陶行知试验主义教育思想及其现实意义》，《教育研究与实验》2009 年第 6 期。

余子侠：《陶行知早期德育观探论》，《湖北大学学报》（哲学社会科学版）1999 年第 5 期。

余子侠、李桂元：《陶行知的三次武汉之行》，《武汉文史资料》2000 年第 6 期。

余子侠：《事业的起手处，理论的思想源——由陶行知导师施吹耳的译文引发的思考》，《生活教育》2012 年第 2 期。

喻本伐：《陶行知普及教育理论的现实可行性探究》，《华中师范大学学报》（哲学社会科学版）1989 年第 2 期。

熊贤军：《陶行知对中西文化的批判——兼论陶行知对中国文化发展道路的选择》，《华中师范大学学报》（哲学社会科学版）1988 年第 6 期。

熊贤君：《陶行知创造教育思想探微》，《教育研究》1999 年第 11 期。

金林祥、李庚靖：《论陶行知的创造教育思想及其现实意义》，《华东师范大学学报》（教育科学版）2000 年第 1 期。

金林祥：《深入开展陶行知乡村教育思想研究》，《南京晓庄学院学报》2005 年第 1 期。

金林祥：《论陶行知对武训精神的倡扬》，《教育学报》2007 年第 3 期。

金林祥、苏鹏程：《略论陶行知的师德观》，《教育史研究》1997 年第 3 期。

金林祥：《论陶行知进课程》，《南京晓庄学院学报》2010 年第

1 期。

金林祥:《陶行知的教育实验思想及其现实启示》,《徐州工程学院学报》(社会科学版) 2012 年第 3 期。

金林祥、李庚靖:《20 世纪 90 年代陶行知教育思想研究综述》,《教育研究》2001 年第 6 期。

金林祥:《日本陶行知研究的两位先驱》,《教育评论》2001 年第 5 期。

金林祥:《论斋藤秋男对陶行知研究的贡献》,《华东师范大学学报》(教育科学版) 2001 年第 3 期。

金林祥:《日本陶行知研究的中坚——牧野笃及其陶行知研究》,《上海师范大学学报》(哲学社会科学·教育版) 2002 年第 1 期。

金林祥、于吉文:《二十世纪九十年代日本陶行知研究的新进展》,《教育史研究》2000 年第 4 期。

金林祥:《方明对陶研事业的贡献》,《南京晓庄学院学报》2008 年第 5 期。

金林祥:《李维汉论陶行知》,《教育学报》2010 年第 2 期。

童富勇:《对建国以来陶行知研究的回顾》,《教育评论》1991 年第 6 期。

童富勇:《陶行知与晓庄师范》,《教育评论》1992 年第 5 期。

童富勇:《论乡村教育运动的发轫兴盛及其意义》,《浙江学刊》1998 年第 2 期。

童富勇:《陶行知生活教育理论的若干特色》,《教育评论》2003 年第 4 期。

童富勇:《陶行知的生活课程理论与新课程》,《教育发展研究》2005 年第 6 期。

童富勇:《陶行知研究综述》,《教育史研究》1992 年第 1 期。

童富勇:《论陶行知的乡村教师观及现实意义》,《浙江教育学院学报》1991 年第 1 期。

储朝晖：《陶行知图书馆理论与实践》，《图书馆理论与实践》1989
年第 3 期。

储朝晖：《陶行知与基督教》，《金陵神学志》1998 年第 1 期。

储朝晖：《论陶行知人口科学思想》，《南京人口管理干部学院学
报》1999 年第 3 期。

储朝晖：《陶行知与抗日战争》，《抗日战争研究》2005 年第 1 期。

吕德雄：《教学做合一：增强大学生思想政治教育实效性的有效途
径》，《南京社会科学》2005 年第 12 期。

徐志辉：《立人、立国：陶行知生活教育理论的当代价值述论》，
《南京晓庄学院学报》2009 年第 2 期。

徐志辉：《研究陶行知必须有真正的学术精神》，《南京晓庄学院学
报》2005 年第 1 期。

李刚：《"〈武训传〉批判"的历史考论》，《南京晓庄学院学报》
2004 年第 3 期。

李刚：《从"人民教育家"到"教育万能论者"——评 20 世纪 50
年代对陶行知教育思想的再评价》，《南京晓庄学院学报》2005
年第 4 期。

李刚：《回到陶行知的历史世界》，《南京晓庄学院学报》2005 年第
1 期。

李刚、吕德雄：《思想的底色——陶行知〈金陵光〉文献考论》，
《江苏社会科学》2008 年第 3 期。

李刚：《史料学取向与宗教体验渗透的张力——评〈陶行知：一位
基督徒教育家的再发现〉》，《南京晓庄学院学报》2006 年第
1 期。

李刚、倪波：《陶行知与新图书馆运动》，《中国图书馆学报》2008
年第 3 期。

李刚：《从"死教育"到"活的教育"》，《南京晓庄学院学报》2010 年第 2 期。

散木：《累人且无益的"避讳学"：兼说批判〈武训传〉和"批林批孔"中的若干事》，《博览群书》2002 年第 11 期。

王学典：《近五十年的中国历史学》，《历史研究》2004 年第 1 期。

桑兵：《近代中国学术的地缘与流派》，《历史研究》1999 年第 3 期。

赵刚：《陶行知研究在日本》，《日本研究》1989 年第 3 期。

葛兆光：《道统、系谱与历史——关于中国思想史脉络的来源与确立》，《文史哲》2006 年第 3 期。

刘克敌：《文人门派传承与中国近现代文学变革》，《中国社会科学》2011 年第 5 期。

吴奇：《福柯 尼采 谱系学》，《华中科技大学学报》（社会科学版）2007 年第 6 期。

杨矗：《中国人文学术研究的谱系危机》，《上海师范大学学报》（哲学社会科学版）2007 年第 4 期。

丁钢：《叙事范式与历史感知：教育史研究的一种方法维度》，《教育研究》2009 年第 5 期。

余三定：《当代学术史研究：新兴的学科》，《中山大学学报》（社会科学版）2011 年第 2 期。

余三定：《学术史："研究之研究"——兼评北京大学出版社"学术史丛书"》，《北京大学学报》（哲学社会科学版）2005 年第 9 期。

陈平原：《"当代学术"如何成"史"》，《云梦学刊》2005 年第 4 期。

曾繁辂：《从陶行知和胡适的分道扬镳看两种不同的世界观和人生观》，《教育研究》1991 年第 10 期

魏名国：《试论陶行知的革命人生观》，《行知研究》1990 年第
　　3 期。

李庚靖：《中国陶行知研究 80 年概述》，《广西师范大学学报》（哲
　　学社会科学版）2002 年第 1 期。

李庚靖：《陶行知教育思想研究之现状》，《上海教育科研》，2002
　　年第 4 期。

李庚靖：《试述陶行知生活教育理论产生的历史背景》，《广西师范
　　大学学报》（哲学社会科学版）1999 年第 2 期。

李庚靖：《论陶行知的教育功能观》，《广西师范大学学报》（哲学
　　社会科学版）1999 年第 2 期。

涂怀京、陈冬:《从争鸣到复兴：陶行知教育思想研究述评（1979—
　　1985）》，《福建师范大学学报》（哲学社会科学版）2004 年第
　　5 期。

涂怀京：《赫尔巴特的"统觉"与陶行知的"常能"》，《福建师范
　　大学学报》（哲学社会科学版）2007 年第 3 期。

涂怀京：《陶行知学习能力培养思想的当代价值》，《南京晓庄学院
　　学报》2008 年第 4 期。

慕景强、胡怡芳：《陶行知职业教育思想的传承与发展——从"教
　　学做合一"到"工学结合"》，《青岛职业技术学院学报》2008
　　年第 3 期。

慕景强：《新世纪 10 年陶行知研究综述（2000—2009）》，《南京晓
　　庄学院学报》2012 年第 1 期。

慕景强：《新世纪 10 年陶行知研究热点综述（2000—2009）》，《浙
　　江外国语学院学报》2012 年第 1 期。

慕景强：《新世纪 10 年（2000—2009）陶研著作综述》，《宁波大
　　学学报》（教育科学版）2012 年第 2 期。

慕景强：《新世纪 10 年陶研重大事件盘点（2000—2009）》，《丽水

学院学报》2012 年第 4 期。

张蓉：《批判与反思：1951—1978 年的陶行知研究》，《华东师范大学学报》（教育科学版）2005 年第 3 期。

常国良、姜彩丽：《陶行知乡村教育思想及其现实意义》，《内蒙古师范大学学报》（教育科学版）2009 年第 4 期。

程家福：《陶行知创造教育思想及其当代价值》，《湖南师范大学教育科学学报》2008 年第 2 期。

董美英：《感喟真人——析陶行知"真人"教育目标论》，《湖南师范大学教育科学学报》2008 年第 2 期。

李箭：《陶行知乡村教育思想对新农村教育的启示》，《生活教育》2007 年第 4 期。

张雪蓉：《陶行知早期高等教育改革实践活动述析（1917—1922）》，《南京邮电大学学报》（社会科学版）2009 年第 2 期。

杨建华：《论陶行知的教育期刊实践与办刊思想》，《生活教育》2012 年第 22 期。

仇乃桐：《方与严对陶行知生活教育理论的重大贡献》，《黄山高等专科学校学报》1999 年第 5 期。

王磊、沈燕：《面向人民大众的教育——访陶行知弟子、原中央教育科学研究所所长张健》，《生活教育》2006 年第 3 期。

李桂林、赵家骥：《试评陶行知的生活教育》，《吉林师大学报》1979 年第 4 期。

须养本、王思清：《全面正确评价陶行知先生的教育思想》，《教育研究》1980 年第 1 期。

陈才俊：《史学的品格与历史学家的使命——章开沅教授访谈录》，《史学月刊》2007 年第 4 期。

朱子善：《毋忘求真——关于陶行知生平事迹的几点辨析》，《杭州大学学报》1998 年第 2 期。

朱子善:《再说毋忘求真——陶研资料中有待澄清的一些问题》,
　　《浙江社会科学》2000 年第 1 期。

朱子善:《三说毋忘求真——谈某些陶研著作的引文问题》,《浙江
　　社会科学》2001 年第 1 期。

朱子善:《四说毋忘求真——书报瑕疵辨证》,《浙江社会科学》
　　2003 年第 5 期。

朱子善:《五说毋忘求真——商榷、请益、辨析》,《浙江社会科
　　学》2006 年第 6 期。

马敏:《论孙中山伟人品质》,《历史研究》1986 年第 6 期。

胡志坚:《关于教师专业发展研究中几个问题的思考》,《教育研究
　　与实验》2009 年第 6 期。

邹兆辰:《当代中国史学对心理史学的回应》,《史学理论研究》
　　1999 年第 1 期。

蒋凯:《比较教育研究方法的相关问题分析》,《教育研究》2007 年
　　第 4 期。

申国昌、周洪宇:《陶行知求真务实的治学理念探析》,《华中师范
　　大学学报》(人文社会科学版) 2006 年第 4 期。

陆克俭、熊贤君:《试论陶行知"学生自治"理论与实践》,《湖北
　　大学学报》(哲学社会科学版) 2006 年第 9 期。

兰军:《使中国教育走向世界的尝试——陶行知与国际教育会议》,
　　《安徽史学》2006 年第 5 期。

汪楚雄:《陶行知与中国新教育运动》,《教育研究与实验》2009 年
　　第 3 期。

吴丹、熊贤君:《陶行知考试思想述论》,《教育研究与实验》2009
　　年第 3 期。

方玉芬:《陶行知普及乡村幼稚教育思想及启示》,《南京晓庄学院

学报》2011 年第 4 期。

陈功江、王佩、申国昌：《杜威与陶行知课程观比较及其当代价值——基于当代课程研究创新与本土特色的视角》，《课程·教材·教法》2012 年第 4 期。

陈晴：《生活教育与学生社会适应能力的培养》，《教学与管理》2012 年第 24 期。

李忠：《教育如何实现解放：以陶行知的"生活教育"为例》，《生活教育》2012 年第 2 期。

于洋：《还原性视角、语境中建构与生成性思维——美日德陶行知研究博士论文个案分析》，《现代大学教育》2012 年第 4 期。

刘大伟：《川版新版〈陶行知全集〉考订》，《浙江社会科学》，2012 年第 3 期。

刘大伟：《论陶行知教材编撰思想与实践及其现实意义》，《课程·教材·教法》2013 年第 1 期。

刘大伟：《论台湾的陶行知研究——一种学术史的视角》，《福建师范大学学报》（哲学社会科学版）2013 年第 1 期。

刘大伟、申国昌、潘标：《社会资本：解读陶行知的新视角》，《高教发展与评估》2012 年第 5 期。

刘大伟：《陶行知研究范式的新转向》，《云梦学刊》2013 年第 1 期。

简淑勤：《陶行知生活教育的理论与实际》，《台湾政治大学历史学报》1987 年第 5 期。

周水珍：《陶行知的教育思想与教育改革运动对当前教育之启示》，《花莲师范学院学报》1997 年第 7 期。

王汎森：《近代知识分子自我形象的转变》，《台大文史哲学报》2002 年总第 56 期。

曹常仁：《陶行知研究在台湾》，《生活教育》2002 年第 5 期。

林聚任：《站在巨人的肩上——读默顿〈社会理论与社会结构〉》，《中国图书评论》2007 年第 10 期。

（五）硕博论文类

Yusheng Yao. National Salvationthrough Education：Tao Xingzhi's Educational Radicalism ［D］. The University of Minnesota，1999.

余子峡：《双子座的光能：黄炎培陶行知教育思想比较研究》，博士学位论文，华中师范大学，1997 年。

曹常仁：《陶行知师范教育思想之研究》，博士学位论文，台湾师范大学教育学系研究所，1997 年。

刘墨：《乾嘉学术的知识谱系》，博士学位论文，南京师范大学，2003 年。

胡志坚：《自我统摄下的心理与行为——蔡元培、黄炎培和陶行知的社会心理与行为特点研究》，博士学位论文，华中师范大学，2005 年。

蔡幸福：《陶行知与牧口常三郎教育思想比较研究》，博士学位论文，华中师范大学，2008 年。

刘来兵：《什么是教育史——中国教育史学实践的历史考察与反思》，博士学位论文，华中师范大学，2010 年。

陈竞蓉：《哥伦比亚大学与现代中国教育》，博士学位论文，华中师范大学，2010 年。

曾秀卿：《民初平民教育思想与实践之研究——以晏阳初、陶行知、梁漱溟为例》，博士学位论文，台湾师范大学教育社会研究所，2004 年。

吕秋慧：《陶行知社会教育思想之研究——其生活教育理论与实践》，硕士学位论文，台湾师范大学社会教育学系，1997 年。

江明渊：《民初陶行知、晏阳初教育理论与民间文学之关系研究》，硕士学位论文，花莲师范学院民间文学研究所，2003年。

许佩玲：《陶行知儿童教育观之研究》，硕士学位论文，台北市立教育大学国民教育研究所，2006年。

# 后　记

　　本书是在我的博士学位研究生毕业论文基础之上修改完成。从博士研究生毕业到书稿出版经历了近五年时间，这五年间的陶行知研究产生了诸多变化，因此为了能够与时俱进，我花费了一定的精力将文中的研究内容及数据更新至最新。但力有所及，仍有疏漏，敬请方家指正。

　　2010 年，承恩师周洪宇教授不弃，将其终身矢志不渝的陶行知研究这一领域的衣钵传授给我。在洪宇师指导下，我相继完成了《陶行知年谱长编》（待出版）、《全球视野下的陶行知研究》第四、五两卷，《陶行知新传——布尔迪厄资本理论的视角》等数部书稿，在《光明日报》等重要报刊发表了陶研为主题的论文三十余篇。没有洪宇师指导，以我的能力，根本不可能完成这些任务。所以，在本书出版之际，我最要感谢的就是我的洪宇师。1982 年初，刚刚毕业的洪宇师参与了湘版《陶行知全集》的编撰工作，在随后的数年里，他相继以陶行知为主题完成了硕士、博士学位论文。也正是与陶行知长年的神交，洪宇师无论是在教学活动还是课余生活里，都与陶公极为相似。洪宇师曾说过，对于陶公，我虽身不能至，心向往之。他在 2011 年 6 月 27 日曾发过一条微博：把爱给学生的人会永远活在学生的心里。这条微博也许说的是陶公，也许就是洪宇师自己。在撰写《陶行知年谱长编》的日子里，每每给洪宇师撰写邮件，恍若当年戴伯韬、汪达之、王琳、马侣贤等人给行知师写信一般，亦遥想洪宇师坐于油灯下一字一句回复。此时，谁是洪宇师，谁是行知师已不重要了，重要的是他们都有一颗关爱学生的心。

衷心感谢中国陶行知研究会会长朱小蔓教授。该书行将出版之际，我贸然写信给她，希望能求得一序，以为本书的出版增光添彩。承蒙朱老师不弃，大病初愈的情况下为我撰写序言，并充分肯定本书，让我极为感动。在收到朱老师回复的序言那一刻，我激动的跳了起来。因我知道朱老师的身体状况，为私心索求一序本是不该，没想到朱老师还这么肯定后学，让我感激涕零！

感谢书稿撰写过程中，当面或电话采访过的章开沅教授、董宝良教授、夏德清先生、喻本伐教授、周洪宇教授、熊贤君教授、金林祥教授、储朝晖研究员、姚渝生教授、童富勇教授、李刚教授、胡志坚教授、蔡幸福博士以及过世的胡晓风先生、胡国枢研究员，感谢以上诸位不厌其烦给我讲述研究的心路历程。这其间的故事太多，此处无法展开，只能表示：各位先生对后学的关爱无以为报。

特别值得一提的是，在书稿行将出版之际，章开沅教授、朱小蔓教授、周洪宇教授被《中国教育报》评选为"当代教育名家"，这是当代中国教育领域的至高荣誉，仅仅有九十人入选。想到此书中能够含有他们三位的学术思想，甚至章、周二位先生的口述以及朱小蔓先生的序言，让我倍感荣幸。

感谢光明日报社的主任记者宋晓梦老师。自2011年相识以来，晓梦师无时无刻的关心我的成长，当遇到挫折时，她会不厌其烦地开导我；当我需要帮助时，她也会立刻站出来给予我充分的帮助。她母亲般的关怀让我感激不尽，借此感谢宋老师和她的爱人毕老师对我的亲切关怀。

感谢晓庄。这是一个福地，它是陶行知梦想的开始，也是我的梦想起航的地方。在这里，我得到了诸多领导的关心爱护，让我能够迅速成长。感谢陶行知研究院的各位同人,对我生活工作中的诸多照顾。感谢教育学学科的领导和同人们,在我寻求出版基金支持时,张波教授、曹慧英教授、王本余教授、韦毅教授给予了我极大的关心,才有了此书能够顺利出版的基础。

感谢我的家人。在我工作繁重之时,我的爱人、我的母亲、我的岳父母承担了家里的所有家务,才让我有时间从家庭琐事中脱身而出,专心工作。特别是在我女儿刘宜杭刚出生的那段时间里,如果没有他们的分担,我不知道该如何面对这些。所以,在此再次对他们表示深深的感谢。有了你们,才让我感受到生活的可爱。

感谢中国社会科学出版社的喻苗编辑和范晨星编辑,以及逐字逐句的校对审核,才有了这本书稿的面世。对他们的工作致敬!

感叹生命的未知和奇妙!感谢人生的多姿多彩!借此机会,感谢在我人生道路上帮助我的所有人,一并致谢!

谨以此书献给我的家人。

刘大伟

2017 年 12 月　南京方山